A História

A Bíblia contada como uma só história do começo ao fim

SEXTANTE

O mundo do

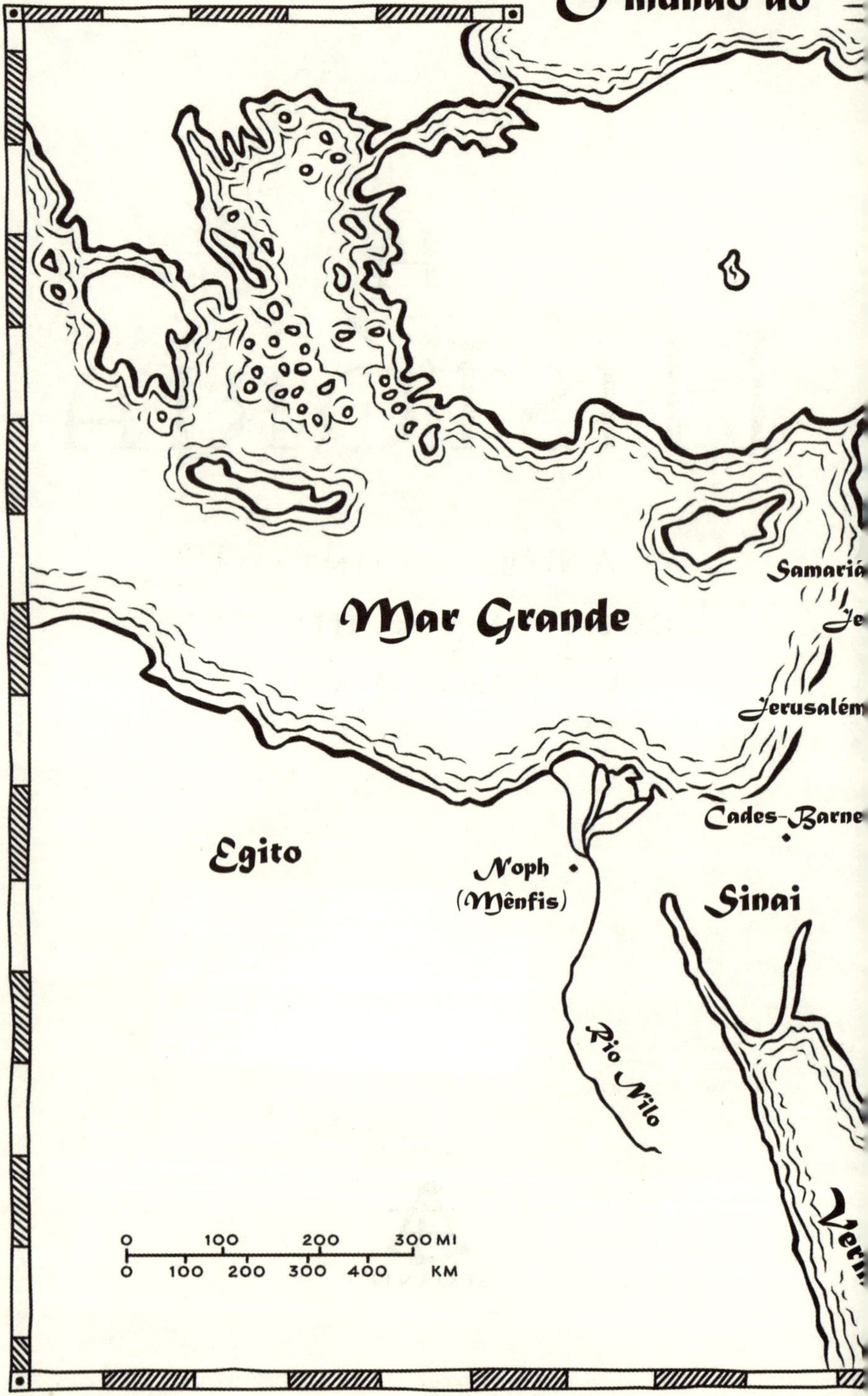
Mar Grande
Samaria
Jerusalém
Cades-Barne
Egito
Noph
(Mênfis)
Sinai
Rio Nilo
0 100 200 300 MI
0 100 200 300 400 KM

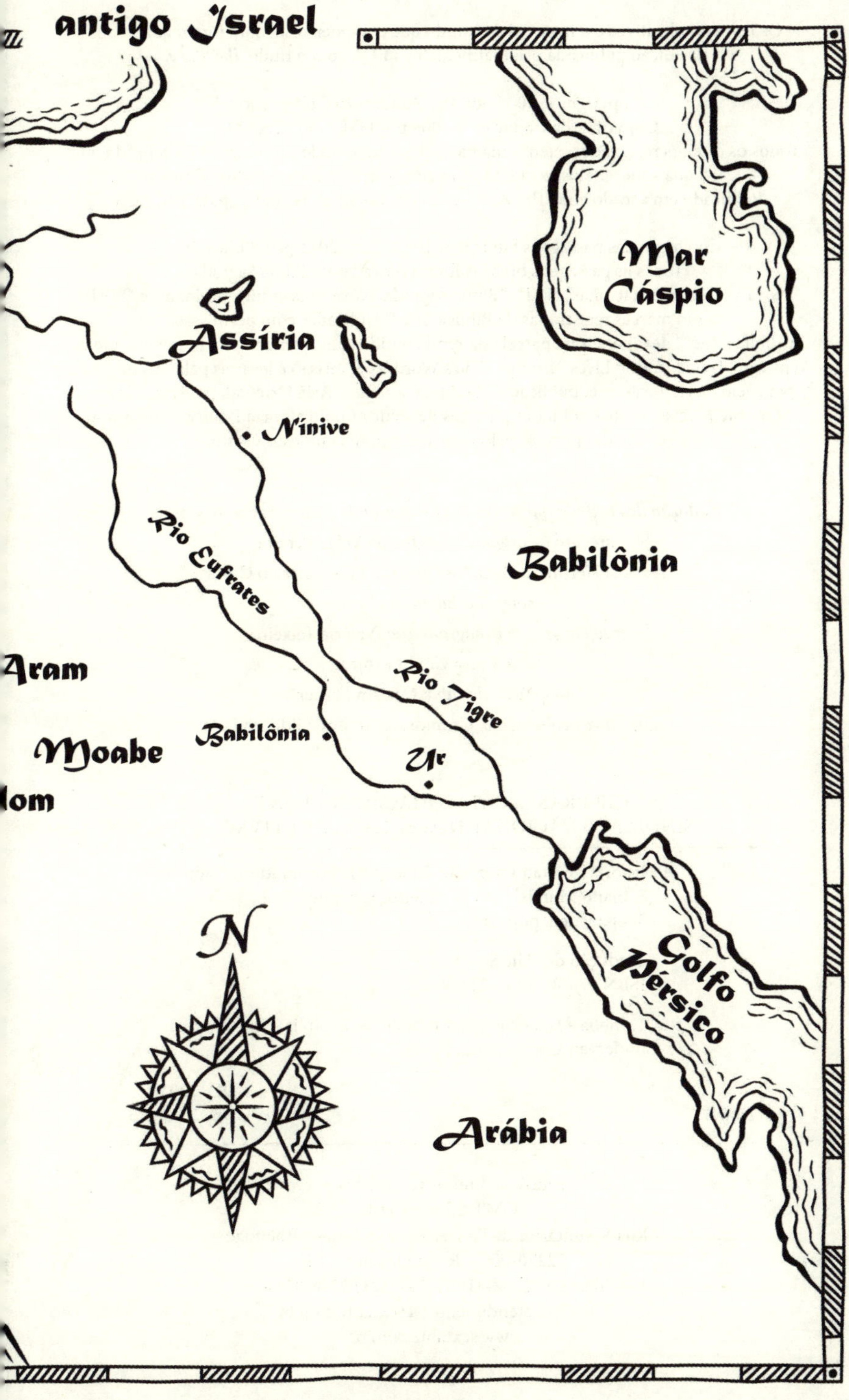
antigo Israel
Mar Cáspio
Assíria
Nínive
Rio Eufrates
Babilônia
Aram
Rio Tigre
Babilônia
Moabe
Ur
lom
Golfo Pérsico
N
Arábia

Os textos explicativos e o material de estudo que compõem esta obra foram adaptados da edição publicada originalmente nos EUA com o título *The Story*.

A Biblica, Inc.™ destinará uma parcela da renda obtida com a venda deste livro para apoiar o projeto Transforming Lives Through God's Word, cuja missão é levar as palavras de Deus, por meio da tradução e da publicação da Bíblia, a África, Ásia Oriental, América Latina e Oriente Médio. Ao disseminar as palavras de Deus mundo afora, a Biblica transforma a vida das pessoas pelo relacionamento com Jesus Cristo.

tradução dos textos explicativos e do material de estudo: Fabiano Morais
preparo de originais: Regina da Veiga Pereira
revisão: Hermínia Totti, José Tedin e Luis Américo Costa
cotejo da Bíblia: Isa Laxe
projeto gráfico e diagramação: Valéria Teixeira
capa: Extra Credit Projects
adaptação de capa: Miriam Lerner
impressão e acabamento: Cromosete Gráfica e Editora Ltda.

CIP-BRASIL. CATALOGAÇÃO-NA-FONTE
SINDICATO NACIONAL DOS EDITORES DE LIVROS, RJ

H58 A História / editado por The Zondervan Corporation [tradução de Fabiano Morais]; Rio de Janeiro: Sextante, 2012.
384p.; il.; ed. popular

Tradução de: The Story
ISBN 978-85-7542-714-9

1. Bíblia - História de fatos bíblicos. 2. Bíblia - Introdução. I. Zondervan Corporation.

CDD 220.61
11-6477 CDU 27-236.5

Rua Voluntários da Pátria, 45 – Gr. 1.404 – Botafogo
22270-000 – Rio de Janeiro – RJ
Tel.: (21) 2538-4100 – Fax: (21) 2286-9244
E-mail: atendimento@esextante.com.br
www.sextante.com.br

SUMÁRIO

Linha do tempo de *A História*

A família escolhida

2166 a.C.:	Nascimento de Abraão
2091:	Abraão vai para Canaã
2066:	Sara dá à luz Isaque
2050:	Abraão oferece Isaque em sacrifício
2006:	Rebeca da à luz Jacó e Esaú
1991:	Morte de Abraão
1915:	Raquel dá à luz José
1898:	José é vendido ao Egito
1886:	Morte de Isaque
1876:	Jacó e sua família se estabelecem no Egito
1859:	Morte de Jacó
1805:	Morte de José

A libertação

1526 a.C.:	Nascimento de Moisés
1446:	O êxodo, travessia do mar Vermelho

A terra prometida

1406 a.C.:	Morte de Moisés, Josué nomeado líder, Israelitas chegam a Canaã
1375:	Morte de Josué
1375-1050:	Período dos juízes
1209-1169:	Débora
1162-1122:	Gideão
1105:	Ana dá à luz Samuel
1075-1055:	Sansão

A era dos reis

1050-1010 a.C.:	Rei Saul
1010-970:	Rei Davi
970-930:	Rei Salomão

Israel

930-909 a.C.:	Rei Jeroboão
875-848:	Elias
874-853:	Rei Acabe
848-797:	Eliseu
760-750:	Amós
750-715:	Oseias
722:	Queda do reino do norte

Judá

930-913 a.C.:	Rei Roboão
872-848:	Rei Josafá
740-681:	Isaías
715-686:	Rei Ezequias
697-642:	Rei Manassés
640-609:	Rei Josias
626-585:	Jeremias
609-598:	Rei Joaquim
605-530:	Daniel
597-586:	Rei Zedequias
593-571:	Ezequiel
586:	Queda de Jerusalém

O retorno

538 a.C.:	Primeiro grupo retorna sob Zorobabel
520-480:	Zacarias
458:	Segundo grupo retorna sob Esdras
440-430:	Malaquias
432:	Último grupo retorna sob Neemias

Jesus

6/5 a.C.:	Maria dá à luz Jesus, o Messias
7-8 d.C.:	Jesus no templo aos 12 anos de idade
26:	Jesus começa a pregar
30:	Crucificação, ressurreição e ascensão de Jesus

Primórdios da Igreja

30 d.C.:	Chegada do Espírito Santo no Dia de Pentecostes
35:	Conversão de Paulo ao cristianismo
44:	Martírio de Tiago, prisão de Pedro
46-48:	Primeira viagem missionária de Paulo
49/50:	Concílio de Jerusalém
50-52:	Segunda viagem missionária de Paulo
53-57:	Terceira viagem missionária de Paulo
57-59:	Prisão de Paulo em Cesareia
59-62:	Primeira prisão de Paulo em Roma
67/68:	Segunda prisão e execução de Paulo em Roma
90-95:	João exilado para a ilha de Patmos
95:	Escritura do Apocalipse

As datas são aproximadas e variam de acordo com as interpretações de diversos estudiosos.

Prefácio

Seja bem-vindo à História de Deus

Este livro conta a maior e mais cativante história de todos os tempos: a de um Deus verdadeiro que ama seus filhos, que lhes abriu as portas para a salvação e um caminho para a eternidade. Cada um dos 31 capítulos a seguir revela este Deus amoroso: o Deus que fala; o Deus que age; o Deus que ouve; o Deus cujo amor por seu povo culminou no sacrifício de Jesus, seu único Filho, para expiar os pecados da humanidade.

E não é só isso: este mesmo Deus continua vivo e em ação até hoje. Ele ainda ouve, ainda age e ainda derrama sua graça sobre nós. Podemos senti-la nas atribulações do nosso dia a dia; em nossos altos e baixos; em nossos momentos de dúvida e medo; e – o que é mais importante – quando respondemos ao seu chamado em nossas vidas. Ele é o mesmo Deus que perdoou os fracassos de Davi e salvou Jonas do ventre sombrio de um peixe gigante. Este mesmo Pai celestial que conduziu os israelitas pelo deserto quer nos conduzir em nossa caminhada, nos ajudar a superar nossas derrotas e nos resgatar para a eternidade.

Esperamos que essas histórias inspirem você a ouvir o chamado de Deus em sua vida, à medida que Ele o ajuda a escrever sua própria história.

Max Lucado e Randy Frazee

Introdução

Quantas vezes você pensou em ler a Bíblia e deixou a ideia de lado? Ou quantas vezes começou a ler e desistiu, achando a leitura cansativa e complicada? Mas, no fundo, continuou com vontade de conhecer esses textos por ter consciência de sua importância na história da humanidade.

Pois agora você vai ter a oportunidade de saber o que há de essencial na Bíblia. Porque *A História* é um livro que vai prender sua atenção do princípio ao fim.

É de fato uma bela história! A Bíblia descreve a trajetória de um povo profundamente consciente da presença constante de Deus em seu caminho de salvação. É uma narrativa repleta de amor, ódio, disputas, conquistas e milagres. Ela nos traz poesia, cultura, episódios históricos e teologia. É um verdadeiro romance de suspense, um livro de sociologia, uma lição de História – tudo isso em torno do conflito eterno entre o bem e o mal. O texto nos faz conhecer pessoas que, apesar de pertencerem a épocas e lugares muito diferentes, são extremamente parecidas conosco em nossas buscas e paixões. *A História* abre uma porta para a verdade que, consciente ou inconscientemente, estamos todos procurando e que conduz à liberdade, à esperança e ao próprio Deus!

Os textos bíblicos não foram escritos por um único autor, nem de forma linear, ou em ordem cronológica. A Bíblia é como uma colcha de retalhos, redigida em diversas situações e momentos da história de um povo, abrangendo um período de mais de mil anos (entre 1250 a.C. e 135 d.C.).

Ela registra a memória desse povo que, ao recuperar sua história e meditar sobre ela, revelou a face do humano universal.

Neste livro você encontrará não apenas a trajetória da humanidade, como também a história do que Deus fez por nós. Verá repetidas vezes que um Deus amoroso vem sempre em nosso socorro e oferece um caminho para nossa realização plena como seres humanos. A leitura deste livro vai fazer você estreitar seu relacionamento com Deus.

A História traz as verdadeiras palavras da Bíblia,[1] da maneira como foram escritas pelo povo de Deus. De cada capítulo foram selecionados os trechos principais, e comentários em *itálico* foram acrescentados para explicar com clareza os trechos omitidos. Os textos foram escolhidos de modo a manter o fluxo geral da narrativa, para que, ao ler este livro, você perceba o contexto em que a Bíblia está

1. Os textos das Escrituras presentes neste livro foram extraídos da Nova Versão Internacional.

inserida. Os espaços entre os parágrafos indicam que algum trecho foi cortado, e a tabela de referências no final da edição mostra de onde foram tiradas as passagens incluídas.

Você vai encontrar no final do livro perguntas que o ajudarão a refletir individualmente ou em grupo, aprofundando a compreensão da mensagem de Deus. Há também uma lista de personagens com descrições breves sobre cada um para que você possa rapidamente localizá-los.

Nossa meta foi tornar o texto da Bíblia fluente e agradável, para que possa ser lido como um romance. Além disso, *A História* tem o poder de transformá-lo e de mudar sua maneira de encarar a vida. Ao percorrer estas páginas, você estará exposto a uma verdade profunda e transformadora.

Cansativa e complicada?

Nem um pouco.

Prepare-se então para usufruir a maior e mais verdadeira história de todos os tempos.

Capítulo 1

Criação: tudo começou muito bem

No princípio Deus criou os céus e a terra. Era a terra sem forma e vazia; trevas cobriam a face do abismo, e o Espírito de Deus se movia sobre a face das águas.

Disse Deus: "Haja luz", e houve luz. Deus viu que a luz era boa e separou a luz e as trevas. Deus chamou à luz dia, e às trevas chamou noite. Passaram-se a tarde e a manhã; esse foi o primeiro dia.

Depois disse Deus: "Haja entre as águas um firmamento que separe águas de águas." Então Deus fez o firmamento e separou as águas que ficaram abaixo do firmamento das que ficaram por cima. E assim foi. Ao firmamento, Deus chamou céu. Passaram-se a tarde e a manhã; esse foi o segundo dia.

E disse Deus: "Ajuntem-se num só lugar as águas que estão debaixo do céu e apareça a parte seca." E assim foi. À parte seca Deus chamou terra, e chamou mares ao conjunto das águas. E Deus viu que ficou bom.

Então disse Deus: "Cubra-se a terra de vegetação: plantas que deem sementes e árvores cujos frutos produzam sementes de acordo com as suas espécies." E assim foi. A terra fez brotar a vegetação: plantas que dão sementes de acordo com as suas espécies e árvores cujos frutos produzem sementes de acordo com as suas espécies. E Deus viu que ficou bom. Passaram-se a tarde e a manhã; esse foi o terceiro dia.

Deus disse: "Haja luminares no firmamento do céu para separar o dia da noite. Sirvam eles de sinais para marcar estações, dias e anos, e sirvam de luminares no firmamento do céu para iluminar a terra." E assim foi. Deus fez os dois grandes luminares: o maior para governar o dia e o menor para governar a noite; fez também as estrelas. Deus os colocou no firmamento do céu para iluminar a terra, governar o dia e a noite, e separar a luz das trevas. E Deus viu que ficou bom. Passaram-se a tarde e a manhã; esse foi o quarto dia.

Disse também Deus: "Encham-se as águas de seres vivos e voem as aves sobre a terra, sob o firmamento do céu." Assim Deus criou os grandes animais aquáticos e os demais seres vivos que povoam as águas, de acordo com as suas espécies; e todas as aves, de acordo com as suas espécies. E Deus viu que ficou bom. Então Deus os abençoou, dizendo: "Sejam férteis e multipliquem-se! Encham as águas dos mares! E multipliquem-se as aves na terra." Passaram-se a tarde e a manhã; esse foi o quinto dia.

E disse Deus: "Produza a terra seres vivos de acordo com as suas espécies: rebanhos domésticos, animais selvagens e os demais seres vivos da terra, cada um de acordo com a sua espécie." E assim foi. Deus fez os animais selvagens de acordo com as suas espécies, os rebanhos domésticos de acordo com as suas espécies, e os demais seres vivos da terra de acordo com as suas espécies. E Deus viu que ficou bom.

Então disse Deus: "Façamos o homem à nossa imagem, conforme a nossa semelhança. Domine ele sobre os peixes do mar, sobre as aves do céu, sobre os grandes animais de toda a terra e sobre todos os pequenos animais que se movem rente ao chão."

Criou Deus o homem à sua imagem,
à imagem de Deus ele o criou;
homem e mulher, os criou.

Deus os abençoou e lhes disse: "Sejam férteis e multipliquem-se! Encham e subjuguem a terra! Dominem sobre os peixes do mar, sobre as aves do céu e sobre todos os animais que se movem pela terra."

Disse Deus: "Eis que dou a vocês todas as plantas que nascem em toda a terra e produzem sementes, e todas as árvores que dão frutos com sementes. Elas servirão de alimento para vocês. E dou todos os vegetais como alimento a tudo o que tem em si fôlego de vida: a todos os grandes animais da terra, a todas as aves do céu e a todas as criaturas que se movem rente ao chão." E assim foi. E Deus viu tudo o que havia feito, e tudo havia ficado muito bom. Passaram-se a tarde e a manhã; esse foi o sexto dia.

Assim foram concluídos os céus e a terra, e tudo o que neles há.

No sétimo dia Deus já havia concluído a obra que realizara, e nesse dia descansou. Abençoou Deus o sétimo dia e o santificou, porque nele descansou de toda a obra que realizara na criação.

Esta é a história das origens dos céus e da terra, no tempo em que foram criados:

Quando o Senhor Deus fez a terra e os céus, ainda não tinha brotado nenhum arbusto no campo, e nenhuma planta havia germinado, porque o Senhor Deus ainda não tinha feito chover sobre a terra, e também não havia homem para cultivar o solo. Todavia brotava água da terra e irrigava toda a superfície do solo. Então o Senhor Deus formou o homem do pó da terra e soprou em suas narinas o fôlego de vida, e o homem se tornou um ser vivente.

Ora, o Senhor Deus tinha plantado um jardim no Éden, para os lados do leste, e ali colocou o homem que formara. Então o Senhor Deus fez nascer do solo todo tipo de árvores agradáveis aos olhos e boas para alimento. E no meio do jardim estavam a árvore da vida e a árvore do conhecimento do bem e do mal.

O Senhor Deus colocou o homem no jardim do Éden para cuidar dele e cultivá-lo. E o Senhor Deus ordenou ao homem: "Coma livremente de qualquer árvore do jardim, mas não coma da árvore do conhecimento do bem e do mal, porque, no dia em que dela comer, certamente você morrerá."

Então o Senhor Deus declarou: "Não é bom que o homem esteja só; farei para ele alguém que o auxilie e lhe corresponda." Depois que formou da terra todos os animais do campo e todas as aves do céu, o Senhor Deus os trouxe ao homem para ver como este lhes chamaria; e o nome que o homem desse a cada ser vivo, esse seria o seu nome. Assim o homem deu nomes a todos os rebanhos domésticos, às aves do céu e a todos os animais selvagens. Todavia não se encontrou para o homem alguém que o auxiliasse e lhe correspondesse. Então o Senhor Deus fez o homem cair em profundo sono e, enquanto este dormia, tirou-lhe uma das costelas, fechando o lugar com carne. Com a costela que havia tirado do homem, o Senhor Deus fez uma mulher e a levou até ele. Disse então o homem:

"Esta, sim, é osso dos meus ossos
    e carne da minha carne!
Ela será chamada mulher,
    porque do homem foi tirada!"

Por essa razão, o homem deixará pai e mãe e se unirá à sua mulher, e eles se tornarão uma só carne.

O homem e sua mulher viviam nus, e não sentiam vergonha.

Capítulo 2

O PARAÍSO PERDIDO

Ora, a serpente era o mais astuto de todos os animais selvagens que o Senhor Deus tinha feito. E ela perguntou à mulher: "Foi isto mesmo que Deus disse: 'Não comam de nenhum fruto das árvores do jardim'?" Respondeu a mulher à serpente: "Podemos comer do fruto das árvores do jardim, mas Deus disse: 'Não comam do fruto da árvore que está no meio do jardim, nem toquem nele; do contrário vocês morrerão.'" Disse a serpente à mulher: "Certamente não morrerão! Deus sabe que, no dia em que dele comerem, seus olhos se abrirão, e vocês, como Deus, serão conhecedores do bem e do mal." Quando a mulher viu que a árvore parecia agradável ao paladar, era atraente aos olhos e, além disso, desejável para dela se obter discernimento, tomou do seu fruto, comeu-o e o deu a seu marido, que comeu também. Os olhos dos dois se abriram, e perceberam que estavam nus; então juntaram folhas de figueira para cobrir-se.

Ouvindo o homem e sua mulher os passos do Senhor Deus, que andava pelo jardim quando soprava a brisa do dia, esconderam-se da presença do Senhor Deus entre as árvores do jardim. Mas o Senhor Deus chamou o homem, perguntando: "Onde está você?" E ele respondeu: "Ouvi teus passos no jardim e fiquei com medo, porque estava nu; por isso me escondi." E Deus perguntou: "Quem lhe disse que você estava nu? Você comeu do fruto da árvore da qual lhe proibi comer?" Disse o homem: "Foi a mulher que me deste por companheira que me deu do fruto da árvore, e eu comi."

O Senhor Deus perguntou então à mulher: "Que foi que você fez?"

Respondeu a mulher: "A serpente me enganou, e eu comi."

Então o Senhor Deus declarou à serpente:

"Uma vez que você fez isso,
maldita é você
entre todos os rebanhos domésticos
e entre todos os animais selvagens!

Sobre o seu ventre você rastejará,
e pó comerá todos os dias da sua vida.
Porei inimizade
entre você e a mulher,
entre a sua descendência
e o descendente dela;
este lhe ferirá a cabeça,
e você lhe ferirá o calcanhar."

À mulher, ele declarou:

"Multiplicarei grandemente
o seu sofrimento na gravidez;
com sofrimento você dará à luz filhos.
Seu desejo será para o seu marido,
e ele a dominará."

E ao homem declarou:

"Visto que você deu ouvidos à sua mulher
e comeu do fruto da árvore
da qual eu lhe ordenara
que não comesse,
maldita é a terra por sua causa;
com sofrimento
você se alimentará dela
todos os dias da sua vida.
Ela lhe dará espinhos e ervas daninhas,
e você terá que alimentar-se
das plantas do campo.
Com o suor do seu rosto
você comerá o seu pão,
até que volte à terra,
visto que dela foi tirado;
porque você é pó,
e ao pó voltará."

Adão deu à sua mulher o nome de Eva, pois ela seria mãe de toda a humanidade. O Senhor Deus fez roupas de pele e com elas vestiu Adão e sua mulher. Então disse o Senhor Deus: "Agora o homem se tornou como um de nós, conhecendo o bem e o mal. Não se deve, pois, permitir que ele tome também do fruto da árvore da vida e o coma, e viva para sempre." Por isso o Senhor Deus o mandou embora do jardim do Éden para cultivar o solo do qual fora tirado. Depois de expulsar o homem, colocou a leste do jardim do Éden querubins e uma espada flamejante que se movia, guardando o caminho para a árvore da vida.

Caim mata Abel

Adão teve relações com Eva, sua mulher, e ela engravidou e deu à luz Caim. Disse ela: "Com o auxílio do Senhor tive um filho homem." Voltou a dar à luz, desta vez a Abel, irmão dele. Abel tornou-se pastor de ovelhas, e Caim, agricultor. Passado algum tempo, Caim trouxe do fruto da terra uma oferta ao Senhor. Abel, por sua vez, trouxe as partes gordas das primeiras crias do seu rebanho. O Senhor aceitou com agrado Abel e sua oferta, mas não aceitou Caim e sua oferta. Por isso Caim se enfureceu e o seu rosto se transtornou. O Senhor disse a Caim: "Por que você está furioso? Por que se transtornou o seu rosto? Se você fizer o bem, não será aceito? Mas, se não o fizer, saiba que o pecado[1] o ameaça à porta; ele deseja conquistá-lo, mas você deve dominá-lo." Disse, porém, Caim a seu irmão Abel: "Vamos para o campo." Quando estavam lá, Caim atacou seu irmão Abel e o matou.

Os relatos trágicos dos erros e decisões equivocadas de Adão e Eva e de seu primogênito Caim ecoam nas histórias posteriores de sofrimento e infortúnio de seus filhos e netos. À medida que as pessoas deixavam a região do Éden para povoar o mundo, viajando até onde seus pés e animais podiam levá-las, o legado de ódio, rancor, assassinato e traição se transmitia, enquanto elas continuavam negligenciando sua relação com Deus. Com o tempo, quase todos se esqueceram completamente do seu Criador e do próprio sentido de suas vidas. A maioria passou a encarar a vida como uma grande festa, sem pensar nas consequências... com exceção de um homem.

1. **Pecado:** Maldade, falha moral, transgressão ou desobediência. Este termo se refere a qualquer ação, pensamento ou atitude que não obedeça aos parâmetros estabelecidos por Deus.

Capítulo 3

A arca de Noé

O Senhor viu que a perversidade do homem tinha aumentado na terra e que toda a inclinação dos pensamentos do seu coração era sempre e somente para o mal. Então o Senhor arrependeu-se de ter feito o homem sobre a terra, e isso cortou-lhe o coração. Disse o Senhor: "Farei desaparecer da face da terra o homem que criei, os homens e também os animais, grandes e pequenos, e as aves do céu. Arrependo-me de havê-los feito." A Noé, porém, o Senhor mostrou benevolência.

Eis a história da família de Noé:

Noé era homem justo,[1] íntegro entre o povo da sua época; ele andava com Deus. Noé gerou três filhos: Sem, Cam e Jafé. Ora, a terra estava corrompida aos olhos de Deus e cheia de violência.

Ao ver como a terra se corrompera, pois toda a humanidade havia corrompido a sua conduta, Deus disse a Noé: "Darei fim a todos os seres humanos, porque a terra encheu-se de violência por causa deles. Eu os destruirei com a terra. Você, porém, fará uma arca de madeira de cipreste; divida-a em compartimentos e revista-a de piche por dentro e por fora. Faça-a com cento e trinta e cinco metros de comprimento, vinte e dois metros e meio de largura e treze metros e meio de altura. Faça-lhe um teto com um vão de quarenta e cinco centímetros entre o teto e o corpo da arca. Coloque uma porta lateral na arca e faça um andar superior, um médio e um inferior. Eis que vou trazer águas sobre a terra, o Dilúvio, para destruir debaixo do céu toda criatura que tem fôlego de vida. Tudo o que há na terra perecerá. Mas com você estabelecerei a minha aliança,[2] e você entrará na arca com seus filhos, sua mulher e as mulheres de seus filhos. Faça entrar na arca um casal de cada um dos seres vivos, macho e fêmea, para conservá-los vivos com você. De cada espécie de ave, de cada espécie de animal grande e de cada espécie de animal pequeno que se move rente ao chão virá um casal a você para que sejam conservados vivos. E armazene todo tipo de alimento, para que você e eles tenham mantimento."

Noé fez tudo exatamente como Deus lhe tinha ordenado.

Então o Senhor disse a Noé: "Entre na arca, você e toda a sua família, porque você é o único justo que encontrei nesta geração. Leve com você sete casais de

---

1. **Justo:** Aquele que vive de acordo com os parâmetros estabelecidos por Deus. Quando aplicado a Deus, o termo se refere à Sua justiça e perfeição.
2. **Aliança:** Acordo ou promessa entre duas partes. Uma aliança era algo inquebrável.

cada espécie de animal puro, macho e fêmea, e um casal de cada espécie de animal impuro, macho e fêmea, e leve também sete casais de aves de cada espécie, macho e fêmea, a fim de preservá-los em toda a terra. Daqui a sete dias farei chover sobre a terra quarenta dias e quarenta noites, e farei desaparecer da face da terra todos os seres vivos que fiz." E Noé fez tudo como o Senhor lhe tinha ordenado.

Noé tinha seiscentos anos de idade quando as águas do Dilúvio vieram sobre a terra. Noé, seus filhos, sua mulher e as mulheres de seus filhos entraram na arca, por causa das águas do Dilúvio. Casais de animais grandes, puros e impuros, de aves e de todos os animais pequenos que se movem rente ao chão vieram a Noé e entraram na arca, como Deus tinha ordenado a Noé. E, depois dos sete dias, as águas do Dilúvio vieram sobre a terra.

No dia em que Noé completou seiscentos anos, um mês e dezessete dias, nesse mesmo dia todas as fontes das grandes profundezas jorraram e as comportas do céu se abriram. E a chuva caiu sobre a terra quarenta dias e quarenta noites.

Naquele mesmo dia, Noé e seus filhos, Sem, Cam e Jafé, com sua mulher e com as mulheres de seus três filhos, entraram na arca. Com eles entraram todos os animais de acordo com as suas espécies: todos os animais selvagens, todos os rebanhos domésticos, todos os demais seres vivos que se movem rente ao chão e todas as criaturas que têm asas: todas as aves e todos os outros animais que voam. Casais de todas as criaturas que tinham fôlego de vida vieram a Noé e entraram na arca. Os animais que entraram foram um macho e uma fêmea de cada ser vivo, conforme Deus ordenara a Noé. Então o Senhor fechou a porta.

Quarenta dias durou o Dilúvio, e as águas aumentaram e elevaram a arca acima da terra. As águas prevaleceram, aumentando muito sobre a terra, e a arca flutuava na superfície das águas. As águas dominavam cada vez mais a terra, e foram cobertas todas as altas montanhas debaixo do céu. As águas subiram até quase sete metros acima das montanhas. Todos os seres vivos que se movem sobre a terra pereceram: aves, rebanhos domésticos, animais selvagens, todas as pequenas criaturas que povoam a terra e toda a humanidade. Tudo o que havia em terra seca e tinha nas narinas o fôlego de vida morreu. Todos os seres vivos foram exterminados da face da terra; tanto os homens como os animais grandes, os animais pequenos que se movem rente ao chão e as aves do céu foram exterminados da terra. Só restaram Noé e aqueles que com ele estavam na arca. E as águas prevaleceram sobre a terra 150 dias.

O fim do Dilúvio

Então Deus lembrou-se de Noé e de todos os animais selvagens e rebanhos domésticos que estavam com ele na arca, e enviou um vento sobre a terra, e as águas começaram a baixar. As fontes das profundezas e as comportas do céu se fecharam, e a chuva parou. As águas foram baixando pouco a pouco sobre a terra. Ao fim de cento e cinquenta dias, as águas tinham diminuído, e, no décimo sétimo dia do sétimo mês, a arca pousou nas montanhas de Ararate. As águas continuaram a baixar até o décimo mês, e no primeiro dia do décimo mês apareceram os topos das montanhas.

No primeiro dia do primeiro mês do ano seiscentos e um da vida de Noé, secaram-se as águas na terra.

Noé então removeu o teto da arca e viu que a superfície da terra estava seca. No vigésimo sétimo dia do segundo mês, a terra estava completamente seca.

Então Deus disse a Noé: "Saia da arca, você e sua mulher, seus filhos e as mulheres deles. Faça que saiam também todos os animais que estão com você: as aves, os grandes animais e os pequenos que se movem rente ao chão. Faça-os sair para que se espalhem pela terra, sejam férteis e se multipliquem." Então Noé saiu da arca com sua mulher e seus filhos e as mulheres deles, e com todos os grandes animais e os pequenos que se movem rente ao chão e todas as aves. Tudo o que se move sobre a terra saiu da arca, uma espécie após outra.

Depois Noé construiu um altar dedicado ao Senhor e, tomando alguns animais e aves puros, ofereceu-os como holocausto, queimando-os sobre o altar. O Senhor sentiu o aroma agradável e disse a si mesmo: "Nunca mais amaldiçoarei a terra por causa do homem, pois o seu coração é inteiramente inclinado para o mal desde a infância. E nunca mais destruirei todos os seres vivos como fiz desta vez."

A aliança de Deus com Noé

Deus abençoou Noé e seus filhos, dizendo-lhes: "Sejam férteis, multipliquem-se e encham a terra. Todos os animais da terra tremerão de medo diante de vocês: os animais selvagens, as aves do céu, as criaturas que se movem rente ao chão e os peixes do mar; eles estão entregues em suas mãos."

Então disse Deus a Noé e a seus filhos, que estavam com ele: "Vou estabelecer a minha aliança com vocês e com os seus futuros descendentes, e com todo ser vivo que está com vocês: as aves, os rebanhos domésticos e os animais selvagens, todos os que saíram da arca com vocês, todos os seres vivos da terra. Estabeleço uma aliança com vocês: Nunca mais será ceifada nenhuma forma de vida pelas águas de um dilúvio; nunca mais haverá dilúvio para destruir a terra."

E Deus prosseguiu: "Este é o sinal da aliança que estou fazendo entre mim e vocês e com todos os seres vivos que estão com vocês, para todas as gerações futuras: o meu arco, que coloquei nas nuvens. Será o sinal da minha aliança com a terra."

"Toda vez que o arco-íris estiver nas nuvens, olharei para ele e me lembrarei da aliança eterna entre Deus e todos os seres vivos de todas as espécies que vivem na terra."

A terra se recuperou desse "ato de Deus" sob a forma de dilúvio. A vida animal e vegetal floresceu. A família de Noé repovoou a terra. O ciclo da vida prosseguiu e as pessoas se recordaram de Deus.

Então ouviu-se um murmúrio nos céus. Um ser cínico chamado Satanás apresentou o seguinte dilema cósmico ao Criador: "Os homens O amam, Deus, porque gozam de uma vida tranquila. Porém, caso o Senhor tornasse as coisas um pouco mais difíceis, eles Lhe voltariam as costas mais rápido do que gelo derrete em um braseiro."

Então o acusador contorceu os lábios e desafiou Deus: "O Senhor duvida? Deixe-me, então, testar Seu fiel seguidor, Jó."

Capítulo 4

Jó é posto à prova

Jó é um personagem que simboliza todo ser humano que, ante o problema do mal, se pergunta: por que pessoas inocentes tantas vezes têm que passar por sofrimentos atrozes? Na tradição dos povos, uma resposta muito comum é dizer que aquele que sofre está pagando por um mal que cometeu. E o responsável pelo castigo seria o próprio Deus, juiz que restabelece a ordem e o equilíbrio entre o bem e o mal.

Na terra de Uz vivia um homem chamado Jó. Era homem íntegro e justo; temia a Deus e evitava fazer o mal. Tinha ele sete filhos e três filhas e possuía sete mil ovelhas, três mil camelos, quinhentas juntas de bois e quinhentos jumentos, e tinha muita gente a seu serviço. Era o homem mais rico do Oriente.

Certo dia os anjos vieram apresentar-se ao Senhor, e Satanás também veio com eles. O Senhor disse a Satanás: "De onde você veio?" Satanás respondeu ao Senhor: "De perambular pela terra e andar por ela." Disse então o Senhor a Satanás: "Reparou em meu servo Jó? Não há ninguém na terra como ele, irrepreensível, íntegro, homem que teme a Deus e evita o mal." "Será que Jó não tem razões para temer a Deus?", respondeu Satanás. "Acaso não puseste uma cerca em volta dele, da família dele e de tudo o que ele possui? Tu mesmo tens abençoado tudo o que ele faz, de modo que os seus rebanhos estão espalhados por toda a terra. Mas estende a tua mão e fere tudo o que ele tem, e com certeza ele te amaldiçoará na tua face." O Senhor disse a Satanás: "Pois bem, tudo o que ele possui está nas suas mãos; apenas não toque nele." Então Satanás saiu da presença do Senhor.

Certo dia, quando os filhos e as filhas de Jó estavam num banquete, comendo e bebendo vinho na casa do irmão mais velho, um mensageiro veio dizer a Jó: "Os bois estavam arando e os jumentos estavam pastando por perto, quando os sabeus os atacaram e os levaram embora. Mataram à espada os empregados, e eu fui o único que escapou para lhe contar!" Enquanto ele ainda estava falando, chegou outro mensageiro e disse: "Fogo de Deus caiu do céu e queimou totalmente as ovelhas e os empregados, e eu fui o único que escapou para contar a você!" Enquanto ele ainda estava falando, chegou outro mensageiro e disse: "Vieram caldeus em três bandos, atacaram os camelos e os levaram embora. Mataram à espada os empregados, e eu fui o único que escapou para contar a você!" Enquanto ele ainda estava falando, chegou ainda outro mensageiro e disse: "Seus filhos e suas filhas estavam num banquete, comendo e bebendo vinho na casa do irmão mais velho, quando, de repente, um vento muito forte veio do deserto e atingiu os quatro cantos da casa, que desabou. Eles morreram, e eu fui o único que escapou para contar a você!"

Ao ouvir isso, Jó levantou-se, rasgou o manto e rapou a cabeça. Então prostrou-se com o rosto em terra, em adoração, e disse:

"Saí nu do ventre da minha mãe,
  e nu partirei.
O Senhor o deu, o Senhor o levou;
  louvado seja o nome do Senhor."

Em tudo isso Jó não pecou e não culpou a Deus de coisa alguma.

Num outro dia os anjos vieram apresentar-se ao Senhor, e Satanás também veio com eles para apresentar-se. O Senhor perguntou a Satanás, "De onde você veio?" Satanás respondeu ao Senhor: "De perambular pela terra e andar por ela." Disse então o Senhor a Satanás: "Reparou em meu servo Jó? Não há ninguém na terra como ele, irrepreensível, íntegro, homem que teme a Deus e evita o mal. Ele se mantém íntegro, apesar de você me haver instigado contra ele para arruiná-lo sem motivo." "Pele por pele!", respondeu Satanás. "Um homem dará tudo o que tem por sua vida. Estende a tua mão e fere a sua carne e os seus ossos, e com certeza ele te amaldiçoará na tua face." O Senhor disse a Satanás: "Pois bem, ele está nas suas mãos; apenas poupe a vida dele."

Saiu, pois, Satanás da presença do Senhor e afligiu Jó com feridas terríveis, da sola dos pés ao alto da cabeça. Então Jó apanhou um caco de louça e com ele se raspava, sentado entre as cinzas. Então sua mulher lhe disse: "Você ainda mantém a sua integridade? Amaldiçoe a Deus, e morra!" Ele respondeu: "Você fala como uma insensata. Aceitaremos o bem dado por Deus, e não o mal?" Em tudo isso Jó não pecou com seus lábios.

Os "amigos" de Jó tinham que encontrar nele algum pecado que explicasse todo aquele sofrimento. Mas Jó não aceita os argumentos deles, pois tem consciência de que é inocente. Então Deus seria injusto? Seus amigos, grandes mestres da sabedoria, não podem admitir uma coisa dessas e condenam Jó até por blasfêmia. Por isso o diálogo entre Jó e seus companheiros dá voltas e se repete sem resolver o dilema. Pois trata-se de um mistério.

Quando três amigos de Jó, Elifaz, de Temã, Bildade, de Suá, e Zofar, de Naamate, souberam de todos os males que o haviam atingido, saíram, cada um da sua região. Combinaram encontrar-se para, juntos, irem mostrar solidariedade a Jó e consolá-lo. Quando o viram a distância, mal puderam reconhecê-lo e começaram a chorar em alta voz. Cada um deles rasgou seu manto e colocou terra sobre a cabeça. Depois os três se assentaram no chão com ele, durante sete dias e sete noites. Ninguém lhe disse uma palavra, pois viam como era grande o seu sofrimento.

O discurso de Jó

Depois disso, Jó abriu a boca e amaldiçoou o dia do seu nascimento, dizendo:

"Pereça o dia do meu nascimento
e a noite em que se disse:
    'Nasceu um menino!'
Transforme-se aquele dia em trevas,
e Deus, lá do alto,
    não se importe com ele;
não resplandeça a luz sobre ele.
Não tenho paz,
    nem tranquilidade, nem descanso;
somente inquietação."

Então respondeu Elifaz, de Temã:

"Reflita agora:
Qual foi o inocente
    que chegou a perecer?

Onde os íntegros
    sofreram destruição?
Pelo que tenho observado,
quem cultiva o mal e semeia maldade,
    isso também colherá.
Pelo sopro de Deus são destruídos;
pelo vento de sua ira eles perecem.
Como é feliz o homem
    a quem Deus corrige;
portanto, não despreze
    a disciplina do Todo-poderoso."

Então Jó respondeu:

"Ensinem-me,
    e eu me calarei;
mostrem-me onde errei.
Vocês pretendem corrigir o que digo
    e tratar como vento
as palavras de um homem
desesperado?
Há alguma iniquidade em meus lábios?
Será que a minha boca
    não consegue discernir a maldade?"

Então Bildade, de Suá, respondeu:

"Quando você vai parar de falar?
    Proceda com sensatez,
e depois poderemos conversar.
A lâmpada do ímpio se apaga,
e a chama do seu fogo se extingue.
A calamidade tem fome de alcançá-lo;
a desgraça está à espera
    de sua queda
e consome partes da sua pele;
o primogênito da morte
    devora os membros do seu corpo.
É lançado da luz para as trevas;
é banido do mundo.

É assim a habitação do perverso;
essa é a situação de quem
não conhece a Deus."

Jó tomou a palavra e disse:

"Até quando vocês continuarão
  a atormentar-me
e a esmagar-me com palavras?
Vocês já me repreenderam dez vezes;
não se envergonham de agredir-me!
Misericórdia, meus amigos!
Misericórdia!
Pois a mão de Deus me feriu.
Por que vocês me perseguem
  como Deus o faz?
Nunca irão saciar-se da minha carne?"

Então Zofar, de Naamate, respondeu:

"Agitam-se os meus pensamentos
  e levam-me a responder
porque estou profundamente
  perturbado.
Certamente você sabe
  que sempre foi assim,
desde a antiguidade;
desde que o homem foi posto na terra,
o riso dos maus é passageiro,
e a alegria dos ímpios
  dura apenas um instante.
Os céus revelarão a sua culpa;
a terra se levantará contra ele.
Uma inundação arrastará a sua casa,
águas avassaladoras,
  no dia da ira de Deus.
Esse é o destino que Deus dá aos ímpios,
é a herança designada por Deus
  para eles."

Então Jó respondeu:

"Sei muito bem
o que vocês estão pensando,
as suas conspirações contra mim.
'Onde está agora a casa
do grande homem?', vocês perguntam.
'Onde a tenda dos ímpios?'
Por isso, como podem vocês
consolar-me com esses absurdos?
O que sobra das suas respostas
é pura falsidade!"

Então, Elifaz, de Temã, respondeu:

"Pode alguém ser útil a Deus?
Mesmo um sábio,
pode ser-lhe de algum proveito?
É por sua piedade
que ele o repreende
e faz acusações a você?
Não é grande a sua maldade?
Não são infindos os seus pecados?
Por isso está cercado de armadilhas
e o perigo repentino o apavora.
Também por isso você se vê envolto
em escuridão que o cega,
e o cobrem as águas,
em tremenda inundação."

Então Jó respondeu:

"Até agora me queixo com amargura;
a mão dele é pesada,
a despeito de meu gemido.
Se tão somente eu soubesse
onde encontrá-lo e como ir à sua habitação!
Eu lhe apresentaria a minha causa
e encheria a minha boca
de argumentos.

Estudaria o que ele me respondesse
e analisaria o que me dissesse.
Será que ele se oporia a mim
    com grande poder?
Não, ele não me faria acusações.
O homem íntegro poderia
    apresentar-lhe sua causa;
eu seria liberto para sempre
    de quem me julga.

Pelo Deus vivo,
    que me negou justiça,
pelo Todo-poderoso,
    que deu amargura à minha alma,
enquanto eu tiver vida em mim,
o sopro de Deus em minhas narinas,
meus lábios não falarão maldade,
e minha língua não proferirá
    nada que seja falso.
Nunca darei razão a vocês!
Minha integridade não negarei jamais,
    até a morte.
Manterei minha retidão
    e nunca a deixarei;
enquanto eu viver,
    a minha consciência
    não me repreenderá.

Clamo a ti, ó Deus,
    mas não me respondes;
fico em pé, mas apenas
    olhas para mim.
Contra mim te voltas com dureza
e me atacas com a força de tua mão.
Tu me apanhas
    e me levas contra o vento
e me jogas de um lado a outro
    na tempestade.
Sei que me farás descer até a morte,
    ao lugar destinado a todos os viventes."

A questão é resolvida quando o próprio Deus intervém "do meio da tempestade", isto é, de um outro plano, de uma outra perspectiva muito além da nossa aqui na terra. Deus vai repreender Jó por ter pretendido entender coisas "que nos ultrapassam", mas vai também reconhecer que Jó estava correto, e seus amigos, errados. Jó viu Deus com seus próprios olhos porque foi visitado pelo abismo do sofrimento mas permaneceu fiel, não maldisse a Deus nem desprezou sua consciência. Por isso foi recompensado.

Então o Senhor respondeu a Jó do meio da tempestade e disse:

"Quem é esse que obscurece
  o meu conselho
  com palavras sem conhecimento?
Prepare-se como simples homem;
vou fazer perguntas a você,
  e você me responderá.
Onde você estava quando lancei
  os alicerces da terra?
  Responda-me, se é que você sabe tanto.
Quem marcou os limites
  das suas dimensões?
Talvez você saiba!
E quem estendeu sobre ela
  a linha de medir?
E os seus fundamentos,
  sobre o que foram postos?
E quem colocou sua pedra de esquina,
enquanto as estrelas matutinas
  juntas cantavam
e todos os anjos se regozijavam?
Você já deu ordens à manhã
ou mostrou à alvorada o seu lugar,
para que ela apanhasse a terra
  pelas pontas
e sacudisse dela os ímpios?
Como se vai ao lugar
  onde mora a luz?
E onde está a residência das trevas?

Poderá você conduzi-las
    ao lugar que lhes pertence?
Conhece o caminho
    da habitação delas?
Talvez você conheça,
    pois você já tinha nascido!
Você já viveu tantos anos!
Você é capaz de levantar a voz
    até as nuvens
e cobrir-se com uma inundação?
É você que envia os relâmpagos,
e eles respondem: 'Aqui estamos'?
Quem foi que deu sabedoria
    ao coração
e entendimento à mente?
Quem é que tem sabedoria
    para avaliar as nuvens?
Quem é capaz de despejar
    os cântaros de água dos céus,
quando o pó se endurece
e os torrões de terra
    aderem uns aos outros?"

Então Jó respondeu ao Senhor:

"Sou indigno;
    como posso responder-te?
Ponho a mão sobre a minha boca.
Falei uma vez,
    mas não tenho resposta;
sim, duas vezes,
    mas não direi mais nada."

Depois, o Senhor falou a Jó do meio da tempestade:

"Prepare-se
    como simples homem que é;
    eu farei perguntas,
    e você me responderá.
Você vai pôr em dúvida
    a minha justiça?

Vai condenar-me para justificar-se?
Seu braço é como o de Deus,
e sua voz pode trovejar como a dele?
Adorne-se, então,
    de esplendor e glória[1]
e vista-se de majestade e honra.
Derrame a fúria da sua ira,
olhe para todo orgulhoso
    e lance-o por terra,
olhe para todo orgulhoso
    e humilhe-o,
esmague os ímpios onde estiverem.
Enterre-os todos juntos no pó;
encubra os rostos deles no túmulo.
Então admitirei que a sua mão direita
    pode salvá-lo."

Então Jó respondeu ao Senhor:

"Sei que podes fazer todas as coisas;
nenhum dos teus planos
    pode ser frustrado.
Tu perguntaste: 'Quem é esse
    que obscurece o meu conselho
    sem conhecimento?'
Certo é que falei de coisas
    que eu não entendia,
coisas tão maravilhosas
    que eu não poderia saber.

Tu disseste:
    'Agora escute, e eu falarei;
vou fazer perguntas,
    e você me responderá.'
Meus ouvidos já tinham
    ouvido a teu respeito,
mas agora os meus olhos te viram.

---

1. **Glória:** A grandiosidade e esplendor intangíveis e incomparáveis de Deus. Aquele que glorifica a Deus honra o Seu nome.

Por isso menosprezo a mim mesmo
e me arrependo no pó e na cinza."

Depois que o Senhor disse essas palavras a Jó, disse também a Elifaz, de Temã: "Estou indignado com você e com os seus dois amigos, pois vocês não falaram o que é certo a meu respeito, como fez meu servo Jó. Vão agora até meu servo Jó, levem sete novilhos e sete carneiros, e com eles apresentem holocaustos[2] em favor de vocês mesmos. Meu servo Jó orará por vocês; eu aceitarei a oração dele e não farei a vocês o que merecem pela loucura que cometeram. Vocês não falaram o que é certo a meu respeito, como fez meu servo Jó." Então Elifaz, de Temã, Bildade, de Suá, e Zofar, de Naamate, fizeram o que o Senhor lhes ordenara; e o Senhor aceitou a oração de Jó.

Depois que Jó orou por seus amigos, o Senhor o tornou novamente próspero e lhe deu em dobro tudo o que tinha antes. Todos os seus irmãos e irmãs e todos os que o haviam conhecido anteriormente vieram comer com ele em sua casa. Eles o consolaram e o confortaram por todas as tribulações que o Senhor tinha trazido sobre ele, e cada um lhe deu uma peça de prata e um anel de ouro.

O Senhor abençoou o final da vida de Jó mais do que o início. Ele teve catorze mil ovelhas, seis mil camelos, mil juntas de bois e mil jumentos. Também teve ainda sete filhos e três filhas. À primeira filha deu o nome de Jemima, à segunda o de Quézia e à terceira o de Quéren-Hapuque. Em parte alguma daquela terra havia mulheres tão bonitas como as filhas de Jó, e seu pai lhes deu herança junto com os seus irmãos.

Depois disso Jó viveu cento e quarenta anos; viu seus filhos e os descendentes deles até a quarta geração. E então morreu, em idade muito avançada.

Assim, os negócios dos antigos prosperaram, colônias e fazendas nômades se desenvolveram e rotas comerciais trouxeram riquezas e possibilitaram viagens. Era hora da próxima ação de Deus, hora de construir uma nação na terra que se tornaria o lar cultural e étnico de um povo cuja história será contada mais adiante.

Abrão (cujo nome Deus modificou posteriormente para Abraão) possuía todas as qualidades erradas para ser o fundador da nação de Deus: seus parentes adoravam outros deuses em um país distante daquele que se tornaria a terra prometida; Abrão e sua esposa, Sarai (cujo nome Deus modificou posteriormente para Sara), estavam velhos demais para procriar – o que significava que não haveria crianças para povoar a nação de Deus. Mas para Deus aquilo não era problema. Ele prometeu o impossível a Abrão, e o impossível aconteceu. Vamos ver como.

---

2. **Apresentar holocausto:** Sacrifício em que a oferenda era completamente queimada.

Capítulo 5

A jornada de Abraão

Então o Senhor disse a Abrão: "Saia da sua terra, do meio dos seus parentes e da casa de seu pai, e vá para a terra que eu lhe mostrarei.

"Farei de você um grande povo,
e o abençoarei.
Tornarei famoso o seu nome,
e você será uma bênção.
Abençoarei os que o abençoarem
e amaldiçoarei os que o amaldiçoarem;
e por meio de você
todos os povos da terra
serão abençoados."

Partiu Abrão, como lhe ordenara o Senhor, e Ló foi com ele. Abrão tinha setenta e cinco anos quando saiu de Harã. Levou sua mulher Sarai, seu sobrinho Ló, todos os bens que haviam acumulado e os seus servos, comprados em Harã; partiram para a terra de Canaã e lá chegaram.

Por fé,[1] Abraão, ao ser chamado para um destino que mais tarde receberia como herança, obedeceu e foi, embora não soubesse para onde se encaminhava.

Abrão atravessou a terra até o lugar do carvalho de Moré, em Siquém. Naquela época, os cananeus habitavam essa terra. O Senhor apareceu a Abrão e disse: "À sua descendência darei esta terra." Abrão construiu ali um altar dedicado ao Senhor, que lhe havia aparecido.

Ló, que acompanhava Abrão, também possuía rebanhos e tendas. E não podiam morar os dois juntos na mesma região, porque possuíam tantos bens que a terra não podia sustentá-los.

Disse o Senhor a Abrão, depois que Ló separou-se dele: "De onde você está, olhe para o norte, para o sul, para o leste e para o oeste: toda a terra que você está vendo darei a você e à sua descendência para sempre. Tornarei a sua descendência tão numerosa como o pó da terra. Se for possível contar o pó da terra, também se poderá contar a sua descendência. Percorra esta terra de alto a baixo,

1. **Fé:** Confiança absoluta. A verdadeira fé é mais profunda do que a concordância intelectual com os fatos – ela afeta os desejos do coração de uma pessoa.

de um lado a outro, porque eu a darei a você." Então Abrão mudou seu acampamento e passou a viver próximo aos carvalhos de Manre, em Hebrom, onde construiu um altar dedicado ao Senhor.

Por fé, ele estabeleceu seu lar na terra prometida como um forasteiro em um país estranho; viveu em tendas, assim como Esaú e Jacó, que eram, como ele, herdeiros da mesma promessa. Pois ele ansiava pela cidade com alicerces, arquitetada e construída por Deus.

Ló tomou algumas decisões erradas e envolveu-se em grandes problemas. Foi, então, viver em Sodoma, o que foi uma péssima escolha. Pois logo os reis de Sodoma, Gomorra e outros três governantes uniram-se para enfrentar um exército inimigo. Os reis de Sodoma e Gomorra saíram derrotados e as cidades foram saqueadas. Ló e sua família estavam entre os prisioneiros.

Quando a notícia chegou a Abrão, ele reuniu 318 soldados e, sem hesitação, partiu para resgatar seu sobrinho. O ataque noturno que executaram apanhou os saqueadores de surpresa. Abrão libertou os prisioneiros e recuperou o que havia sido saqueado. Ao conhecer um sacerdote chamado Melquisedeque, entregou um décimo da pilhagem para Deus, devolvendo o restante para o rei de Sodoma.

Apesar de Abrão ter uma consciência cada vez maior do poder de Deus, ainda havia um problema que nem mesmo o Todo-poderoso parecia capaz de solucionar. Era a maior causa da angústia de Abrão e o tema principal de seus diálogos com o Senhor.

A aliança de Deus com Abrão

Depois dessas coisas, o Senhor falou a Abrão numa visão:

"Não tenha medo, Abrão!
Eu sou o seu escudo;
grande será a sua recompensa!"

Mas Abrão perguntou: "Ó Soberano Senhor, que me darás, se continuo sem filhos e o herdeiro do que possuo é Eliézer de Damasco?" E acrescentou: "Tu não me deste filho algum! Um servo da minha casa será o meu herdeiro!" Então o Senhor deu-lhe a seguinte resposta: "Seu herdeiro não será esse. Um filho gerado por você mesmo será o seu herdeiro." Levando-o para fora da tenda, disse-lhe: "Olhe para o céu e conte as estrelas, se é que pode contá-las." E prosseguiu: "Assim será a sua descendência." Abrão creu no Senhor, e isso lhe foi creditado como justiça.

Contra todas as probabilidades, Abrão manteve a esperança e acreditou, tornando-se então o pai de muitas nações, como lhe fora dito: "Assim será a sua descendência." Sem que sua fé esmorecesse, ele encarou o fato de que seu corpo era como o de um morto - uma vez que tinha cerca de cem anos de idade - e que o ventre de Sarai também não possuía vida. Porém manteve sua crença na promessa do Senhor, teve sua fé reforçada e louvou a Deus, convencendo-se totalmente de que Ele tinha o poder de realizar o que prometera.

Abrão acreditou que a criança prometida viria de seu próprio corpo, porém Deus não dissera que Sarai seria a mãe. Em uma atitude comum naquela época, ambos decidiram que a serva de Sarai, Hagar, seria mãe da criança prometida. No entanto, depois que Hagar engravidou, ela e Sarai se desentenderam, a serva foi mandada embora e pôs-se a vagar pelo deserto. No instante em que ela perdeu as esperanças, Deus lhe dirigiu Sua palavra.

Disse-lhe então o Anjo do Senhor: "Volte à sua senhora e sujeite-se a ela." Disse mais o Anjo: "Multiplicarei tanto os seus descendentes que ninguém os poderá contar."

Disse-lhe ainda o Anjo do Senhor:

"Você está grávida e terá um filho,
 e lhe dará o nome de Ismael,
porque o Senhor a ouviu
 em seu sofrimento.
Ele será como jumento selvagem;
sua mão será contra todos,
 e a mão de todos contra ele,
e ele viverá em hostilidade
 contra todos os seus irmãos."

Este foi o nome que ela deu ao Senhor, que lhe havia falado: "Tu és o Deus que me vê", pois dissera: "Teria eu visto Aquele que me vê?" Por isso o poço que fica entre Cades e Berede foi chamado Beer-Laai-Roi.

Hagar teve um filho de Abrão, e este lhe deu o nome de Ismael. Abrão estava com oitenta e seis anos de idade quando Hagar lhe deu Ismael.

Circuncisão: o sinal da aliança

Quando Abrão estava com noventa e nove anos de idade o Senhor lhe apareceu e disse: "Eu sou o Deus todo-poderoso; ande segundo a minha vontade e seja íntegro. Estabelecerei a minha aliança entre mim e você e multiplicarei muitíssimo a sua descendência."

Abrão prostrou-se com o rosto em terra, e Deus lhe disse:

"De minha parte, esta é a minha aliança com você. Você será o pai de muitas nações. Não será mais chamado Abrão; seu nome será Abraão, porque eu o constituí pai de muitas nações. Eu o tornarei extremamente prolífero; de você farei nações e de você procederão reis. Estabelecerei a minha aliança como aliança eterna entre mim e você e os seus futuros descendentes, para ser o seu Deus e o Deus dos seus descendentes. Toda a terra de Canaã, onde agora você é estrangeiro, darei como propriedade perpétua a você e a seus descendentes; e serei o Deus deles."

"De sua parte", disse Deus a Abraão, "guarde a minha aliança, tanto você como os seus futuros descendentes. Esta é a minha aliança com você e com os seus descendentes, aliança que terá que ser guardada: Todos os do sexo masculino entre vocês serão circuncidados[2] na carne. Terão que fazer essa marca, que será o sinal da aliança entre mim e vocês."

"Qualquer do sexo masculino que for incircunciso, que não tiver sido circuncidado, será eliminado do meio do seu povo; quebrou a minha aliança."

Disse também Deus a Abraão: "De agora em diante sua mulher já não se chamará Sarai; seu nome será Sara. Eu a abençoarei e também por meio dela darei a você um filho. Sim, eu a abençoarei e dela procederão nações e reis de povos."

O Senhor foi bondoso com Sara, como lhe dissera, e fez por ela o que prometera. Sara engravidou e deu um filho a Abraão em sua velhice na época fixada por Deus em sua promessa.

E, por fé, até mesmo Sara, que já passara da idade de ter filhos, pôde engravidar, pois considerou fidedigno aquele que lhe fizera a promessa. E, daquele homem cujo corpo era como o de um morto, nasceram descendentes tão numerosos quanto as estrelas do céu e tão incontáveis quanto a areia do litoral.

Abraão deu o nome de Isaque ao filho que Sara lhe dera. Quando seu filho Isaque tinha oito dias de vida, Abraão o circuncidou, conforme Deus lhe havia ordenado. Estava ele com cem anos de idade quando lhe nasceu Isaque, seu filho.

E Sara disse: "Deus me encheu de riso, e todos os que souberem disso rirão comigo." E acrescentou: "Quem diria a Abraão que Sara amamentaria filhos? Contudo eu lhe dei um filho em sua velhice!"

---

2. **Circuncidados:** Aqueles que sofreram *circuncisão*, remoção cirúrgica do prepúcio, executada no oitavo dia após o nascimento. No Velho Testamento, este ritual simbolizava a entrada do bebê na comunidade hebraica. Muitas vezes, o termo é utilizado na Bíblia de forma metafórica, em referência à obediência profunda representada pelo símbolo externo da circuncisão.

Deus deu a Abraão a criança prometida. Porém Abraão já tivera um filho com Hagar: Ismael. O que aconteceria com ele?

Abraão expulsa Hagar e Ismael

O menino cresceu e foi desmamado. No dia em que Isaque foi desmamado, Abraão deu uma grande festa. Sara, porém, viu que o filho que Hagar, a egípcia, dera a Abraão estava rindo de Isaque, e disse a Abraão: "Livre-se daquela escrava e do seu filho, porque ele jamais será herdeiro com o meu filho Isaque."

Isso perturbou demais Abraão, pois envolvia um filho seu. Mas Deus lhe disse: "Não se perturbe por causa do menino e da escrava. Atenda a tudo o que Sara lhe pedir, porque será por meio de Isaque que a sua descendência há de ser considerada. Mas também do filho da escrava farei um povo; pois ele é seu descendente." Na manhã seguinte, Abraão pegou alguns pães e uma vasilha de couro cheia d'água, entregou-os a Hagar e, tendo-os colocado nos ombros dela, despediu-a com o menino.

Ela se pôs a caminho e ficou vagando pelo deserto de Berseba. Quando acabou a água da vasilha, ela deixou o menino debaixo de um arbusto e foi sentar-se perto dali, à distância de um tiro de flecha, porque pensou: "Não posso ver o menino morrer." Sentada ali perto, começou a chorar.

Deus ouviu o choro do menino, e o anjo de Deus, do céu, chamou Hagar e lhe disse: "O que a aflige, Hagar? Não tenha medo; Deus ouviu o menino chorar, lá onde você o deixou. Levante o menino e tome-o pela mão, porque dele farei um grande povo." Então Deus lhe abriu os olhos, e ela viu uma fonte. Foi até lá, encheu de água a vasilha e deu de beber ao menino.

Deus estava com o menino. Ele cresceu, viveu no deserto e tornou-se flecheiro. Vivia no deserto de Parã, e sua mãe conseguiu-lhe uma mulher da terra do Egito.

Deus prova Abraão

Passado algum tempo, Deus pôs Abraão à prova, dizendo-lhe: "Abraão!" Ele respondeu: "Eis-me aqui." Então disse Deus: "Tome seu filho, seu único filho, Isaque, a quem você ama, e vá para a região de Moriá. Sacrifique-o ali como holocausto num dos montes que lhe indicarei."

Na manhã seguinte, Abraão levantou-se e preparou o seu jumento. Levou consigo dois de seus servos e Isaque, seu filho. Depois de cortar lenha para o holocausto, partiu em direção ao lugar que Deus lhe havia indicado. No terceiro dia de viagem, Abraão olhou e viu o lugar ao longe. Disse ele a seus servos: "Fiquem aqui com o jumento enquanto eu e o rapaz vamos até lá. Depois de adorar, voltaremos."

Abraão pegou a lenha para o holocausto e a colocou nos ombros de seu filho Isaque, e ele mesmo levou as brasas para o fogo, e a faca. E, caminhando os dois juntos, Isaque disse a seu pai, Abraão: "Meu pai!" "Sim, meu filho", respondeu Abraão. Isaque perguntou: "As brasas e a lenha estão aqui, mas onde está o cordeiro para o holocausto?" Respondeu Abraão: "Deus mesmo há de prover o cordeiro para o holocausto, meu filho." E os dois continuaram a caminhar juntos.

Quando chegaram ao lugar que Deus lhe havia indicado, Abraão construiu um altar e sobre ele arrumou a lenha. Amarrou seu filho Isaque e o colocou sobre o altar, em cima da lenha. Então estendeu a mão e pegou a faca para sacrificar seu filho.

Mas o Anjo do Senhor o chamou do céu: "Abraão! Abraão!" "Eis-me aqui", respondeu ele. "Não toque no rapaz", disse o Anjo. "Não lhe faça nada. Agora sei que você teme a Deus, porque não me negou seu filho, o seu único filho."

Abraão ergueu os olhos e viu um carneiro preso pelos chifres num arbusto. Foi lá pegá-lo e o sacrificou como holocausto em lugar de seu filho.

Pela fé, Abraão ofereceu Isaque como sacrifício ao ser testado por Deus. Ele, que crera nas promessas, estava prestes a imolar seu único filho, embora o Senhor tivesse lhe dito: "É por Isaque que uma descendência perpetuará o teu nome." Abraão concluiu que Deus podia até mesmo ressuscitar os mortos; assim, de certa forma, ele de fato recebeu Isaque de volta da morte.

Abraão deu àquele lugar o nome de "O Senhor Proverá". Por isso até hoje se diz: "No monte do Senhor se proverá."

Pela segunda vez o Anjo do Senhor chamou do céu a Abraão e disse: "Juro por mim mesmo", declara o Senhor, "que, por ter feito o que fez, não me negando seu filho, o seu único filho, esteja certo de que o abençoarei e farei seus descendentes tão numerosos como as estrelas do céu e como a areia das praias do mar. Sua descendência conquistará as cidades dos que lhe forem inimigos e, por meio dela, todos os povos da terra serão abençoados, porque você me obedeceu."

Quando mais tarde Sara morreu, Abraão comprou um terreno e a enterrou, perguntando-se o que seria dele, de Isaque e da promessa de Deus. Abraão esposou outra mulher, chamada Quetura, e teve mais filhos. Porém toda a sua propriedade foi herdada pelo seu filho prometido, Isaque. Abraão morreu aos 175 anos de idade e foi enterrado ao lado de Sara. A história, no entanto, está longe do fim.

Isaque se casou com Rebeca. Como era o costume, sua esposa foi escolhida para ele, que, no entanto, a amava de verdade. Vinte anos depois do casamento o casal ainda não tinha filhos; porém, em resposta a várias preces, Rebeca deu à luz gêmeos. Esaú, o primogênito, cresceu amando a natureza e a caça. Ele era o favorito de seu pai. Jacó, o mais jovem, era calado e passava os dias em casa;

era claramente o favorito da mãe. Os dois competiam pela herança, e Jacó se mostrou um exímio estrategista.

Um dia Esaú chegou faminto em casa, pedindo um pouco do cozido que Jacó estava preparando. Jacó aproveitou a oportunidade para "vender" a refeição ao irmão em troca do seu direito de primogenitura, que conferia a Esaú o dobro da herança.

No dia seguinte Isaque jazia em sua cama, fraco e cego, e pediu a seu filho caçador uma refeição saborosa feita de carne de caça assada na brasa. Após a refeição, Isaque transmitiria oficialmente sua bênção a Esaú. Aquele seria o grande – e tão esperado – dia do primogênito.

Ao ouvir às escondidas o plano de Isaque, Rebeca tramou um golpe. Vestiu Jacó, seu favorito, com as roupas de Esaú e apressou-se a cozinhar um pouco de carne de cabra que Jacó, disfarçado com as roupas do irmão, levou ao quarto do pai. Duas vezes o velho Isaque, apertando os olhos e tateando, se perguntou se aquele era de fato seu filho primogênito. Duas vezes Jacó mentiu para o seu pai idoso. Ao tocar a mão de Jacó, coberta de pele de bode para se assemelhar à mão cabeluda de Esaú, Isaque lhe concedeu a bênção, confirmando que lhe deixaria o dobro da herança material de forma irrevogável. Logo em seguida Esaú chegou com o prato de carne e descobriu que sua mãe e seu irmão haviam roubado todo o seu futuro. Sentindo uma raiva imensa, ameaçou matar Jacó. Rebeca interveio mais uma vez e enviou o filho mais novo para viver com alguns parentes que moravam distante, até a ira de Esaú diminuir.

Jacó se apaixonou por Raquel, filha de seu empregador, e trabalhou para sua família até poder desposá-la. Mas, como parte do acordo, Jacó foi antes obrigado a se casar com Lia, a irmã mais velha de Raquel. Por 20 anos, ele cuidou do rebanho e do plantio, até finalmente levar sua prole numerosa para conhecer os filhos de Esaú. Teve, no entanto, o cuidado de se aproximar de seu irmão com respeito e humildade. A mágoa que os separava era profunda e antiga, de modo que ele não sabia ao certo como Esaú o receberia.

Capítulo 6

Esaú e Jacó

Jacó mandou mensageiros adiante dele a seu irmão Esaú, na região de Seir, território de Edom. E lhes ordenou: "Vocês dirão o seguinte ao meu senhor Esaú: Assim diz teu servo Jacó: Morei na casa de Labão e com ele permaneci até agora. Tenho bois e jumentos, ovelhas e cabras, servos e servas. Envio agora esta mensagem ao meu senhor, para que me recebas bem."

Quando os mensageiros voltaram a Jacó, disseram-lhe: "Fomos até seu irmão Esaú, e ele está vindo ao seu encontro, com quatrocentos homens."

Jacó encheu-se de medo e foi tomado de angústia. Então dividiu em dois grupos todos os que estavam com ele, bem como as ovelhas, as cabras, os bois e os camelos, pois assim pensou: "Se Esaú vier e atacar um dos grupos, o outro poderá escapar."

Então Jacó orou: "Ó Deus de meu pai Abraão, Deus de meu pai Isaque, ó Senhor que me disseste: 'Volte para a sua terra e para os seus parentes e eu o farei prosperar'; não sou digno de toda a bondade e lealdade com que trataste o teu servo. Quando atravessei o Jordão eu tinha apenas o meu cajado, mas agora possuo duas caravanas. Livra-me, rogo-te, das mãos de meu irmão Esaú, porque tenho medo que ele venha nos atacar, tanto a mim como às mães e às crianças. Pois tu prometeste: 'Esteja certo de que eu o farei prosperar e farei os seus descendentes tão numerosos como a areia do mar, que não se pode contar'".

Depois de passar ali a noite, escolheu entre os seus rebanhos um presente para o seu irmão Esaú: duzentas cabras e vinte bodes, duzentas ovelhas e vinte carneiros, trinta fêmeas de camelo com seus filhotes, quarenta vacas e dez touros, vinte jumentas e dez jumentos. Designou cada rebanho sob o cuidado de um servo e disse-lhes: "Vão à minha frente e mantenham certa distância entre um rebanho e outro." Ao que ia à frente deu a seguinte instrução: "Quando meu irmão Esaú encontrar-se com você e lhe perguntar: 'A quem você pertence, para onde vai e de quem é todo este rebanho à sua frente?', você responderá: É do teu servo Jacó. É um presente para o meu senhor Esaú; e ele mesmo está vindo atrás de nós." Também instruiu o segundo, o terceiro e todos os outros que acompanhavam os rebanhos: "Digam também a mesma coisa a Esaú quando o encontrarem. E acrescentem: Teu servo Jacó está vindo atrás de nós." Porque pensava: "Eu o apaziguarei com esses presentes que estou enviando antes de mim; mais tarde, quando eu o vir, talvez me receba." Assim os presentes de Jacó seguiram à sua frente; ele, porém, passou a noite no acampamento.

Jacó luta com Deus

Naquela noite, Jacó levantou-se, tomou suas duas mulheres, suas duas servas e seus onze filhos para atravessar o lugar de passagem do Jaboque. Depois de havê-los feito atravessar o ribeiro, fez passar também tudo o que possuía. E Jacó ficou sozinho.

Então veio um homem que se pôs a lutar com ele até o amanhecer. Quando o homem viu que não poderia dominar Jacó, tocou-lhe na articulação da coxa, de forma que a deslocou enquanto lutavam. Então o homem disse: "Deixe-me ir, pois o dia já desponta." Mas Jacó lhe respondeu: "Não te deixarei ir, a não ser que me abençoes." O homem lhe perguntou: "Qual é o seu nome?" "Jacó", respondeu ele. Então disse o homem: "Seu nome não será mais Jacó, mas sim Israel, porque você lutou com Deus e com homens e venceu." Prosseguiu Jacó: "Peço-te que digas o teu nome." Mas ele respondeu: "Por que pergunta o meu nome?" E o abençoou ali.

Jacó chamou àquele lugar Peniel, pois disse: "Vi a Deus face a face e, todavia, minha vida foi poupada."

O encontro de Esaú e Jacó

Quando Jacó olhou e viu que Esaú estava se aproximando com quatrocentos homens, dividiu as crianças entre Lia, Raquel e as duas servas. Colocou as servas e os seus filhos à frente; Lia e seus filhos depois; e Raquel com José por último. Ele mesmo passou à frente e, ao aproximar-se do seu irmão, curvou-se até o chão sete vezes. Mas Esaú correu ao encontro de Jacó e abraçou-se ao seu pescoço e o beijou. Então Esaú ergueu o olhar e viu as mulheres e as crianças. E perguntou: "Quem são estes?" Jacó respondeu: "São os filhos que Deus concedeu ao teu servo." Então as servas e os seus filhos se aproximaram e se curvaram. Depois, Lia e os seus filhos vieram e se curvaram. Por último, chegaram José e Raquel, e também se curvaram. Esaú perguntou: "O que você pretende com todos os rebanhos que encontrei pelo caminho?" "Ser bem recebido por ti, meu senhor", respondeu Jacó. Disse, porém, Esaú: "Eu já tenho muito, meu irmão. Guarde para você o que é seu." Mas Jacó insistiu: "Não! Se te agradaste de mim, aceita este presente de minha parte, porque ver a tua face é como contemplar a face de Deus; além disso, tu me recebeste tão bem! Aceita, pois, o presente que te foi trazido, pois Deus tem sido favorável para comigo, e eu já tenho tudo o que necessito." Jacó tanto insistiu que Esaú acabou aceitando.

Então disse Esaú: "Vamos seguir em frente. Eu o acompanharei."

O retorno de Jacó a Betel

Deus disse a Jacó: "Suba a Betel e estabeleça-se lá, e faça um altar ao Deus que lhe apareceu quando você fugia do seu irmão, Esaú."

Disse, pois, Jacó aos de sua casa e a todos os que estavam com ele: "Livrem-se dos deuses estrangeiros que estão entre vocês, purifiquem-se e troquem de roupa. Venham! Vamos subir a Betel, onde farei um altar ao Deus que me ouviu no dia da minha angústia e que tem estado comigo por onde tenho andado." Então entregaram a Jacó todos os deuses estrangeiros que possuíam e os brincos que usavam nas orelhas, e Jacó os enterrou ao pé da grande árvore, próximo a

Siquém. Quando eles partiram, o terror de Deus caiu de tal maneira sobre as cidades ao redor, que ninguém ousou perseguir os filhos de Jacó.

Jacó e todos os que com ele estavam chegaram a Luz, que é Betel, na terra de Canaã. Nesse lugar construiu um altar e lhe deu o nome de El-Betel, porque ali Deus havia se revelado a ele quando fugia do seu irmão.

Depois que Jacó retornou de Padã-Arã, Deus lhe apareceu de novo e o abençoou, dizendo: "Seu nome é Jacó, mas você não será mais chamado Jacó; seu nome será Israel." Assim lhe deu o nome de Israel.

E Deus ainda lhe disse: "Eu sou o Deus todo-poderoso; seja prolífero e multiplique-se. De você procederão uma nação e uma comunidade de nações, e reis estarão entre os seus descendentes. A terra que dei a Abraão e a Isaque, dou a você; e também aos seus futuros descendentes darei esta terra."

A morte de Isaque e de Raquel

Eles partiram de Betel, e, quando ainda estavam a certa distância de Efrata, Raquel começou a dar à luz com grande dificuldade. E, enquanto sofria muito, tentando dar à luz, a parteira lhe disse: "Não tenha medo, pois você ainda terá outro menino." Já a ponto de sair-lhe a vida, quando estava morrendo, deu ao filho o nome de Benoni. Mas o pai deu-lhe o nome de Benjamim.

Assim morreu Raquel, e foi sepultada junto do caminho de Efrata, que é Belém.

Jacó

Jacó teve doze filhos:

Estes foram seus filhos com Lia:
Rúben, o filho mais velho de Jacó,
Simeão, Levi, Judá, Issacar e Zebulom.

Estes foram seus filhos
com Raquel: José e Benjamim.

Estes foram seus filhos com Bila,
serva de Raquel: Dã e Naftali.

Estes foram seus filhos com Zilpa,
serva de Lia: Gade e Aser.

Foram esses os filhos de Jacó,
nascidos em Padã-Arã.

Na época em que Israel vivia naquela região, Rúben deitou-se com Bila, concubina de seu pai. E Israel ficou sabendo disso.

Depois Jacó foi visitar seu pai Isaque em Manre, perto de Quiriate-Arba, que é Hebrom, onde Abraão e Isaque tinham morado. Isaque viveu cento e oitenta anos. Morreu em idade bem avançada e foi reunido aos seus antepassados. E seus filhos, Esaú e Jacó, o sepultaram.

A história de promessa e prosperidade de Deus passa de Jacó a seu filho José. Dos 12 filhos de Jacó, José era claramente o favorito do pai, o que levou os demais a sentirem rancor contra o irmão mais novo. Jacó conseguiu apenas aumentar a tensão na família ao dar um belo casaco para o seu preferido. E José também contribuiu, ao contar duas vezes para os irmãos mais velhos o sonho que tivera, no qual eles um dia se prostrariam aos seus pés. Finalmente os irmãos resolveram eliminar o caçula arrogante e tramaram uma conspiração. José tinha então 17 anos de idade.

Capítulo 7

José: de escravo a ministro do faraó

Os irmãos de José tinham ido cuidar dos rebanhos do pai, perto de Siquém. Disse-lhe o pai: "Vá ver se está tudo bem com os seus irmãos e com os rebanhos, e traga-me notícias." Jacó o enviou quando estava no vale de Hebrom.

Mas José se perdeu quando se aproximava de Siquém; um homem o encontrou vagueando pelos campos e lhe perguntou: "Que é que você está procurando?" Ele respondeu: "Procuro meus irmãos. Pode me dizer onde eles estão apascentando os rebanhos?" Respondeu o homem: "Eles já partiram daqui. Eu os ouvi dizer: 'Vamos para Dotã.'"

Assim José foi em busca dos seus irmãos e os encontrou perto de Dotã.

Mas eles o viram de longe e, antes que chegasse, planejaram matá-lo. "Lá vem aquele sonhador!", diziam uns aos outros. "É agora! Vamos matá-lo e jogá-lo num destes poços, e diremos que um animal selvagem o devorou. Veremos então o que será dos seus sonhos."

Quando Rúben ouviu isso, tentou livrá-lo das mãos deles, dizendo: "Não lhe tiremos a vida!" E acrescentou: "Não derramem sangue. Joguem-no naquele poço no deserto, mas não toquem nele." Rúben propôs isso com a intenção de livrá-lo e levá-lo de volta ao pai.

Chegando José, seus irmãos lhe arrancaram a túnica longa, agarraram-no e o jogaram no poço, que estava vazio e sem água.

Ao se assentarem para comer, viram ao longe uma caravana de ismaelitas que vinha de Gileade. Seus camelos estavam carregados de especiarias, bálsamo e mirra, que eles levavam para o Egito. Judá disse então a seus irmãos: "Que ganharemos se matarmos o nosso irmão e escondermos o seu sangue? Vamos vendê-lo aos ismaelitas. Não tocaremos nele, afinal é nosso irmão, é nosso próprio sangue." E seus irmãos concordaram.

Quando os mercadores ismaelitas de Midiã se aproximaram, seus irmãos tiraram José do poço e o venderam por vinte peças de prata aos ismaelitas, que o levaram para o Egito. Quando Rúben voltou ao poço e viu que José não estava lá, rasgou suas vestes e, voltando a seus irmãos, disse: "O jovem não está lá! Para onde irei agora?"

Então eles mataram um bode, mergulharam no sangue a túnica de José e a mandaram ao pai com este recado: "Achamos isto. Veja se é a túnica de teu filho." Ele a reconheceu e disse: "É a túnica de meu filho! Um animal selvagem o devorou! José foi despedaçado!" Então Jacó rasgou suas vestes, vestiu-se de pano de saco e chorou muitos dias por seu filho. Todos os seus filhos e filhas vieram consolá-lo, mas ele recusou ser consolado, dizendo: "Não! Chorando descerei à sepultura para junto de meu filho." E continuou a chorar por ele.

Nesse meio-tempo, no Egito, os midianitas venderam José a Potifar, oficial do faraó e capitão da guarda.

José é assediado pela mulher de Potifar

José havia sido levado para o Egito, onde o egípcio Potifar, oficial do faraó e capitão da guarda, comprou-o dos ismaelitas que o tinham levado para lá.

O Senhor estava com José, de modo que este prosperou e passou a morar na casa do seu senhor egípcio. Quando este percebeu que o Senhor estava com ele e que o fazia prosperar em tudo o que realizava, agradou-se de José e tornou-o administrador de seus bens. Potifar deixou a seu cuidado a sua casa e lhe confiou tudo o que possuía. Desde que o deixou cuidando de sua casa e de todos os seus bens, o Senhor abençoou a casa do egípcio por causa de José. A bênção do Senhor estava sobre tudo o que Potifar possuía, tanto em casa como no campo. Assim, deixou ele aos cuidados de José tudo o que tinha, e não se preocupava com coisa alguma, exceto com sua própria comida.

José era atraente e de boa aparência, e, depois de certo tempo, a mulher do seu senhor começou a cobiçá-lo e o convidou: "Venha, deite-se comigo!" Mas ele se recusou e lhe disse: "Meu senhor não se preocupa com coisa alguma de sua casa, e tudo o que tem deixou aos meus cuidados. Ninguém desta casa está acima de mim. Ele nada me negou, a não ser a senhora, porque é a mulher dele. Como poderia eu, então, cometer algo tão perverso e pecar contra Deus?" Assim, embora ela insistisse com José dia após dia, ele se recusava a deitar-se com ela e evitava ficar perto dela.

Um dia ele entrou na casa para fazer suas tarefas, e nenhum dos empregados ali se encontrava. Ela o agarrou pelo manto e voltou a convidá-lo: "Vamos, deite-se comigo!" Mas ele fugiu da casa, deixando o manto na mão dela. Quando ela viu que, ao fugir, ele tinha deixado o manto em sua mão, chamou os empregados e lhes disse: "Vejam, este hebreu nos foi trazido para nos insultar! Ele entrou aqui e tentou abusar de mim, mas eu gritei. Quando me ouviu gritar por socorro, largou seu manto ao meu lado e fugiu da casa."

Ela conservou o manto consigo até que o senhor de José chegasse à casa. Então repetiu-lhe a história: "Aquele escravo hebreu que você nos trouxe aproximou-se de mim para me insultar. Mas, quando gritei por socorro, ele largou seu manto ao meu lado e fugiu." Quando o seu senhor ouviu o que a sua mulher lhe disse: "Foi assim que o seu escravo me tratou", ficou indignado. Mandou buscar José e lançou-o na prisão em que eram postos os prisioneiros do rei.

José ficou na prisão, mas o Senhor estava com ele e o tratou com bondade, concedendo-lhe a simpatia do carcereiro. Por isso o carcereiro encarregou José de todos os que estavam na prisão, e ele se tornou responsável por tudo o que lá sucedia. O carcereiro não se preocupava com nada do que estava a cargo de José, porque o Senhor estava com José e lhe concedia bom êxito em tudo que realizava.

A habilidade de José como administrador evidenciou-se tanto na casa de seu senhor egípcio quanto na prisão. José descobriu também, enquanto estava preso, que Deus o agraciara com o dom incomum de desvendar o significado dos sonhos. Certa vez, na prisão, José ajudou dois servos do faraó a interpretar corretamente o que haviam sonhado. Quando o faraó passou a ter sonhos estranhos, José foi convocado à corte real.

José interpreta os sonhos do faraó

Ao final de dois anos, o faraó teve um sonho.

Pela manhã, perturbado, mandou chamar todos os magos e sábios do Egito e lhes contou os sonhos, mas ninguém foi capaz de interpretá-los.

O faraó mandou chamar José, que foi trazido depressa do calabouço. Depois de se barbear e trocar de roupa, apresentou-se ao faraó. O faraó disse a José: "Tive um sonho que ninguém consegue interpretar. Mas ouvi falar que você, ao ouvir um sonho, é capaz de interpretá-lo." Respondeu-lhe José: "Isso não depende de mim, mas Deus dará ao faraó uma resposta favorável."

O faraó explicou seus dois sonhos: no primeiro, sete vacas bonitas e gordas emergem do Nilo e são devoradas por sete vacas feias e magras; no segundo, sete saborosas espigas de trigo em uma única haste são engolidas por sete espigas secas e inúteis. "O que podes concluir disto?", perguntou o faraó a José.

Sempre atribuindo a Deus seu dom de interpretação, José disse ao faraó que os sonhos profetizavam sete anos de grandes safras, seguidos por sete anos de plantações secas e de fome. Aquele era o plano de Deus, afirmou José, não havia dúvida de que seria daquela forma.

José recomendou ao faraó que escolhesse um homem sábio para administrar o armazenamento de comida e as providências para enfrentar a fome que chegaria.

O plano pareceu bom ao faraó e a todos os seus conselheiros.

Disse, pois, o faraó a José: "Uma vez que Deus lhe revelou todas essas coisas, não há ninguém tão criterioso e sábio como você. Você terá o comando de meu palácio, e todo o meu povo se sujeitará às suas ordens. Somente em relação ao trono serei maior que você." E o faraó prosseguiu: "Entrego a você agora o comando de toda a terra do Egito." Em seguida, o faraó tirou do dedo o seu anel-selo e o colocou no dedo de José. Mandou-o vestir linho fino e colocou uma corrente de ouro em seu pescoço. Também o fez subir em sua segunda carruagem real, e à frente os arautos iam gritando: "Abram caminho!" Assim José foi posto no comando de toda a terra do Egito.

Disse ainda o faraó a José: "Eu sou o faraó, mas sem a sua palavra ninguém poderá levantar a mão nem o pé em todo o Egito."

Aconteceu exatamente o que José previra. Durante sete anos os fazendeiros egípcios espantaram-se com a abundância de suas colheitas. A produção das fazendas alimentava o povo e o restante era armazenado para os tempos difíceis que estavam por vir. José conheceu outra forma de fertilidade nessa época: sua esposa teve dois filhos. Então, também como José anunciara, o céu azul sobre o Egito ficou quente e árido e as plantações secaram. Mas ele desenvolvera um programa de distribuição de alimentos suficiente para manter os egípcios saudáveis e abastecer o comércio exterior do faraó.

As condições climáticas se encaixaram no plano de Deus. A seca foi tão rigorosa que nações vizinhas começaram a se aproximar do Egito em busca de ajuda para sobreviverem. Imaginem quem apareceu!

Os irmãos de José no Egito

Quando Jacó soube que no Egito havia trigo, disse a seus filhos: "Por que estão aí olhando uns para os outros?" Disse ainda: "Ouvi dizer que há trigo no Egito. Desçam até lá e comprem trigo para nós, para que possamos continuar vivos e não morramos de fome." Assim, dez dos irmãos de José desceram ao Egito para comprar trigo. Jacó não deixou que Benjamim, irmão de José, fosse com eles, temendo que algum mal lhe acontecesse.

José era o governador do Egito e era ele que vendia trigo a todo o povo da terra. Por isso, quando os irmãos de José chegaram, curvaram-se diante dele com o rosto em terra. José reconheceu os seus irmãos logo que os viu, mas agiu como se não os conhecesse e lhes falou asperamente: "De onde vocês vêm?" Responderam eles: "Da terra de Canaã, para comprar comida."

José reconheceu os seus irmãos, mas eles não o reconheceram. Lembrou-se então dos sonhos que tivera a respeito deles e lhes disse: "Vocês são espiões! Vieram para ver onde a nossa terra está desprotegida." Eles responderam: "Não, meu senhor. Teus servos vieram comprar comida. Todos nós somos filhos do mesmo pai. Teus servos são homens honestos, e não espiões." Mas José insistiu: "Não! Vocês vieram ver onde a nossa terra está desprotegida." E eles disseram: "Teus servos eram doze irmãos, todos filhos do mesmo pai, na terra de Canaã. O caçula está agora em casa com o pai, e o outro já morreu." José tornou a afirmar: "É como lhes falei: Vocês são espiões! Vocês serão postos à prova. Juro pela vida do faraó que vocês não sairão daqui enquanto o seu irmão caçula não vier para cá. Mandem algum de vocês buscar o seu irmão enquanto os demais aguardam presos. Assim ficará provado se as suas palavras são verdadeiras ou não. Se não forem, juro pela vida do faraó que ficará confirmado que vocês são espiões!" E os deixou presos três dias.

No terceiro dia, José lhes disse: "Eu tenho temor de Deus. Se querem salvar sua vida, façam o seguinte: se vocês são homens honestos, deixem um dos seus irmãos aqui na prisão, enquanto os demais voltam, levando trigo para matar a fome das suas famílias. Tragam-me, porém, o seu irmão caçula, para que se comprovem as suas palavras e vocês não tenham que morrer." Eles se prontificaram a fazer isso e disseram uns aos outros: "Certamente estamos sendo punidos pelo que fizemos a nosso irmão. Vimos como ele estava angustiado quando nos implorava por sua vida, mas não lhe demos ouvidos; por isso nos sobreveio esta angústia." Rúben respondeu: "Eu não lhes disse que não maltratassem o menino? Mas vocês não quiseram me ouvir! Agora teremos que prestar contas do seu sangue." Eles, porém, não sabiam que José podia compreendê-los, pois ele lhes falava por meio de um intérprete. Nisso José retirou-se e começou a chorar, mas logo depois voltou e conversou de novo com eles. Então escolheu Simeão e mandou acorrentá-lo diante deles.

Assim, José mandou aprisionar Simeão como suposto "refém" no Egito, determinou que fosse colocado o dinheiro com que tinham pago o trigo dentro de suas sacas e, usando sua segunda língua, ocultou a própria identidade, enquanto compreendia perfeitamente os medos que os irmãos expressavam.

Os dez irmãos ficaram desesperadamente confusos.

Quando seus filhos lhe contaram os termos da venda, Jacó se recusou a aceitá-los. De forma alguma entregaria o jovem Benjamim para ser examinado pelo líder egípcio, ou mesmo para o lamentável bando de irmãos que diziam ter perdido José para um animal selvagem tantos anos antes.

O impasse foi resolvido quando a fome crescente os obrigou a ceder.

De volta ao Egito

A fome continuava rigorosa na terra. Assim, quando acabou todo o trigo que os filhos de Jacó tinham trazido do Egito, seu pai lhes disse: "Voltem e comprem um pouco mais de comida para nós." Mas Judá lhe disse: "O homem nos advertiu severamente: 'Não voltem à minha presença, a não ser que tragam o seu irmão.' Se enviares o nosso irmão conosco, desceremos e compraremos comida para ti. Mas, se não o enviares conosco, não iremos, porque foi assim que o homem falou: 'Não voltem à minha presença, a não ser que tragam o seu irmão.'"

Então Israel, seu pai, lhes disse: "Se tem que ser assim, que seja! Coloquem alguns dos melhores produtos da nossa terra na bagagem e levem-nos como presente ao tal homem: um pouco de bálsamo, um pouco de mel, algumas especiarias e mirra, algumas nozes de pistache e amêndoas.

"Peguem também o seu irmão e voltem àquele homem. Que o Deus todo-poderoso lhes conceda misericórdia diante daquele homem, para que ele permita que o seu outro irmão e Benjamim voltem com vocês. Quanto a mim, se ficar sem filhos, sem filhos ficarei."

Então os homens desceram ao Egito, levando o presente, prata em dobro e Benjamim, e foram à presença de José.

Quando José chegou, eles o presentearam com o que tinham trazido e curvaram-se diante dele até o chão. Ele então lhes perguntou como passavam e disse em seguida: "Como vai o pai de vocês, o homem idoso de quem me falaram? Ainda está vivo?" Eles responderam: "Teu servo, nosso pai, ainda vive e passa bem." E se curvaram para prestar-lhe honra. Olhando ao redor e vendo seu irmão Benjamim, filho de sua mãe, José perguntou: "É este o irmão caçula de quem me falaram?" E acrescentou: "Deus lhe conceda graça, meu filho." Profundamente emocionado por causa de seu irmão, José apressou-se em sair à procura de um lugar para chorar e, entrando em seu quarto, chorou. Depois de lavar o rosto, saiu e, controlando-se, disse: "Sirvam a comida."

Serviram a ele em separado dos seus irmãos e também dos egípcios que comiam com ele, porque os egípcios não podiam comer com os hebreus, pois isso era sacrilégio para eles. Seus irmãos foram colocados à mesa perante ele por ordem de idade, do mais velho ao mais moço, e olhavam perplexos uns para os outros. Então lhes serviram da comida da mesa de José, e a porção de Benjamim era cinco vezes maior que a dos outros. E eles festejaram e beberam à vontade.

José deu as seguintes ordens ao administrador de sua casa: "Encha as bagagens desses homens com todo o mantimento que puderem carregar e coloque a prata de cada um na boca de sua bagagem. Depois coloque a minha taça, a taça de prata, na boca da bagagem do caçula, junto com a prata paga pelo trigo." E ele fez tudo conforme as ordens de José.

Assim que despontou a manhã, despediram os homens com os seus jumentos. Ainda não tinham se afastado da cidade, quando José disse ao administrador de sua casa: "Vá atrás daqueles homens e, quando os alcançar, diga-lhes: Por que retribuíram o bem com o mal? Não é esta a taça que o meu senhor usa para beber e para fazer adivinhações? Vocês cometeram grande maldade!"

Quando ele os alcançou, repetiu-lhes essas palavras. Mas eles lhe responderam: "Por que o meu senhor diz isso? Longe dos seus servos fazer tal coisa! Nós lhe trouxemos de volta, da terra de Canaã, a prata que encontramos na boca de nossa bagagem. Como roubaríamos prata ou ouro da casa do seu senhor? Se algum dos seus servos for encontrado com ela, morrerá; e nós, os demais, seremos escravos do meu senhor." E disse ele: "Concordo. Somente quem for encontrado com ela será meu escravo; os demais estarão livres." Cada um deles descarregou depressa a sua bagagem e abriu-a. O administrador começou então a busca, desde a bagagem do mais velho até a do mais novo. E a taça foi encontrada na bagagem de Benjamim. Diante disso, eles rasgaram as suas vestes. Em seguida, todos puseram a carga de novo em seus jumentos e retornaram à cidade.

Quando Judá e seus irmãos chegaram à casa de José, ele ainda estava lá. Então eles se lançaram ao chão perante ele. E José lhes perguntou: "Que foi que vocês fizeram? Vocês não sabem que um homem como eu tem poder para adivinhar?" Respondeu Judá: "O que diremos a meu senhor? Que podemos falar? Como podemos provar nossa inocência? Deus trouxe à luz a culpa dos teus servos. Agora somos escravos do meu senhor, como também aquele que foi encontrado com a taça." Disse, porém, José: "Longe de mim fazer tal coisa! Somente aquele que foi encontrado com a taça será meu escravo. Os demais podem voltar em paz para a casa do seu pai."

Então Judá dirigiu-se a ele, dizendo: "Por favor, meu senhor, permite-me dizer-te uma palavra. Não se acenda a tua ira contra o teu servo, embora sejas igual ao próprio faraó."

"Teu servo, meu pai, nos disse então: 'Vocês sabem que minha mulher me deu apenas dois filhos. Um deles se foi, e eu disse: Com certeza foi despedaçado. E, até hoje, nunca mais o vi. Se agora vocês também levarem este de mim, e algum mal lhe acontecer, a tristeza que me causarão fará com que os meus cabelos brancos desçam à sepultura.' Agora, pois, se eu voltar a teu servo, a meu pai, sem levar o jovem conosco, logo que meu pai, que é tão apegado a ele, perceber que o jovem não está conosco, morrerá. Teus servos farão seu velho pai descer seus cabelos brancos à sepultura com tristeza. Além disso, teu servo garantiu a segurança do jovem a seu pai, dizendo-lhe: 'Se eu não o trouxer de volta, suportarei essa culpa diante de ti pelo resto da minha vida!' Por isso agora te peço, por favor, deixa o teu servo ficar como escravo do meu senhor no lugar do jovem e permite que ele volte com os seus irmãos. Como poderei eu voltar a meu pai sem levar o jovem comigo? Não! Não posso ver o mal que sobreviria a meu pai."

José revela a verdade

A essa altura, José já não podia mais conter-se diante de todos os que ali estavam, e gritou: "Façam sair a todos!" Assim, ninguém mais estava presente quando José se revelou a seus irmãos. E ele se pôs a chorar tão alto que os egípcios o ouviram, e a notícia chegou ao palácio do faraó.

Então disse José a seus irmãos: "Eu sou José! Meu pai ainda está vivo?" Mas os seus irmãos ficaram tão pasmados diante dele que não conseguiam responder-lhe. "Cheguem mais perto", disse José a seus irmãos. Quando eles se aproximaram, disse-lhes: "Eu sou José, seu irmão, aquele que vocês venderam ao Egito! Agora, não se aflijam nem se recriminem por terem me vendido para cá, pois foi para salvar vidas que Deus me enviou adiante de vocês. Já houve dois anos de fome na terra, e nos próximos cinco anos não haverá cultivo nem colheita. Mas Deus me enviou à frente de vocês para lhes preservar um remanescente nesta terra e para salvar-lhes a vida com grande livramento. Assim, não foram vocês que me mandaram para cá, mas sim o próprio Deus. Ele me tornou ministro do faraó e me fez administrador de todo o palácio e governador de todo o Egito.

"Voltem depressa a meu pai e digam-lhe: Assim diz o seu filho José: 'Deus me fez senhor de todo o Egito. Vem para cá, não te demores. Tu viverás na região de Gósen e ficarás perto de mim – tu, os teus filhos, os teus netos, as tuas ovelhas, os teus bois e todos os teus bens. Eu te sustentarei ali, porque ainda haverá cinco anos de fome. Do contrário, tu, a tua família e todos os teus rebanhos acabarão na miséria.' Vocês estão vendo com os seus próprios olhos, e meu irmão Benjamim também, que realmente sou eu que estou falando com vocês. Contem a meu pai quanta honra me prestam no Egito e tudo o que vocês mesmos testemunharam. E tragam meu pai para cá depressa."

Então ele se lançou chorando sobre o seu irmão Benjamim e o abraçou, e Benjamim também o abraçou, chorando. Em seguida, beijou todos os seus irmãos e chorou com eles. E só depois os seus irmãos conseguiram conversar com ele.

Assim partiram do Egito e voltaram a seu pai Jacó, na terra de Canaã, e lhe deram a notícia: "José ainda está vivo! Na verdade ele é o governador de todo o Egito." O coração de Jacó quase parou! Não podia acreditar neles. Mas, quando lhe relataram tudo o que José lhes dissera, e, vendo Jacó, seu pai, as carruagens que José enviara para buscá-lo, seu espírito reviveu. E Israel disse: "Basta! Meu filho José ainda está vivo. Irei vê-lo antes que eu morra."

Israel partiu com tudo o que lhe pertencia. Ao chegar a Berseba, ofereceu sacrifícios ao Deus de Isaque, seu pai. E Deus falou a Israel por meio de uma visão noturna: "Jacó! Jacó!" "Eis-me aqui", respondeu ele. "Eu sou Deus, o Deus de seu pai", disse ele. "Não tenha medo de descer ao Egito, porque lá farei de você uma grande nação. Eu mesmo descerei ao Egito com você e certamente o trarei de volta. E a mão de José fechará os seus olhos." Então Jacó partiu de Berseba. Os filhos de Israel levaram seu pai, Jacó, seus filhos e as suas mulheres nas carruagens que o faraó tinha enviado.

Ora, Jacó enviou Judá à sua frente a José, para saber como ir a Gósen. Quando lá chegaram, José, de carruagem pronta, partiu para Gósen para encontrar-se com seu pai, Israel. Assim que o viu, correu para abraçá-lo e, abraçado a ele, chorou longamente. Israel disse a José: "Agora já posso morrer, pois vi o seu rosto e sei que você ainda está vivo."

José instalou seu pai e seus irmãos e deu-lhes propriedade na melhor parte das terras do Egito, na região de Ramessés, conforme a ordem do faraó.

Jacó viveu dezessete anos no Egito, e os anos da sua vida chegaram a cento e quarenta e sete. Aproximando-se a hora da sua morte, Israel chamou seu filho José e lhe disse: "Se quer agradar-me, ponha a mão debaixo da minha coxa e prometa que será bondoso e fiel comigo: Não me sepulte no Egito. Quando eu descansar com meus pais, leve-me daqui do Egito e sepulte-me junto a eles." José respondeu: "Farei como o senhor me pede." Mas Jacó insistiu: "Jure-me." E José lhe jurou, e Israel curvou-se apoiado em seu bordão.

A seguir, Israel disse a José: "Estou para morrer, mas Deus estará com vocês e os levará de volta à terra de seus antepassados."

Jacó morreu aos 147 anos de idade. Antes do seu último dia, ele reuniu os filhos para lhes conceder a bênção, determinar o futuro de cada um e lhes revelar suas responsabilidades dali em diante. Nem todos ganharam o que queriam. Rúben, por exemplo, foi punido por seu pecado sexual do passado, do qual esperava que o pai já tivesse se esquecido. As últimas palavras de Jacó conduziram alguns de seus filhos e seus respectivos descendentes ao sucesso, enquanto que, por conta delas, outros passaram por dificuldades. Jacó adotou os dois filhos de José, Manassés e Efraim, como se fossem seus - o que lhe permitiu dar uma herança dupla ao filho mais novo, cujo caráter havia conquistado sua fé e confiança.

A bondade de José

Vendo os irmãos de José que seu pai havia morrido, disseram: "E se José tiver rancor contra nós e resolver retribuir todo o mal que lhe causamos?" Então mandaram um recado a José, dizendo: "Antes de morrer, teu pai nos ordenou que te disséssemos o seguinte: 'Peço-lhe que perdoe os erros e pecados de seus irmãos que o trataram com tanta maldade!' Agora, pois, perdoa os pecados dos servos do Deus do teu pai". Quando recebeu o recado, José chorou.

Depois vieram seus irmãos, prostraram-se diante dele e disseram: "Aqui estamos. Somos teus escravos!" José, porém, lhes disse: "Não tenham medo. Estaria eu no lugar de Deus? Vocês planejaram o mal contra mim, mas Deus o tornou em bem, para que hoje fosse preservada a vida de muitos. Por isso, não tenham medo. Eu sustentarei vocês e seus filhos." E assim os tranquilizou e lhes falou amavelmente.

José permaneceu no Egito, com toda a família de seu pai. Viveu cento e dez anos e viu a terceira geração dos filhos de Efraim. Além disso, recebeu como seus os filhos de Maquir, filho de Manassés. Antes de morrer, José disse a seus irmãos: "Estou à beira da morte. Mas Deus certamente virá em auxílio de vocês e os tirará desta terra, levando-os para a terra que prometeu com juramento a Abraão, a Isaque e a Jacó." E José fez que os filhos de Israel lhe prestassem um juramento, dizendo-lhes: "Quando Deus intervier em favor de vocês, levem os meus ossos daqui."

Morreu José com a idade de cento e dez anos. E, depois de embalsamado, foi colocado num sarcófago no Egito.

Capítulo 8

Libertação

Ora, morreram José, todos os seus irmãos e toda aquela geração. Os israelitas, porém, eram férteis, proliferaram, tornaram-se numerosos e fortaleceram-se muito, tanto que encheram o país.

Então subiu ao trono do Egito um novo rei, que nada sabia sobre José. Disse ele ao seu povo: "Vejam! O povo israelita é agora numeroso e mais forte que nós. Temos que agir com astúcia, para que não se tornem ainda mais numerosos e, no caso de guerra, aliem-se aos nossos inimigos, lutem contra nós e fujam do país."

Estabeleceram, pois, sobre eles chefes de trabalhos forçados, para os oprimir com tarefas pesadas. E assim os israelitas construíram para o faraó as cidades-celeiros de Pitom e Ramessés. Todavia, quanto mais eram oprimidos, mais numerosos se tornavam e mais se espalhavam. Por isso, os egípcios passaram a temer os israelitas e os sujeitaram a cruel escravidão. Tornaram-lhes a vida amarga, impondo-lhes a árdua tarefa de preparar o barro e fazer tijolos, e executar todo tipo de trabalho agrícola; em tudo os egípcios os sujeitavam a cruel escravidão.

Por isso, o faraó ordenou a todo o seu povo: "Lancem ao Nilo todo menino recém-nascido, mas deixem viver as meninas."

O nascimento de Moisés

Um homem da tribo de Levi casou-se com uma mulher da mesma tribo, e ela engravidou e deu à luz um filho. Vendo que era bonito, ela o escondeu por três meses. Quando já não podia mais escondê-lo, pegou um cesto feito de junco e o vedou com piche e betume. Colocou nele o menino e deixou o cesto entre os juncos, à margem do Nilo. A irmã do menino ficou observando de longe para ver o que lhe aconteceria.

A filha do faraó descera ao Nilo para tomar banho. Enquanto isso, as suas servas andavam pela margem do rio. Nisso viu o cesto entre os juncos e mandou sua criada apanhá-lo. Ao abri-lo, viu um bebê chorando. Ficou com pena dele e disse: "Este menino é dos hebreus." Então a irmã do menino aproximou-se e perguntou à filha do faraó: "A senhora quer que eu vá chamar uma mulher dos hebreus para amamentar e criar o menino?" "Quero", respondeu ela. E a moça foi chamar a mãe do menino. Então a filha do faraó disse à mulher: "Leve este menino e amamente-o para mim, e eu pagarei você por isso." A mulher levou o menino e o amamentou. Tendo o menino crescido, ela o levou à filha do faraó, que o adotou e lhe deu o nome de Moisés, dizendo: "Porque eu o tirei das águas."

Moisés mata um egípcio e foge para Midiã

Certo dia, sendo Moisés já adulto, foi ao lugar onde estavam os seus irmãos hebreus e descobriu como era pesado o trabalho que realizavam. Viu também um egípcio espancar um dos hebreus. Correu o olhar por todos os lados e, não vendo ninguém, matou o egípcio e o escondeu na areia. No dia seguinte saiu e viu dois hebreus brigando. Então perguntou ao agressor: "Por que você está espancando o seu companheiro?" O homem respondeu: "Quem o nomeou líder e juiz sobre nós? Quer matar-me como matou o egípcio?" Moisés teve medo e pensou: "Com certeza tudo já foi descoberto!" Quando o faraó soube disso, procurou matar Moisés, mas este fugiu e foi morar na terra de Midiã. Ali assentou-se à beira de um poço.

Ora, o sacerdote de Midiã tinha sete filhas. Elas foram buscar água para encher os bebedouros e dar de beber ao rebanho de seu pai. Alguns pastores se aproximaram e começaram a expulsá-las dali; Moisés, porém, veio em auxílio delas e deu água ao rebanho. Quando as moças voltaram a seu pai Reuel, este lhes perguntou: "Por que voltaram tão cedo hoje?" Elas responderam: "Um egípcio defendeu-nos dos pastores e ainda tirou água do poço para nós e deu de beber ao rebanho." "Onde está ele?", perguntou o pai a elas. "Por que o deixaram lá? Convidem-no para comer conosco." Moisés aceitou e concordou também em morar na casa daquele homem; este lhe deu por mulher sua filha Zípora. Ela deu à luz um menino, a quem Moisés deu o nome de Gérson, dizendo: "Sou imigrante em terra estrangeira."

Muito tempo depois, morreu o rei do Egito. Os israelitas gemiam e clamavam debaixo da escravidão; e o seu clamor subiu até Deus. Ouviu Deus o lamento deles e lembrou-se da aliança que fizera com Abraão, Isaque e Jacó. Deus olhou para os israelitas e viu a situação deles.

Moisés e a sarça em chamas

Moisés pastoreava o rebanho de seu sogro, Jetro,[1] que era sacerdote de Midiã. Um dia levou o rebanho para o outro lado do deserto e chegou a Horebe, o monte de Deus. Ali o Anjo do Senhor lhe apareceu numa chama de fogo que saía do meio de uma sarça. Moisés viu que, embora a sarça estivesse em chamas, não era consumida pelo fogo. "Que impressionante!", pensou. "Por que a sarça não se queima? Vou ver isso de perto."

O Senhor viu que ele se aproximava para observar. E então, do meio da sarça, Deus o chamou: "Moisés, Moisés!"

---

1. Os textos bíblicos não concordam quanto ao nome e à pessoa do sogro de Moisés. Alguns o chamam de Ragüel, sacerdote de Midiã, outros de Jetro.

"Eis-me aqui", respondeu ele.

Então disse Deus: "Não se aproxime. Tire as sandálias dos pés, pois o lugar em que você está é terra santa."[2] Disse ainda: "Eu sou o Deus de seu pai, o Deus de Abraão, o Deus de Isaque, o Deus de Jacó." Então Moisés cobriu o rosto, pois teve medo de olhar para Deus.

Disse o Senhor: "De fato tenho visto a opressão sobre o meu povo no Egito, tenho escutado o seu clamor, por causa dos seus feitores, e sei quanto eles estão sofrendo. Por isso desci para livrá-los das mãos dos egípcios e tirá-los daqui para uma terra boa e vasta, onde há leite e mel com fartura: a terra dos cananeus, dos hititas, dos amorreus, dos ferezeus, dos heveus e dos jebuseus. Pois agora o clamor dos israelitas chegou a mim, e tenho visto como os egípcios os oprimem. Vá, pois, agora; eu o envio ao faraó para tirar do Egito o meu povo, os israelitas."

Moisés, porém, respondeu a Deus: "Quem sou eu para apresentar-me ao faraó e tirar os israelitas do Egito?" Deus afirmou: "Eu estarei com você. Esta é a prova de que sou eu quem o envia: quando você tirar o povo do Egito, vocês prestarão culto a Deus neste monte."

Moisés perguntou: "Quando eu chegar diante dos israelitas e lhes disser: O Deus dos seus antepassados me enviou a vocês, e eles me perguntarem: 'Qual é o nome dele?' Que lhes direi?" Disse Deus a Moisés: "Eu Sou o que Sou. É isto que você dirá aos israelitas: Eu Sou me enviou a vocês." Disse também Deus a Moisés: "Diga aos israelitas: 'O Senhor, o Deus dos seus antepassados, o Deus de Abraão, o Deus de Isaque, o Deus de Jacó, enviou-me a vocês. Esse é o meu nome para sempre, nome pelo qual serei lembrado de geração em geração.'"

Os sinais concedidos a Moisés

Disse, porém, Moisés ao Senhor: "Ó Senhor! Nunca tive facilidade para falar, nem no passado nem agora que falaste a teu servo. Não consigo falar bem!" Disse-lhe o Senhor: "Quem deu boca ao homem? Quem o fez surdo ou mudo? Quem lhe concede vista ou o torna cego? Não sou eu, o Senhor? Agora, pois, vá; eu estarei com você, ensinando-lhe o que dizer."

Respondeu-lhe, porém, Moisés: "Ah, Senhor! Peço-te que envies outra pessoa." Então o Senhor se irou com Moisés e lhe disse: "Você não tem o seu irmão, Arão, o levita? Eu sei que ele fala bem. Ele já está vindo ao seu encontro e se alegrará ao vê-lo. Você falará com ele e dirá o que ele deve dizer; eu estarei com vocês quando falarem e direi a vocês o que fazer. Assim como Deus fala ao pro-

---

2. **Santo, sagrado:** O significado original destas palavras é *diferente*. Deus é sagrado e distingue-se essencialmente dos humanos por conta de sua pureza e perfeição; no entanto, Ele convida as pessoas a serem santas e viverem de uma maneira diferente para servi-lo.

feta, você falará a seu irmão, e ele será o seu porta-voz diante do povo. E leve na mão esta vara; com ela você fará os sinais milagrosos."

Então o Senhor disse a Arão: "Vá ao deserto encontrar-se com Moisés." Ele foi, encontrou-se com Moisés no monte de Deus e o saudou com um beijo. Moisés contou a Arão tudo o que o Senhor lhe tinha mandado dizer e prosseguiu falando de todos os sinais milagrosos que o Senhor lhe havia ordenado realizar. Assim, Moisés e Arão foram e reuniram todas as autoridades dos israelitas, e Arão lhes contou tudo o que o Senhor dissera a Moisés. Em seguida, Moisés também realizou os sinais diante do povo, e eles creram. Quando o povo soube que o Senhor decidira vir em seu auxílio, tendo visto a sua opressão, curvou-se em adoração.

Moisés e Arão não foram bem-sucedidos na sua primeira audiência com o faraó. Ele não só recusou o pedido de ambos para que os israelitas pudessem realizar um festival para Deus no deserto como também tornou o trabalho escravo ainda mais pesado. Sem reduzir a produção de tijolos, os israelitas teriam que encontrar, por conta própria, a palha a ser misturada à argila.

Os capatazes israelitas se viram em dificuldade quando lhes disseram que não poderiam reduzir a quantidade de tijolos exigida a cada dia. Ao saírem da presença do faraó, encontraram-se com Moisés e Arão, que estavam à espera deles, e lhes disseram: "O Senhor os examine e os julgue! Vocês atraíram o ódio do faraó e dos seus conselheiros sobre nós, e lhes puseram nas mãos uma espada para que nos matem."

Moisés voltou-se para o Senhor e perguntou: "Senhor, por que maltrataste este povo? Afinal, por que me enviaste? Desde que me dirigi ao faraó para falar em teu nome, ele tem maltratado este povo, e tu de modo algum libertaste o teu povo!"

Então o Senhor disse a Moisés: "Agora você verá o que farei ao faraó: Por minha mão poderosa, ele os deixará ir; por minha mão poderosa, ele os expulsará do seu país."

Disse Deus ainda a Moisés: "Eu sou o Senhor. Apareci a Abraão, a Isaque e a Jacó como o Deus todo-poderoso, mas pelo meu nome, o Senhor, não me revelei a eles. Depois estabeleci com eles a minha aliança para dar-lhes a terra de Canaã, terra onde viveram como estrangeiros. E agora ouvi o lamento dos israelitas, a quem os egípcios mantêm escravos, e lembrei-me da minha aliança. Por isso, diga aos israelitas: Eu sou o Senhor. Eu os livrarei do trabalho imposto pelos egípcios. Eu os libertarei da escravidão e os resgatarei com braço forte e com poderosos atos de juízo. Eu os farei meu povo e serei o Deus de vocês. Então vocês saberão que eu sou o Senhor, o seu Deus, que os livra do trabalho imposto pelos egípcios. E os farei entrar na terra que, com mão levantada, jurei que daria a Abraão, a Isaque e a Jacó. Eu a darei a vocês como propriedade. Eu sou o Senhor."

A vara de Arão transforma-se em serpente

Disse o Senhor a Moisés e a Arão: "Quando o faraó pedir que façam algum milagre, diga, Moisés, a Arão que tome a sua vara e jogue-a diante do faraó; e ela se transformará numa serpente." Moisés e Arão dirigiram-se ao faraó e fizeram como o Senhor tinha ordenado. Arão jogou a vara diante do faraó e seus conselheiros, e ela se transformou em serpente. O faraó, porém, mandou chamar os sábios e feiticeiros; e também os magos do Egito fizeram a mesma coisa por meio das suas ciências ocultas. Cada um deles jogou ao chão uma vara, e estas se transformaram em serpentes. Mas a vara de Arão engoliu as varas deles. Contudo, o coração do faraó se endureceu, e ele não quis dar ouvidos a Moisés e a Arão, como o Senhor tinha dito.

A primeira praga: sangue

Disse o Senhor a Moisés: "O coração do faraó está obstinado; ele não quer deixar o povo ir. Vá ao faraó de manhã, quando ele estiver indo às águas. Espere-o na margem do rio para encontrá-lo e leve também a vara que se transformou em serpente. Diga-lhe: O Senhor, o Deus dos hebreus, mandou-me dizer: Deixe ir o meu povo, para prestar-me culto no deserto. Mas até agora você não me atendeu. Assim diz o Senhor: Nisto você saberá que eu sou o Senhor: com a vara que trago na mão ferirei as águas do Nilo, e elas se transformarão em sangue. Os peixes do Nilo morrerão, o rio ficará cheirando mal e os egípcios não suportarão beber das suas águas."

Disse o Senhor a Moisés: "Diga a Arão que tome a sua vara e estenda a mão sobre as águas do Egito, dos rios, dos canais, dos açudes e de todos os reservatórios, e elas se transformarão em sangue. Haverá sangue por toda a terra do Egito, até nas vasilhas de madeira e nas vasilhas de pedra."

Moisés e Arão fizeram como o Senhor tinha ordenado. Arão levantou a vara e feriu as águas do Nilo na presença do faraó e dos seus conselheiros; e toda a água do rio transformou-se em sangue. Os peixes morreram, e o rio cheirava tão mal que os egípcios não conseguiam beber das suas águas. Havia sangue por toda a terra do Egito. Mas os magos do Egito fizeram a mesma coisa por meio de suas ciências ocultas. O coração do faraó se endureceu, e ele não deu ouvidos a Moisés e a Arão, como o Senhor tinha dito. Ao contrário, deu-lhes as costas e voltou para o seu palácio. Nem assim o faraó levou isso a sério. Todos os egípcios cavaram buracos às margens do Nilo para encontrar água potável, pois da água do rio não podiam mais beber.

A praga seguinte trouxe milhões de rãs que se espalharam por cada casa, cada rua e cada plantação do Egito. Os magos da corte do faraó foram novamente capazes de conjurar praga semelhante, de modo que mais rãs passaram a povoar a região. O faraó então concordou em libertar os hebreus caso Moisés os livrasse das rãs. Moisés orou e as rãs morreram. Com a crise imediatamente solucionada, o faraó voltou a se recusar teimosamente a cumprir sua parte do acordo.

Então Moisés bateu com seu cajado no solo e mosquitos enxamearam a terra. Os magos do faraó não conseguiram produzir essa praga e expressaram respeito pelo Deus dos hebreus. Ainda assim, o faraó não se deu por vencido. Deus continuou a demonstrar seu poder, preparando-se para resgatar seu povo. Em seguida, foram moscas que invadiram as terras dos egípcios, deixando livres as terras do povo hebreu. A terra ficou arruinada por causa das moscas, mas o faraó não cedeu.

Disse mais o Senhor a Moisés e a Arão: "Tirem um punhado de cinza de uma fornalha e Moisés a espalhará no ar, diante do faraó. Ela se tornará como um pó fino sobre toda a terra do Egito, e feridas purulentas surgirão nos homens e nos animais em todo o Egito." Eles tiraram cinza de uma fornalha e se puseram diante do faraó. Moisés a espalhou pelo ar, e feridas purulentas começaram a estourar nos homens e nos animais. Nem os magos podiam manter-se diante de Moisés, porque ficaram cobertos de feridas como os demais egípcios. Mas o Senhor endureceu o coração do faraó, e ele se recusou a atender Moisés e Arão, conforme o Senhor tinha dito a Moisés.

A SÉTIMA PRAGA: GRANIZO

Disse o Senhor a Moisés: "Levante-se logo cedo, apresente-se ao faraó e diga-lhe que assim diz o Senhor, o Deus dos hebreus: 'Deixe o meu povo ir para que me preste culto. Caso contrário, mandarei desta vez todas as minhas pragas contra você, contra os seus conselheiros e contra o seu povo, para que você saiba que em toda a terra não há ninguém como eu. Porque eu já poderia ter estendido a mão, ferindo você e o seu povo com uma praga que teria eliminado você da terra. Mas eu o mantive em pé exatamente com este propósito: mostrar a você o meu poder e fazer que o meu nome seja proclamado em toda a terra. Contudo você ainda insiste em colocar-se contra o meu povo e não o deixa ir. Amanhã, a esta hora, enviarei a pior tempestade de granizo que já caiu sobre o Egito, desde o dia da sua fundação até hoje. Agora, mande recolher os seus rebanhos e tudo o que você tem nos campos. Todos os homens e animais que estiverem nos campos, que não tiverem sido abrigados, serão atingidos pelo granizo e morrerão.'" Os conselheiros do faraó que temiam a palavra do Senhor apressaram-se em recolher aos abrigos os seus rebanhos e os seus escravos. Mas os que não se importaram com a palavra do Senhor deixaram os seus escravos e os seus rebanhos no campo.

Então o Senhor disse a Moisés: "Estenda a mão para o céu, e cairá granizo sobre toda a terra do Egito: sobre homens, sobre animais e sobre toda a vegetação do Egito." Quando Moisés estendeu a vara para o céu, o Senhor fez vir trovões e granizo, e raios caíam sobre a terra. Assim o Senhor fez chover granizo sobre a terra do Egito. Caiu granizo, e raios cortavam o céu em todas as direções. Nunca houve uma tempestade de granizo como aquela em todo o Egito desde que este se tornou uma nação. Em todo o Egito o granizo atingiu tudo o que havia nos campos, tanto homens como animais; destruiu toda a vegetação, além de quebrar todas as árvores. Somente na terra de Gósen, onde estavam os israelitas, não caiu granizo.

Então o faraó mandou chamar Moisés e Arão e disse-lhes: "Desta vez eu pequei. O Senhor é justo; eu e o meu povo é que somos culpados. Orem ao Senhor! Os trovões de Deus e o granizo já são demais. Eu os deixarei ir; não precisam mais ficar aqui." Moisés respondeu: "Assim que eu tiver saído da cidade, erguerei as mãos em oração ao Senhor. Os trovões cessarão e não cairá mais granizo, para que saibas que a terra pertence ao Senhor. Mas eu bem sei que tu e os teus conselheiros ainda não sabem o que é tremer diante do Senhor Deus!" Assim Moisés deixou o faraó, saiu da cidade e ergueu as mãos ao Senhor. Os trovões e o granizo cessaram, e a chuva parou.

Quando o faraó viu que a chuva, o granizo e os trovões haviam cessado, pecou novamente e obstinou-se em seu coração, ele e os seus conselheiros. O coração do faraó continuou endurecido, e ele não deixou que os israelitas saíssem, como o Senhor tinha dito por meio de Moisés.

A NONA PRAGA: TREVAS

O Senhor disse a Moisés: "Estenda a mão para o céu, e trevas cobrirão o Egito, trevas tais que poderão ser apalpadas." Moisés estendeu a mão para o céu, e por três dias houve densas trevas em todo o Egito. Ninguém pôde ver ninguém, nem sair do seu lugar durante três dias. Todavia, todos os israelitas tinham luz nos locais em que habitavam.

Mas o Senhor endureceu o coração do faraó, e ele se recusou a deixá-los ir. Disse o faraó a Moisés: "Saia da minha presença! Trate de não aparecer nunca mais diante de mim! No dia em que vir a minha face, você morrerá." Respondeu Moisés: "Será como disseste; nunca mais verei a tua face."

O anúncio da décima praga

Disse então o Senhor a Moisés: "Enviarei ainda mais uma praga sobre o faraó e sobre o Egito. Somente depois desta ele os deixará sair daqui e até os expulsará totalmente."

Disse, pois, Moisés ao faraó: "Assim diz o Senhor: 'Por volta da meia-noite, passarei por todo o Egito. Todos os primogênitos do Egito morrerão, desde o filho mais velho do faraó, herdeiro do trono, até o filho mais velho da escrava que trabalha no moinho, e também todas as primeiras crias do gado. Haverá grande pranto em todo o Egito, como nunca houve antes nem jamais haverá. Entre os israelitas, porém, nem sequer um cão latirá contra homem ou animal.' Então vocês saberão que o Senhor faz distinção entre o Egito e Israel! Todos esses seus conselheiros virão a mim e se ajoelharão diante de mim, suplicando: 'Saiam você e todo o povo que o segue!' Só então eu sairei." E, com grande ira, Moisés saiu da presença do faraó.

A Páscoa

O Senhor disse a Moisés e a Arão, no Egito: "Este deverá ser o primeiro mês do ano para vocês. Digam a toda a comunidade de Israel que no décimo dia deste mês todo homem deverá separar um cordeiro ou um cabrito, para a sua família, um para cada casa.

"O animal escolhido será macho de um ano, sem defeito, e pode ser cordeiro ou cabrito. Guardem-no até o décimo quarto dia do mês, quando toda a comunidade de Israel irá sacrificá-lo, ao pôr do sol. Passem, então, um pouco do sangue nas laterais e nas vigas superiores das portas das casas nas quais vocês comerão o animal. Naquela mesma noite comerão a carne assada no fogo, com ervas amargas e pão sem fermento.

"Ao comerem, estejam prontos para sair: cinto no lugar, sandálias nos pés e cajado na mão. Comam apressadamente. Esta é a Páscoa[3] do Senhor. Naquela mesma noite passarei pelo Egito e matarei todos os primogênitos, tanto dos homens como dos animais, e executarei juízo sobre todos os deuses do Egito. Eu sou o Senhor! O sangue será um sinal para indicar as casas em que vocês estiverem; quando eu vir o sangue, passarei adiante. A praga de destruição não os atingirá quando eu ferir o Egito."

---

3. **Páscoa:** O banquete que comemora a libertação dos israelitas da escravidão no Egito. *O Cordeiro da Páscoa* refere-se ao animal a ser sacrificado antes do banquete. Isto encontra um paralelo no sacrifício de Jesus no Novo Testamento, que liberta a humanidade da dívida do pecado.

Então Moisés convocou todas as autoridades de Israel e lhes disse: "Escolham um cordeiro ou um cabrito para cada família. Sacrifiquem-no para celebrar a Páscoa! Molhem um feixe de hissopo no sangue que estiver na bacia e passem o sangue na viga superior e nas laterais das portas. Nenhum de vocês poderá sair de casa até o amanhecer. Quando o Senhor passar pela terra para matar os egípcios, verá o sangue na viga superior e nas laterais da porta e passará sobre aquela porta, e não permitirá que o destruidor entre na casa de vocês para matá-los. Obedeçam a essas instruções como decreto perpétuo para vocês e para os seus descendentes."

Depois os israelitas se retiraram e fizeram conforme o Senhor tinha ordenado a Moisés e a Arão.

Então, à meia-noite, o Senhor matou todos os primogênitos do Egito, desde o filho mais velho do faraó, herdeiro do trono, até o filho mais velho do prisioneiro que estava no calabouço, e também todas as primeiras crias do gado. No meio da noite o faraó, todos os seus conselheiros e todos os egípcios se levantaram. E houve grande pranto no Egito, pois não havia casa que não tivesse um morto. Naquela mesma noite o faraó mandou chamar Moisés e Arão e lhes disse: "Saiam imediatamente do meio do meu povo, vocês e os israelitas! Vão prestar culto ao Senhor, como vocês pediram. Levem os seus rebanhos, como tinham dito, e abençoem a mim também." Os egípcios pressionavam o povo para que se apressasse em sair do país, dizendo: "Todos nós morreremos!"

Ora, o período que os israelitas viveram no Egito foi de quatrocentos e trinta anos. No dia em que se completaram os quatrocentos e trinta anos, todos os exércitos do Senhor saíram do Egito.

Deus olhara seu povo escravizado e o libertara. Os hebreus encheram suas carroças de suprimentos e objetos que os egípcios haviam lhes dado de bom grado e se prepararam para uma longa jornada. Deus lhes forneceu uma maneira infalível de não se desviarem de seu rumo, dia e noite. Entretanto, a libertação dos israelitas do Egito ainda não tinha chegado ao fim.

Durante o dia o Senhor ia adiante deles, numa coluna de nuvem, para guiá-los no caminho, e de noite, numa coluna de fogo, para iluminá-los, e assim podiam caminhar de dia e de noite. A coluna de nuvem não se afastava do povo de dia; nem a coluna de fogo, de noite.

Disse o Senhor a Moisés: "Diga aos israelitas que mudem o rumo e acampem perto de Pi-Hairote, entre Migdol e o mar. Acampem à beira-mar, defronte de Baal-Zefom. O faraó pensará que os israelitas estão vagando confusos, cercados pelo deserto. Então endurecerei o coração do faraó, e ele os perseguirá. Todavia, eu serei glorificado por meio do faraó e de todo o seu exército; e os egípcios saberão que eu sou o Senhor." E assim fizeram os israelitas.

A perseguição dos egípcios

Contaram ao rei do Egito que o povo havia fugido. Então o faraó e os seus conselheiros mudaram de ideia e disseram: "O que foi que fizemos? Deixamos os israelitas sair e perdemos os nossos escravos!" Então o faraó mandou aprontar a sua carruagem e levou consigo o seu exército. Levou todos os carros de guerra do Egito, inclusive seiscentos dos melhores desses carros, cada um com um oficial no comando. O Senhor endureceu o coração do faraó, rei do Egito, e este perseguiu os israelitas, que marchavam triunfantemente. Os egípcios, com todos os cavalos e carros de guerra do faraó, os cavaleiros e a infantaria, saíram em perseguição aos israelitas e os alcançaram quando estavam acampados à beira-mar, perto de Pi-Hairote, defronte de Baal-Zefom. Ao aproximar-se o faraó, os israelitas olharam e avistaram os egípcios que marchavam na direção deles. E, aterrorizados, clamaram ao Senhor. Disseram a Moisés: "Foi por falta de túmulos no Egito que você nos trouxe para morrermos no deserto? O que você fez conosco, tirando-nos de lá? Já tínhamos dito a você no Egito: 'Deixe-nos em paz! Seremos escravos dos egípcios!' Antes ser escravos dos egípcios do que morrer no deserto!" Moisés respondeu ao povo: "Não tenham medo. Fiquem firmes e vejam o livramento que o Senhor trará hoje, porque vocês nunca mais verão os egípcios que hoje veem. O Senhor lutará por vocês; tão somente acalmem-se."

A travessia do mar

Disse então o Senhor a Moisés: "Por que você está clamando a mim? Diga aos israelitas que sigam avante. Erga a sua vara e estenda a mão sobre o mar, e as águas se dividirão para que os israelitas atravessem o mar em terra seca. Eu, porém, endurecerei o coração dos egípcios, e eles os perseguirão. E serei glorificado com a derrota do faraó e de todo o seu exército, com seus carros de guerra e seus cavaleiros. Os egípcios saberão que eu sou o Senhor quando eu for glorificado com a derrota do faraó, com seus carros de guerra e seus cavaleiros."

A seguir, o anjo de Deus que ia à frente dos exércitos de Israel retirou-se, colocando-se atrás deles. A coluna de nuvem também saiu da frente deles e se pôs atrás, entre os egípcios e os israelitas. A nuvem trouxe trevas para um e luz para o outro, de modo que os egípcios não puderam aproximar-se dos israelitas durante toda a noite. Então Moisés estendeu a mão sobre o mar, e o Senhor afastou o mar e o tornou em terra seca, com um forte vento oriental que soprou toda aquela noite. As águas se dividiram, e os israelitas atravessaram pelo meio do mar em terra seca, tendo uma parede de água à direita e outra à esquerda.

Os egípcios os perseguiram, e todos os cavalos, carros de guerra e cavaleiros do faraó foram atrás deles até o meio do mar. No fim da madrugada, do alto da coluna de fogo e de nuvem, o Senhor viu o exército dos egípcios e o pôs em confusão. Fez que as rodas dos seus carros começassem a soltar-se, de forma que tinham dificuldade em conduzi-los. E os egípcios gritaram: "Vamos fugir dos israelitas! O Senhor está lutando por eles contra o Egito." Mas o Senhor disse a Moisés: "Estenda a mão sobre o mar para que as águas voltem sobre os egípcios, sobre os seus carros de guerra e sobre os seus cavaleiros." Moisés estendeu a mão sobre o mar e, ao raiar do dia, o mar voltou ao seu lugar. Quando os egípcios estavam fugindo, foram de encontro às águas, e o Senhor os lançou ao mar. As águas voltaram e encobriram os seus carros de guerra e os seus cavaleiros, todo o exército do faraó que havia perseguido os israelitas mar adentro. Ninguém sobreviveu. Mas os israelitas atravessaram o mar pisando em terra seca, tendo uma parede de água à direita e outra à esquerda.

Esta fuga inesquecível revelou aos israelitas que Deus estava de fato zelando por eles. Cavalos e carruagens dos inimigos foram atirados ao mar! As pessoas celebraram e cantaram alegremente.

Depois Moisés conduziu Israel desde o mar Vermelho até o deserto de Sur. Durante três dias caminharam no deserto sem encontrar água. Então chegaram a Mara, mas não puderam beber das águas de lá porque eram amargas. Esta é a razão pela qual o lugar chama-se Mara. E o povo começou a reclamar a Moisés, dizendo: "Que beberemos?" Moisés clamou ao Senhor, e este lhe indicou um arbusto. Ele o lançou na água, e esta se tornou boa.

Em Mara o Senhor lhes deu leis e ordenanças e os pôs à prova, dizendo-lhes: "Se vocês derem atenção ao Senhor, o seu Deus, e fizerem o que ele aprova, se derem ouvidos aos seus mandamentos e obedecerem a todos os seus decretos, não trarei sobre vocês nenhuma das doenças que eu trouxe sobre os egípcios, pois eu sou o Senhor que os cura."

Depois chegaram a Elim, onde havia doze fontes de água e setenta palmeiras; e acamparam junto àquelas águas.

O maná e as codornizes

Toda a comunidade de Israel partiu de Elim e chegou ao deserto de Sim, que fica entre Elim e o Sinai. Foi no décimo quinto dia do segundo mês depois que saíram do Egito. No deserto, toda a comunidade de Israel reclamou a

Moisés e Arão. Disseram-lhes os israelitas: "Quem dera a mão do Senhor nos tivesse matado no Egito! Lá nos sentávamos ao redor das panelas de carne e comíamos pão à vontade, mas vocês nos trouxeram a este deserto para fazer morrer de fome toda esta multidão!"

Assim Moisés e Arão disseram a todos os israelitas: "Ao entardecer, vocês saberão que foi o Senhor quem os tirou do Egito e amanhã cedo verão a glória do Senhor, porque o Senhor ouviu a queixa de vocês contra ele. Quem somos nós para que vocês reclamem a nós?" Disse ainda Moisés: "O Senhor dará a vocês carne para comer ao entardecer e pão à vontade pela manhã, porque ele ouviu as suas queixas contra ele. Quem somos nós? Vocês não estão reclamando de nós, mas do Senhor."

Disse Moisés a Arão: "Diga a toda a comunidade de Israel que se apresente ao Senhor, pois ele ouviu as suas queixas." Enquanto Arão falava a toda a comunidade, todos olharam em direção ao deserto, e a glória do Senhor apareceu na nuvem. E o Senhor disse a Moisés: "Ouvi as queixas dos israelitas. Respondalhes que ao pôr do sol vocês comerão carne e ao amanhecer se fartarão de pão. Assim saberão que eu sou o Senhor, o seu Deus." No final da tarde, apareceram codornizes que cobriram o lugar onde estavam acampados; ao amanhecer havia uma camada de orvalho ao redor do acampamento. Depois que o orvalho secou, flocos finos semelhantes a geada estavam sobre a superfície do deserto. Quando os israelitas viram aquilo, começaram a perguntar uns aos outros: "Que é isso?", pois não sabiam do que se tratava. Disse-lhes Moisés: "Este é o pão que o Senhor deu a vocês para comer."

Os israelitas chamaram esse alimento com gosto de mel de maná, que significa "O que é isto?". Todos receberam exatamente o necessário para cada dia. No sexto dia da semana juntaram uma porção dupla, pois, no sétimo, o maná não caiu do céu, uma vez que o dia santo era reservado para descanso e louvor. E, apesar de todas essas provas de que Deus o sustentaria, conduzindo-o a uma nova terra, o povo continuou a duvidar.

Toda a comunidade de Israel partiu do deserto de Sim, andando de um lugar para outro, conforme a ordem do Senhor. Acamparam em Refidim, mas lá não havia água para beber. Por essa razão queixaram-se a Moisés e exigiram: "Dê-nos água para beber." Ele respondeu: "Por que se queixam a mim? Por que põem o Senhor à prova?" Mas o povo estava sedento e reclamou a Moisés: "Por que você nos tirou do Egito? Foi para matar de sede a nós, aos nossos filhos e aos nossos rebanhos?" Então Moisés clamou ao Senhor: "Que farei com este povo? Estão a ponto de apedrejar-me!" Respondeu-lhe o Senhor: "Passe à frente do povo. Leve com você algumas das autoridades de Israel, tenha na mão a vara com a qual você feriu o Nilo e vá adiante. Eu estarei à sua espera no alto da rocha do monte Horebe. Bata na rocha, e dela sairá água para o povo beber." Assim fez Moisés, à vista das autoridades de Israel. E chamou aquele lugar Massá e Meribá, porque ali os israelitas reclamaram e puseram o Senhor à prova, dizendo: "O Senhor está entre nós, ou não?"

Capítulo 9

Novos mandamentos e uma nova aliança

No dia em que se completaram três meses que os israelitas haviam saído do Egito, eles chegaram ao deserto do Sinai. Depois de saírem de Refidim, entraram no deserto do Sinai, e Israel acampou ali, diante do monte.

Logo Moisés subiu o monte para encontrar-se com Deus. E o Senhor o chamou do monte, dizendo: "Diga o seguinte aos descendentes de Jacó e declare aos israelitas: Vocês viram o que fiz ao Egito e como os transportei sobre asas de águias e os trouxe para junto de mim. Agora, se me obedecerem fielmente e guardarem a minha aliança, vocês serão o meu tesouro pessoal entre todas as nações. Embora toda a terra seja minha, vocês serão para mim um reino de sacerdotes e uma nação santa. Essas são as palavras que você dirá aos israelitas."

Israel chega ao monte Sinai

Disse o Senhor a Moisés: "Virei numa densa nuvem, a fim de que o povo, ouvindo-me falar com você, passe a confiar sempre em você." Então Moisés relatou ao Senhor o que o povo lhe dissera.

E o Senhor disse a Moisés: "Vá ao povo e consagre-o hoje e amanhã. Eles deverão lavar as suas vestes e estar prontos no terceiro dia, porque nesse dia o Senhor descerá sobre o monte Sinai, à vista de todo o povo."

Tendo Moisés descido do monte, consagrou o povo; e eles lavaram as suas vestes. Disse ele então ao povo: "Preparem-se para o terceiro dia, e até lá não se acheguem a mulher."

Ao amanhecer do terceiro dia houve trovões e raios, uma densa nuvem cobriu o monte e uma trombeta ressoou fortemente. Todos no acampamento tremeram de medo. Moisés levou o povo para fora do acampamento, para encontrar-se com Deus, e eles ficaram ao pé do monte. O monte Sinai estava coberto de fumaça, pois o Senhor tinha descido sobre ele em chamas de fogo. Dele subia fumaça como que de uma fornalha; todo o monte tremia violentamente, e o som da trombeta era cada vez mais forte. Então Moisés falou, e a voz de Deus lhe respondeu. O Senhor desceu ao topo do monte Sinai e chamou Moisés para o alto do monte. Moisés subiu e o Senhor lhe disse: "Desça e alerte o povo que não ultrapasse os limites para ver o Senhor, e muitos deles pereçam. Mesmo os sacerdotes que se aproximarem do Senhor devem consagrar-se; senão o Senhor os fulminará." Moisés disse ao Senhor: "O povo não pode subir ao monte Sinai, pois tu mesmo nos avisaste: 'Estabeleça um limite em torno do monte e declare-o santo.'" O Senhor respondeu: "Desça e depois torne a subir, acompanhado de Arão. Quanto aos sacerdotes e ao povo, não devem ultrapassar o limite para subir ao Senhor; senão, o Senhor os fulminará." Então Moisés desceu e avisou o povo.

Vendo-se o povo diante dos trovões e dos relâmpagos, e do som da trombeta e do monte fumegando, todos tremeram assustados. Ficaram a distância e disseram a Moisés: "Fala tu mesmo conosco, e ouviremos. Mas que Deus não fale conosco, para que não morramos." Moisés disse ao povo: "Não tenham medo! Deus veio prová-los, para que o temor de Deus esteja em vocês e os livre de pecar." Mas o povo permaneceu a distância, ao passo que Moisés aproximou-se da nuvem escura em que Deus se encontrava.

No topo coberto de nuvens do monte Sinai, Deus transmitiu as dez regras mais citadas e conhecidas de todos os tempos – regras práticas e diretas sobre como os israelitas deveriam se relacionar com Deus (os quatro primeiros mandamentos) e uns com os outros (os demais mandamentos).

"Eu sou o Senhor, o teu Deus, que te tirei do Egito, da terra da escravidão.

"Não terás outros deuses além de mim.

"Não farás para ti nenhum ídolo, nenhuma imagem de qualquer coisa no céu, na terra ou nas águas debaixo da terra. Não te prostrarás diante deles nem lhes prestarás culto, porque eu, o Senhor, o teu Deus, sou Deus zeloso, que castigo os filhos pelo pecado de seus pais até a terceira e a quarta gerações daqueles que me desprezam, mas trato com bondade até mil gerações os que me amam e obedecem aos meus mandamentos.

"Não tomarás em vão o nome do Senhor, o teu Deus, pois o Senhor não deixará impune quem usar o seu nome em vão.

"Guardarás o dia de sábado a fim de santificá-lo, conforme o Senhor, o teu Deus, te ordenou. Trabalharás seis dias e neles farás todos os teus trabalhos, mas o sétimo dia é um sábado para o Senhor, o teu Deus. Nesse dia não farás trabalho algum, nem tu nem teu filho ou filha, nem o teu servo ou serva, nem o teu boi, teu jumento ou qualquer dos teus animais, nem o estrangeiro que estiver em tua propriedade; para que o teu servo e a tua serva descansem como tu. Lembra-te de que foste escravo no Egito e que o Senhor, o teu Deus, te tirou de lá com mão poderosa e com braço forte. Por isso o Senhor, o teu Deus, te ordenou que guardes o dia de sábado.

"Honra teu pai e tua mãe, como te ordenou o Senhor, o teu Deus, para que tenhas longa vida e tudo te vá bem na terra que o Senhor, o teu Deus, te dá.

"Não matarás.

"Não adulterarás.

"Não furtarás.

"Não darás falso testemunho contra o teu próximo.

"Não cobiçarás a mulher do teu próximo. Não desejarás a casa do teu próximo, nem sua propriedade, nem seu servo ou serva, nem seu boi ou jumento, nem coisa alguma que lhe pertença."

Moisés foi claramente o intermediário entre Deus e o povo hebreu. Depois de receber os Dez Mandamentos, foram-lhe entregues as leis do Livro da Aliança, que consistiam principalmente nos desdobramentos dos Dez Mandamentos. Em seguida Moisés levaria os israelitas a estabelecerem sua aliança com o Senhor.

Quando Moisés se dirigiu ao povo e transmitiu-lhes todas as palavras e ordenanças do Senhor, eles responderam em uníssono: "Faremos tudo o que o Senhor ordenou." Moisés então escreveu tudo o que o Senhor dissera. Na manhã seguinte Moisés levantou-se, construiu um altar ao pé do monte e ergueu doze colunas de pedra, representando as doze tribos de Israel.[1] Em seguida, enviou jovens israelitas, que ofereceram holocaustos e novilhos como sacrifícios de comunhão ao Senhor. Moisés colocou metade do sangue em tigelas e a outra metade derramou sobre o altar. Em seguida, leu o Livro da Aliança para o povo, e eles disseram: "Faremos fielmente tudo o que o Senhor ordenou." Depois Moisés aspergiu o sangue sobre o povo, dizendo: "Este é o sangue da aliança que o Senhor fez com vocês de acordo com todas essas palavras."

Disse o Senhor a Moisés: "Suba o monte, venha até mim e fique aqui; e lhe darei as tábuas de pedra com a lei e os mandamentos que escrevi para a instrução do povo."

Quando Moisés subiu, a nuvem cobriu o monte, e a glória do Senhor permaneceu sobre o monte Sinai. Durante seis dias a nuvem cobriu o monte. No sétimo dia o Senhor chamou Moisés do interior da nuvem. Aos olhos dos israelitas, a

---

1. **As doze tribos de Israel:** Os 12 grupos que habitavam Israel após a fuga do Egito. Cada grupo descendia de um dos 12 filhos de Jacó.

glória do Senhor parecia um fogo consumidor no topo do monte. Moisés entrou na nuvem e foi subindo o monte. E permaneceu no monte quarenta dias e quarenta noites.

Disse o Senhor a Moisés: "Diga aos israelitas que me tragam uma oferta. Receba-a de todo aquele cujo coração o compelir a dar.

"E farão um santuário para mim, e eu habitarei no meio deles. Façam tudo como eu lhe mostrar, conforme o modelo do tabernáculo[2] e de cada utensílio."

Depois de dar a Moisés os Dez Mandamentos e outras leis, Deus o instruiu acerca da organização do culto dos israelitas. Dali em diante a presença de Deus residiria no tabernáculo, uma tenda portátil dedicada à adoração do Altíssimo. Dentro dessa tenda ficava a luxuosa arca da aliança,[3] que continha as tábuas de pedra dos Dez Mandamentos.

Deus selecionou sacerdotes que conduziriam os sacrifícios rituais e outras atividades de louvor importantes. Um dia da semana – o Sabá – seria dedicado a adorar Deus e a descansar dos deveres e negócios.

Moisés permaneceu quase seis semanas na montanha. Enquanto isso, no vale abaixo, a impaciência do povo o faria se deparar com uma recepção amarga.

O BEZERRO DE OURO

O povo, ao ver que Moisés demorava a descer do monte, juntou-se ao redor de Arão e lhe disse: "Venha, faça para nós deuses que nos conduzam, pois a esse Moisés, o homem que nos tirou do Egito, não sabemos o que lhe aconteceu." Respondeu-lhes Arão: "Tirem os brincos de ouro de suas mulheres, de seus filhos e de suas filhas e tragam-nos a mim." Todos tiraram os seus brincos de ouro e os levaram a Arão. Ele os recebeu e os fundiu, transformando tudo num ídolo, que modelou com uma ferramenta própria, dando-lhe a forma de um bezerro. Então disseram: "Eis aí os seus deuses, ó Israel, que tiraram vocês do Egito!" Vendo isso, Arão edificou um altar diante do bezerro e anunciou: "Amanhã haverá uma festa dedicada ao Senhor."

Na manhã seguinte, ofereceram holocaustos e sacrifícios de comunhão. O povo se assentou para comer e beber, e levantou-se para se entregar à farra.

Então o Senhor disse a Moisés: "Desça, porque o seu povo, que você tirou do

---

2. **Tabernáculo:** Estrutura móvel, também chamada de *tenda da reunião*, na qual a presença de Deus convivia com seu povo. Posteriormente, o rei Salomão construiu um templo permanente para substituir o tabernáculo.
3. **Arca da aliança:** Arca de madeira portátil, coberta de ouro, com cerca de 1,10m de comprimento, 0,70m de largura e 0,70m de altura, que continha os Dez Mandamentos. Os israelitas a consideravam o símbolo mais importante da presença contínua de Deus entre eles.

Egito, corrompeu-se. Muito depressa se desviaram daquilo que lhes ordenei e fizeram um ídolo em forma de bezerro, curvaram-se diante dele, ofereceram-lhe sacrifícios e disseram: 'Eis aí, ó Israel, os seus deuses que tiraram vocês do Egito.'" Disse o Senhor a Moisés: "Tenho visto que este povo é um povo obstinado. Deixe-me agora, para que a minha ira se acenda contra eles e eu os destrua. Depois farei de você uma grande nação."

Moisés, porém, suplicou ao Senhor, o seu Deus, clamando: "Ó Senhor, por que se acenderia a tua ira contra o teu povo, que tiraste do Egito com grande poder e forte mão? Por que diriam os egípcios: 'Foi com intenção maligna que ele os libertou, para matá-los nos montes e bani-los da face da terra'? Arrepende-te do fogo da tua ira! Tem piedade, e não tragas este mal sobre o teu povo! Lembra-te dos teus servos Abraão, Isaque e Israel, aos quais juraste por ti mesmo: 'Farei que os seus descendentes sejam numerosos como as estrelas do céu e lhes darei toda esta terra que lhes prometi, que será a sua herança para sempre.'" E sucedeu que o Senhor arrependeu-se do mal que ameaçara trazer sobre o povo.

Então Moisés desceu do monte, levando nas mãos as duas tábuas da aliança; estavam escritas em ambos os lados, frente e verso. As tábuas tinham sido feitas por Deus; o que nelas estava gravado fora escrito por Deus.

Quando Josué ouviu o barulho do povo gritando, disse a Moisés: "Há barulho de guerra no acampamento."

Respondeu Moisés:

"Não é canto de vitória,
nem canto de derrota;
 mas ouço o som de canções!"

Quando Moisés aproximou-se do acampamento e viu o bezerro e as danças, irou-se e jogou as tábuas no chão, ao pé do monte, quebrando-as. Pegou o bezerro que eles tinham feito e o destruiu no fogo; depois de moê-lo até virar pó, espalhou-o na água e fez com que os israelitas a bebessem.

E perguntou a Arão: "Que fez esse povo a você para que o levasse a tão grande pecado?" Respondeu Arão: "Não te enfureças, meu senhor; tu bem sabes como esse povo é propenso para o mal. Eles me disseram: 'Faça para nós deuses que nos conduzam, pois não sabemos o que aconteceu com esse Moisés, o homem que nos tirou do Egito.' Então eu lhes disse: 'Quem tiver enfeites de ouro, traga-os para mim.' O povo trouxe-me o ouro, eu o joguei no fogo e surgiu esse bezerro!"

Moisés viu que o povo estava desenfreado e que Arão o tinha deixado fora de controle, tendo se tornado objeto de riso para os seus inimigos. Então ficou em pé, à entrada do acampamento, e disse: "Quem é pelo Senhor, junte-se a mim."

Todos os levitas se juntaram a ele. Declarou-lhes também: "Assim diz o Senhor, o Deus de Israel: 'Pegue cada um sua espada, percorra o acampamento, de tenda em tenda, e mate o seu irmão, o seu amigo e o seu vizinho.'" Fizeram os levitas conforme Moisés ordenou, e naquele dia morreram cerca de três mil dentre o povo. Disse então Moisés: "Hoje vocês se consagraram ao Senhor, pois nenhum de vocês poupou o seu filho e o seu irmão, de modo que o Senhor os abençoou neste dia."

No dia seguinte, Moisés disse ao povo: "Vocês cometeram um grande pecado. Mas agora subirei ao Senhor e talvez possa oferecer propiciação pelo pecado de vocês." Assim, Moisés voltou ao Senhor e disse: "Ah, que grande pecado cometeu este povo! Fizeram para si deuses de ouro. Mas agora, eu te rogo, perdoa-lhes o pecado; se não, risca-me do teu livro que escreveste." Respondeu o Senhor a Moisés: "Riscarei do meu livro todo aquele que pecar contra mim. Agora vá, guie o povo ao lugar de que lhe falei, e meu anjo irá à sua frente. Todavia, quando chegar a hora de puni-los, eu os punirei pelos pecados deles." E o Senhor feriu o povo com uma praga porque quiseram que Arão fizesse o bezerro.

Depois ordenou o Senhor a Moisés: "Saia deste lugar, com o povo que você tirou do Egito, e vá para a terra que prometi com juramento a Abraão, a Isaque e a Jacó, dizendo: 'Eu a darei a seus descendentes.' Mandarei à sua frente um anjo e expulsarei os cananeus, os amorreus, os hititas, os ferezeus, os heveus e os jebuseus. Vão para a terra onde há leite e mel com fartura. Mas eu não irei com vocês, pois vocês são um povo obstinado, e eu poderia destruí-los no caminho."

A tenda do encontro

Moisés costumava montar uma tenda do lado de fora do acampamento; ele a chamava Tenda do Encontro. Quem quisesse consultar o Senhor ia à tenda, fora do acampamento. Sempre que Moisés ia até lá, todo o povo se levantava e ficava em pé à entrada de suas tendas, observando-o, até que ele entrasse na tenda. Assim que Moisés entrava, a coluna de nuvem descia e ficava à entrada da tenda, enquanto o Senhor falava com Moisés. Quando o povo via a coluna de nuvem parada à entrada da tenda, todos prestavam adoração em pé, cada qual na entrada de sua própria tenda. O Senhor falava com Moisés face a face, como quem fala com seu amigo. Depois, Moisés voltava ao acampamento; mas Josué, filho de Num, que lhe servia como auxiliar, não se afastava da tenda.

Disse Moisés ao Senhor: "Tu me ordenaste: 'Conduza este povo', mas não me permites saber quem enviarás comigo. Disseste: 'Eu o conheço pelo nome e de você tenho me agradado.' Se me vês com agrado, revela-me os teus propósitos, para que eu te conheça e continue sendo aceito por ti. Lembra-te de que esta nação é o teu povo." Respondeu o Senhor: "Eu mesmo o acompanharei e lhe darei descanso." Então Moisés lhe declarou: "Se não fores conosco, não nos envies. Como se saberá que eu e o teu povo podemos contar com o teu favor, se não nos acompanhares? Que mais poderá distinguir a mim e a teu povo de todos os demais povos da face da terra?" O Senhor disse a Moisés: "Farei o que me pede, porque tenho me agradado de você e o conheço pelo nome."

Então disse Moisés: "Peço-te que me mostres a tua glória." E Deus respondeu: "Diante de você farei passar toda a minha bondade e diante de você proclamarei o meu nome: o Senhor. Terei misericórdia de quem eu quiser ter misericórdia e terei compaixão de quem eu quiser ter compaixão." E acrescentou: "Você não poderá ver a minha face, porque ninguém poderá ver-me e continuar vivo." E prosseguiu o Senhor: "Há aqui um lugar perto de mim, onde você ficará, em cima de uma rocha. Quando a minha glória passar, eu o colocarei numa fenda da rocha e o cobrirei com a minha mão até que eu tenha acabado de passar. Então tirarei a minha mão e você verá as minhas costas; mas a minha face ninguém poderá ver."

As novas tábuas da Lei

Disse o Senhor a Moisés: "Talhe duas tábuas de pedra semelhantes às primeiras, e nelas escreverei as palavras que estavam nas primeiras tábuas que você quebrou. Esteja pronto pela manhã para subir ao monte Sinai. E lá mesmo, no alto do monte, apresente-se a mim. Ninguém poderá ir com você nem ficar em lugar algum do monte; nem mesmo ovelhas e bois deverão pastar diante do monte." Assim Moisés lavrou duas tábuas de pedra semelhantes às primeiras e subiu ao monte Sinai, logo de manhã, como o Senhor lhe havia ordenado, levando nas mãos as duas tábuas de pedra. Então o Senhor desceu na nuvem, permaneceu ali com ele e proclamou o seu nome: o Senhor.

E passou diante de Moisés, proclamando:

"Senhor, Senhor,
Deus compassivo e misericordioso,
paciente, cheio de amor e de fidelidade,
    que mantém o seu amor a milhares
e perdoa a maldade,
    a rebelião e o pecado.
Contudo, não deixa de punir o culpado;
    castiga os filhos e os netos
pelo pecado de seus pais,
até a terceira e a quarta gerações."

Imediatamente Moisés prostrou-se com o rosto em terra e o adorou, dizendo: "Senhor, se de fato me aceitas com agrado, que o Senhor nos acompanhe. Mesmo sendo esse um povo obstinado, perdoa a nossa maldade e o nosso pecado e faze de nós a tua herança."

"Faço com você uma aliança", disse o Senhor. "Diante de todo o seu povo farei maravilhas jamais realizadas na presença de nenhum outro povo do mundo. O povo no meio do qual você habita verá a obra maravilhosa que eu, o Senhor, farei.

"Nunca adore nenhum outro deus, porque o Senhor, cujo nome é Zeloso, é de fato Deus zeloso."

Disse o Senhor a Moisés: "Escreva essas palavras; porque é de acordo com elas que faço aliança com você e com Israel."

Moisés ficou ali com o Senhor quarenta dias e quarenta noites, sem comer pão e sem beber água. E escreveu nas tábuas as palavras da aliança: os Dez Mandamentos.

O rosto resplandecente de Moisés

Ao descer do monte Sinai com as duas tábuas da aliança nas mãos, Moisés não sabia que o seu rosto resplandecia por ter conversado com o Senhor. Quando Arão e todos os israelitas viram Moisés com o rosto resplandecente, tiveram medo de aproximar-se dele. Ele, porém, os chamou; Arão e os líderes da comunidade atenderam, e Moisés falou com eles. Depois, todos os israelitas se aproximaram, e ele lhes transmitiu todos os mandamentos que o Senhor lhe tinha dado no monte Sinai. Quando acabou de falar com eles, cobriu o rosto com um véu. Mas toda vez que entrava para estar na presença do Senhor e falar com ele, tirava o véu até sair. Sempre que saía e contava aos israelitas tudo o que lhe havia sido ordenado, eles viam que o seu rosto resplandecia. Então, de novo Moisés cobria o rosto com o véu até entrar de novo para falar com o Senhor.

Estava claro que Moisés havia estado na presença extraordinária de Deus. Agora Ele desceria dos céus para viver entre seu povo – no tabernáculo. A tenda sagrada servia de espaço para os rituais de sacrifício e purificação de pecados. Os melhores artesãos hebreus utilizaram suas habilidades com a madeira, o metal, a tecelagem e o bordado para fornecerem utensílios para o tabernáculo, entre eles, o candelabro, a mesa para o pão sagrado e a arca da aliança. A Arca era coberta de ouro, com alças de acácia, também cobertas de ouro, para transporte. As especificações de todos esses materiais eram bastante detalhadas e o resultado deve ter sido de fato belo. Porém a característica mais fenomenal e importante desse templo portátil não era a mobília que havia nele, mas Aquele que o preenchia com Sua presença.

Então a nuvem cobriu a Tenda do Encontro e a glória do Senhor encheu o tabernáculo. Moisés não podia entrar na Tenda do Encontro, porque a nuvem estava sobre ela, e a glória do Senhor enchia o tabernáculo.

Sempre que a nuvem se erguia sobre o tabernáculo, os israelitas seguiam viagem; mas, se a nuvem não se erguia, eles não prosseguiam; só partiam no dia em que ela se erguia. De dia a nuvem do Senhor ficava sobre o tabernáculo, e de noite havia fogo na nuvem, à vista de toda a nação de Israel, em todas as suas viagens.

Durante o ano em que os israelitas ficaram acampados próximo do monte Sinai, Deus lhes ensinou quem era e o que queria deles: "Eu sou santo, então também vós deveis ser santos." Deus instruiu as pessoas a levarem oferendas específicas ao tabernáculo – holocaustos, grãos, sacrifícios de comunhão, de pecado e de culpa. A linhagem de sacerdotes foi ungida,[4] e um sistema complexo de sacrifícios de animais foi instituído para a expiação dos pecados dos fiéis.

Os hebreus aprenderam as leis de Deus sobre casamento e divórcio, sobre as relações sexuais apropriadas, a punição para assassinato e roubo e a forma de compensar seus erros. Deus queria que seu povo fosse compassivo, misericordioso e justo.

A promessa feita a Abraão, Isaque e Jacó se tornara realidade. E aquela nova nação deveria ser diferente, para que todo o mundo conhecesse e louvasse o único e verdadeiro Deus, a própria fonte da vida e da esperança.

Capítulo 10

Nômades

No vigésimo dia do segundo mês do segundo ano, a nuvem se levantou de cima do tabernáculo que guarda as tábuas da aliança. Então os israelitas partiram do deserto do Sinai e viajaram por etapas, até que a nuvem pousou no deserto de Parã. Assim, partiram pela primeira vez, conforme a ordem do Senhor anunciada por Moisés.

---

4. **Unção:** Ato de derramar óleo sobre uma pessoa (geralmente na cabeça) como símbolo cerimonial, destacando-a para ser abençoada ou para prestar serviços especiais a Deus. Um objeto também pode ser ungido para demonstrar seu caráter sacro ou sua importância no culto. O termo ungido pode também equivaler a escolhido, como na expressão "escolhido por Deus".

Os hebreus abandonaram o acampamento próximo ao monte Sinai, onde haviam permanecido um ano, em destacamentos organizados, agrupados de acordo com as 12 tribos batizadas como os nomes dos 12 filhos de Jacó. Deus continuou a guiá-los com a nuvem de dia e com a coluna de fogo à noite. Ele havia resgatado Seu povo da escravidão, mostrado Seu poder, conduzido seus passos, transmitido Sua lei e o agraciado com Sua presença. Àquela altura, os israelitas já confiavam em Deus e na Sua liderança. No entanto, continuavam a culpá-Lo por suas adversidades.

O fogo da ira do Senhor

Aconteceu que o povo começou a queixar-se das suas dificuldades aos ouvidos do Senhor. Quando ele os ouviu, a sua ira acendeu-se, e o fogo da parte do Senhor queimou entre eles e consumiu algumas extremidades do acampamento. Então o povo clamou a Moisés, que orou ao Senhor, e o fogo extinguiu-se. Por isso, aquele lugar foi chamado Taberá,[1] porque o fogo da parte do Senhor queimou entre eles.

Um bando de estrangeiros que havia no meio deles encheu-se de gula, e até os próprios israelitas tornaram a queixar-se e diziam: "Ah, se tivéssemos carne para comer! Nós nos lembramos dos peixes que comíamos de graça no Egito e também dos pepinos, das melancias, dos alhos-porós, das cebolas e dos alhos. Mas agora perdemos o apetite; nunca vemos nada, a não ser este maná!"

O maná era como a semente de coentro e tinha a aparência de resina. O povo saía recolhendo o maná nas redondezas e o moía num moinho manual ou socava-o num pilão; depois cozinhava o maná e com ele fazia bolos. Tinha gosto de bolo amassado com azeite de oliva. Quando o orvalho caía sobre o acampamento à noite, também caía o maná.

Moisés ouviu gente de todas as famílias se queixando, cada uma à entrada de sua tenda. Então acendeu-se a ira do Senhor, e isso pareceu mal a Moisés. E ele perguntou ao Senhor: "Por que trouxeste este mal sobre o teu servo? Foi por não te agradares de mim que colocaste sobre os meus ombros a responsabilidade de todo esse povo? Por acaso fui eu quem o concebeu? Fui eu quem o deu à luz? Por que me pedes para carregá-lo nos braços, como uma ama carrega um recém-nascido, para levá-lo à terra que prometeste sob juramento aos seus antepassados? Onde conseguirei carne para todo esse povo? Eles ficam se queixando contra mim, dizendo: 'Dê-nos carne para comer!' Não posso levar todo esse povo sozinho; essa responsabilidade é grande demais para mim. Se é assim que vais me

---

1. **Taberá:** O mesmo que "incandescente".

tratar, mata-me agora mesmo; se te agradas de mim, não me deixes ver a minha própria ruína."

"Diga ao povo: Consagrem-se para amanhã, pois vocês comerão carne. O Senhor os ouviu quando se queixaram a ele, dizendo: 'Ah, se tivéssemos carne para comer! Estávamos melhor no Egito!' Agora o Senhor dará carne a vocês, e vocês a comerão. Vocês não comerão carne apenas um dia, ou dois, ou cinco, ou dez ou vinte, mas um mês inteiro, até que saia carne pelo nariz de vocês e vocês tenham nojo dela, porque rejeitaram o Senhor, que está no meio de vocês, e se queixaram a ele, dizendo: 'Por que saímos do Egito?'"

Disse, porém, Moisés: "Aqui estou eu no meio de seiscentos mil homens em pé, e dizes: 'Darei a eles carne para comerem durante um mês inteiro!' Será que haveria o suficiente para eles se todos os rebanhos fossem abatidos? Será que haveria o suficiente para eles se todos os peixes do mar fossem apanhados?"

O Senhor respondeu a Moisés: "Estará limitado o poder do Senhor? Agora você verá se a minha palavra se cumprirá ou não."

Depois disso, veio um vento da parte do Senhor que trouxe codornizes do mar e as fez cair por todo o acampamento, a uma altura de noventa centímetros, espalhando-as em todas as direções num raio de um dia de caminhada. Durante todo aquele dia e aquela noite e durante todo o dia seguinte, o povo saiu e recolheu codornizes. Ninguém recolheu menos de dez barris. Então eles as estenderam para secar ao redor de todo o acampamento.

Mas, enquanto a carne ainda estava entre os seus dentes e antes que a ingerissem, a ira do Senhor acendeu-se contra o povo, e ele o feriu com uma praga terrível. Por isso o lugar foi chamado Quibrote-Hataavá, porque ali foram enterrados os que tinham sido dominados pela gula.

De Quibrote-Hataavá[2] o povo partiu para Hazerote, e lá ficou.

Embora Deus lidasse de forma severa com a ausência de fé das pessoas, mais problemas estavam a caminho, desta vez trazidos pelo irmão e pela irmã do próprio Moisés.

Miriã e Arão começaram a criticar Moisés porque ele havia se casado com uma mulher etíope. "Será que o Senhor tem falado apenas por meio de Moisés?", perguntaram. "Também não tem ele falado por meio de nós?" E o Senhor ouviu isso. Ora, Moisés era um homem muito paciente, mais do que qualquer outro que havia na terra.

Imediatamente o Senhor disse a Moisés, a Arão e a Miriã: "Dirijam-se à Tenda

---

2. **Quibrote-Hataavá:** Significa "jazigos da cobiça".

do Encontro, vocês três." E os três foram para lá. Então o Senhor desceu numa coluna de nuvem e, pondo-se à entrada da Tenda, chamou Arão e Miriã. Os dois vieram à frente, e ele disse:

"Ouçam as minhas palavras:
Quando entre vocês
  há um profeta[3] do Senhor,
a ele me revelo em visões,
em sonhos falo com ele.
Não é assim, porém,
  com meu servo Moisés,
que é fiel em toda a minha casa.
Com ele falo face a face,
  claramente, e não por enigmas;
  e ele vê a forma do Senhor.
Por que não temeram
criticar meu servo Moisés?"

Então a ira do Senhor acendeu-se contra eles, e ele os deixou. Quando a nuvem se afastou da Tenda, Miriã estava leprosa; sua aparência era como a da neve.

Arão voltou-se para Miriã, viu que ela estava com lepra e disse a Moisés: "Por favor, meu senhor, não nos castigue pelo pecado que tão tolamente cometemos. Não permita que ela fique como um feto abortado que sai do ventre de sua mãe, com a metade do corpo destruída."

Então Moisés clamou ao Senhor: "Ó Deus, por misericórdia, concede-lhe cura!"

O Senhor respondeu a Moisés: "Se o pai dela lhe tivesse cuspido no rosto, não estaria ela envergonhada sete dias? Que fique isolada fora do acampamento sete dias; depois ela poderá ser trazida de volta." Então Miriã ficou isolada sete dias fora do acampamento, e o povo não partiu enquanto ela não foi trazida de volta.

Depois disso, partiram de Hazerote e acamparam no deserto de Parã.

A missão de reconhecimento de Canaã

E o Senhor disse a Moisés: "Envie alguns homens em missão de reconhecimento à terra de Canaã, terra que dou aos israelitas. Envie um líder de cada tribo dos seus antepassados."

---

3. **Profeta:** Pessoa escolhida por Deus para transmitir ao povo mensagens inspiradas pela divindade.

Quando Moisés os enviou para observarem Canaã, disse: "Subam pelo Neguebe e prossigam até a região montanhosa. Vejam como é a terra e se o povo que vive lá é forte ou fraco, se são muitos ou poucos; se a terra em que habitam é boa ou ruim; se as cidades em que vivem são sem muros ou fortificadas; se o solo é fértil ou pobre; se existe ali floresta ou não. Sejam corajosos! Tragam alguns frutos da terra." Era a época do início da colheita das uvas.

Eles subiram e observaram a terra desde o deserto de Zim até Reobe, na direção de Lebo-Hamate.

Quando chegaram ao vale de Escol, cortaram um ramo do qual pendia um único cacho de uvas. Dois deles carregaram o cacho pendurado numa vara. Colheram também romãs e figos.

Ao fim de quarenta dias eles voltaram da missão de reconhecimento daquela terra. Eles então retornaram a Moisés e a Arão e a toda a comunidade de Israel em Cades, no deserto de Parã, onde prestaram relatório a eles e a toda a comunidade de Israel, e lhes mostraram os frutos da terra.

E deram o seguinte relatório a Moisés: "Entramos na terra à qual você nos enviou, onde há leite e mel com fartura! Aqui estão alguns frutos dela. Mas o povo que lá vive é poderoso, e as cidades são fortificadas e muito grandes. Também vimos descendentes de Enaque."

Então Calebe fez o povo calar-se perante Moisés e disse: "Subamos e tomemos posse da terra. É certo que venceremos!" Mas os homens que tinham ido com ele disseram: "Não podemos atacar aquele povo; é mais forte do que nós." E espalharam entre os israelitas um relatório negativo acerca daquela terra. Disseram: "A terra para a qual fomos em missão de reconhecimento devora os que nela vivem. Todos os que vimos são de grande estatura. Vimos também os gigantes, os descendentes de Enaque, diante de quem parecíamos gafanhotos, a nós e a eles."

A revolta do povo

Naquela noite, toda a comunidade começou a chorar em alta voz. Todos os israelitas queixaram-se contra Moisés e contra Arão, e toda a comunidade lhes disse: "Quem dera tivéssemos morrido no Egito! Ou neste deserto! Por que o Senhor está nos trazendo para esta terra? Só para nos deixar cair à espada? Nossas mulheres e nossos filhos serão tomados como despojo de guerra. Não seria melhor voltar para o Egito?" E disseram uns aos outros: "Escolheremos um chefe e voltaremos para o Egito!"

Então Moisés e Arão prostraram-se com o rosto em terra diante de toda a assembleia dos israelitas. Josué, filho de Num, e Calebe, filho de Jefoné, dentre os que haviam observado a terra, rasgaram as suas vestes e disseram a toda a comunidade dos israelitas: "A terra que percorremos em missão de reconhecimento é excelente. Se o Senhor se agradar de nós, ele nos fará entrar nessa terra, onde há leite e mel com fartura, e a dará a nós. Somente não sejam rebeldes contra o Senhor. E não tenham medo do povo da terra, porque nós os devoraremos como se fossem pão. A proteção deles se foi, mas o Senhor está conosco. Não tenham medo deles!"

Mas a comunidade toda falou em apedrejá-los. Então a glória do Senhor apareceu a todos os israelitas na Tenda do Encontro.

E o Senhor disse a Moisés: "Até quando este povo me tratará com pouco caso? Até quando se recusará a crer em mim, apesar de todos os sinais que realizei entre eles? Eu os ferirei com a praga e os destruirei, mas farei de você uma nação maior e mais forte do que eles."

Moisés disse ao Senhor: "Então os egípcios ouvirão que pelo teu poder fizeste este povo sair dentre eles e falarão disso aos habitantes desta terra. Eles ouviram que tu, ó Senhor, estás com este povo e que te veem face a face, Senhor, e que a tua nuvem paira sobre eles, e que vais adiante deles numa coluna de nuvem de dia e numa coluna de fogo de noite. Se exterminares este povo, as nações que ouvirem falar do que fizeste dirão: 'O Senhor não conseguiu levar esse povo à terra que lhes prometeu em juramento; por isso os matou no deserto.' Mas agora, que a força do Senhor se manifeste, segundo prometeste: 'O Senhor é muito paciente e grande em fidelidade e perdoa a iniquidade e a rebelião, se bem que não deixa o pecado sem punição e castiga os filhos pela iniquidade dos pais até a terceira e quarta gerações.' Segundo a tua grande fidelidade, perdoa a iniquidade deste povo, como a este povo tens perdoado desde que saíram do Egito até agora."

O Senhor respondeu: "Eu o perdoei, conforme você pediu. No entanto, juro pela glória do Senhor, que enche toda a terra, que nenhum dos que viram a minha glória e os sinais milagrosos que realizei no Egito e no deserto e me puseram à prova e me desobedeceram dez vezes — nenhum deles chegará a ver a terra que prometi com juramento aos seus antepassados. Ninguém que me tratou com desprezo a verá. Mas, como o meu servo Calebe tem outro espírito e me segue com integridade, eu o farei entrar na terra que foi observar, e seus descendentes a herdarão. Visto que os amalequitas e os cananeus habitam nos vales, amanhã deem meia-volta e partam em direção ao deserto pelo caminho que vai para o mar Vermelho."

O castigo do povo

Disse mais o Senhor a Moisés e a Arão: "Até quando esta comunidade ímpia se queixará contra mim? Tenho ouvido as queixas desses israelitas murmuradores. Diga-lhes: Juro pelo meu nome, declara o Senhor, que farei a vocês tudo o que pediram: Cairão neste deserto os cadáveres de todos vocês, de vinte anos para cima, que foram contados no recenseamento e que se queixaram contra mim. Nenhum de vocês entrará na terra que, com mão levantada, jurei dar-lhes para sua habitação, exceto Calebe, filho de Jefoné, e Josué, filho de Num. Mas, quanto aos seus filhos, sobre os quais vocês disseram que seriam tomados como despojo de guerra, eu os farei entrar para desfrutarem a terra que vocês rejeitaram. Os cadáveres de vocês, porém, cairão neste deserto. Seus filhos serão pastores aqui durante quarenta anos, sofrendo pela infidelidade de vocês, até que o último cadáver de vocês seja destruído no deserto. Durante quarenta anos vocês sofrerão a consequência dos seus pecados e experimentarão a minha rejeição; cada ano corresponderá a cada um dos quarenta dias em que vocês observaram a terra. Eu, o Senhor, falei, e certamente farei essas coisas a toda esta comunidade ímpia, que conspirou contra mim. Encontrarão o seu fim neste deserto; aqui morrerão."

Reclamando, conspirando e descrendo, os hebreus iam vagarosamente aprendendo. Conforme as palavras de Deus, os israelitas vagaram pelo deserto até que aqueles que na época tinham 20 anos ou mais morreram.

A história é retomada quase 40 anos depois. Os israelitas retornam a Cades, local da rebelião que ocorreu quando os espiões voltaram de Canaã. Novamente a terra prometida se encontrava diante deles. Àquela altura, a maior parte dos que tinham 20 anos ou mais na época daquela rebelião trágica havia morrido. Infelizmente, no entanto, é clara a semelhança entre a atitude das duas gerações.

No primeiro mês toda a comunidade de Israel chegou ao deserto de Zim e ficou em Cades. Ali Miriã morreu e foi sepultada.

Não havia água para a comunidade, e o povo se juntou contra Moisés e contra Arão. Discutiram com Moisés e disseram: "Quem dera tivéssemos morrido quando os nossos irmãos caíram mortos perante o Senhor! Por que vocês trouxeram a assembleia do Senhor a este deserto, para que nós e os nossos rebanhos morrêssemos aqui? Por que vocês nos tiraram do Egito e nos trouxeram para este lugar terrível? Aqui não há cereal, nem figos, nem uvas, nem romãs, nem água para beber!"

Moisés e Arão saíram de diante da assembleia para a entrada da Tenda do Encontro e se prostraram com o rosto em terra, e a glória do Senhor lhes apareceu. E o Senhor disse a Moisés: "Pegue a vara e, com o seu irmão Arão, reúna a comunidade e diante dela fale àquela rocha, e ela verterá água. Vocês tirarão água da rocha para a comunidade e os rebanhos beberem."

Então Moisés pegou a vara que estava diante do Senhor, como este lhe havia ordenado. Moisés e Arão reuniram a assembleia em frente da rocha, e Moisés disse: "Escutem, rebeldes, será que teremos que tirar água desta rocha para dar a vocês?" Então Moisés ergueu o braço e bateu na rocha duas vezes com a vara. Jorrou água, e a comunidade e os rebanhos beberam.

O Senhor, porém, disse a Moisés e a Arão: "Como vocês não confiaram em mim para honrar minha santidade à vista dos israelitas, vocês não conduzirão esta comunidade para a terra que dou a vocês."

Essas foram as águas de Meribá, onde os israelitas discutiram com o Senhor e onde ele manifestou sua santidade entre eles.

A frustração e a raiva que vinham crescendo dentro de Moisés no decorrer dos 40 anos anteriores vieram à tona. Enfurecido, ele golpeou a pedra em vez de falar com ela, como Deus instruíra. Moisés e Arão não confiaram no Senhor nem respeitaram Sua presença entre os hebreus. As consequências foram claras: nem Moisés nem Arão entrariam na terra prometida.

Ao continuarem sua marcha em direção a Canaã, os israelitas chegaram à beira de um território controlado por seus primos distantes, os edomitas (descendentes de Esaú, irmão de Jacó). Porém a negociação diplomática com eles se mostrou difícil. Os hebreus solicitaram permissão para atravessar a região, o que lhes serviria de atalho. "Jamais sem luta", respondeu o rei de Edom, que despachou um exército poderoso para impedir a entrada dos estrangeiros. Frustrados, logo os israelitas teriam mais acontecimentos terríveis com que se preocupar.

A morte de Arão

Toda a comunidade israelita partiu de Cades e chegou ao monte Hor. Naquele monte, perto da fronteira de Edom, o Senhor disse a Moisés e a Arão: "Arão será reunido aos seus antepassados. Não entrará na terra que dou aos israelitas, porque vocês dois se rebelaram contra a minha ordem junto às águas de Meribá. Leve Arão e seu filho Eleazar para o alto do monte Hor. Tire as vestes de Arão e coloque-as em seu filho Eleazar, pois Arão será reunido aos seus antepassados; ele morrerá ali."

Moisés fez conforme o Senhor ordenou; subiram o monte Hor à vista de toda a comunidade. Moisés tirou as vestes de Arão e as colocou em seu filho Eleazar. E Arão morreu no alto do monte. Depois disso, Moisés e Eleazar desceram do monte, e, quando toda a comunidade soube que Arão tinha morrido, toda a nação de Israel pranteou por ele durante trinta dias.

A vitória sobre o rei de Arade

Quando o rei cananeu de Arade, que vivia no Neguebe, soube que Israel vinha pela estrada de Atarim, atacou os israelitas e capturou alguns deles. Então Israel fez este voto ao Senhor: "Se entregares este povo em nossas mãos, destruiremos totalmente as suas cidades." O Senhor ouviu o pedido de Israel e lhes entregou os cananeus. Israel os destruiu completamente, a eles e às suas cidades; de modo que o lugar foi chamado Hormá.

Partiram eles do monte Hor pelo caminho do mar Vermelho, para contornarem a terra de Edom. Mas o povo ficou impaciente no caminho e falou contra Deus e contra Moisés, dizendo: "Por que vocês nos tiraram do Egito para morrermos no deserto? Não há pão! Não há água! E nós detestamos esta comida miserável!"

Então o Senhor enviou serpentes venenosas que morderam o povo, e muitos morreram. O povo foi a Moisés e disse: "Pecamos quando falamos contra o Senhor e contra você. Ore pedindo ao Senhor que tire as serpentes do meio de nós." E Moisés orou pelo povo. O Senhor disse a Moisés: "Faça uma serpente e coloque-a no alto de um poste; quem for mordido e olhar para ela viverá." Moisés fez então uma serpente de bronze e a colocou num poste. Quando alguém era mordido por uma serpente e olhava para a serpente de bronze, permanecia vivo.

Os israelitas continuaram atravessando o deserto. Conforme haviam feito com a nação de Edom, solicitaram a cooperação do rei dos amorreus para cruzarem seu território. E, assim como ocorreu com os edomitas, o povo de Deus descobriu que os amorreus não estavam dispostos a ajudar.

A vitória sobre Seom e Ogue

Israel enviou mensageiros para dizer a Seom, rei dos amorreus: "Deixa-nos atravessar a tua terra. Não entraremos em nenhuma plantação, em nenhuma vinha, nem beberemos água de poço algum. Passaremos pela estrada do rei até que tenhamos atravessado o teu território."

Seom, porém, não deixou Israel atravessar o seu território. Convocou todo o seu exército e atacou Israel no deserto. Quando chegou a Jaza, lutou contra Israel. Porém Israel o destruiu com a espada e tomou-lhe as terras desde o Arnom até o Jaboque, até o território dos amonitas, pois Jazar estava na fronteira dos amonitas.

Israel capturou todas as cidades dos amorreus e as ocupou, inclusive Hesbom e todos os seus povoados. Hesbom era a cidade de Seom, rei dos amorreus, que havia lutado contra o antigo rei de Moabe, tendo tomado todas as suas terras até o Arnom.

Assim Israel habitou na terra dos amorreus.

Moisés enviou espiões a Jazar, e os israelitas tomaram os povoados ao redor e expulsaram os amorreus que ali estavam.

Depois voltaram e subiram pelo caminho de Basã, e Ogue, rei de Basã, com todo o seu exército, marchou para enfrentá-los em Edrei. Mas o Senhor disse a

Moisés: "Não tenha medo dele, pois eu o entreguei a você juntamente com todo o seu exército e com a sua terra. Você fará com ele o que fez com Seom, rei dos amorreus, que habitava em Hesbom." Então eles o derrotaram, bem como os seus filhos e todo o seu exército, não lhes deixando sobrevivente algum. E tomaram posse da terra dele.

Os israelitas partiram e acamparam nas campinas de Moabe, para além do Jordão, perto de Jericó.

Perante esses resultados, os reis locais sentiram-se intimidados pelas forças de Israel. Um deles, Balaque, governante de Moabe, convocou Balaão, um vidente pagão, para amaldiçoar os israelitas. Entre as promessas de riqueza de Balaque e as garantias divinas de que o rei estava fadado à desgraça, Balaão viu-se em um dilema. Decidiu finalmente montar no seu jumento para ir embora de Moabe, mas o jumento se recusou a andar. Balaão usou seu chicote, e o animal falou de repente, opondo-se ao tratamento injusto.

Jumento: "Eu te feri alguma vez?"

Balaão: "Não."

Jumento: "Então por que me chicoteias?"

Balaão: "Porque não queres mover-te, animal idiota."

Jumento: "Abre teus olhos e verás o motivo!"

Foi quando Balaão viu o Anjo do Senhor na estrada, voltado para ele. Como resultado deste acontecimento estranho, Balaão ganhou coragem para revelar a Balaque o que Deus queria que o rei ouvisse: Israel seria abençoado; Moabe, amaldiçoado.

Enquanto isso, as mulheres moabitas estavam causando mais estragos entre os soldados hebreus do que o exército de Balaque jamais conseguiria provocar.

A adoração a Baal-Peor

Enquanto Israel estava em Sitim, o povo começou a entregar-se à imoralidade sexual com mulheres moabitas, que os convidavam aos sacrifícios de seus deuses. O povo comia e se prostrava perante esses deuses. Assim, Israel se juntou à adoração a Baal-Peor. E a ira do Senhor acendeu-se contra Israel.

E o Senhor disse a Moisés: "Prenda todos os chefes desse povo, enforque-os diante do Senhor, à luz do sol, para que o fogo da ira do Senhor se afaste de Israel." Então Moisés disse aos juízes[4] de Israel: "Cada um de vocês terá que matar aqueles que dentre os seus homens se juntaram à adoração a Baal-Peor."

4. **Juízes:** Líderes nacionais e libertadores de Israel.

Um israelita trouxe para casa uma mulher midianita, na presença de Moisés e de toda a comunidade de Israel, que choravam à entrada da Tenda do Encontro. Quando Fineias, filho de Eleazar, neto do sacerdote Arão, viu isso, apanhou uma lança, seguiu o israelita até o interior da tenda e atravessou os dois com a lança; atravessou o corpo do israelita e o da mulher. Então cessou a praga contra os israelitas. Mas os que morreram por causa da praga foram vinte e quatro mil.

E o Senhor disse a Moisés: "Fineias, filho de Eleazar, neto do sacerdote Arão, desviou a minha ira de sobre os israelitas, pois foi zeloso, com o mesmo zelo que tenho por eles, para que em meu zelo eu não os consumisse. Diga-lhe, pois, que estabeleço com ele a minha aliança de paz. Dele e dos seus descendentes será a aliança do sacerdócio perpétuo, porque ele foi zeloso pelo seu Deus e fez propiciação pelos israelitas."

Enquanto a batalha pela terra prometida se aproximava, Moisés realizou um censo e descobriu que todos os israelitas que tinham se rebelado contra as instruções de Deus tinham morrido. A geração seguinte estava finalmente preparada para adentrar a região. Porém o próprio Moisés teve que encarar a triste realidade de algumas consequências duras.

Josué, sucessor de Moisés

Então o Senhor disse a Moisés: "Suba este monte da serra de Abarim e veja a terra que dei aos israelitas. Depois de vê-la, você também será reunido ao seu povo, como seu irmão Arão, pois, quando a comunidade se rebelou nas águas do deserto de Zim, vocês dois desobedeceram à minha ordem de honrar minha santidade perante eles." Isso aconteceu nas águas de Meribá, em Cades, no deserto de Zim.

Moisés disse ao Senhor: "Que o Senhor, o Deus que a todos dá vida, designe um homem como líder desta comunidade para conduzi-los em suas batalhas, para que a comunidade do Senhor não seja como ovelhas sem pastor." Então o Senhor disse a Moisés: "Chame Josué, filho de Num, homem em quem está o Espírito, e imponha as mãos sobre ele. Faça-o apresentar-se ao sacerdote Eleazar e a toda a comunidade e o comissione na presença deles. Dê-lhe parte da sua autoridade, para que toda a comunidade de Israel lhe obedeça."

Moisés fez como o Senhor lhe ordenou. Chamou Josué e o apresentou ao sacerdote Eleazar e a toda a comunidade. Impôs as mãos sobre ele e o comissionou. Tudo conforme o Senhor tinha dito por meio de Moisés.

Vários detalhes administrativos exigiram a atenção de Moisés antes de sua morte e antes que o povo cruzasse o rio Jordão. Foi preciso determinar como

organizar o culto, o que fazer com prisioneiros e os bens saqueados durante os conflitos, como lidar com crimes e vingança dentro da nação hebraica, como estabelecer direitos hereditários. Deus, através de Moisés, estava preparando um sistema de governo básico para a vida na terra prometida. A tarefa final de Moisés em relação ao seu povo ansioso e cheio de energia foi um grande discurso de despedida. "Lembrai-vos de quem sois", disse ele, "e a Quem pertenceis."

Estas são as palavras ditas por Moisés a todo o Israel no deserto, a leste do Jordão:

"Pois o Senhor, o seu Deus, os tem abençoado em tudo o que vocês têm feito. Ele cuidou de vocês em sua jornada por este grande deserto. Nestes quarenta anos o Senhor, o seu Deus, tem estado com vocês, e não tem faltado coisa alguma a vocês."

Exortação à obediência

"E agora, ó Israel, ouça os decretos e as leis que estou ensinando vocês a cumprir, para que vivam e tomem posse da terra que o Senhor, o Deus dos seus antepassados, dá a vocês. Nada acrescentem às palavras que eu ordeno a vocês e delas nada retirem, mas obedeçam aos mandamentos do Senhor, o seu Deus, que eu ordeno a vocês. Vocês viram com os seus próprios olhos o que o Senhor fez em Baal-Peor. O Senhor, o seu Deus, destruiu do meio de vocês todos os que seguiram a Baal-Peor, mas vocês, que permaneceram fiéis ao Senhor, o seu Deus, hoje estão todos vivos. Eu ensinei a vocês decretos e leis, como me ordenou o Senhor, o meu Deus, para que sejam cumpridos na terra na qual vocês estão entrando, para dela tomar posse. Vocês devem obedecer-lhes e cumpri-los, pois assim os outros povos verão a sabedoria e o discernimento de vocês. Quando eles ouvirem todos estes decretos, dirão: 'De fato esta grande nação é um povo sábio e inteligente.' Pois, que grande nação tem um Deus tão próximo como o Senhor, o nosso Deus, sempre que o invocamos? Ou, que grande nação tem decretos e preceitos tão justos como esta lei que estou apresentando a vocês hoje?"

O Senhor é Deus

"Perguntem, agora, aos tempos antigos, antes de vocês existirem, desde o dia em que Deus criou o homem sobre a terra; perguntem de um lado ao outro do céu: Já aconteceu algo tão grandioso ou já se ouviu algo parecido? Que povo ouviu a voz de Deus falando do meio do fogo, como vocês ouviram, e continua vivo? Ou que deus decidiu tirar uma nação do meio de outra para lhe pertencer, com provas, sinais, maravilhas e lutas, com mão poderosa e braço forte, e com feitos temíveis e grandiosos, conforme tudo o que o Senhor fez por vocês no Egito, como vocês viram com os seus próprios olhos?

"Tudo isso foi mostrado a vocês para que soubessem que o Senhor é Deus e que não há outro além dele. Do céu, ele fez com que vocês ouvissem a sua voz, para discipliná-los. Na terra, mostrou a vocês o seu grande fogo, e vocês ouviram as suas palavras vindas do meio do fogo. E, porque amou os seus antepassados e escolheu a descendência deles, ele foi em pessoa tirá-los do Egito com o seu grande poder, para expulsar de diante de vocês nações maiores e mais fortes, a fim de fazê-los entrar e possuir como herança a terra delas, como hoje se vê.

"Reconheçam isso hoje e ponham no coração que o Senhor é Deus em cima, nos céus, e embaixo, na terra. Não há nenhum outro. Obedeçam aos seus decretos e mandamentos que hoje eu ordeno a vocês, para que tudo vá bem com vocês e com seus descendentes e para que vivam muito tempo na terra que o Senhor, o seu Deus, dá a vocês para sempre."

"Ouça, ó Israel: O Senhor, o nosso Deus, é o único Senhor. Ame o Senhor, o seu Deus, de todo o seu coração, de toda a sua alma e de todas as suas forças. Que todas estas palavras que hoje lhe ordeno estejam em seu coração. Ensine-as com persistência a seus filhos. Converse sobre elas quando estiver sentado em casa, quando estiver andando pelo caminho, quando se deitar e quando se levantar."

A disciplina do Senhor no caminho para a Boa Terra

"Tenham o cuidado de obedecer a toda a lei que eu hoje ordeno a vocês, para que vocês vivam, multipliquem-se e tomem posse da terra que o Senhor prometeu, com juramento, aos seus antepassados. Lembrem-se de como o Senhor, o seu Deus, os conduziu por todo o caminho no deserto, durante esses quarenta anos, para humilhá-los e pô-los à prova, a fim de conhecer suas intenções, se iriam obedecer aos seus mandamentos ou não. Assim, ele os humilhou e os deixou passar fome. Mas depois os sustentou com maná, que nem vocês nem os seus antepassados conheciam, para mostrar-lhes que nem só de pão viverá o homem, mas de toda palavra que procede da boca do Senhor. As roupas de vocês não se gastaram e os seus pés não incharam durante esses quarenta anos.

"Saibam, pois, em seu coração que, assim como um homem disciplina o seu filho, da mesma forma o Senhor, o seu Deus, os disciplina."

"Pois o Senhor, o seu Deus, os está levando a uma boa terra, cheia de riachos e tanques de água, de fontes que jorram nos vales e nas colinas; terra de trigo e cevada, videiras e figueiras, de romãzeiras, azeite de oliva e mel; terra onde não faltará pão e onde não terão falta de nada; terra onde as rochas têm ferro e onde vocês poderão extrair cobre das colinas. Depois que tiverem comido até ficarem satisfeitos, louvem o Senhor, o seu Deus, pela boa terra que deu a vocês.

"Tenham o cuidado de não se esquecer do Senhor, o seu Deus, deixando de obedecer aos seus mandamentos, às suas ordenanças e aos seus decretos que hoje ordeno a vocês. Não aconteça que, depois de terem comido até ficarem satisfeitos, de terem construído boas casas e nelas morado, de aumentarem os seus rebanhos, a sua prata e o seu ouro e todos os seus bens, o seu coração fique orgulhoso e vocês se esqueçam do Senhor, o seu Deus, que os tirou do Egito, da terra da escravidão. Ele os conduziu pelo imenso e pavoroso deserto, por aquela terra seca e sem água, de serpentes e escorpiões venenosos. Ele tirou água da rocha para vocês e os sustentou no deserto com maná, que os seus antepassados não conheciam, para humilhá-los e prová-los, a fim de que tudo fosse bem com vocês.

"Não digam, pois, em seu coração: 'A minha capacidade e a força das minhas mãos ajuntaram para mim toda esta riqueza.' Mas lembrem-se do Senhor, o seu Deus, pois é ele que dá a vocês a capacidade de produzir riqueza, confirmando a aliança que jurou aos seus antepassados, conforme hoje se vê. Mas, se vocês se esquecerem do Senhor, o seu Deus, e seguirem outros deuses, prestando-lhes culto e curvando-se diante deles, asseguro-lhes hoje que vocês serão destruídos. Por não obedecerem ao Senhor, o seu Deus, vocês serão destruídos como o foram as outras nações que o Senhor destruiu perante vocês."

O mérito não foi de Israel

"Ouça, ó Israel: Hoje você está atravessando o Jordão para entrar na terra e conquistar nações maiores e mais poderosas do que você, as quais têm cidades grandes, com muros que vão até o céu. O povo é forte e alto. São enaquins! Você já ouviu falar deles e até conhece o que se diz: 'Quem é capaz de resistir aos enaquins?' Esteja, hoje, certo de que o Senhor, o seu Deus, ele mesmo, vai adiante de você como fogo consumidor. Ele os exterminará e os subjugará diante de você. E você os expulsará e os destruirá, como o Senhor lhe prometeu. Depois que o Senhor, o seu Deus, os tiver expulsado da presença de você, não diga: 'O Senhor me trouxe aqui para tomar posse desta terra por causa da minha justiça.' Não! É devido à impiedade destas nações que o Senhor vai expulsá-las da presença de você. Não é por causa de sua justiça ou de sua retidão que você conquistará a terra delas. Mas é por causa da maldade dessas nações que o Senhor, o seu Deus, as expulsará de diante de você, para cumprir a palavra que o Senhor prometeu, sob juramento, aos seus antepassados, Abraão, Isaque e Jacó. Portanto, esteja certo de que não é por causa de sua justiça que o Senhor, o seu Deus, lhe dá esta boa terra para dela tomar posse, pois você é um povo obstinado."

Embora Moisés costumasse reclamar dizendo que não era um orador, suas palavras fortes de incentivo mantiveram os hebreus fiéis, concentrados e esperançosos durante anos a fio. Moisés conhecia bem Deus e amava seu povo. Este conhecimento e amor eram expressos com frequência em orações poéticas, repletas de lamentos e alegria, paixão e devoção.

Oração de Moisés, homem de Deus:

Senhor, tu és o nosso refúgio, sempre,
    de geração em geração.
Antes de nascerem os montes
    e de criares a terra e o mundo,
de eternidade a eternidade tu és Deus.

Fazes os homens voltarem ao pó,
    dizendo: "Retornem ao pó, seres humanos!"
De fato, mil anos para ti
    são como o dia de ontem que passou,
como as horas da noite.
Como uma correnteza, tu arrastas os homens;
são breves como o sono;
são como a relva que brota ao amanhecer;
germina e brota pela manhã,
mas, à tarde, murcha e seca.

Somos consumidos pela tua ira
e aterrorizados pelo teu furor.
Conheces as nossas iniquidades;
não escapam os nossos pecados secretos
    à luz da tua presença.
Todos os nossos dias passam
    debaixo do teu furor;
vão-se como um murmúrio.
Os anos de nossa vida chegam a setenta,
ou a oitenta para os que têm mais vigor;
entretanto, são anos difíceis
    e cheios de sofrimento,

pois a vida passa depressa,
    e nós voamos!

Quem conhece o poder da tua ira?
Pois o teu furor é tão grande
    como o temor que te é devido.
Ensina-nos a contar os nossos dias
para que o nosso coração alcance sabedoria.

Volta-te, Senhor! Até quando será assim?
Tem compaixão dos teus servos!
Satisfaze-nos pela manhã
    com o teu amor leal,
e todos os nossos dias cantaremos felizes.
Dá-nos alegria pelo tempo que nos afligiste,
pelos anos em que tanto sofremos.
Sejam manifestos os teus feitos
    aos teus servos,
e aos filhos deles o teu esplendor!
Esteja sobre nós a bondade
    do nosso Deus Soberano.
Consolida, para nós,
    a obra de nossas mãos;
consolida a obra de nossas mãos!

Moisés e os hebreus necessitavam do auxílio de Deus perante o trabalho duro, as aflições, vitórias e derrotas que os aguardavam. Deus havia sido fiel ao retirar seu povo do Egito, e seus planos para o futuro dos israelitas eram bons. Passando o manto da liderança para Josué, as últimas palavras de Moisés foram repletas de esperança e fé.

Josué, o sucessor de Moisés

Moisés disse ainda estas palavras a todo o Israel: "Estou com cento e vinte anos de idade e já não sou capaz de liderá-los. O Senhor me disse: 'Você não atravessará o Jordão'. O Senhor, o seu Deus, o atravessará pessoalmente à frente de vocês. Ele destruirá estas nações perante vocês, e vocês tomarão posse da terra delas. Josué também atravessará à frente de vocês, conforme o Senhor disse. E o Senhor fará com elas como fez com Seom e Ogue, os reis dos amorreus, os quais destruiu juntamente com a sua terra. O Senhor as entregará a vocês, e vocês deverão fazer com elas tudo o que ordenei a vocês. Sejam fortes e corajosos. Não tenham medo nem fiquem apavorados por causa delas, pois o Senhor, o seu Deus, vai com vocês; nunca os deixará, nunca os abandonará."

Então Moisés convocou Josué e lhe disse na presença de todo o Israel: "Seja forte e corajoso, pois você irá com este povo para a terra que o Senhor jurou aos seus antepassados que lhes daria, e você a repartirá entre eles como herança. O próprio Senhor irá à sua frente e estará com você; ele nunca o deixará, nunca o abandonará. Não tenha medo! Não desanime!"

Além de delegar poderes a Josué, Moisés escreveu as palavras da Lei de Deus juntamente com uma canção especial para deixá-las com seu povo. Então continuou seu discurso.

Quando Moisés terminou de recitar todas essas palavras a todo o Israel, disse-lhes: "Guardem no coração todas as palavras que hoje declarei a vocês solenemente, para que ordenem aos seus filhos que obedeçam fielmente a todas as palavras desta lei. Elas não são palavras inúteis. São a sua vida. Por meio delas vocês viverão muito tempo na terra da qual tomarão posse do outro lado do Jordão."

Naquele mesmo dia, o Senhor disse a Moisés: "Suba as montanhas de Abarim, até o monte Nebo, em Moabe, em frente de Jericó, e contemple Canaã, a terra que dou aos israelitas como propriedade. Ali, na montanha que você tiver subido, você morrerá e será reunido aos seus antepassados, assim como o seu irmão Arão morreu no monte Hor e foi reunido aos seus antepassados. Assim será porque vocês dois foram infiéis para comigo na presença dos israelitas, junto às águas de Meribá, em Cades, no deserto de Zim, e porque vocês não sustentaram a minha santidade no meio dos israelitas. Portanto, você verá a terra somente a distância, mas não entrará na terra que estou dando ao povo de Israel."

A morte de Moisés

Então, das campinas de Moabe, Moisés subiu ao monte Nebo, ao topo do Pisga, em frente de Jericó. Ali o Senhor lhe mostrou a terra toda: de Gileade a Dã, toda a região de Naftali, o território de Efraim e Manassés, toda a terra de Judá até o mar ocidental, o Neguebe e toda a região que vai do vale de Jericó, a cidade das Palmeiras, até Zoar. E o Senhor lhe disse: "Esta é a terra que prometi sob juramento a Abraão, a Isaque e a Jacó, quando lhes disse: Eu a darei a seus descendentes. Permiti que você a visse com os seus próprios olhos, mas você não atravessará o rio, não entrará nela."

Moisés, o servo do Senhor, morreu ali, em Moabe, como o Senhor dissera.

Ele o sepultou em Moabe, no vale que fica diante de Bete-Peor, mas até hoje ninguém sabe onde está localizado seu túmulo. Moisés tinha cento e vinte anos de idade quando morreu; todavia, nem os seus olhos nem o seu vigor tinham se enfraquecido. Os israelitas choraram Moisés nas campinas de Moabe durante trinta dias, até passar o período de pranto e luto. Ora, Josué, filho de Num, estava cheio do Espírito de sabedoria, porque Moisés tinha imposto as suas mãos sobre ele. De modo que os israelitas lhe obedeceram e fizeram o que o Senhor tinha ordenado a Moisés.

Em Israel nunca mais se levantou profeta como Moisés, a quem o Senhor conheceu face a face, e que fez todos aqueles sinais e maravilhas que o Senhor o tinha enviado para fazer no Egito, contra o faraó, contra todos os seus servos e contra toda a sua terra. Pois ninguém jamais mostrou tamanho poder como Moisés, nem executou os feitos temíveis que Moisés realizou aos olhos de todo o Israel.

Capítulo II

Começa a batalha

Depois da morte de Moisés, servo do Senhor, disse o Senhor a Josué, filho de Num, auxiliar de Moisés: "Meu servo Moisés está morto. Agora, pois, você e todo este povo se preparem para atravessar o rio Jordão e entrar na terra que eu estou para dar aos israelitas. Como prometi a Moisés, todo lugar onde puserem os pés, eu darei a vocês. Seu território se estenderá do deserto ao Líbano, e do grande rio, o Eufrates, toda a terra dos hititas até o mar Grande, no oeste. Ninguém conseguirá resistir a você todos os dias da sua vida. Assim como estive com Moisés, estarei com você; nunca o deixarei, nunca o abandonarei.

"Seja forte e corajoso, porque você conduzirá este povo para herdar a terra que prometi sob juramento aos seus antepassados. Somente seja forte e muito corajoso! Tenha o cuidado de obedecer a toda a lei que o meu servo Moisés ordenou a você; não se desvie dela, nem para a direita nem para a esquerda, para que você seja bem-sucedido por onde quer que andar. Não deixe de falar as palavras deste Livro da Lei e de meditar nelas de dia e de noite, para que você cumpra fielmente tudo o que nele está escrito. Só então os seus caminhos prosperarão e você será bem-sucedido. Não fui eu que ordenei a você? Seja forte e corajoso! Não se apavore nem desanime, pois o Senhor, o seu Deus, estará com você por onde você andar."

Assim Josué ordenou aos oficiais do povo: "Percorram o acampamento e ordenem ao povo que prepare as provisões. Daqui a três dias vocês atravessarão o Jordão neste ponto, para entrar e tomar posse da terra que o Senhor, o seu Deus, lhes dá."

Então eles responderam a Josué: "Tudo o que você nos ordenar, faremos, e aonde quer que nos enviar, iremos. Assim como obedecemos totalmente a Moisés, também obedeceremos a você. Somente que o Senhor, o seu Deus, seja com você como foi com Moisés. Todo aquele que se rebelar contra as suas instruções e não obedecer às suas ordens, seja o que for que você lhe ordenar, será morto. Somente seja forte e corajoso!"

Raabe e os espiões

Então Josué, filho de Num, enviou secretamente de Sitim dois espiões e lhes disse: "Vão examinar a terra, especialmente Jericó." Eles foram e entraram na casa de uma prostituta chamada Raabe, e ali passaram a noite. Todavia, o rei de Jericó foi avisado: "Alguns israelitas vieram aqui esta noite para espionar a terra." Diante disso, o rei de Jericó enviou esta mensagem a Raabe: "Mande embora os homens que entraram em sua casa, pois vieram espionar a terra toda." Mas a mulher, que tinha escondido os dois homens, respondeu: "É verdade que os homens vieram a mim, mas eu não sabia de onde tinham vindo. Ao anoitecer, na hora de fechar a porta da cidade, eles partiram. Não sei por onde foram. Corram atrás deles. Talvez os alcancem."

Ela, porém, os tinha levado para o terraço e os tinha escondido sob os talos de linho que havia arrumado lá. Os perseguidores partiram atrás deles pelo caminho que vai para o lugar de passagem do Jordão. E, logo que saíram, a porta foi trancada.

Antes de os espiões se deitarem, Raabe subiu ao terraço e lhes disse: "Sei que o Senhor deu a vocês esta terra. Vocês nos causaram um medo terrível, e todos os habitantes desta terra estão apavorados por causa de vocês. Pois temos ouvido como o Senhor secou as águas do mar Vermelho perante vocês quando saíram do Egito, e o que vocês fizeram a leste do Jordão com Seom e Ogue, os dois reis amorreus que vocês aniquilaram. Quando soubemos disso, o povo desanimou-se completamente, e por causa de vocês todos perderam a coragem, pois o Senhor, o seu Deus, é Deus em cima, nos céus, e embaixo, na terra. Jurem-me pelo Senhor que, assim como eu fui bondosa com vocês, vocês também serão bondosos com a minha família. Deem-me um sinal seguro de que pouparão a vida de meu pai e de minha mãe, de meus irmãos e de minhas irmãs, e de tudo o que lhes pertence. Livrem-nos da morte."

"A nossa vida pela de vocês!", os homens lhe garantiram. "Se você não contar o que estamos fazendo, nós a trataremos com bondade e fidelidade quando o Senhor nos der a terra."

Então Raabe os ajudou a descer pela janela com uma corda, pois a casa em que morava fazia parte do muro da cidade, e lhes disse: "Vão para aquela montanha, para que os perseguidores não os encontrem. Escondam-se lá por três dias, até que eles voltem; depois poderão seguir o seu caminho."

Quando partiram, foram para a montanha e ali ficaram três dias, até que os seus perseguidores regressassem. Estes os procuraram ao longo de todo o caminho e não os acharam. Por fim, os dois homens voltaram; desceram a montanha, atravessaram o rio e chegaram a Josué, filho de Num, e lhe contaram tudo o que lhes havia acontecido. E disseram a Josué: "Sem dúvida o Senhor entregou a terra toda em nossas mãos; todos estão apavorados por nossa causa."

Duas coisas separavam os israelitas da sua nação prometida. Primeiro, o rio Jordão, uma barreira formidável em uma época anterior às grandes pontes. Segundo, o ritual da circuncisão, o sinal da Aliança de Deus com seu povo. Nenhum dos homens daquela geração havia sido circuncidado.

Josué organizou a marcha em direção à terra, com a arca da aliança indicando o caminho. Quando os sacerdotes que carregavam a arca sagrada puseram os pés na margem do rio, a correnteza veloz do Jordão cessou. Todos cruzaram o rio pisando solo seco. Uma vez acampados do outro lado, as circuncisões foram executadas. Durante alguns dias dolorosos, só as mulheres foram fisicamente capazes no acampamento.

Então veio a primeira batalha – um teste de fé e coragem após quarenta anos de treinamento.

A queda de Jericó

Jericó estava completamente fechada por causa dos israelitas. Ninguém saía nem entrava. Então o Senhor disse a Josué: "Saiba que entreguei nas suas mãos Jericó, seu rei e seus homens de guerra. Marche uma vez ao redor da cidade, com todos os homens armados. Faça isso durante seis dias. Sete sacerdotes levarão cada um uma trombeta de chifre de carneiro à frente da arca. No sétimo dia, marchem todos sete vezes ao redor da cidade, e os sacerdotes toquem as trombetas. Quando as trombetas soarem um longo toque, todo o povo dará um forte grito; o muro da cidade cairá e o povo atacará, cada um do lugar onde estiver."

Josué, filho de Num, chamou os sacerdotes e lhes disse: "Levem a arca da aliança do Senhor. Sete de vocês levarão trombetas à frente da arca." E ordenou ao povo: "Avancem! Marchem ao redor da cidade! Os soldados armados irão à frente da arca do Senhor." Quando Josué terminou de falar ao povo, os sete sacerdotes que levavam suas trombetas perante o Senhor saíram à frente, tocando as trombetas. E a arca da aliança do Senhor ia atrás deles. Os soldados armados marchavam à frente dos sacerdotes que tocavam as trombetas, e o restante dos soldados seguia a arca. Durante todo esse tempo tocavam-se as trombetas.

Mas Josué tinha ordenado ao povo: "Não deem o brado de guerra, não levantem a voz, não digam palavra alguma, até o dia em que eu ordenar. Então vocês gritarão!"

Assim se fez a arca do Senhor rodear a cidade, dando uma volta em torno dela. Então o povo voltou para o acampamento, onde passou a noite. Josué levantou-se na manhã seguinte, e os sacerdotes levaram a arca do Senhor. Os sete sacerdotes que levavam as trombetas iam adiante da arca do Senhor tocando as trombetas. Os homens armados iam à frente deles, e o restante dos soldados seguia a arca do Senhor, enquanto as trombetas tocavam continuamente.

No segundo dia também rodearam a cidade uma vez e voltaram ao acampamento. E durante seis dias repetiram aquela ação. No sétimo dia, levantaram-se ao romper da manhã e marcharam da mesma maneira sete vezes ao redor da cidade; foi apenas nesse dia que rodearam a cidade sete vezes. Na sétima vez, quando os sacerdotes deram o toque de trombeta, Josué ordenou ao povo: "Gritem! O Senhor entregou a cidade a vocês! A cidade, com tudo o que nela existe, será consagrada ao Senhor para destruição. Somente a prostituta Raabe e todos os que estão com ela em sua casa serão poupados, pois ela escondeu os espiões que enviamos."

Quando soaram as trombetas, o povo gritou. Ao som das trombetas e do forte grito, o muro caiu. Cada um atacou do lugar onde estava, e tomaram a cidade. Consagraram a cidade ao Senhor, destruindo ao fio da espada homens, mulheres, jovens, velhos, bois, ovelhas e jumentos; todos os seres vivos que nela havia.

Josué disse aos dois homens que tinham espionado a terra: "Entrem na casa da prostituta e tirem-na de lá com todos os seus parentes, conforme o juramento que fizeram a ela." Então os jovens que tinham espionado a terra entraram e trouxeram Raabe, seu pai, sua mãe, seus irmãos e todos os seus parentes. Tiraram de lá todos os da sua família e os deixaram num local fora do acampamento de Israel.

Depois incendiaram a cidade inteira e tudo o que nela havia, mas entregaram a prata, o ouro e os utensílios de bronze e de ferro ao tesouro do santuário do Senhor. E Josué poupou a prostituta Raabe, a sua família e todos os seus pertences, pois ela escondeu os homens que Josué tinha enviado a Jericó como espiões. E Raabe vive entre os israelitas até hoje.

Naquela ocasião Josué pronunciou este juramento solene: "Maldito seja diante do Senhor o homem que reconstruir a cidade de Jericó."

Assim o Senhor esteve com Josué, cuja fama se espalhou por toda a região.

Deus dissera a Josué e aos israelitas que o butim da guerra pertenceria apenas a Ele. E todos obedeceram – exceto um homem: Acã. Por causa do pecado de Acã, Deus não esteve com o exército israelita quando ele atacou Ai pela primeira vez e foi derrotado. Josué e os demais líderes sentiram-se humilhados e confusos. Quando Deus revelou que eles haviam sido derrotados porque Acã pecara, todos se arrependeram e Acã foi morto por seus atos.

A destruição de Ai

E disse o Senhor a Josué: "Não tenha medo! Não desanime! Leve todo o exército com você e avance contra Ai. Eu entreguei nas suas mãos o rei de Ai, seu povo, sua cidade e sua terra. Você fará com Ai e seu rei o que fez com Jericó e seu rei; e desta vez vocês poderão se apossar dos despojos e dos animais. Prepare uma emboscada atrás da cidade."

Então Josué e todo o exército se prepararam para atacar a cidade de Ai. Ele escolheu trinta mil dos seus melhores homens de guerra e os enviou de noite com a seguinte ordem: "Atenção! Preparem uma emboscada atrás da cidade e não se afastem muito dela. Fiquem todos alerta. Eu e todos os que estiverem comigo nos aproximaremos da cidade. Quando os homens nos atacarem como fizeram antes, fugiremos deles. Eles nos perseguirão até que os tenhamos atraído para longe da cidade, pois dirão: 'Estão fugindo de nós como fizeram antes.' Quando estivermos fugindo, vocês sairão da emboscada e tomarão a cidade. O Senhor, o seu Deus, a entregará em suas mãos. Depois que tomarem a cidade, vocês a incendiarão. Façam o que o Senhor ordenou. Atentem bem para as minhas instruções."

Então Josué os enviou. Eles foram e ficaram de emboscada entre Betel e Ai, a oeste de Ai. Josué, porém, passou aquela noite com o povo. Na manhã seguinte, Josué passou em revista os homens, e ele e os líderes de Israel partiram à frente deles para atacar a cidade. Todos os homens de guerra que estavam com ele avançaram, aproximaram-se da cidade pela frente e armaram acampamento ao norte de Ai, onde o vale os separava da cidade. Josué pôs de emboscada cerca de cinco mil homens entre Betel e Ai, a oeste da cidade. Os que estavam no acampamento ao norte da cidade e os que estavam na emboscada a oeste tomaram posição. Naquela noite, Josué foi ao vale.

Quando o rei de Ai viu isso, ele e todos os homens da cidade se apressaram, levantaram-se logo cedo e saíram para enfrentar Israel no campo de batalha, no local de onde se avista a Arabá. Ele não sabia da emboscada armada contra ele atrás da cidade. Josué e todo o Israel deixaram-se perseguir por eles e fugiram para o deserto. Todos os homens de Ai foram chamados para persegui-los. Eles perseguiram Josué e foram atraídos para longe da cidade. Nem um só homem ficou em Ai e em Betel; todos foram atrás de Israel. Deixaram a cidade aberta e saíram em perseguição de Israel. Disse então o Senhor a Josué: "Estende a lança que você tem na mão na direção de Ai, pois nas suas mãos entregarei a cidade." Josué estendeu a lança na direção de Ai, e, assim que o fez, os homens da emboscada saíram correndo da sua posição, entraram na cidade, tomaram-na e depressa a incendiaram.

Quando os homens de Ai olharam para trás e viram a fumaça da cidade subindo ao céu, não tinham para onde escapar, pois os israelitas que fugiam para o deserto se voltaram contra os seus perseguidores. Vendo Josué e todo o Israel que os homens da emboscada tinham tomado a cidade e que desta subia fumaça, deram meia-volta e atacaram os homens de Ai. Os outros israelitas também saíram da cidade para lutar contra eles, de modo que foram cercados, tendo os israelitas dos dois lados. Então os israelitas os mataram, sem deixar sobreviventes nem fugitivos, mas prenderam vivo o rei de Ai e o levaram a Josué. Israel terminou de matar os habitantes de Ai no campo e no deserto, onde os tinha perseguido; eles morreram ao fio da espada. Depois disso, todos os israelitas voltaram à cidade de Ai e mataram os que lá haviam ficado. Doze mil homens e mulheres caíram mortos naquele dia. Era toda a população de Ai.

Pois Josué não recuou a lança até exterminar todos os habitantes de Ai. Mas Israel se apossou dos animais e dos despojos daquela cidade, conforme a ordem que o Senhor tinha dado a Josué.

Assim, Josué incendiou Ai e fez dela um perpétuo monte de ruínas, um lugar abandonado até hoje. Enforcou o rei de Ai numa árvore e ali o deixou até a tarde. Ao pôr do sol Josué ordenou que tirassem o corpo da árvore e que o atirassem à entrada da cidade. E sobre ele ergueram um grande monte de pedras, que perdura até hoje.

Então Josué construiu no monte Ebal um altar ao Senhor, o Deus de Israel, conforme Moisés, servo do Senhor, tinha ordenado aos israelitas. Ele o construiu de acordo com o que está escrito no Livro da Lei de Moisés: um altar de pedras não lavradas, nas quais não se usou ferramenta de ferro. Sobre ele ofereceram ao Senhor holocaustos e sacrifícios de comunhão.

Ali, na presença dos israelitas, Josué copiou nas pedras a Lei que Moisés havia escrito. Todo o Israel, estrangeiros e naturais da terra, com os seus líderes, os seus oficiais e os seus juízes, estavam em pé dos dois lados da arca da aliança do Senhor, diante dos sacerdotes levitas, que a carregavam. Metade do povo estava em pé, defronte do monte Gerizim, e metade defronte do monte Ebal. Tudo conforme Moisés, servo do Senhor, tinha ordenado anteriormente, para que o povo de Israel fosse abençoado. Em seguida Josué leu todas as palavras da lei, a bênção e a maldição, segundo o que está escrito no Livro da Lei. Não houve uma só palavra de tudo o que Moisés tinha ordenado que Josué não lesse para toda a assembleia de Israel, inclusive mulheres, crianças e os estrangeiros que viviam no meio deles.

Deus ajudara os israelitas a obterem a vitória sobre o exército de Ai. No entanto, Josué cometeu um erro ao não buscar os conselhos de Deus quando alguns homens ardilosos chegaram. Eles fingiram ser de uma região distante e propuseram um acordo com os israelitas. Josué aceitou o acordo sem consultar a sabedoria do Senhor. Então descobriu que a delegação era, na verdade, de Gibeom, uma tribo vizinha. Aquilo o deixou de mãos atadas, pois não podia subjugar o povo e tomar seu território. A notícia do acordo de paz de Josué se espalhou, e outros reis se prepararam para a guerra.

O DIA EM QUE O SOL PAROU

Sucedeu que Adoni-Zedeque, rei de Jerusalém, soube que Josué tinha conquistado Ai e a tinha destruído totalmente, fazendo com Ai e seu rei o que fizera com Jericó e seu rei, e que o povo de Gibeom tinha feito a paz com Israel e estava vivendo no meio deles. Ele e o seu povo ficaram com muito medo, pois Gibeom era tão importante como uma cidade governada por um rei; era maior do que Ai, e todos os seus homens eram bons guerreiros. Por isso, Adoni-Zedeque, rei de Jerusalém, fez o seguinte apelo a Hoão, rei de Hebrom, a Piram, rei de Jarmute, a Jafia, rei de Laquis, e a Debir, rei de Eglom: "Venham para cá e ajudem-me a atacar Gibeom, pois ela fez a paz com Josué e com os israelitas." Então os cinco reis dos amorreus, os reis de Jerusalém, de Hebrom, de Jarmute, de Laquis e de Eglom reuniram-se e vieram com todos os seus exércitos. Cercaram Gibeom e a atacaram.

Os gibeonitas enviaram esta mensagem a Josué, no acampamento de Gilgal: "Não abandone os seus servos. Venha depressa! Salve-nos! Ajude-nos, pois todos os reis amorreus que vivem nas montanhas se uniram contra nós!"

Josué partiu de Gilgal com todo o seu exército, inclusive com os seus melhores guerreiros. E disse o Senhor a Josué: "Não tenha medo desses reis; eu os entreguei nas suas mãos. Nenhum deles conseguirá resistir a você." Depois de uma noite inteira de marcha desde Gilgal, Josué os apanhou de surpresa.

O Senhor os lançou em confusão diante de Israel, que lhes impôs grande derrota em Gibeom. Os israelitas os perseguiram na subida para Bete-Horom e os mataram por todo o caminho até Azeca e Maquedá. Enquanto fugiam de Israel na descida de Bete-Horom para Azeca, do céu o Senhor lançou sobre eles grandes pedras de granizo, que mataram mais gente do que as espadas dos israelitas.

No dia em que o Senhor entregou os amorreus aos israelitas, Josué exclamou ao Senhor, na presença de Israel:

"Sol, pare sobre Gibeom!
E você, ó lua, sobre o vale de Aijalom!"

O sol parou, e a lua se deteve, até a nação vingar-se dos seus inimigos, como está escrito no Livro de Jasar.

O sol parou no meio do céu e por quase um dia inteiro não se pôs. Nunca antes nem depois houve um dia como aquele, quando o Senhor atendeu a um homem. Sem dúvida, o Senhor lutava por Israel! Então Josué voltou com todo o Israel ao acampamento em Gilgal.

Os cinco reis fugiram e se esconderam na caverna de Maquedá. Avisaram a Josué que eles tinham sido achados numa caverna em Maquedá. Disse ele: "Rolem grandes pedras até a entrada da caverna e deixem ali alguns homens de guarda. Mas não se detenham! Persigam os inimigos. Ataquem-nos pela retaguarda e não os deixem chegar às suas cidades, pois o Senhor, o seu Deus, os entregou em suas mãos."

Assim Josué e os israelitas os derrotaram por completo, quase exterminando-os. Mas alguns conseguiram escapar e se refugiaram em suas cidades fortificadas. O exército inteiro voltou então em segurança a Josué, ao acampamento de Maquedá, e, depois disso, ninguém mais ousou abrir a boca para provocar os israelitas.

Então disse Josué: "Abram a entrada da caverna e tragam-me aqueles cinco reis." Os cinco reis foram tirados da caverna. Eram os reis de Jerusalém, de Hebrom, de Jarmute, de Laquis e de Eglom. Quando os levaram a Josué, ele convocou todos os homens de Israel e disse aos comandantes do exército que o tinham acompanhado: "Venham aqui e ponham o pé no pescoço destes reis." E eles obedeceram. Disse-lhes Josué: "Não tenham medo! Não desanimem! Sejam fortes e corajosos! É isso que o Senhor fará com todos os inimigos que vocês tiverem que combater." Depois Josué matou os reis e mandou pendurá-los em cinco árvores, onde ficaram até a tarde.

Ao pôr do sol, sob as ordens de Josué, eles foram tirados das árvores e jogados na caverna onde haviam se escondido. Na entrada da caverna colocaram grandes pedras, que lá estão até hoje.

Naquele dia, Josué tomou Maquedá. Atacou a cidade e matou o seu rei à espada e exterminou todos os que nela viviam, sem deixar sobreviventes. E fez com o rei de Maquedá o que tinha feito com o rei de Jericó.

A conquista das cidades do sul

Então Josué, e todo o Israel com ele, avançou de Maquedá para Libna e a atacou. O Senhor entregou também aquela cidade e seu rei nas mãos dos israelitas.

Josué atacou a cidade e matou à espada todos os que nela viviam, sem deixar nenhum sobrevivente ali. E fez com o seu rei o que fizera com o rei de Jericó.

Depois Josué, e todo o Israel com ele, avançou de Libna para Laquis, cercou-a e a atacou. O Senhor entregou Laquis nas mãos dos israelitas, e Josué tomou-a no dia seguinte. Atacou a cidade e matou à espada todos os que nela viviam, como tinha feito com Libna. Nesse meio-tempo, Horão, rei de Gezer, fora socorrer Laquis, mas Josué o derrotou, a ele e ao seu exército, sem deixar sobrevivente algum.

Josué, e todo o Israel com ele, avançou de Laquis para Eglom, cercou-a e a atacou. Eles a conquistaram naquele mesmo dia, feriram-na à espada e exterminaram os que nela viviam, como tinham feito com Laquis.

Então Josué, e todo o Israel com ele, foi de Eglom para Hebrom e a atacou. Tomaram a cidade e a feriram à espada, como também o seu rei, os seus povoados e todos os que nela viviam, sem deixar sobrevivente algum. Destruíram totalmente a cidade e todos os que nela viviam, como tinham feito com Eglom.

Depois Josué, e todo o Israel com ele, voltou e atacou Debir. Tomaram a cidade, seu rei e seus povoados e os mataram à espada. Exterminaram os que nela viviam, sem deixar sobrevivente algum. Fizeram com Debir e seu rei o que tinham feito com Libna e seu rei e com Hebrom.

Assim Josué conquistou a região toda, incluindo a serra central, o Neguebe, a Sefelá e as vertentes, e derrotou todos os seus reis, sem deixar sobrevivente algum. Exterminou tudo o que respirava, conforme o Senhor, o Deus de Israel, tinha ordenado. Josué os derrotou desde Cades-Barneia até Gaza, e toda a região de Gósen, e de lá até Gibeom. Também subjugou todos esses reis e conquistou suas terras numa única campanha, pois o Senhor, o Deus de Israel, lutou por Israel. Então Josué retornou com todo o Israel ao acampamento em Gilgal.

A vitória sobre os reis do norte

Quando Jabim, rei de Hazor, soube disso, enviou mensagem a Jobabe, rei de Madom, aos reis de Sinrom e Acsafe, e aos reis do norte que viviam nas montanhas, na Arabá ao sul de Quinerete, na Sefelá e em Nafote-Dor, a oeste; aos cananeus a leste e a oeste; aos amorreus, aos hititas, aos ferezeus e aos jebuseus das montanhas; e aos heveus do sopé do Hermom, na região de Mispá. Saíram com todas as suas tropas, um exército imenso, tão numeroso como a areia da praia, além de um grande número de cavalos e carros.

Todos esses reis se uniram e acamparam junto às águas de Merom, para lutar contra Israel. E o Senhor disse a Josué: "Não tenha medo deles, porque amanhã a esta hora os entregarei todos mortos a Israel. A você cabe cortar os tendões dos cavalos deles e queimar os seus carros." Josué e todo o seu exército os surpreenderam junto às águas de Merom e os atacaram, e o Senhor os entregou nas mãos de Israel, que os derrotou e os perseguiu até Sidom, a grande, até Misrefote-Maim e até o vale de Mispá, a leste. Eles os mataram sem deixar sobrevivente algum. Josué os tratou como o Senhor lhe tinha ordenado. Cortou os tendões dos seus cavalos e queimou os seus carros.

Na mesma ocasião Josué voltou, conquistou Hazor e matou o seu rei à espada. (Hazor tinha sido a capital de todos esses reinos.) Matou à espada todos os que nela estavam. Exterminou-os totalmente, sem poupar nada que respirasse, e incendiou Hazor.

Josué conquistou todas essas cidades e matou à espada os reis que as governavam. Destruiu-as totalmente, como Moisés, servo do Senhor, tinha ordenado.

Contudo, Israel não incendiou nenhuma das cidades construídas nas colinas, com exceção de Hazor, que Josué incendiou. Os israelitas tomaram posse de todos os despojos e dos animais dessas cidades, mas mataram todo o povo à espada, até exterminá-lo completamente, sem poupar ninguém. Tudo o que o Senhor tinha ordenado a seu servo Moisés, Moisés ordenou a Josué, e Josué obedeceu, sem deixar de cumprir nada de tudo o que o Senhor tinha ordenado a Moisés. Assim Josué conquistou toda aquela terra: a serra central, todo o Neguebe, toda a região de Gósen, a Sefelá, a Arabá e os montes de Israel e suas planícies, desde o monte Halaque, que se ergue na direção de Seir, até Baal-Gade, no vale do Líbano, no sopé do monte Hermom.

Foi assim que Josué conquistou toda a terra, conforme o Senhor tinha dito a Moisés, e deu-a por herança a Israel, repartindo-a entre as suas tribos.

E a terra teve descanso da guerra.

Essas cidades ancestrais derrotadas por Josué e os israelitas foram esquecidas pela História. No entanto, para os hebreus, cada nome aqui listado representava riscos, fracassos, adversidades e luta. A promessa que Deus fizera a Abraão séculos antes se tornava realidade. Uma nova nação estava se formando. Boa parte da terra prometida era deles, mas ainda havia muito a conquistar. Enquanto isso, o líder tinha algumas palavras finais de incentivo e desafio a lhes dizer.

A despedida de Josué

Passado muito tempo, depois que o Senhor concedeu a Israel descanso de todos os inimigos ao redor, Josué, agora velho, de idade muito avançada, convocou todo o Israel, com as autoridades, os líderes, os juízes e os oficiais, e lhes disse: "Estou velho, com idade muito avançada. Vocês mesmos viram tudo o que o

Senhor, o seu Deus, fez com todas essas nações por amor a vocês; foi o Senhor, o seu Deus, que lutou por vocês. Lembrem-se de que eu reparti por herança para as tribos de vocês toda a terra das nações, tanto as que ainda restam como as que conquistei entre o Jordão e o mar Grande, a oeste. O Senhor, o seu Deus, as expulsará da presença de vocês. Ele as empurrará de diante de vocês, e vocês se apossarão da terra delas, como o Senhor prometeu.

"Agora estou prestes a ir pelo caminho de toda a terra. Vocês sabem, lá no fundo do coração e da alma, que nenhuma das boas promessas que o Senhor, o seu Deus, fez deixou de cumprir-se. Todas se cumpriram; nenhuma delas falhou. Mas, assim como cada uma das boas promessas do Senhor, o seu Deus, se cumpriu, também o Senhor fará cumprir-se em vocês todo o mal com que os ameaçou, até eliminá-los desta boa terra que deu a vocês. Se violarem a aliança que o Senhor, o seu Deus, ordenou e passarem a cultuar outros deuses e a inclinar-se diante deles, a ira do Senhor se acenderá contra vocês, e vocês logo desaparecerão da boa terra que ele deu a vocês."

A renovação da aliança em Siquém

Então Josué reuniu todas as tribos de Israel em Siquém. Convocou as autoridades, os líderes, os juízes e os oficiais de Israel, e eles compareceram diante de Deus. Josué disse a todo o povo: "Assim diz o Senhor, o Deus de Israel: 'Há muito tempo, os seus antepassados, inclusive Terá, pai de Abraão e de Naor, viviam além do Eufrates e prestavam culto a outros deuses. Mas eu tirei seu pai Abraão da terra que fica além do Eufrates e o conduzi por toda a Canaã e lhe dei muitos descendentes. Dei-lhe Isaque, e a Isaque dei Jacó e Esaú. A Esaú dei os montes de Seir, mas Jacó e seus filhos desceram para o Egito. Então enviei Moisés e Arão e feri os egípcios com pragas, com as quais os castiguei, e depois tirei vocês de lá. Quando tirei os seus antepassados do Egito, vocês vieram para o mar, e os egípcios os perseguiram com carros de guerra e cavaleiros até o mar Vermelho. Mas os seus antepassados clamaram a mim, e eu coloquei trevas entre vocês e os egípcios; fiz voltar o mar sobre eles e os encobrir. Vocês viram com os seus próprios olhos o que eu fiz com os egípcios. Depois disso vocês viveram no deserto longo tempo. Eu os trouxe para a terra dos amorreus que viviam a leste do Jordão. Eles lutaram contra vocês, mas eu os entreguei nas suas mãos. Eu os destruí diante de vocês, e vocês se apossaram da terra deles. Quando Balaque, rei de Moabe, filho de Zipor, se preparava para lutar contra Israel, mandou buscar Balaão, filho de Beor, para lançar maldição sobre vocês. Mas eu não quis ouvir Balaão, de modo que ele os abençoou vez após vez, e eu os livrei das mãos dele.

"'Depois vocês atravessaram o Jordão e chegaram a Jericó. Os chefes de Jericó lutaram contra vocês, assim como os amorreus, os ferezeus, os cananeus, os hititas, os girgaseus, os heveus e os jebuseus, mas eu os entreguei nas mãos de vocês. Eu lhes causei pânico para expulsá-los de diante de vocês, como fiz aos dois reis amorreus. Não foram a espada e o arco que lhes deram a vitória. Foi assim que dei a vocês uma terra que não cultivaram e cidades que vocês não construíram. Nelas vocês moram e comem de vinhas e olivais que não plantaram.'

"Agora temam o Senhor e sirvam-no com integridade e fidelidade. Joguem fora os deuses que os seus antepassados adoraram além do Eufrates e no Egito e sirvam ao Senhor. Se, porém, não agrada a vocês servir ao Senhor, escolham hoje a quem irão servir, se aos deuses que os seus antepassados serviram além do Eufrates, ou aos deuses dos amorreus, em cuja terra vocês estão vivendo. Mas eu e a minha família serviremos ao Senhor."

O povo disse a Josué: "Serviremos ao Senhor, o nosso Deus, e lhe obedeceremos."

Naquele dia, Josué firmou um acordo com o povo em Siquém e lhe deu decretos e leis. Josué registrou essas coisas no Livro da Lei de Deus. Depois ergueu uma grande pedra ali, sob a Grande Árvore, perto do santuário do Senhor. Então disse ele a todo o povo: "Vejam esta pedra! Ela será uma testemunha contra nós, pois ouviu todas as palavras que o Senhor nos disse. Será uma testemunha contra vocês, caso sejam infiéis ao seu Deus." Depois Josué despediu o povo, e cada um foi para a sua propriedade.

Passado algum tempo, Josué, filho de Num, servo do Senhor, morreu. Tinha cento e dez anos de idade. E o sepultaram na terra que tinha recebido por herança, em Timnate-Sera, nos montes de Efraim, ao norte do monte Gaás. Israel serviu ao Senhor durante toda a vida de Josué e dos líderes que lhe sobreviveram e que sabiam de tudo o que o Senhor fizera em favor de Israel.

Capítulo 12

Alguns homens bons... e algumas mulheres boas

O povo prestou culto ao Senhor durante toda a vida de Josué e dos líderes que sobreviveram a Josué e que tinham visto todos os grandes feitos do Senhor em favor de Israel.

Depois que toda aquela geração foi reunida a seus antepassados, surgiu uma nova geração que não conhecia o Senhor e o que ele havia feito por Israel.

Então os israelitas fizeram o que o Senhor reprova e prestaram culto aos baalins. Abandonaram o Senhor, o Deus dos seus antepassados, que os havia tirado do Egito, e seguiram e adoraram vários deuses dos povos ao seu redor, provocando a ira do Senhor. Abandonaram o Senhor e prestaram culto a Baal e a Astarote.[1] A ira do Senhor se acendeu contra Israel, e ele os entregou nas mãos de invasores que os saquearam. Ele os entregou aos inimigos ao seu redor, aos quais já não conseguiam resistir. Sempre que os israelitas saíam para a batalha, a mão do Senhor era contra eles para derrotá-los, conforme havia advertido e jurado. Grande angústia os dominava.

Então o Senhor levantou juízes, que os libertaram das mãos daqueles que os atacavam. Mesmo assim eles não quiseram ouvir os juízes, antes se prostituíram com outros deuses e os adoraram. Ao contrário dos seus antepassados, logo se desviaram do caminho pelo qual os seus antepassados tinham andado, o caminho da obediência aos mandamentos do Senhor. Sempre que o Senhor lhes levantava um juiz, ele estava com o juiz e os salvava das mãos de seus inimigos enquanto o juiz vivia; pois o Senhor tinha misericórdia por causa dos gemidos deles diante daqueles que os oprimiam e os afligiam. Mas, quando o juiz morria, o povo voltava a caminhos ainda piores do que os caminhos dos seus antepassados, seguindo outros deuses, prestando-lhes culto e adorando-os. Recusavam-se a abandonar suas práticas e seu caminho obstinado.

Por isso a ira do Senhor acendeu-se contra Israel, e ele disse: "Como este povo violou a aliança que fiz com os seus antepassados e não tem ouvido a minha voz, não expulsarei de diante dele nenhuma das nações que Josué deixou quando morreu. Eu as usarei para pôr Israel à prova e ver se guardará o caminho do Senhor e se andará nele como o fizeram os seus antepassados."

Otoniel

Os israelitas fizeram o que o Senhor reprova, pois se esqueceram do Senhor, o seu Deus, e prestaram culto aos baalins e a Aserá. Acendeu-se a ira do Senhor de tal forma contra Israel que ele os entregou nas mãos de Cuchã-Risataim, rei da Mesopotâmia, por quem os israelitas foram subjugados durante oito anos.

Mas, quando clamaram ao Senhor, ele lhes levantou um libertador, Otoniel, filho de Quenaz, o irmão mais novo de Calebe, que os libertou. O Espírito do Senhor[2] veio sobre ele, de modo que liderou Israel e foi à guerra. O Senhor entregou Cuchã-Risataim, rei da Mesopotâmia, nas mãos de Otoniel, que prevaleceu

---

1. **Baal, Astarote, Aserá:** Falsos deuses das antigas culturas pagãs.
2. **O Espírito do Senhor:** No Velho Testamento, este termo refere-se à presença intangível de Deus e de todos os seus atributos. A expressão é usada para demonstrar como Ele dava poderes a determinados indivíduos para que executassem missões específicas.

contra ele. E a terra teve paz durante quarenta anos, até a morte de Otoniel, filho de Quenaz.

Com o passar do tempo, o povo de Israel se afastou de Deus novamente e o ciclo de caos social recomeçou. Eglom, o líder dos moabitas, forjou uma coalizão, oprimindo Israel por 18 anos. Os hebreus clamaram a Deus, que lhes enviou de boa-fé um outro juiz/líder, chamado Eúde, para libertá-los. Eúde atraiu Eglom para uma reunião particular e o assassinou, atacando-o de surpresa com sua espada. O rei era tão obeso que o cabo da espada ficou encoberto pela gordura de sua barriga. Com Eglom morto, Moabe caiu com facilidade diante dos invasores de Eúde. Então os israelitas tiveram oitenta anos de paz.

Débora

Depois da morte de Eúde, mais uma vez os israelitas fizeram o que o Senhor reprova. Assim, o Senhor os entregou nas mãos de Jabim, rei de Canaã, que reinava em Hazor. O comandante do seu exército era Sísera, que habitava em Harosete-Hagoim.

Os israelitas clamaram ao Senhor, porque Jabim, que tinha novecentos carros de ferro, os havia oprimido cruelmente durante vinte anos.

Débora, uma profetisa, mulher de Lapidote, liderava Israel naquela época. Ela se sentava debaixo da tamareira de Débora, entre Ramá e Betel, nos montes de Efraim, e os israelitas a procuravam para que ela decidisse as suas questões. Débora mandou chamar Baraque, filho de Abinoão, de Quedes, em Naftali, e lhe disse: "O Senhor, o Deus de Israel, ordena a você que reúna dez mil homens de Naftali e Zebulom e vá ao monte Tabor. Ele fará que Sísera, o comandante do exército de Jabim, vá atacá-lo, com seus carros de guerra e tropas, junto ao rio Quisom, e os entregará em suas mãos." Baraque disse a ela: "Se você for comigo, irei; mas, se não for, não irei." Respondeu Débora: "Está bem, irei com você. Mas saiba que, por causa do seu modo de agir, a honra não será sua; porque o Senhor entregará Sísera nas mãos de uma mulher." Então Débora foi a Quedes com Baraque, onde ele convocou Zebulom e Naftali. Dez mil homens o seguiram, e Débora também foi com ele.

Ora, o queneu Héber havia se separado dos outros queneus, descendentes de Hobabe, sogro de Moisés, e tinha armado sua tenda junto ao carvalho de Zaanim, perto de Quedes.

Quando disseram a Sísera que Baraque, filho de Abinoão, tinha subido o monte Tabor, Sísera reuniu seus novecentos carros de ferro e todos os seus soldados, de Harosete-Hagoim ao rio Quisom. E Débora disse também a Baraque: "Vá! Este é o dia em que o Senhor entregou Sísera em suas mãos. O Senhor está indo à sua frente!" Então Baraque desceu o monte Tabor, seguido por dez mil homens. Diante do avanço de Baraque, o Senhor derrotou Sísera e todos os seus carros de guerra e o seu exército ao fio da espada, e Sísera desceu do seu carro e fugiu a pé.

Baraque perseguiu os carros de guerra e o exército até Harosete-Hagoim. Todo o exército de Sísera caiu ao fio da espada; não sobrou um só homem.

Sísera, entretanto, fugiu a pé em direção à tenda de Jael, mulher de Héber, o queneu, porque havia paz entre Jabim, rei de Hazor, e o clã de Héber.

Jael saiu ao encontro de Sísera e o convidou: "Venha, entre na minha tenda, meu senhor. Não tenha medo!" Ele entrou, e ela o cobriu com um pano. "Estou com sede", disse ele. "Por favor, dê-me um pouco de água." Ela abriu uma vasilha de leite feita de couro, deu-lhe de beber e tornou a cobri-lo. E Sísera disse à mulher: "Fique à entrada da tenda. Se alguém passar e perguntar se há alguém aqui, responda que não." Entretanto, Jael, mulher de Héber, apanhou uma estaca da tenda e um martelo e aproximou-se silenciosamente enquanto ele, exausto, dormia um sono profundo. E cravou-lhe a estaca na têmpora até penetrar o chão, e ele morreu. Baraque passou à procura de Sísera, e Jael saiu ao seu encontro. "Venha", disse ela, "eu mostrarei a você o homem que você está procurando." E entrando ele na tenda, viu ali caído Sísera, morto, com a estaca atravessada nas têmporas.

Naquele dia, Deus subjugou Jabim, o rei cananeu, perante os israelitas. E os israelitas atacaram cada vez mais Jabim, até que o destruíram.

Após esta vitória, a região gozou de 40 anos de paz. Depois disso houve a necessidade de um outro líder forte, porém, naquele momento da história de Israel, não parecia haver candidatos. Uma coalizão fragmentada e tribal não podia sustentar sua identidade nacional. Assim, o povo, esquecendo-se do seu vínculo especial com Deus, começou a se adaptar às culturas que o cercavam, juntando-se aos seus vizinhos não conquistados em seus cultos pagãos. Como resultado, Deus deixou de auxiliar o exército israelita, que começou a perder batalhas. Novamente os hebreus descobriram o trágico ciclo de consequências da sua desobediência.

Gideão

De novo os israelitas fizeram o que o Senhor reprova, e durante sete anos ele os entregou nas mãos dos midianitas. Os midianitas dominaram Israel; por isso os israelitas fizeram para si esconderijos nas montanhas, nas cavernas e nas fortalezas. Sempre que os israelitas faziam as suas plantações, os midianitas, os amalequitas e outros povos da região a leste deles as invadiam. Acampavam na terra e destruíam as plantações ao longo de todo o caminho, até Gaza, e não deixavam nada vivo em Israel, nem ovelhas, nem gado, nem jumentos. Eles subiam trazendo os seus animais e suas tendas e vinham como enxames de gafanhotos; era impossível contar os homens e os seus camelos. Invadiam a terra para devastá-la. Por causa de Midiã, Israel empobreceu tanto que os israelitas clamaram por socorro ao Senhor.

Quando os israelitas clamaram ao Senhor por causa de Midiã, ele lhes enviou um profeta, que disse: "Assim diz o Senhor, o Deus de Israel: 'Tirei vocês do Egito, da terra da escravidão. Eu os livrei do poder do Egito e das mãos de todos os seus opressores. Expulsei-os e dei a vocês a terra deles. E também disse a vocês: Eu sou o Senhor, o seu Deus; não adorem os deuses dos amorreus, em cuja terra vivem, mas vocês não me deram ouvidos.'"

Famintos e enfraquecidos, os israelitas suplicaram a Deus, e Ele lhes disse que o maior problema deles não era agrícola ou militar, mas espiritual. Para ilustrar seu argumento, Deus escolheu para servi-Lo um fazendeiro do clã mais fraco da sua tribo. Como a maioria dos novos líderes, Gideão não tinha certeza de estar à altura da tarefa. Porém Deus estava em busca de um seguidor fiel, não de um soldado condecorado.

Então o Anjo do Senhor veio e sentou-se sob a grande árvore de Ofra, que pertencia ao abiezrita Joás. Gideão, filho de Joás, estava malhando o trigo num tanque de prensar uvas, para escondê-lo dos midianitas. Então o Anjo do Senhor apareceu a Gideão e lhe disse: "O Senhor está com você, poderoso guerreiro." "Ah, Senhor", Gideão respondeu, "se o Senhor está conosco, por que aconteceu tudo isso? Onde estão todas as suas maravilhas que os nossos pais nos contam quando dizem: 'Não foi o Senhor que nos tirou do Egito?' Mas agora o Senhor nos abandonou e nos entregou nas mãos de Midiã."

O Senhor se voltou para ele e disse: "Com a força que você tem, vá libertar Israel das mãos de Midiã. Não sou eu quem o está enviando?" "Ah, Senhor", respondeu Gideão, "como posso libertar Israel? Meu clã é o menos importante de Manassés, e eu sou o menor da minha família." "Eu estarei com você", respondeu o Senhor, "e você derrotará todos os midianitas como se fossem um só homem." E Gideão prosseguiu: "Se de fato posso contar com o teu favor, dá-me um sinal de que és tu que estás falando comigo. Peço-te que não vás embora até que eu volte e traga minha oferta e a coloque diante de ti." E o Senhor respondeu: "Esperarei até você voltar."

Gideão foi para casa, preparou um cabrito e com uma arroba de farinha fez pães sem fermento. Pôs a carne num cesto e o caldo numa panela, trouxe-os para fora e ofereceu-os a ele sob a grande árvore. E o Anjo de Deus lhe disse: "Apanhe a carne e os pães sem fermento, ponha-os sobre esta rocha e derrame o caldo."

Gideão assim o fez. Com a ponta do cajado que estava em sua mão, o Anjo do Senhor tocou a carne e os pães sem fermento. Fogo subiu da rocha, consumindo a carne e os pães. E o Anjo do Senhor desapareceu. Quando Gideão viu que era o Anjo do Senhor, exclamou: "Ah, Senhor Soberano! Vi o Anjo do Senhor face a face!" Disse-lhe, porém, o Senhor: "Paz seja com você! Não tenha medo. Você não morrerá." Gideão construiu ali um altar em honra ao Senhor e lhe deu este nome: O Senhor é Paz. Até hoje o altar está em Ofra dos abiezritas.

Nesse meio-tempo, todos os midianitas, amalequitas e outros povos que vinham do leste uniram os seus exércitos, atravessaram o Jordão e acamparam no vale de Jezreel. Então o Espírito do Senhor apoderou-se de Gideão, e ele, com toque de trombeta, convocou os abiezritas para segui-lo. Enviou mensageiros a todo o Manassés, chamando-o às armas, e também a Aser, a Zebulom e a Naftali, que também subiram ao seu encontro.

E Gideão disse a Deus: "Quero saber se vais libertar Israel por meu intermédio, como prometeste. Vê, colocarei uma porção de lã na eira. Se o orvalho molhar apenas a lã e todo o chão estiver seco, saberei que tu libertarás Israel por meu intermédio, como prometeste." E assim aconteceu. Gideão levantou-se bem cedo no dia seguinte, torceu a lã e encheu uma tigela de água do orvalho. Disse ainda Gideão a Deus: "Não se acenda a tua ira contra mim. Deixa-me fazer só mais um pedido. Permite-me fazer mais um teste com a lã. Desta vez faze ficar seca a lã e o chão coberto de orvalho." E Deus assim fez naquela noite. Somente a lã estava seca; o chão estava todo coberto de orvalho.

A vitória de Gideão sobre os midianitas

De madrugada, Jerubaal, isto é, Gideão, e todo o seu exército acamparam junto à fonte de Harode. O acampamento de Midiã estava ao norte deles, no vale, perto do monte Moré. E o Senhor disse a Gideão: "Você tem gente demais, para eu entregar Midiã nas suas mãos. A fim de que Israel não se orgulhe contra mim, dizendo que a sua própria força o libertou, anuncie, pois, ao povo que todo aquele que estiver tremendo de medo poderá ir embora do monte Gileade." Então vinte e dois mil homens partiram, e ficaram apenas dez mil.

Mas o Senhor tornou a dizer a Gideão: "Ainda há gente demais. Desça com eles à beira d'água, e eu separarei os que ficarão com você. Se eu disser: Este irá com você, ele irá; mas, se eu disser: Este não irá com você, ele não irá." Assim Gideão levou os homens à beira d'água, e o Senhor lhe disse: "Separe os que beberem a água lambendo-a como faz o cachorro daqueles que se ajoelharem para beber." O número dos que lamberam a água levando-a com as mãos à boca foi de trezentos homens. Todos os demais se ajoelharam para beber. O Senhor disse a Gideão: "Com os trezentos homens que lamberam a água livrarei vocês e entregarei os midianitas nas suas mãos. Mande para casa todos os outros homens." Gideão mandou os israelitas para as suas tendas, mas reteve os trezentos. E estes ficaram com as provisões e as trombetas dos que partiram. O acampamento de Midiã ficava abaixo deles, no vale.

Naquela noite, o Senhor disse a Gideão: "Levante-se e desça ao acampamento, pois vou entregá-lo nas suas mãos. Se você está com medo de atacá-los, desça ao acampamento com o seu servo Pura e ouça o que estiverem dizendo. Depois disso você terá coragem para atacar." Então ele e o seu servo Pura desceram até os postos avançados do acampamento.

Os midianitas, os amalequitas e todos os outros povos que vinham do leste haviam se instalado no vale; eram numerosos como nuvens de gafanhotos. Assim como não se pode contar a areia da praia, também não se podia contar os seus camelos. Gideão chegou bem no momento em que um homem estava contando seu sonho a um amigo. "Tive um sonho", dizia ele. "Um pão de cevada vinha rolando dentro do acampamento midianita e atingiu a tenda com tanta força que ela tombou e se desmontou." Seu amigo respondeu: "Não pode ser outra coisa senão a espada de Gideão, filho de Joás, o israelita. Deus entregou os midianitas e todo o acampamento nas mãos dele." Quando Gideão ouviu o sonho e a sua interpretação, adorou a Deus. Voltou para o acampamento de Israel e gritou: "Levantem-se! O Senhor entregou o acampamento midianita nas mãos de vocês."

Dividiu os trezentos homens em três companhias e pôs nas mãos de todos eles trombetas e jarros vazios, com tochas dentro. E ele lhes disse: "Observem-me. Façam o que eu fizer. Quando eu chegar à extremidade do acampamento, façam o que eu fizer. Quando eu e todos os que estiverem comigo tocarmos as nossas trombetas ao redor do acampamento, toquem as suas e gritem: Pelo Senhor e por Gideão!"

Gideão e os cem homens que o acompanhavam chegaram aos postos avançados do acampamento pouco depois da meia-noite, assim que foram trocadas as sentinelas. Então tocaram as suas trombetas e quebraram os jarros que tinham nas mãos; as três companhias tocaram as trombetas e despedaçaram os jarros. Empunhando as tochas com a mão esquerda e as trombetas com a direita, gritaram: "À espada, pelo Senhor e por Gideão!" Cada homem mantinha a sua posição em torno do acampamento, e todos os midianitas fugiam correndo e gritando. Quando as trezentas trombetas soaram, o Senhor fez que em todo o acampamento os homens se voltassem uns contra os outros com as suas espadas. Mas muitos fugiram para Bete-Sita, na direção de Zererá, até a fronteira de Abel-Meolá, perto de Tabate.

Os israelitas de Naftali, de Aser e de todo o Manassés foram convocados e perseguiram os midianitas. Gideão enviou mensageiros a todos os montes de

Efraim, dizendo: "Desçam para atacar os midianitas e cerquem as águas do Jordão à frente deles até Bete-Bara." Foram, pois, convocados todos os homens de Efraim, e eles ocuparam as águas do Jordão até Bete-Bara. Eles prenderam dois líderes midianitas, Orebe e Zeebe.

Assim Midiã foi subjugado pelos israelitas e não tornou a erguer a cabeça. Durante a vida de Gideão a terra desfrutou quarenta anos de paz.

Logo depois que Gideão morreu, os israelitas voltaram a prostituir-se com os baalins, cultuando-os. Ergueram Baal-Berite como seu deus e não se lembraram do Senhor, o seu Deus, que os tinha livrado das mãos dos seus inimigos em redor.

Novamente os israelitas se esqueceram do seu Deus fiel e sagrado - e novamente sofreram as consequências da sua incredulidade. Vários líderes hebreus tentaram manter os inimigos acuados, alcançando toda sorte de resultados. Nenhum deles compartilhava da ousadia ou do sucesso de Gideão. Porém Deus ainda estava em ação, de modo que enviou um anjo para fazer um pronunciamento extraordinário.

O nascimento de Sansão

Os israelitas voltaram a fazer o que o Senhor reprova, e por isso o Senhor os entregou nas mãos dos filisteus durante quarenta anos.

Certo homem de Zorá, chamado Manoá, do clã da tribo de Dã, tinha mulher estéril. Certo dia o Anjo do Senhor apareceu a ela e lhe disse: "Você é estéril, não tem filhos, mas engravidará e dará à luz um filho. Todavia, tenha cuidado, não beba vinho nem outra bebida fermentada e não coma nada impuro; e não se passará navalha na cabeça do filho que você vai ter, porque o menino será nazireu, consagrado a Deus desde o nascimento; ele iniciará a libertação de Israel das mãos dos filisteus."

O nascimento se deu exatamente conforme dissera o anjo, e os pais criaram o menino de acordo com as diretrizes de Deus. Este jovem singular, selvagem e de uma força incomum tornou-se um homem que ocultava um segredo.

A mulher deu à luz um menino e pôs-lhe o nome de Sansão. Ele cresceu, e o Senhor o abençoou, e o Espírito do Senhor começou a agir nele quando ele se achava em Maané-Dã, entre Zorá e Estaol.

O casamento de Sansão

Sansão desceu a Timna e viu ali uma mulher do povo filisteu. Quando voltou para casa, disse a seu pai e a sua mãe: "Vi uma mulher filisteia em Timna; consigam essa mulher para ser minha esposa." Seu pai e sua mãe lhe perguntaram: "Será que não há mulher entre os seus parentes ou entre todo o seu povo? Você tem que ir aos filisteus incircuncisos para conseguir esposa?" Sansão, porém, disse ao pai: "Consiga-a para mim. É ela que me agrada." Seus pais não sabiam que isso vinha do Senhor, que buscava ocasião contra os filisteus; pois naquela época eles dominavam Israel.

Sansão foi para Timna com seu pai e sua mãe. Quando se aproximavam das vinhas de Timna, de repente um leão forte veio rugindo na direção dele. O Espírito do Senhor apossou-se de Sansão, e ele, sem nada nas mãos, rasgou o leão como se fosse um cabrito. Mas não contou nem ao pai nem à mãe o que fizera. Então foi conversar com a mulher de quem gostava. Algum tempo depois, quando voltou para casar-se com ela, Sansão saiu do caminho para olhar o cadáver do leão, e nele havia um enxame de abelhas e mel. Tirou o mel com as mãos e o foi comendo pelo caminho. Quando voltou aos seus pais, repartiu com eles o mel, e eles também comeram. Mas não lhes contou que tinha tirado o mel do cadáver do leão. Seu pai desceu à casa da mulher, e Sansão deu ali uma festa, como era costume dos noivos. Quando ele chegou, trouxeram-lhe trinta rapazes para o acompanharem na festa.

"Vou propor um enigma para vocês", disse-lhes Sansão. "Se vocês puderem dar-me a resposta certa durante os sete dias da festa, então eu darei a vocês trinta vestes de linho e trinta mudas de roupas. Se não conseguirem dar-me a resposta, vocês me darão trinta vestes de linho e trinta mudas de roupas."

"Proponha-nos o seu enigma", disseram. "Vamos ouvi-lo."

Disse ele então:

> "Do que come saiu comida;
> do que é forte saiu doçura."

Durante três dias eles não conseguiram dar a resposta.

No quarto dia disseram à mulher de Sansão: "Convença o seu marido a explicar o enigma. Caso contrário, poremos fogo em você e na família de seu pai, e vocês morrerão. Você nos convidou para nos roubar?" Então a mulher de Sansão implorou-lhe aos prantos: "Você me odeia! Você não me ama! Você deu ao meu povo um enigma, mas não me contou a resposta!" "Nem a meu pai nem à minha mãe expliquei o enigma", respondeu ele. "Por que deveria explicá-lo a você?" Ela chorou durante o restante da semana da festa. Por fim, no sétimo dia, ele lhe contou, pois ela continuava a perturbá-lo. Ela, por sua vez, revelou o enigma ao seu povo.

Antes do pôr do sol do sétimo dia, os homens da cidade vieram lhe dizer:

"O que é mais doce que o mel?
O que é mais forte que o leão?"

Sansão lhes disse:

"Se vocês não tivessem arado
com a minha novilha,
não teriam solucionado o meu enigma."

Então o Espírito do Senhor apossou-se de Sansão. Ele desceu a Ascalom, matou trinta homens, pegou as suas roupas e as deu aos que tinham explicado o enigma. Depois, enfurecido, foi para a casa do seu pai. E a mulher de Sansão foi dada ao amigo que tinha sido o acompanhante dele no casamento.

A vingança de Sansão

Algum tempo depois, na época da colheita do trigo, Sansão foi visitar a sua mulher e levou-lhe um cabrito. "Vou ao quarto da minha mulher", disse ele. Mas o pai dela não quis deixá-lo entrar. "Eu estava tão certo de que você a odiava", disse ele, "que a dei ao seu amigo. A sua irmã mais nova não é mais bonita? Fique com ela no lugar da irmã." Sansão lhe disse: "Desta vez ninguém poderá me culpar quando eu acertar as contas com os filisteus!" Então saiu, capturou trezentas raposas e as amarrou aos pares pela cauda. Depois prendeu uma tocha em cada par de caudas, acendeu as tochas e soltou as raposas no meio das plantações dos filisteus. Assim, ele queimou os feixes, o cereal que iam colher e também as vinhas e os olivais.

Os filisteus perguntaram: "Quem fez isso?" Responderam-lhes: "Foi Sansão, o genro do timnita, porque a sua mulher foi dada ao seu amigo." Então os filisteus foram e queimaram a mulher e seu pai. Sansão lhes disse: "Já que fizeram isso, não sossegarei enquanto não me vingar de vocês." Ele os atacou sem dó nem piedade e fez terrível matança. Depois desceu e ficou numa caverna da rocha de Etã.

Os filisteus foram para Judá e lá acamparam, espalhando-se pelas proximidades de Leí. Os homens de Judá perguntaram: "Por que vocês vieram lutar contra nós?" Eles responderam: "Queremos levar Sansão amarrado, para tratá-lo como ele nos tratou." Três mil homens de Judá desceram então à caverna da rocha de Etã e disseram a Sansão: "Você não sabe que os filisteus dominam sobre nós? Você viu o que nos fez?" Ele respondeu: "Fiz a eles apenas o que eles me fizeram." Disseram-lhe: "Viemos amarrá-lo para entregá-lo aos filisteus." Sansão disse: "Jurem-me que vocês mesmos não me matarão." "Certamente que não!", responderam. "Somente vamos amarrá-lo e entregá-lo nas mãos deles. Não o mataremos." E o prenderam com duas cordas novas e o fizeram sair da rocha.

Quando ia chegando a Leí, os filisteus foram ao encontro dele aos gritos. Mas o Espírito do Senhor apossou-se dele. As cordas em seus braços se tornaram como fibra de linho queimada, e os laços caíram das suas mãos. Encontrando a carcaça de um jumento, pegou a queixada e com ela matou mil homens.

Disse ele então:

"Com uma queixada de jumento
fiz deles montões.
Com uma queixada de jumento
matei mil homens."

Quando acabou de falar, jogou fora a queixada; e o local foi chamado Ramate-Leí. Sansão estava com muita sede e clamou ao Senhor: "Deste pela mão de teu servo esta grande vitória. Morrerei eu agora de sede para cair nas mãos dos incircuncisos?" Deus então abriu a rocha que há em Leí, e dela saiu água. Sansão bebeu, suas forças voltaram, e ele recobrou o ânimo. Por esse motivo essa fonte foi chamada En-Hacoré, e ainda lá está, em Leí. Sansão liderou Israel durante vinte anos, no tempo do domínio dos filisteus.

Certa vez Sansão foi a Gaza, viu ali uma prostituta e passou a noite com ela. Disseram ao povo de Gaza: "Sansão está aqui!" Então cercaram o local e ficaram à espera dele a noite toda, junto à porta da cidade. Não se moveram a noite inteira, dizendo: "Ao amanhecer o mataremos."

Sansão, porém, ficou deitado só até a meia-noite. Levantou-se, agarrou firme a porta da cidade, com os dois batentes, e os arrancou com tranca e tudo. Pôs tudo nos ombros e levou ao topo da colina que fica defronte de Hebrom.

Depois dessas coisas, ele se apaixonou por uma mulher do vale de Soreque, chamada Dalila. Os líderes dos filisteus foram dizer a ela: "Veja se consegue induzi-lo a mostrar para você o segredo da sua grande força e como poderemos dominá-lo, para que o amarremos e o subjuguemos. Cada um de nós dará a você treze quilos de prata."

Disse, pois, Dalila a Sansão: "Conte-me, por favor, de onde vem a sua grande força e como você pode ser amarrado e subjugado." Respondeu-lhe Sansão: "Se alguém me amarrar com sete tiras de couro ainda úmidas, ficarei tão fraco quanto qualquer outro homem." Então os líderes dos filisteus trouxeram a ela sete tiras de couro ainda úmidas, e Dalila o amarrou com elas. Tendo homens escondidos no quarto, ela o chamou: "Sansão, os filisteus o estão atacando!" Mas ele arrebentou as tiras de couro como se fossem um fio de estopa posto perto do fogo. Assim, não se descobriu de onde vinha a sua força.

Disse Dalila a Sansão: "Você me fez de boba; mentiu para mim! Agora conte-me, por favor, como você pode ser amarrado." Ele disse: "Se me amarrarem firmemente com cordas que nunca tenham sido usadas, ficarei tão fraco quanto qualquer outro homem." Dalila o amarrou com cordas novas. Depois, tendo homens escondidos no quarto, ela o chamou: "Sansão, os filisteus o estão atacando!" Mas ele arrebentou as cordas de seus braços como se fossem uma linha.

Disse Dalila a Sansão: "Até agora você me fez de boba e mentiu para mim. Diga-me como pode ser amarrado." Ele respondeu: "Se você tecer num pano as sete tranças da minha cabeça e o prender com uma lançadeira, ficarei tão fraco quanto qualquer outro homem." Assim, enquanto ele dormia, Dalila teceu as sete tranças da sua cabeça num pano e o prendeu com a lançadeira. Novamente ela o chamou: "Sansão, os filisteus o estão atacando!" Ele despertou do sono e arrancou a lançadeira e o tear com os fios.

Então ela lhe disse: "Como você pode dizer que me ama se não confia em mim? Esta é a terceira vez que você me fez de boba e não contou o segredo da sua grande força." Importunando-o o tempo todo, ela o cansava dia após dia, ficando ele a ponto de morrer. Por isso ele lhe contou o segredo: "Jamais se passou navalha em minha cabeça", disse ele, "pois sou nazireu desde o ventre materno. Se fosse rapado o cabelo da minha cabeça, a minha força se afastaria de mim e eu ficaria tão fraco quanto qualquer outro homem." Quando Dalila viu que Sansão lhe tinha contado todo o segredo, enviou esta mensagem aos líderes dos filisteus: "Subam mais esta vez, pois ele me contou todo o segredo." Os líderes dos filisteus voltaram a ela levando a prata. Fazendo-o dormir no seu colo, ela chamou um homem para cortar as sete tranças do cabelo dele, e assim começou a subjugá-lo. E a sua força o deixou. Então ela chamou: "Sansão, os filisteus o estão atacando!" Ele acordou do sono e pensou: "Sairei como antes e me livrarei." Mas não sabia que o Senhor o tinha deixado. Os filisteus o prenderam, furaram os seus olhos e o levaram para Gaza. Prenderam-no com algemas de bronze e o puseram a girar um moinho na prisão. Mas logo o cabelo da sua cabeça começou a crescer de novo.

A morte de Sansão

Os líderes dos filisteus se reuniram para oferecer um grande sacrifício a seu deus Dagom e para festejar. Comemorando a vitória, diziam: "O nosso deus entregou o nosso inimigo Sansão em nossas mãos."

Quando o povo o viu, louvou o seu deus:

"O nosso deus nos entregou
o nosso inimigo,
o devastador da nossa terra,

aquele que multiplicava
os nossos mortos."

Com o coração cheio de alegria, gritaram: "Tragam-nos Sansão para nos divertir!" E mandaram trazer Sansão da prisão, e ele os divertia. Quando o puseram entre as colunas, Sansão disse ao jovem que o guiava pela mão: "Ponha-me onde eu possa apalpar as colunas que sustentam o templo, para que eu me apoie nelas." Homens e mulheres lotavam o templo; todos os líderes dos filisteus estavam presentes e no alto, na galeria, havia cerca de três mil homens e mulheres vendo Sansão, que os divertia. E Sansão orou ao Senhor: "Ó Soberano Senhor, lembra-te de mim! Ó Deus, eu te suplico, dá-me forças mais uma vez e faze com que eu me vingue dos filisteus por causa dos meus dois olhos!" Então Sansão forçou as duas colunas centrais sobre as quais o templo se firmava. Apoiando-se nelas, tendo a mão direita numa coluna e a esquerda na outra, disse: "Que eu morra com os filisteus!" Em seguida, ele as empurrou com toda a força, e o templo desabou sobre os líderes e sobre todo o povo que ali estava. Assim, na sua morte, Sansão matou mais homens do que em toda a sua vida. Foram, então, os seus irmãos e toda a família do seu pai para buscá-lo. Trouxeram-no e o sepultaram entre Zorá e Estaol, no túmulo de Manoá, seu pai. Sansão liderou Israel durante vinte anos.

Após Sansão, os israelitas mantiveram seu compromisso espiritual durante esse período triste da sua história. Entra em cena uma jovem moabita, chamada Rute. Se os hebreus achavam que o Senhor era propriedade exclusiva deles, a vida desta estrangeira desafiou esse mito. Rute era fiel, determinada, bela e inteligente. Ela se tornou parte da linhagem do rei Davi. E, mais importante, foi a escolhida de Deus para ilustrar o alcance da dádiva de esperança e vida do Todo-poderoso – mostrando que Seu plano de salvação era tão abrangente e profundo quanto o Seu amor divino.

Capítulo 13

A FÉ DE UMA ESTRANGEIRA

NA ÉPOCA DOS JUÍZES houve fome na terra. Um homem de Belém de Judá, com a mulher e os dois filhos, foi viver por algum tempo nas terras de Moabe. O homem chamava-se Elimeleque; sua mulher, Noemi; e seus dois filhos, Malom e Quiliom. Eram efrateus de Belém de Judá. Chegaram a Moabe, e lá ficaram.

Morreu Elimeleque, marido de Noemi, e ela ficou sozinha, com seus dois filhos. Estes se casaram com mulheres moabitas, uma chamada Orfa e a outra Rute. Depois de terem morado em Moabe por quase dez anos, morreram também Malom e Quiliom, e Noemi ficou sozinha, sem os seus dois filhos e sem o seu marido. Quando Noemi soube em Moabe que o Senhor viera em auxílio do seu povo, dando-lhe alimento, decidiu voltar com suas noras para a sua terra. Assim, ela, com as duas noras, partiu do lugar onde tinha morado. Enquanto voltavam para a terra de Judá, disse-lhes Noemi: "Vão! Retornem para a casa de suas mães! Que o Senhor seja leal com vocês, como vocês foram leais com os falecidos e comigo. O Senhor conceda que cada uma de vocês encontre segurança no lar doutro marido." Então deu-lhes beijos de despedida. Mas elas começaram a chorar alto e lhe disseram: "Não! Voltaremos com você para junto de seu povo!" Disse, porém, Noemi: "Voltem, minhas filhas! Por que viriam comigo? Poderia eu ainda ter filhos, que viessem a ser seus maridos? Voltem, minhas filhas! Vão! Estou velha demais para ter outro marido. E mesmo que eu pensasse que ainda há esperança para mim — ainda que eu me casasse esta noite e depois desse à luz filhos, iriam vocês esperar até que eles crescessem? Ficariam sem se casar à espera deles? De jeito nenhum, minhas filhas! Para mim é mais amargo do que para vocês, pois a mão do Senhor voltou-se contra mim!" Elas, então, começaram a chorar alto de novo. Depois Orfa deu um beijo de despedida em sua sogra, mas Rute ficou com ela.

Então Noemi a aconselhou: "Veja, sua concunhada está voltando para o seu povo e para o seu deus. Volte com ela!" Rute, porém, respondeu:

"Não insistas comigo que te deixe
    e que não mais te acompanhe.
Aonde fores irei,
    onde ficares ficarei!
O teu povo será o meu povo
    e o teu Deus será o meu Deus!
Onde morreres morrerei,
    e ali serei sepultada.
Que o Senhor me castigue
    com todo o rigor
se outra coisa que não a morte
    me separar de ti!"

Quando Noemi viu que Rute estava de fato decidida a acompanhá-la, não insistiu mais.

Prosseguiram, pois, as duas até Belém. Ali chegando, todo o povoado ficou alvoroçado por causa delas. "Será que é Noemi?", perguntavam as mulheres. Mas ela respondeu:

"Não me chamem Noemi,
    melhor que me chamem de Mara,
    pois o Todo-poderoso
    tornou minha vida muito amarga!
De mãos cheias eu parti,
    mas de mãos vazias
    o Senhor me trouxe de volta.
Por que me chamam Noemi?
    O Senhor colocou-se contra mim!
O Todo-poderoso me trouxe desgraça!"

Foi assim que Noemi voltou das terras de Moabe, com sua nora Rute, a moabita. Elas chegaram a Belém no início da colheita da cevada.

Rute nas plantações de Boaz

Noemi tinha um parente por parte do marido. Era um homem rico e influente, pertencia ao clã de Elimeleque e chamava-se Boaz.

Rute, a moabita, disse a Noemi: "Vou recolher espigas no campo daquele que me permitir." "Vá, minha filha", respondeu-lhe Noemi. Então ela foi e começou a recolher espigas atrás dos ceifeiros. Casualmente entrou justo na parte da plantação que pertencia a Boaz, que era do clã de Elimeleque. Naquele exato momento, Boaz chegou de Belém e saudou os ceifeiros: "O Senhor esteja com vocês!" Eles responderam: "O Senhor te abençoe!" Boaz perguntou ao capataz dos ceifeiros: "A quem pertence aquela moça?" O capataz respondeu: "É uma moabita que voltou de Moabe com Noemi. Ela me pediu que a deixasse recolher e juntar espigas entre os feixes, após os ceifeiros. Ela chegou cedo e está em pé até agora. Só sentou-se um pouco no abrigo."

Disse então Boaz a Rute: "Ouça bem, minha filha, não vá colher noutra lavoura, nem se afaste daqui. Fique com minhas servas. Preste atenção onde os homens estão ceifando e vá atrás das moças que vão colher. Darei ordem aos rapazes para que não toquem em você. Quando tiver sede, beba da água dos potes que os rapazes encheram." Ela inclinou-se e, prostrada com o rosto em terra, exclamou: "Por que achei favor a seus olhos, ao ponto de o senhor se importar comigo, uma estrangeira?" Boaz respondeu: "Contaram-me tudo o que você tem feito por sua sogra depois que você perdeu o seu marido: como deixou seu pai, sua mãe e sua terra natal para viver com um povo que você não conhecia bem. O

Senhor retribua a você o que você tem feito! Que seja ricamente recompensada pelo Senhor, o Deus de Israel, sob cujas asas você veio buscar refúgio!" E disse ela: "Continue eu a ser bem acolhida, meu senhor! O senhor me deu ânimo e encorajou sua serva – e eu sequer sou uma de suas servas!"

Na hora da refeição, Boaz lhe disse: "Venha cá! Pegue um pedaço de pão e molhe-o no vinagre." Quando ela se sentou junto aos ceifeiros, Boaz lhe ofereceu grãos tostados. Ela comeu até ficar satisfeita e ainda sobrou. Quando ela se levantou para recolher espigas, Boaz deu estas ordens a seus servos: "Mesmo que ela recolha entre os feixes, não a repreendam! Ao contrário, quando estiverem colhendo, tirem para ela algumas espigas dos feixes e deixem-nas cair para que ela as recolha, e não a impeçam." E assim Rute colheu na lavoura até o entardecer. Depois debulhou o que tinha ajuntado: quase uma arroba de cevada.

Carregou-a para o povoado, e sua sogra viu quanto Rute havia recolhido quando ela lhe ofereceu o que havia sobrado da refeição. A sogra lhe perguntou: "Onde você colheu hoje? Onde trabalhou? Bendito seja aquele que se importou com você!" Então Rute contou à sogra com quem tinha trabalhado: "O nome do homem com quem trabalhei hoje é Boaz." E Noemi exclamou: "Seja ele abençoado pelo Senhor, que não deixa de ser leal e bondoso com os vivos e com os mortos!" E acrescentou: "Aquele homem é nosso parente; é um de nossos resgatadores!" E Rute, a moabita, continuou: "Pois ele mesmo me disse também: 'Fique com os meus ceifeiros até que terminem toda a minha colheita'". Então Noemi aconselhou à sua nora Rute: "É melhor mesmo você ir com as servas dele, minha filha. Noutra lavoura poderiam molestá-la." Assim Rute ficou com as servas de Boaz para recolher espigas, até acabarem as colheitas de cevada e de trigo. E continuou morando com a sua sogra.

Na eira de Boaz

Certo dia, Noemi, sua sogra, lhe disse: "Minha filha, tenho que procurar um lar seguro, para a sua felicidade. Boaz, senhor das servas com quem você esteve, é nosso parente próximo. Esta noite ele estará limpando cevada na eira. Lave-se, perfume-se, vista sua melhor roupa e desça para a eira. Mas não deixe que ele perceba você até que tenha comido e bebido. Quando ele for dormir, note bem o lugar em que ele se deitar. Então vá, descubra os pés dele e deite-se. Ele dirá a você o que fazer." Respondeu Rute: "Farei tudo o que você está me dizendo."

Então ela desceu para a eira e fez tudo o que a sua sogra lhe tinha recomendado. Quando Boaz terminou de comer e beber, ficou alegre e foi deitar-se perto do monte de grãos. Rute aproximou-se sem ser notada, descobriu os pés dele e deitou-se. No meio da noite, o homem acordou de repente. Ele se virou e assustou-se ao ver uma mulher deitada a seus pés. "Quem é você?", perguntou ele. "Sou sua serva Rute", disse ela. "Estenda a sua capa sobre a sua serva, pois o senhor é resgatador." Boaz lhe respondeu: "O Senhor a abençoe, minha filha! Este seu gesto de bondade é ainda maior do que o primeiro, pois você poderia ter ido atrás dos mais jovens, ricos ou pobres! Agora, minha filha, não tenha medo; farei por você tudo o que me pedir. Todos os meus concidadãos sabem que você é mulher virtuosa. É verdade que sou resgatador, mas há um outro que é parente mais próximo do que eu. Passe a noite aqui. De manhã veremos: se ele quiser resgatá-la, muito bem, que resgate. Se não quiser, juro pelo nome do Senhor que eu a resgatarei. Deite-se aqui até de manhã." Ela ficou deitada aos pés dele até de manhã, mas levantou-se antes de clarear para não ser reconhecida. Boaz pensou: "Ninguém deve saber que esta mulher esteve na eira." Por isso, disse: "Traga-me o manto que você está usando e segure-o." Ela o segurou, e o homem despejou nele seis medidas de cevada e o pôs sobre os ombros dela. Depois ele voltou para a cidade.

Quando Rute voltou à sua sogra, esta lhe perguntou: "Como foi, minha filha?" Rute lhe contou tudo o que Boaz lhe tinha feito e acrescentou: "Ele me deu estas seis medidas de cevada, dizendo: 'Não volte para a sua sogra de mãos vazias.'" Disse então Noemi: "Agora espere, minha filha, até saber o que acontecerá. Sem dúvida, aquele homem não descansará enquanto não resolver esta questão hoje mesmo."

O resgate de Noemi e de Rute

Enquanto isso, Boaz subiu à porta da cidade e sentou-se, exatamente quando o resgatador que ele havia mencionado estava passando por ali. Boaz o chamou e disse: "Meu amigo, venha cá e sente-se." Ele foi e sentou-se. Boaz reuniu dez líderes da cidade e disse: "Sentem-se aqui." E eles se sentaram. Depois disse ao resgatador: "Noemi, que voltou de Moabe, está vendendo o pedaço de terra que pertencia ao nosso irmão Elimeleque. Pensei que devia apresentar a você o assunto, na presença dos líderes do povo, e sugerir a você que adquira o terreno. Se quiser resgatar esta propriedade, resgate-a. Se não, diga-me, para que eu o saiba. Pois ninguém tem esse direito, a não ser você; e depois eu." "Eu a resgatarei", respondeu ele. Boaz, porém, lhe disse: "No dia em que você adquirir as terras de Noemi e da moabita Rute, estará adquirindo também a viúva do falecido, para manter o nome dele em sua herança." Diante disso, o resgatador respondeu: "Nesse caso, não poderei resgatá-la, pois poria em risco a minha propriedade. Resgate-a você mesmo. Eu não poderei fazê-lo!"

Antigamente, em Israel, para que o resgate e a transferência de propriedade fossem válidos, a pessoa tirava a sandália e a dava ao outro. Assim oficializavam os negócios em Israel. Quando, pois, o resgatador disse a Boaz "Adquira-a você mesmo!", tirou a sandália.

Então Boaz anunciou aos líderes e a todo o povo ali presente: "Vocês hoje são testemunhas de que estou adquirindo de Noemi toda a propriedade de Elimeleque, de Quiliom e de Malom. Também estou adquirindo o direito de ter como mulher a moabita Rute, viúva de Malom, para manter o nome do falecido sobre a sua herança e para que o seu nome não desapareça do meio da sua família ou dos registros da cidade. Vocês hoje são testemunhas disso!" Os líderes e todos os que estavam na porta confirmaram: "Somos testemunhas! Faça o Senhor com essa mulher que está entrando em sua família como fez com Raquel e Lia, que, juntas, formaram as tribos de Israel. Seja poderoso em Efrata e ganhe fama em Belém! E, com os filhos que o Senhor conceder a você dessa jovem, seja a sua família como a de Perez, que Tamar deu a Judá!"

Boaz casou-se com Rute, e ela se tornou sua mulher. Boaz a possuiu e o Senhor concedeu que ela engravidasse dele e desse à luz um filho. As mulheres disseram a Noemi: "Louvado seja o Senhor, que hoje não a deixou sem resgatador! Que o seu nome seja celebrado em Israel! O menino dará a você nova vida e a sustentará na velhice, pois é filho da sua nora, que a ama e que é melhor do que sete filhos para você!" Noemi pôs o menino no colo e passou a cuidar dele.

As vizinhas deram-lhe um nome, dizendo "Nasceu um filho a Noemi", e o chamaram de Obede. Foi ele o pai de Jessé, pai de Davi.

Na história de Rute, podemos vislumbrar outra história extraordinária que ainda está por vir – a vida do seu bisneto Davi, o célebre rei-pastor. Porém muitas coisas acontecerão antes do reino dourado de Davi. Primeiro, um sacerdote devoto e profeta de Israel se tornará um personagem importante nesse drama. Samuel foi, também, uma criança nascida miraculosamente em meio à luta e à esperança. Após ser reconhecido pelo povo como o profeta do Senhor, sua primeira missão foi atrair as pessoas de volta ao Todo-poderoso e subjugar os filisteus. Em seguida recebeu a tarefa pouco invejável de encontrar um rei para a nação. Ao que parecia, nada era fácil para o povo de Deus, mas tudo o que aconteceu fazia parte do plano de fé do Senhor.

Capítulo 14

Quanto mais alto, mais dura a queda

Havia certo homem de Ramataim, zufita, dos montes de Efraim, chamado Elcana, filho de Jeroão, neto de Eliú e bisneto de Toú, filho do efraimita

Zufe. Ele tinha duas mulheres: uma se chamava Ana e a outra Penina. Penina tinha filhos; Ana, porém, não tinha. Todos os anos esse homem subia de sua cidade a Siló para adorar e sacrificar ao Senhor dos Exércitos. Lá, Hofni e Fineias, os dois filhos de Eli, eram sacerdotes do Senhor.

No dia em que Elcana oferecia sacrifícios, dava porções à sua mulher Penina e a todos os filhos e filhas dela. Mas a Ana dava uma porção dupla, porque a amava, apesar de o Senhor tê-la deixado estéril. E porque o Senhor a tinha deixado estéril, sua rival a provocava continuamente, a fim de irritá-la. Isso acontecia ano após ano. Sempre que Ana subia à casa do Senhor, sua rival a provocava, e ela chorava e não comia. Elcana, seu marido, lhe perguntava: "Ana, por que você está chorando? Por que não come? Por que está triste? Será que eu não sou melhor para você do que dez filhos?"

Certa vez, quando terminou de comer e beber em Siló, estando o sacerdote Eli sentado numa cadeira junto à entrada do santuário do Senhor, Ana se levantou e, com a alma amargurada, chorou muito e orou ao Senhor. E fez um voto, dizendo: "Ó Senhor dos Exércitos, se tu deres atenção à humilhação de tua serva, te lembrares de mim e não te esqueceres de tua serva, mas lhe deres um filho, então eu o dedicarei ao Senhor por todos os dias de sua vida, e o seu cabelo e a sua barba nunca serão cortados."

Enquanto ela continuava a orar diante do Senhor, Eli observava sua boca. Como Ana orava silenciosamente, seus lábios se mexiam, mas não se ouvia sua voz. Então Eli pensou que ela estivesse embriagada e lhe disse: "Até quando você continuará embriagada? Abandone o vinho!" Ana respondeu: "Não se trata disso, meu senhor. Sou uma mulher muito angustiada. Não bebi vinho nem bebida fermentada; eu estava derramando minha alma diante do Senhor. Não julgues tua serva uma mulher vadia; estou orando aqui até agora por causa de minha grande angústia e tristeza." Eli respondeu: "Vá em paz, e que o Deus de Israel conceda a você o que pediu." Ela disse: "Espero que sejas benevolente para com tua serva!" Então ela seguiu seu caminho, comeu, e seu rosto já não estava mais abatido.

Na manhã seguinte, eles se levantaram e adoraram o Senhor; então voltaram para casa, em Ramá. Elcana teve relações com sua mulher Ana, e o Senhor se lembrou dela. Assim Ana engravidou e, no devido tempo, deu à luz um filho. E deu-lhe o nome de Samuel, dizendo: "Eu o pedi ao Senhor."

Ana consagra Samuel

Quando no ano seguinte Elcana subiu com toda a família para oferecer o sacrifício anual ao Senhor e para cumprir o seu voto, Ana não foi e disse a seu marido: "Depois que o menino for desmamado, eu o levarei e o apresentarei ao Senhor, e ele morará ali para sempre." Disse Elcana, seu marido: "Faça o que parecer melhor a você. Fique aqui até desmamá-lo; que o Senhor apenas confirme a palavra dele!" Então ela ficou em casa e criou seu filho até que o desmamou.

Depois de desmamá-lo, levou o menino, ainda pequeno, à casa do Senhor, em Siló, com um novilho de três anos de idade, uma arroba de farinha e uma vasilha de couro cheia de vinho. Eles sacrificaram o novilho e levaram o menino a Eli, e ela lhe disse: "Meu senhor, juro por tua vida que eu sou a mulher que esteve aqui a teu lado, orando ao Senhor. Era este menino que eu pedia, e o Senhor concedeu-me o pedido. Por isso, agora, eu o dedico ao Senhor. Por toda a sua vida será dedicado ao Senhor." E ali adorou o Senhor.

Então Ana orou assim:

"Meu coração exulta no Senhor;
No Senhor minha força é exaltada.
Minha boca se exalta
    sobre os meus inimigos,
pois me alegro em tua libertação.

Não há ninguém santo
    como o Senhor;
não há outro além de ti;
não há rocha alguma
    como o nosso Deus."

Todos os anos sua mãe fazia uma pequena túnica e a levava para ele, quando subia a Siló com o marido para oferecer o sacrifício anual. Eli abençoava Elcana e sua mulher, dizendo: "O Senhor dê a você filhos desta mulher no lugar daquele por quem ela pediu e dedicou ao Senhor." Então voltavam para casa. O Senhor foi bondoso com Ana; ela engravidou e deu à luz três filhos e duas filhas. Enquanto isso, o menino Samuel crescia na presença do Senhor.

O chamado de Samuel

O menino Samuel ministrava perante o Senhor, sob a direção de Eli; naqueles dias raramente o Senhor falava, e as visões não eram frequentes. Certa noite, Eli, cujos olhos estavam ficando tão fracos que já não conseguia mais enxergar, estava deitado em seu lugar de costume. A lâmpada de Deus ainda não havia se apagado, e Samuel estava deitado no santuário do Senhor, onde se encontrava a arca de Deus. Então o Senhor chamou Samuel. Samuel respondeu: "Estou aqui." E correu até Eli e disse: "Estou aqui; o senhor me chamou?" Eli, porém, disse: "Não o chamei; volte e deite-se." Então, ele foi e se deitou. De novo o Senhor chamou: "Samuel!" E Samuel se levantou e foi até Eli e disse: "Estou aqui; o senhor me chamou?" Disse Eli: "Meu filho, não o chamei; volte e deite-se." Ora, Samuel ainda não conhecia o Senhor. A palavra do Senhor ainda não lhe havia sido revelada. O Senhor chamou Samuel pela terceira vez. Ele se levantou, foi até Eli e disse: "Estou aqui; o senhor me chamou?" Eli percebeu que o Senhor estava chamando o menino e lhe disse: "Vá e deite-se; se ele chamá-lo, diga: 'Fala, Senhor, pois o teu servo está ouvindo.'" Então Samuel foi deitar-se.

O Senhor voltou a chamá-lo como nas outras vezes: "Samuel, Samuel!" Samuel disse: "Fala, Senhor, pois o teu servo está ouvindo." E o Senhor disse a Samuel: "Vou realizar em Israel algo que fará tinir os ouvidos de todos os que ficarem sabendo. Nessa ocasião executarei contra Eli tudo o que falei contra sua família, do começo ao fim. Pois eu lhe disse que julgaria sua família para sempre, por causa do pecado dos seus filhos, do qual ele tinha consciência; seus filhos se fizeram desprezíveis, e ele não os puniu. Por isso, jurei à família de Eli: 'Jamais se fará propiciação pela culpa da família de Eli mediante sacrifício ou oferta.'"

Samuel ficou deitado até de manhã e então abriu as portas da casa do Senhor. Ele teve medo de contar a visão a Eli, mas este o chamou e disse: "Samuel, meu filho." "Estou aqui", respondeu Samuel. Eli perguntou: "O que o Senhor disse a você? Não esconda de mim. Deus o castigue, e o faça com muita severidade, se você esconder de mim qualquer coisa que ele falou." Então Samuel lhe contou tudo e nada escondeu. Então Eli disse: "Ele é o Senhor; que faça o que lhe parecer melhor."

Enquanto Samuel crescia, o Senhor estava com ele e fazia com que todas as suas palavras se cumprissem. Todo o Israel, desde Dã até Berseba, reconhecia que Samuel estava confirmado como profeta do Senhor. O Senhor continuou aparecendo em Siló, onde havia se revelado a Samuel por meio de sua palavra.

E a palavra de Samuel espalhou-se por todo o Israel.

Os filisteus tomam a arca

Nessa época os israelitas saíram à guerra contra os filisteus. Eles acamparam em Ebenézer e os filisteus em Afeque. Os filisteus dispuseram suas forças em linha para enfrentar Israel, e, intensificando-se o combate, Israel foi derrotado pelos filisteus, que mataram cerca de quatro mil deles no campo de batalha. Quando os soldados voltaram ao acampamento, as autoridades de Israel perguntaram: "Por que o Senhor deixou que os filisteus nos derrotassem?" E acrescentaram: "Vamos a Siló buscar a arca da aliança do Senhor, para que ele vá conosco e nos salve das mãos de nossos inimigos." Então mandaram trazer de Siló a arca da aliança do Senhor dos Exércitos, que tem o seu trono entre os querubins. E os dois filhos de Eli, Hofni e Fineias, acompanharam a arca da aliança de Deus.

Quando a arca da aliança do Senhor entrou no acampamento, todos os israelitas gritaram tão alto que o chão estremeceu. Os filisteus, ouvindo os gritos, perguntaram: "O que significam todos esses gritos no acampamento dos hebreus?"

Quando souberam que a arca do Senhor viera para o acampamento, os filisteus ficaram com medo e disseram: "Deuses chegaram ao acampamento. Ai de nós! Nunca nos aconteceu uma coisa dessas! Ai de nós! Quem nos livrará das mãos desses deuses poderosos? São os deuses que feriram os egípcios com toda espécie de pragas, no deserto. Sejam fortes, filisteus! Sejam homens, ou vocês se tornarão escravos dos hebreus, assim como eles foram escravos de vocês. Sejam homens e lutem!" Então os filisteus lutaram, e Israel foi derrotado; cada homem fugiu para a sua tenda. O massacre foi muito grande: Israel perdeu trinta mil homens de infantaria. A arca de Deus foi tomada, e os dois filhos de Eli, Hofni e Fineias, morreram.

A morte de Eli

Naquele mesmo dia um benjamita correu da linha de batalha até Siló, com as roupas rasgadas e terra na cabeça. Quando ele chegou, Eli estava sentado em sua cadeira, ao lado da estrada. Estava preocupado, pois em seu coração temia pela arca de Deus. O homem entrou na cidade, contou o que havia acontecido, e a cidade começou a gritar. Eli ouviu os gritos e perguntou: "O que significa esse tumulto?" O homem correu para contar tudo a Eli. Eli tinha noventa e oito anos de idade e seus olhos estavam imóveis; ele já não conseguia enxergar. O homem lhe disse: "Acabei de chegar da linha de batalha; fugi de lá hoje mesmo." Eli perguntou: "O que aconteceu, meu filho?" O mensageiro respondeu: "Israel fugiu dos filisteus e houve uma grande matança entre os soldados. Também os seus dois filhos, Hofni e Fineias, estão mortos, e a arca de Deus foi tomada." Quando ele mencionou a arca de Deus, Eli caiu da cadeira para trás, ao lado do portão, quebrou o pescoço e morreu, pois era velho e pesado. Ele liderou Israel durante quarenta anos.

Apesar de ter ficado abalado ao perder os filhos, a perda da arca da aliança foi um golpe ainda mais duro para Eli. A arca sagrada em mãos pagãs? Inconcebível! A própria presença de Deus capturada pelos filisteus? Que tragédia!

Os filisteus sabiam quão simbólica era aquela vitória e logo posicionaram a arca ao lado da estátua do seu deus Dagom no grande templo de Asdode, uma das cinco cidades fortificadas da Filisteia. Porém o Senhor não seria vilipendiado pelos falsos deuses dos filisteus. Afinal, Israel havia sido levado até ali com o propósito de revelar o único e verdadeiro Deus àquele povo. Assim, a estátua de Dagom despedaçou-se no chão do templo.

Em seguida, Deus afligiu os filisteus com problemas físicos. Após sete meses

de pura agonia, eles colocaram a arca em uma carroça e a enviaram de volta aos israelitas, que a mantiveram na cidade fronteiriça de Quiriate-Jearim por vinte anos, sem saberem o que fazer com ela.

Enquanto isso, Samuel insistia com os israelitas para que parassem de adorar as divindades pagãs e retornassem ao verdadeiro Deus. Apesar de ele ter liderado seu povo na campanha vitoriosa contra os filisteus, as pessoas continuavam achando, teimosamente, que possuir um rei, como acontecia em todas as outras nações, resolveria seus problemas de liderança.

Israel pede um rei

Quando envelheceu, Samuel nomeou seus filhos líderes de Israel. Seu filho mais velho chamava-se Joel; o segundo, Abias. Eles eram líderes em Berseba. Mas os filhos dele não andaram em seus caminhos. Eles se tornaram gananciosos, aceitavam suborno e pervertiam a justiça. Por isso, todas as autoridades de Israel se reuniram e foram falar com Samuel, em Ramá. E disseram-lhe: "Tu já estás idoso, e teus filhos não andam em teus caminhos; escolhe agora um rei para que nos lidere, à semelhança das outras nações." Quando, porém, disseram: "Dá-nos um rei para que nos lidere", isso desagradou a Samuel; então ele orou ao Senhor. E o Senhor lhe respondeu: "Atenda a tudo o que o povo está pedindo; não foi a você que rejeitaram; foi a mim que rejeitaram como rei. Assim como fizeram comigo desde o dia em que os tirei do Egito até hoje, abandonando-me e prestando culto a outros deuses, também estão fazendo com você. Agora atenda-os; mas advirta-os solenemente e diga-lhes quais direitos reivindicará o rei que os governará."

Samuel transmitiu todas as palavras do Senhor ao povo, que estava lhe pedindo um rei, dizendo: "O rei que reinará sobre vocês reivindicará como seu direito o seguinte: ele tomará os filhos de vocês para servi-lo em seus carros de guerra e em sua cavalaria e para correr à frente dos seus carros de guerra. Colocará alguns como comandantes de mil e outros como comandantes de cinquenta. Ele os fará arar as terras dele, fazer a colheita e fabricar armas de guerra e equipamentos para os seus carros de guerra. Tomará as filhas de vocês para serem perfumistas, cozinheiras e padeiras. Tomará de vocês o melhor das plantações, das vinhas e dos olivais e o dará aos criados dele. Tomará um décimo dos cereais e da colheita das uvas e o dará a seus oficiais e a seus criados. Também tomará de vocês, para seu uso particular, os servos e as servas e o melhor do gado e dos jumentos. E tomará de vocês um décimo dos rebanhos, e vocês mesmos se tornarão escravos dele. Naquele dia, vocês clamarão por causa do rei que vocês mesmos escolheram, e o Senhor não os ouvirá."

Todavia, o povo recusou-se a ouvir Samuel e disse: "Não! Queremos ter um rei. Seremos como todas as outras nações; um rei nos governará e sairá à nossa frente para combater em nossas batalhas." Depois de ter ouvido tudo o que o povo disse, Samuel o repetiu perante o Senhor. E o Senhor respondeu: "Atenda-os e dê-lhes um rei." Então Samuel disse aos homens de Israel: "Volte cada um para a sua cidade."

O encontro de Saul e Samuel

Havia um homem de Benjamim, rico e influente, chamado Quis, filho de Abiel, neto de Zeror, bisneto de Becorate e trineto de Afia. Ele tinha um filho chamado Saul, jovem de boa aparência, sem igual entre os israelitas; os mais altos batiam nos seus ombros.

E aconteceu que as jumentas de Quis, pai de Saul, extraviaram-se. E ele disse a Saul: "Chame um dos servos e vá procurar as jumentas." Eles atravessaram os montes de Efraim e a região de Salisa, mas não as encontraram. Prosseguindo, entraram no distrito de Saalim, mas as jumentas não estavam lá. Então atravessaram o território de Benjamim e mesmo assim não as encontraram. Chegando ao distrito de Zufe, disse Saul ao seu servo: "Vamos voltar, ou meu pai deixará de pensar nas jumentas para começar a preocupar-se conosco." O servo, contudo, respondeu: "Nesta cidade mora um homem de Deus que é muito respeitado. Tudo o que ele diz acontece. Vamos falar com ele. Talvez ele nos aponte o caminho a seguir." E Saul concordou: "Muito bem, vamos!" Assim, foram em direção à cidade onde estava o homem de Deus.

Eles foram à cidade e, ao entrarem, Samuel vinha na direção deles a caminho do altar do monte. No dia anterior à chegada de Saul, o Senhor havia revelado isto a Samuel: "Amanhã, por volta desta hora, enviarei a você um homem da terra de Benjamim. Unja-o como líder sobre Israel, o meu povo; ele libertará o meu povo das mãos dos filisteus. Atentei para o meu povo, pois o seu clamor chegou a mim." Quando Samuel viu Saul, o Senhor lhe disse: "Este é o homem de quem falei; ele governará o meu povo." Saul aproximou-se de Samuel na entrada da cidade e lhe perguntou: "Por favor, pode me dizer onde é a casa do vidente?" Respondeu Samuel: "Eu sou o vidente. Vá na minha frente para o altar, pois hoje você comerá comigo. Amanhã cedo eu contarei a você tudo o que quer saber e o deixarei ir. Quanto às jumentas que você perdeu há três dias, não se preocupe com elas; já foram encontradas. E a quem pertencerá tudo o que é precioso em Israel, senão a você e a toda a família de seu pai?" Saul respondeu: "Acaso não sou eu um benjamita, da menor das tribos de Israel, e não é o meu clã o mais insignificante de todos os clãs da tribo de Benjamim? Por que estás me dizendo tudo isso?"

SAUL É UNGIDO REI

Samuel apanhou um jarro de óleo, derramou-o sobre a cabeça de Saul e o beijou, dizendo: "O Senhor o ungiu como líder da herança dele. Hoje, quando você partir, encontrará dois homens perto do túmulo de Raquel, em Zelza, na fronteira de Benjamim. Eles dirão: 'As jumentas que você foi procurar já foram encontradas. Agora seu pai deixou de se importar com elas e está preocupado com você. Ele está perguntando: "Como encontrarei meu filho?"'"

"Depois você irá a Gibeá de Deus, onde há um destacamento filisteu. Ao chegar à cidade, você encontrará um grupo de profetas que virão descendo do altar do monte tocando liras, tamborins, flautas e harpas; e eles estarão profetizando. O Espírito do Senhor se apossará de você, e com eles você profetizará e será um novo homem. Assim que esses sinais se cumprirem, faça o que achar melhor, pois Deus está com você."

Quando se virou para afastar-se de Samuel, Deus mudou o coração de Saul, e todos aqueles sinais se cumpriram naquele dia.

Samuel convocou o povo de Israel ao Senhor, em Mispá, e disse a eles: "Assim diz o Senhor, o Deus de Israel: 'Eu tirei Israel do Egito e libertei vocês do poder do Egito e de todos os reinos que os oprimiam.' Mas vocês agora rejeitaram o Deus que os salva de todas as suas desgraças e angústias. E disseram: 'Não! Escolhe um rei para nós.' Por isso, agora, apresentem-se perante o Senhor, de acordo com as suas tribos e os seus clãs."

Tendo Samuel feito todas as tribos de Israel se aproximarem, a de Benjamim foi escolhida. Então fez ir à frente a tribo de Benjamim, clã por clã, e o clã de Matri foi escolhido. Finalmente foi escolhido Saul, filho de Quis. Quando, porém, o procuraram, ele não foi encontrado.

Consultaram novamente o Senhor: "Ele já chegou?" E o Senhor disse: "Sim, ele está escondido no meio da bagagem."

Correram e o tiraram de lá. Quando ele ficou em pé no meio do povo, os mais altos só chegavam aos seus ombros. E Samuel disse a todos: "Vocês veem o homem que o Senhor escolheu? Não há ninguém como ele no meio de todo o povo." Então todos gritaram: "Viva o rei!"

Samuel expôs ao povo as leis do reino. Ele as escreveu num livro e o pôs perante o Senhor. Depois disso, Samuel mandou o povo de volta para as suas casas. Saul também foi para sua casa em Gibeá, acompanhado por guerreiros, cujo coração Deus tinha tocado.

O futuro rei, que estava escondido entre os suprimentos, protagonizou aquela que foi provavelmente a coroação mais nefasta de todos os tempos. E o restante da história de Saul mostrou-se igualmente imprevisível. Embora tivesse sido escolhido por Deus, ele era um homem invejoso, impaciente e impetuoso. Ainda assim, conduziu os israelitas à guerra, e eles se uniram para apoiar um governante forte, forjando uma nação a partir de tribos locais.

Saul liberta a cidade de Jabes

O amonita Naás avançou contra a cidade de Jabes-Gileade e a cercou. E os homens de Jabes lhe disseram: "Faça um tratado conosco, e nos sujeitaremos a você." Contudo, Naás, o amonita, respondeu: "Só farei um tratado com vocês sob a condição de que eu arranque o olho direito de cada um de vocês e assim humilhe todo o Israel." As autoridades de Jabes lhe disseram: "Dê-nos sete dias para que possamos enviar mensageiros a todo o Israel; se ninguém vier nos socorrer, nós nos renderemos." Quando os mensageiros chegaram a Gibeá, cidade de Saul, e relataram essas coisas ao povo, todos choraram em alta voz.

Naquele momento, Saul estava trazendo o gado do campo e perguntou: "O que há com o povo? Por que estão chorando?" Então lhe contaram o que os homens de Jabes tinham dito. Quando Saul ouviu isso, o Espírito de Deus apoderou-se dele, e ele ficou furioso. Apanhou dois bois, cortou-os em pedaços e, por meio dos mensageiros, enviou os pedaços a todo o Israel, proclamando: "Isto é o que acontecerá aos bois de quem não seguir Saul e Samuel." Então o temor do Senhor caiu sobre o povo, e eles vieram unânimes. Quando Saul os reuniu em Bezeque, havia trezentos mil homens de Israel e trinta mil de Judá. E disseram aos mensageiros de Jabes: "Digam aos homens de Jabes-Gileade: 'Amanhã, na hora mais quente do dia, haverá libertação para vocês.'" Quando relataram isso aos habitantes de Jabes, eles se alegraram. Então, os homens de Jabes disseram aos amonitas: "Amanhã nós nos renderemos a vocês, e poderão fazer conosco o que quiserem."

No dia seguinte, Saul dividiu seus soldados em três grupos; entraram no acampamento amonita na alta madrugada e os mataram até a hora mais quente do dia. Aqueles que sobreviveram se dispersaram de tal modo que não ficaram dois juntos.

Saul confirmado como rei

Então o povo disse a Samuel: "Quem foi que perguntou: 'Será que Saul vai reinar sobre nós?' Traze-nos esses homens, e nós os mataremos." Saul, porém, disse: “Hoje ninguém será morto, pois neste dia o Senhor trouxe libertação a Israel.” Então Samuel disse ao povo: “Venham, vamos a Gilgal e reafirmemos ali o reino.” Assim, todo o povo foi a Gilgal e proclamou Saul como rei na presença do Senhor. Ali ofereceram sacrifícios de comunhão ao Senhor, e Saul e todos os israelitas tiveram momentos de grande alegria.

Samuel disse a todo o Israel: “Atendi a tudo o que vocês me pediram e estabeleci um rei para vocês. Agora vocês têm um rei que os governará.

“Quando, porém, vocês viram que Naás, rei dos amonitas, estava avançando contra vocês, me disseram: ‘Não! Escolha um rei para nós’, embora o Senhor, o seu Deus, fosse o rei. Agora, aqui está o rei que vocês escolheram, aquele que vocês pediram; o Senhor deu um rei a vocês. Se vocês temerem, servirem, obedecerem ao Senhor e não se rebelarem contra suas ordens, e se vocês e o rei que reinar sobre vocês seguirem o Senhor, o seu Deus, tudo irá bem! Todavia, se vocês desobedecerem ao Senhor e se rebelarem contra o seu mandamento, sua mão se oporá a vocês da mesma forma como se opôs aos seus antepassados.

“Agora preparem-se para ver este grande feito que o Senhor vai realizar diante de vocês! Não estamos na época da colheita do trigo? Pedirei ao Senhor que envie trovões e chuva para que vocês reconheçam que fizeram o que o Senhor reprova totalmente, quando pediram um rei.”

Então Samuel clamou ao Senhor, e naquele mesmo dia o Senhor enviou trovões e chuva. E assim todo o povo temeu grandemente ao Senhor e a Samuel. E todo o povo disse a Samuel: “Ora ao Senhor, o teu Deus, em favor dos teus servos, para que não morramos, pois a todos os nossos pecados acrescentamos o mal de pedir um rei.”

Respondeu Samuel: “Não tenham medo. De fato, vocês fizeram todo esse mal. Contudo, não deixem de seguir o Senhor, mas sirvam ao Senhor de todo o coração. Não se desviem para seguir ídolos inúteis que de nada valem nem podem livrá-los, pois são inúteis. Por causa de seu grande nome, o Senhor não os rejeitará, pois o Senhor teve prazer em torná-los o seu próprio povo. E longe de mim esteja pecar contra o Senhor, deixando de orar por vocês. Também ensinarei a vocês o caminho que é bom e direito. Somente temam ao Senhor e sirvam a ele fielmente de todo o coração; e considerem as grandes coisas que ele tem feito por vocês. Todavia, se insistirem em fazer o mal, vocês e o seu rei serão destruídos.”

Após o alerta grave de Samuel, Saul tentou reinar com sucesso, mas lhe faltava bom senso. Como não conseguia calcular a força do inimigo nas batalhas, assumia o controle da situação de forma impulsiva enquanto aguardava Samuel. Que tipo de rei era esse?

Samuel repreende Saul

Saul tinha trinta anos de idade quando começou a reinar e reinou sobre Israel quarenta e dois anos. Saul escolheu três mil homens de Israel; dois mil ficaram com ele em Micmás e nos montes de Betel e mil ficaram com Jônatas em Gibeá de Benjamim. O restante dos homens ele mandou de volta para suas tendas.

Jônatas atacou os destacamentos dos filisteus em Gibeá, e os filisteus foram informados disso. Então Saul mandou tocar a trombeta por todo o país, dizendo: "Que os hebreus fiquem sabendo disto!" E todo o Israel ouviu a notícia de que Saul tinha atacado o destacamento dos filisteus, atraindo o ódio dos filisteus sobre Israel. Então os homens foram convocados para se unirem a Saul em Gilgal. Os filisteus reuniram-se para lutar contra Israel com três mil carros de guerra, seis mil condutores de carros e tantos soldados quanto a areia da praia. Eles foram a Micmás, a leste de Bete-Áven, e lá acamparam. Quando os soldados de Israel viram que a situação era difícil e que o seu exército estava sendo muito pressionado, esconderam-se em cavernas e buracos, entre as rochas e em poços e cisternas. Alguns hebreus até atravessaram o Jordão para chegar à terra de Gade e de Gileade.

Saul ficou em Gilgal, e os soldados que estavam com ele tremiam de medo. Ele esperou sete dias, o prazo estabelecido por Samuel; mas este não chegou a Gilgal, e os soldados de Saul começaram a se dispersar. E ele ordenou: "Tragam-me o holocausto e os sacrifícios de comunhão." Saul então ofereceu o holocausto; quando terminou de oferecê-lo, Samuel chegou e Saul foi saudá-lo.

Perguntou-lhe Samuel: "O que você fez?" Saul respondeu: "Quando vi que os soldados estavam se dispersando e que não tinhas chegado no prazo estabelecido e que os filisteus estavam reunidos em Micmás, pensei: Agora, os filisteus me atacarão em Gilgal e eu não busquei o Senhor. Por isso senti-me obrigado a oferecer o holocausto." Disse Samuel: "Você agiu como tolo, desobedecendo ao mandamento que o Senhor, o seu Deus, deu a você; se tivesse obedecido, ele teria estabelecido para sempre o seu reinado sobre Israel. Mas agora o seu reinado não permanecerá; o Senhor procurou um homem segundo o seu coração e o designou líder de seu povo, pois você não obedeceu ao mandamento do Senhor."

O Senhor rejeita Saul como rei

Samuel disse a Saul: "Eu sou aquele a quem o Senhor enviou para ungi-lo como rei de Israel, o povo dele; por isso escute agora a mensagem do Senhor. Assim diz o Senhor dos Exércitos: 'Castigarei os amalequitas pelo que fizeram a Israel, atacando-o quando saía do Egito. Agora vão, ataquem os amalequitas e consagrem ao Senhor para destruição tudo o que lhes pertence. Não os poupem;

matem homens, mulheres, crianças, recém-nascidos, bois, ovelhas, camelos e jumentos.'"

Então convocou Saul os homens e os reuniu em Telaim: duzentos mil soldados de infantaria e dez mil homens de Judá.

E Saul atacou os amalequitas por todo o caminho, desde Havilá até Sur, a leste do Egito. Capturou vivo Agague, rei dos amalequitas, e exterminou o seu povo. Mas Saul e o exército pouparam Agague e o melhor das ovelhas e dos bois, os bezerros gordos e os cordeiros. Pouparam tudo o que era bom, mas tudo o que era desprezível e inútil destruíram por completo.

Saul pecou novamente contra Deus. O Senhor o havia instruído a destruir todos os bens dos amalequitas, porém Saul ficou com boa parte deles. Tendo poupado o gado saudável, afirmou que pretendia oferecer os animais como sacrifício a Deus. Ainda assim estava desobedecendo. Samuel, triste por Saul ter fracassado como rei, o alertou dizendo que seu tempo havia acabado. Era hora de encontrar um sucessor. Mas, acostumado às vantagens do poder, Saul não abandonaria o trono sem oferecer resistência.

Capítulo 15

De pastor a rei

O Senhor disse a Samuel: "Até quando você irá se entristecer por causa de Saul? Eu o rejeitei como rei de Israel. Encha um chifre com óleo e vá a Belém; eu o enviarei a Jessé. Escolhi um de seus filhos para fazê-lo rei."

Samuel fez o que o Senhor disse. Quando chegou a Belém, as autoridades da cidade foram encontrar-se com ele, tremendo de medo, e perguntaram: "Vens em paz?"

Respondeu Samuel: "Sim, venho em paz; vim sacrificar ao Senhor. Consagrem-se e venham ao sacrifício comigo." Então ele consagrou Jessé e os filhos dele e os convidou para o sacrifício.

Quando chegaram, Samuel viu Eliabe e pensou: "Com certeza é este que o Senhor quer ungir." O Senhor, contudo, disse a Samuel: "Não considere sua aparência nem sua altura, pois eu o rejeitei. O Senhor não vê como o homem: o homem vê a aparência, mas o Senhor vê o coração." Então Jessé chamou Abinadabe e o levou a Samuel. Ele, porém, disse: "O Senhor também não escolheu este." Em seguida, Jessé levou Samá a Samuel, mas este disse: "Também não foi este que o Senhor escolheu."

Jessé levou a Samuel sete de seus filhos, mas Samuel lhe disse: "O Senhor não escolheu nenhum destes." Então perguntou a Jessé: "Estes são todos os filhos que você tem?" Jessé respondeu: "Ainda tenho o caçula, mas ele está cuidando das ovelhas." Samuel disse: "Traga-o aqui; não nos sentaremos para comer enquanto ele não chegar." Jessé mandou chamá-lo, e ele veio. Ele era ruivo, de belos olhos e boa aparência.

Davi

Perez gerou Esrom
Esrom gerou Arão
Arão gerou Aminadabe
Aminadabe gerou Naassom
Naassom gerou Salmom
Salmom gerou Boaz;
Boaz gerou Obede;
Obede gerou Jessé;
e Jessé gerou Davi.

Então o Senhor disse a Samuel: "É este! Levante-se e unja-o." Samuel apanhou o chifre cheio de óleo e o ungiu na presença de seus irmãos, e, a partir daquele dia, o Espírito do Senhor apoderou-se de Davi. E Samuel voltou para Ramá.

Davi e Golias

Os filisteus juntaram suas forças para a guerra e se reuniram em Socó, de Judá. E acamparam em Efes-Damim, entre Socó e Azeca. Saul e os israelitas reuniram-se e acamparam no vale de Elá, posicionando-se em linha de batalha para enfrentar os filisteus. Os filisteus ocuparam uma colina e os israelitas outra, estando o vale entre eles.

Um guerreiro chamado Golias, que era de Gate, veio do acampamento filisteu. Tinha dois metros e noventa centímetros de altura. Ele usava um capacete de bronze e vestia uma couraça de escamas de bronze que pesava sessenta quilos; nas pernas, usava caneleiras de bronze e tinha um dardo de bronze pendurado nas costas. A haste de sua lança era parecida com uma lançadeira de tecelão, e sua ponta de ferro pesava sete quilos e duzentos gramas. Seu escudeiro ia à frente dele.

Golias parou e gritou às tropas de Israel: "Por que vocês estão se posicionando para a batalha? Não sou eu um filisteu, e vocês os servos de Saul? Escolham um homem para lutar comigo. Se ele puder lutar e vencer-me, nós seremos seus escravos; todavia, se eu o vencer e o puser fora de combate, vocês serão nossos escravos e nos servirão." E acrescentou: "Eu desafio hoje as tropas de Israel! Mandem-me um homem para lutar sozinho comigo." Ao ouvirem as palavras do filisteu, Saul e todos os israelitas ficaram atônitos e apavorados.

Durante quarenta dias o filisteu aproximou-se, de manhã e de tarde, e tomou posição. Nessa ocasião, Jessé disse a seu filho Davi: "Pegue uma arroba de grãos tostados e dez pães e leve-os depressa a seus irmãos no acampamento. Leve também estes dez queijos ao comandante da unidade deles. Veja como estão seus irmãos e traga-me alguma garantia de que estão bem. Eles estão com Saul e com todos os homens de Israel no vale de Elá, lutando contra os filisteus."

Levantando-se de madrugada, Davi deixou o rebanho com outro pastor, pegou a carga e partiu, conforme Jessé lhe havia ordenado. Chegou ao acampamento na hora em que, com o grito de batalha, o exército estava saindo para suas posições de combate. Israel e os filisteus estavam se posicionando em linha de batalha, frente a frente. Davi deixou o que havia trazido com o responsável pelos suprimentos e correu para a linha de batalha para saber como estavam seus irmãos.

Enquanto conversava com eles, Golias, o guerreiro filisteu de Gate, avançou e lançou seu desafio habitual; e Davi o ouviu. Quando os israelitas viram o homem, todos fugiram cheios de medo. Os israelitas diziam entre si: "Vocês viram aquele homem? Ele veio desafiar Israel. O rei dará grandes riquezas a quem o vencer. Também lhe dará sua filha em casamento e isentará de impostos em Israel a família de seu pai."

Davi perguntou aos soldados que estavam ao seu lado: "O que receberá o homem que matar esse filisteu e salvar a honra de Israel? Quem é esse filisteu incircunciso para desafiar os exércitos do Deus vivo?" Repetiram a Davi o que haviam comentado e lhe disseram: "É isso que receberá o homem que matá-lo." Quando Eliabe, o irmão mais velho, ouviu Davi falando com os soldados, ficou muito irritado com ele e perguntou: "Por que você veio até aqui? Com quem deixou aquelas poucas ovelhas no deserto? Sei que você é presunçoso e que o seu coração é mau; você veio só para ver a batalha." E disse Davi: "O que fiz agora? Será que não posso nem mesmo conversar?" Ele então se virou para outro e perguntou a mesma coisa, e os homens responderam-lhe como antes. As palavras de Davi chegaram aos ouvidos de Saul, que o mandou chamar.

Davi disse a Saul: "Ninguém deve ficar com o coração abatido por causa desse filisteu; teu servo irá e lutará com ele." Respondeu Saul: "Você não tem condições de lutar contra esse filisteu; você é apenas um rapaz, e ele é um guerreiro desde a mocidade."

Davi, entretanto, disse a Saul: "Teu servo toma conta das ovelhas de seu pai. Quando aparece um leão ou um urso e leva uma ovelha do rebanho, eu vou atrás dele, dou-lhe golpes e livro a ovelha de sua boca. Quando se vira contra mim, eu o pego pela juba e lhe dou golpes até matá-lo. Teu servo pôde matar um leão e um urso; esse filisteu incircunciso será como um deles, pois desafiou os exércitos do Deus vivo. O Senhor que me livrou das garras do leão e das garras do urso me livrará das mãos desse filisteu."

Diante disso, Saul disse a Davi: "Vá, e que o Senhor esteja com você."

Saul vestiu Davi com sua própria túnica, colocou-lhe uma armadura e lhe pôs um capacete de bronze na cabeça. Davi prendeu sua espada sobre a túnica e tentou andar, pois não estava acostumado com aquilo. E disse a Saul: "Não consigo andar com isto, pois não estou acostumado."

Então tirou tudo aquilo e em seguida pegou seu cajado, escolheu no riacho cinco pedras lisas, colocou-as na bolsa, isto é, no seu alforje de pastor, e, com sua atiradeira na mão, aproximou-se do filisteu. Enquanto isso, o filisteu, com seu escudeiro à frente, vinha se aproximando de Davi. Olhou para Davi com desprezo, viu que era só um rapaz, ruivo e de boa aparência, e fez pouco caso dele. Disse ele a Davi: "Por acaso sou um cão, para que você venha contra mim com pedaços de pau?" E o filisteu amaldiçoou Davi, invocando seus deuses, e disse: "Venha aqui, e darei sua carne às aves do céu e aos animais do campo!" Davi, porém, disse ao filisteu: "Você vem contra mim com espada, com lança e com dardos, mas eu vou contra você em nome do Senhor dos Exércitos, o Deus dos exércitos de Israel, a quem você desafiou. Hoje mesmo o Senhor o entregará nas minhas mãos, eu o matarei e cortarei a sua cabeça. Hoje mesmo darei os cadáveres do exército filisteu às aves do céu e aos animais selvagens, e toda a terra saberá que há Deus em Israel. Todos os que estão aqui saberão que não é por espada ou por lança que o Senhor concede vitória; pois a batalha é do Senhor, e ele entregará todos vocês em nossas mãos."

Quando o filisteu começou a vir na direção de Davi, este correu para a linha de batalha para enfrentá-lo. Tirando uma pedra de seu alforje, arremessou-a com a atiradeira e atingiu o filisteu na testa, de tal modo que ela ficou encravada, e ele caiu, dando com o rosto no chão. Assim Davi venceu o filisteu com uma atiradeira e uma pedra; sem espada na mão, derrubou o filisteu e o matou. Davi correu, pôs os pés sobre ele e, desembainhando a espada do filisteu, acabou de matá-lo, cortando-lhe a cabeça com ela.

Quando os filisteus viram que o seu guerreiro estava morto, recuaram e fugiram. Então os homens de Israel e de Judá deram o grito de guerra e perseguiram os filisteus até a entrada de Gate e até as portas de Ecrom. Cadáveres de filisteus ficaram espalhados ao longo da estrada de Saaraim até Gate e Ecrom. Quando os israelitas voltaram da perseguição aos filisteus, levaram tudo o que havia no acampamento deles. Davi pegou a cabeça do filisteu, levou-a para Jerusalém e guardou as armas do filisteu em sua própria tenda.

Aceitar o desafio do gigante sem as armas de um guerreiro foi uma atitude impulsiva de Davi. Porém o que contava naquele confronto não era a tecnologia militar, mas a honra de Deus. Davi compôs vários cânticos (salmos) que narravam suas experiências de vida. Um deles fala sobre seu Deus grandioso, que o salvou na batalha.

Hino para a guerra e a vitória

Bendito seja o Senhor, a minha Rocha,
que treina as minhas mãos para a guerra
  e os meus dedos para a batalha.
Ele é o meu aliado fiel, a minha fortaleza,
  a minha torre de proteção
  e o meu libertador;
é o meu escudo, aquele em quem me refugio.
Ele subjuga a mim os povos.

Senhor, que é o homem
  para que te importes com ele,
ou o filho do homem
  para que por ele te interesses?
O homem é como um sopro;
seus dias são como sombra passageira.

Estende, Senhor, os teus céus e desce;
toca os montes para que fumeguem.
Envia relâmpagos e dispersa os inimigos;
atira as tuas flechas e faze-os debandar.
Das alturas, estende a tua mão e liberta-me;
salva-me da imensidão das águas,
  das mãos desses estrangeiros
  que têm lábios mentirosos
  e que, com a mão direita erguida,
  juram falsamente.

Cantarei uma nova canção a ti, ó Deus;
tocarei para ti a lira de dez cordas,

para aquele que dá vitória aos reis,
que livra o seu servo Davi
    da espada mortal.

Dá-me libertação;
salva-me das mãos dos estrangeiros,
    que têm lábios mentirosos
    e que, com a mão direita erguida,
    juram falsamente.

Então, na juventude,
os nossos filhos serão como plantas viçosas;
as nossas filhas, como colunas
    esculpidas para ornar um palácio.
Os nossos celeiros estarão cheios
    das mais variadas provisões.
Os nossos rebanhos se multiplicarão
    aos milhares,
às dezenas de milhares em nossos campos;
o nosso gado dará suas crias;
não haverá praga alguma nem aborto.
Não haverá gritos de aflição em nossas ruas.
Como é feliz o povo assim abençoado!
Como é feliz o povo cujo Deus é o Senhor!

Saul ficou impressionado com a vitória de Davi sobre Golias. Durante a conversa que tiveram após a batalha, perguntou sobre sua família e o alistou para servir na corte real. Davi e Jônatas, filho de Saul, simpatizaram imediatamente um com o outro. Os dois jovens estabeleceram uma amizade cheia de amor e lealdade, tão forte quanto a de quaisquer irmãos. Mas a popularidade de Davi não era vista com bons olhos nos últimos dias do reinado de Saul.

Logo que Davi voltou, depois de ter matado o filisteu, Abner levou-o perante Saul. Davi ainda segurava a cabeça de Golias. E Saul lhe perguntou: "De quem você é filho, meu jovem?" Respondeu Davi: "Sou filho de teu servo Jessé, de Belém."

Depois dessa conversa de Davi com Saul, surgiu tão grande amizade entre Jônatas e Davi que Jônatas tornou-se o seu melhor amigo. Daquele dia em diante, Saul manteve Davi consigo e não o deixou voltar à casa de seu pai. E Jônatas fez um acordo de amizade com Davi, pois se tornara o seu melhor amigo. Jônatas tirou o manto que estava vestindo e o deu a Davi, com sua túnica, e até sua espada, seu arco e seu cinturão. Tudo o que Saul lhe ordenava fazer, Davi fazia com tanta habilidade que Saul lhe deu um posto elevado no exército. Isso agradou a todo o povo, bem como aos conselheiros de Saul.

A inveja de Saul

Quando os soldados voltavam para casa, depois que Davi matou o filisteu, as mulheres saíram de todas as cidades de Israel ao encontro do rei Saul com cânticos e danças, com tamborins, com músicas alegres e instrumentos de três cordas. As mulheres dançavam e cantavam:

> "Saul matou milhares;
> Davi, dezenas de milhares."

Saul ficou muito irritado com esse refrão e, aborrecido, disse: "Atribuíram a Davi dezenas de milhares, mas a mim apenas milhares. O que mais lhe falta senão o reino?" Daí em diante Saul olhava com inveja para Davi.

No dia seguinte, um espírito maligno mandado por Deus apoderou-se de Saul, e ele entrou em transe em sua casa enquanto Davi tocava harpa, como costumava fazer. Saul estava com uma lança na mão e a atirou, dizendo: "Encravarei Davi na parede." Mas Davi desviou-se duas vezes.

Saul tinha medo de Davi porque o Senhor o havia abandonado e agora estava com Davi. Então afastou Davi de sua presença e deu-lhe o comando de uma tropa de mil soldados, que Davi conduzia em suas campanhas. Ele tinha êxito em tudo o que fazia, pois o Senhor estava com ele. Vendo isso, Saul teve muito medo dele. Todo o Israel e todo o Judá, porém, gostavam de Davi, pois ele os conduzia em suas batalhas.

Saul tentava compreender a confusão em que se encontrava e foi se tornando cada vez mais paranoico e instável. Muitos dos súditos de Saul, assim como membros da sua própria família, incluindo Jônatas e sua filha Mical, pareciam preferir o jovem pastor guerreiro ao rei insensato. Tomado pela raiva e pela inveja, Saul tentou matar Davi em diversas ocasiões, considerando-o sua maior ameaça interna.

Finalmente, temendo pela própria vida, Davi fugiu de Saul. O rei, no entanto, estava disposto a caçá-lo. Chegou a ordenar o assassinato de 85 sacerdotes que haviam dado guarida ao pastor.

Cerca de 600 homens leais a Davi se juntaram a ele, uma milícia pequena demais para enfrentar o exército de Israel, porém grande o suficiente para ter força ofensiva. Dentro do palácio de Saul, Jônatas se tornou um agente duplo.

Enquanto seu pai o preparava para assumir o trono, Jônatas – ciente de que Davi seria o próximo líder de Israel – lhe passava informações. No entanto, esta possibilidade parecia cada vez mais improvável à medida que o exército de Saul se aproximava do batalhão de Davi no deserto de En-Gedi. Em perigo, Davi fez o que sempre fazia: revelou seus medos a Deus e rezou pedindo ajuda.

Livra-me dos meus inimigos, ó Deus;
põe-me fora do alcance dos meus agressores.
Livra-me dos que praticam o mal
e salva-me dos assassinos.

Vê como ficam à minha espreita!
Homens cruéis conspiram contra mim,
sem que eu tenha cometido
    qualquer delito ou pecado, ó Senhor.
Mesmo eu não tendo culpa de nada,
    eles se preparam às pressas para atacar-me.
Levanta-te para ajudar-me;
    olha para a situação em que me encontro!
    Ó Senhor, Deus dos Exércitos,
    ó Deus de Israel!
Desperta para castigar todas as nações;
não tenhas misericórdia
dos traidores perversos.

Eles voltam ao cair da tarde,
    rosnando como cães
    e rondando a cidade.
Vê que ameaças saem de sua boca;
seus lábios são como espadas
e dizem: “Quem nos ouvirá?”
Mas tu, Senhor, vais rir deles;
    caçoarás de todas aquelas nações.
Ó tu, minha força, por ti vou aguardar;
tu, ó Deus, és o meu alto refúgio.
    O meu Deus fiel
    virá ao meu encontro
e permitirá que eu triunfe
    sobre os meus inimigos.
Mas não os mates, ó Senhor, nosso escudo,

senão o meu povo o esquecerá.
Em teu poder faze-os vaguear,
e abate-os.
Pelos pecados de sua boca,
pelas palavras de seus lábios,
sejam apanhados em seu orgulho.
Pelas maldições e mentiras que pronunciam,
consome-os em tua ira,
consome-os até que não mais existam.
Então se saberá até os confins da terra
que Deus governa Jacó.

Eles voltam ao cair da tarde,
rosnando como cães
e rondando a cidade.

À procura de comida, perambulam
e, se não ficam satisfeitos, uivam.
Mas eu cantarei louvores à tua força;
de manhã louvarei a tua fidelidade,
pois tu és o meu alto refúgio,
abrigo seguro nos tempos difíceis.
Ó minha força, canto louvores a ti;
tu és, ó Deus, o meu alto refúgio,
o Deus que me ama.

Por mais que Saul se aproximasse, Davi sempre o superava estrategicamente. Davi estava bastante acostumado a ataques de surpresa, porém nenhum deles foi tão ousado quanto seu embate com Saul em uma caverna escura.

Saul voltou da luta contra os filisteus e disseram-lhe que Davi estava no deserto de En-Gedi. Então Saul tomou três mil de seus melhores soldados de todo o Israel e partiu à procura de Davi e seus homens, perto dos rochedos dos Bodes Selvagens. Ele foi aos currais de ovelhas que ficavam junto ao caminho; havia ali uma caverna, e Saul entrou nela para fazer suas necessidades. Davi e seus soldados estavam bem no fundo da caverna. Eles disseram: "Este é o dia sobre o qual o Senhor falou a você: 'Entregarei nas suas mãos o seu inimigo para que você faça com ele o que quiser.'" Então Davi foi com muito cuidado e cortou uma ponta do manto de Saul, sem que este percebesse. Mas Davi sentiu bater-lhe o coração de remorso por ter cortado uma ponta do manto de Saul e então disse a seus soldados: "Que o Senhor me livre de fazer tal coisa a meu senhor, de erguer a mão contra ele, pois é o ungido do Senhor." Com essas palavras, Davi repreendeu os soldados e não permitiu que atacassem Saul. E este saiu da caverna e seguiu seu caminho.

Então Davi saiu da caverna e gritou para Saul: "Ó rei, meu senhor!" Quando Saul olhou para trás, Davi inclinou-se com o rosto em terra e depois disse: "Por que o rei dá atenção aos que dizem que eu pretendo fazer-te mal? Hoje o rei pode ver com teus próprios olhos como o Senhor te entregou em minhas mãos na caverna. Alguns insistiram que eu te matasse, mas eu te poupei, pois disse: Não erguerei a mão contra meu senhor, pois ele é o ungido do Senhor. Olha, meu pai, olha para este pedaço de teu manto em minha mão! Cortei a ponta de teu manto, mas não te matei. Agora entende e reconhece que não sou culpado de fazer-te mal ou de rebelar-me. Não te fiz mal algum, embora estejas à minha procura para tirar-me a vida. O Senhor julgue entre mim e ti. Vingue ele os males que tens feito contra mim, mas não levantarei a mão contra ti. Como diz o provérbio antigo: 'Dos ímpios vêm coisas ímpias'; por isso, não levantarei minha mão contra ti. Contra quem saiu o rei de Israel? A quem está perseguindo? A um cão morto! A uma pulga! O Senhor seja o juiz e nos julgue. Considere ele minha causa e a sustente; que ele me julgue, livrando-me de tuas mãos."

Tendo Davi falado todas essas palavras, Saul perguntou: "É você, meu filho Davi?" E chorou em alta voz. "Você é mais justo do que eu", disse a Davi. "Você me tratou bem, mas eu o tratei mal. Você acabou de mostrar o bem que me tem feito; o Senhor me entregou em suas mãos, mas você não me matou. Quando um homem encontra um inimigo e o deixa ir sem fazer-lhe mal? O Senhor o recompense com o bem, pelo modo com que você me tratou hoje. Agora tenho certeza de que você será rei e de que o reino de Israel será firmado em suas mãos. Portanto, jure-me pelo Senhor que você não eliminará meus descendentes nem fará meu nome desaparecer da família de meu pai." Então Davi fez seu juramento a Saul. E este voltou para casa, mas Davi e seus soldados foram para a fortaleza.

De Davi, servo do Senhor. Ele cantou estas palavras ao Senhor quando este o livrou das mãos de todos os seus inimigos e das mãos de Saul:

Eu te amo, ó Senhor, minha força.

O Senhor é a minha rocha, a minha fortaleza
 e o meu libertador;
o meu Deus é o meu rochedo,
 em quem me refugio.

Ele é o meu escudo e o poder que me salva,
a minha torre alta.
Clamo ao Senhor, que é digno de louvor,
e estou salvo dos meus inimigos.
As cordas da morte me enredaram;
as torrentes da destruição me surpreenderam.
As cordas do Sheol me envolveram;
os laços da morte me alcançaram.
Na minha aflição, clamei ao Senhor;
gritei por socorro ao meu Deus.
Do seu templo ele ouviu a minha voz;
meu grito chegou à sua presença,
aos seus ouvidos.

O Senhor vive! Bendita seja a minha Rocha!
Exaltado seja Deus, o meu Salvador!

As promessas de paz entre Davi e Saul (basicamente um acordo de que não matariam um ao outro) deveriam ter resolvido o problema. No entanto, Saul, sempre imprevisível, voltou-se contra Davi e passou a persegui-lo mais uma vez. Sabiamente, Davi bateu em retirada para o território filisteu com seu bando, para longe do alcance de Saul. É irônico que o futuro rei de Israel tenha armado sua tenda em meio ao povo que travou guerra contra sua própria nação e posteriormente tomaria a vida do seu melhor amigo.

O suicídio de Saul

E aconteceu que, em combate com os filisteus, os israelitas foram postos em fuga e muitos caíram mortos no monte Gilboa. Os filisteus perseguiram Saul e seus filhos e mataram Jônatas, Abinadabe e Malquisua, filhos de Saul. O combate foi ficando cada vez mais violento em torno de Saul, até que os flecheiros o alcançaram e o feriram gravemente. Então Saul ordenou ao seu escudeiro: "Tire sua espada e mate-me com ela, senão sofrerei a vergonha de cair nas mãos desses incircuncisos." Mas seu escudeiro estava apavorado e não quis fazê-lo. Saul, então, pegou sua própria espada e jogou-se sobre ela. Quando o escudeiro viu que Saul estava morto, jogou-se também sobre sua espada e morreu com ele. Assim foi que Saul, seus três filhos, seu escudeiro e todos os seus soldados morreram naquele dia. Quando os israelitas que habitavam do outro lado do vale e a leste do Jordão viram que o exército tinha fugido e que Saul e seus filhos estavam mortos, fugiram, abandonando suas cidades. Depois os filisteus foram ocupá-las.

No dia seguinte, quando os filisteus foram saquear os mortos, encontraram Saul e seus três filhos caídos no monte Gilboa. Cortaram a cabeça de Saul, pegaram suas armas e enviaram mensageiros por toda a terra dos filisteus para proclamar a notícia nos templos de seus ídolos e no meio do seu povo. Expuseram as armas de Saul no templo de Astarote e penduraram seu corpo no muro de Bete-Seã. Quando os habitantes de Jabes-Gileade ficaram sabendo o que os filisteus tinham feito com Saul, os mais corajosos dentre eles foram durante a noite a Bete-Seã, baixaram os corpos de Saul e de seus filhos do muro de Bete-Seã e os levaram para Jabes, onde os queimaram.

Davi lamentou profundamente não só a morte de Jônatas como também a de Saul. No entanto, com o passar do tempo, Deus instruiu Davi a abraçar seu destino de governante. Sua própria tribo de Judá veio a Hebrom ungi-lo rei da casa de Judá. Porém foi apenas após uma luta de sete anos entre Davi e aqueles que eram leais a Is-Bosete, filho de Saul, que ele foi coroado rei de todo Israel.

Logo em seguida, Davi liderou duas vezes os israelitas em vitórias decisivas contra os importunos filisteus. Esse período também testemunhou um dos feitos mais importantes de Davi: ele derrotou os jebuseus que viviam em Jerusalém – tornando-a a capital nacional e espiritual de Israel.

Davi não estava preocupado apenas com o sucesso militar. Ele amava Deus profundamente e queria que sua nação também O amasse. A paixão de Davi pelo Senhor o levou a recuperar a arca da aliança que estava guardada na casa de Abinadabe. Uma procissão alegre de pessoas partiu para trazer a arca até o seu novo lar em Jerusalém, a "Cidade de Davi".

De novo Davi reuniu os melhores guerreiros de Israel, trinta mil ao todo. Ele e todos os que o acompanhavam partiram para Baalá, em Judá, para buscar a arca de Deus, arca sobre a qual é invocado o Nome, o nome do Senhor dos Exércitos, que tem o seu trono entre os querubins acima dela. Puseram a arca de Deus num carroção novo e a levaram da casa de Abinadabe, na colina. Uzá e Aiô, filhos de Abinadabe, conduziam o carroção com a arca de Deus; Aiô andava na frente dela. Davi e todos os israelitas iam cantando e dançando perante o Senhor, ao som de todo tipo de instrumentos de pinho: harpas, liras, tamborins, chocalhos e címbalos. Quando chegaram à eira de Nacom, Uzá esticou o braço e segurou a arca de Deus, porque os bois haviam tropeçado. A ira do Senhor acendeu-se contra Uzá por seu ato de irreverência. Por isso, Deus o feriu, e ele morreu ali mesmo, ao lado da arca de Deus. Davi ficou contrariado porque o Senhor, em sua ira, havia fulminado Uzá. Até hoje aquele lugar é chamado Perez-Uzá.

Naquele dia Davi teve medo do Senhor e se perguntou: "Como vou conseguir levar a arca do Senhor?" Por isso, ele desistiu de levar a arca do Senhor para a

Cidade de Davi. Em vez disso, levou-a para a casa de Obede-Edom, de Gate. A arca do Senhor ficou na casa dele por três meses, e o Senhor o abençoou e a toda a sua família.

E disseram ao rei Davi: "O Senhor tem abençoado a família de Obede-Edom e tudo o que ele possui, por causa da arca de Deus." Então Davi, com grande festa, foi à casa de Obede-Edom e ordenou que levassem a arca de Deus para a Cidade de Davi. Quando os que carregavam a arca do Senhor davam seis passos, ele sacrificava um boi e um novilho gordo. Davi, vestindo o colete sacerdotal de linho, foi dançando com todas as suas forças perante o Senhor, enquanto ele e todos os israelitas levavam a arca do Senhor ao som de gritos de alegria e de trombetas.

Com Davi como rei, Israel era repleta de música, orgulho nacional e recomeços. O futuro parecia promissor. O que diferenciava Davi de outros líderes era sua mistura de ferocidade e paixão, seu amor por Deus e sua coragem diante do perigo. Ele era um líder militar eficaz e decidido, acostumado ao combate e não apenas a comandar. Seu talento para motivar as pessoas era enorme. Ainda assim, era poeta, músico habilidoso e orava com confiança e humildade. Davi era guiado e disciplinado por Deus e a Sua própria presença o alegrava. Sinta como Davi se deleitava com seu relacionamento com Deus em uma de suas canções.

Cantem a Deus, louvem o seu nome,
exaltem aquele que cavalga sobre as nuvens;
seu nome é Senhor!
    Exultem diante dele!
Pai para os órfãos e defensor das viúvas
    é Deus em sua santa habitação.
Deus dá um lar aos solitários,
liberta os presos para a prosperidade,
mas os rebeldes vivem em terra árida.

Bendito seja o Senhor,
Deus, nosso Salvador,
    que cada dia suporta as nossas cargas.

O nosso Deus é um Deus que salva;
ele é o Soberano, ele é o Senhor
    que nos livra da morte.

Já se vê a tua marcha triunfal, ó Deus,
a marcha do meu Deus e Rei
adentrando o santuário.
À frente estão os cantores, depois os músicos;
com eles vão as jovens tocando tamborins.
Bendigam a Deus na grande congregação!
Bendigam o Senhor,
descendentes de Israel!

A favor de vocês,
manifeste Deus o seu poder!
Mostra, ó Deus, o poder que já tens operado
para conosco.

Cantem a Deus, reinos da terra,
louvem o Senhor,

aquele que cavalga os céus, os antigos céus.
Escutem! Ele troveja com voz poderosa.
Proclamem o poder de Deus!
Sua majestade está sobre Israel,
seu poder está nas altas nuvens.
Tu és temível no teu santuário, ó Deus;
é o Deus de Israel
que dá poder e força ao seu povo.

Bendito seja Deus!

O deleite contagiante de Davi o levou a realizar uma grande demonstração pública de exuberância e louvor quando a arca chegou a Jerusalém. A maioria dos espectadores ficou orgulhosa. Contudo, Mical, a mulher de Davi, não estava nada feliz com os excessos de seu marido.

Aconteceu que, entrando a arca do Senhor na Cidade de Davi, Mical, filha de Saul, observava de uma janela. E, ao ver o rei Davi dançando e celebrando perante o Senhor, ela o desprezou em seu coração. Eles trouxeram a arca do Senhor e a colocaram na tenda que Davi lhe havia preparado; e Davi ofereceu holocaustos e sacrifícios de comunhão perante o Senhor. Após oferecer os holocaustos e os sacrifícios de comunhão, ele abençoou o povo em nome do Senhor dos Exércitos e deu um pão, um bolo de tâmaras e um bolo de uvas-passas a cada homem e a cada mulher israelita. Depois, todo o povo partiu, cada um para a sua casa.

Voltando Davi para casa para abençoar sua família, Mical, filha de Saul, saiu ao seu encontro e lhe disse: "Como o rei de Israel se destacou hoje, tirando o manto na frente das escravas de seus servos, como um homem vulgar!" Mas Davi disse a Mical: "Foi perante o Senhor que eu dancei, perante aquele que me escolheu em lugar de seu pai ou de qualquer outro da família dele, quando me designou soberano sobre o povo do Senhor, sobre Israel; perante o Senhor celebrarei e me rebaixarei ainda mais, e me humilharei aos meus próprios olhos. Mas serei honrado por essas escravas que você mencionou." E, até o dia de sua morte, Mical, filha de Saul, jamais teve filhos.

Consciente de que a valiosa arca merecia um lar majestoso, Davi começou a conceber um templo permanente tão magnífico que as pessoas de todo o mundo diriam: "O Deus dos israelitas é de fato grandioso!"

Davi se consultou com Natã, um profeta confiável de Deus, sobre seus planos. E a resposta dele, que refletia a opinião do Senhor sobre o assunto, deve ter deixado Davi estupefato.

A promessa de Deus a Davi

O rei Davi já morava em seu palácio, e o Senhor lhe dera descanso de todos os seus inimigos ao redor. Certo dia ele disse ao profeta Natã: "Aqui estou eu, morando num palácio de cedro, enquanto a arca de Deus permanece numa simples tenda." Natã respondeu ao rei: "Faze o que tiveres em mente, pois o Senhor está contigo."

E naquela mesma noite o Senhor falou a Natã: "Vá dizer a meu servo Davi que assim diz o Senhor: 'Você construirá uma casa para eu morar? Não tenho morado em nenhuma casa desde o dia em que tirei os israelitas do Egito. Tenho ido de uma tenda para outra, de um tabernáculo para outro. Por onde tenho acompanhado os israelitas, alguma vez perguntei a algum líder deles, a quem ordenei que pastoreasse Israel, o meu povo: Por que você não me construiu um templo de cedro?' Agora, pois, diga ao meu servo Davi: Assim diz o Senhor dos Exércitos: 'Eu o tirei das pastagens, onde você cuidava dos rebanhos, para ser o soberano de Israel, o meu povo. Sempre estive com você por onde você andou e eliminei todos os seus inimigos. Agora eu o farei tão famoso quanto os homens mais importantes da terra. E providenciarei um lugar para Israel, o meu povo, e os plantarei lá, para que tenham o seu próprio lar e não mais sejam incomodados. Povos ímpios não mais os oprimirão, como fizeram no início e têm feito desde a época em que nomeei juízes sobre Israel, o meu povo. Também subjugarei todos os seus inimigos. Saiba também que eu, o Senhor, estabelecerei para ele uma dinastia. Quando a sua vida chegar ao fim e você descansar com os seus antepassados, escolherei um dos seus filhos para sucedê-lo, um fruto do seu próprio corpo, e eu estabelecerei o reino dele. Será ele quem construirá um templo em honra ao meu nome, e eu firmarei o trono dele para sempre. Eu serei seu pai, e ele será meu filho. Quando ele cometer algum erro, eu o punirei com o castigo dos homens, com açoites aplicados por homens. Mas nunca retirarei dele o meu amor como retirei de Saul, a quem tirei do seu caminho. Quanto a você, sua dinastia e seu reino permanecerão para sempre diante de mim; o seu trono será estabelecido para sempre.'"

E Natã transmitiu a Davi tudo o que o Senhor lhe tinha falado e revelado.

Então o rei Davi entrou no tabernáculo, assentou-se diante do Senhor e orou: "Quem sou eu, ó Soberano Senhor, e o que é a minha família, para que me trouxesses a este ponto? E, como se isso não bastasse para ti, ó Soberano Senhor, também falaste sobre o futuro da família deste teu servo. É assim que procedes com os homens, ó Soberano Senhor? Que mais Davi poderá dizer-te? Tu conheces o teu servo, ó Soberano Senhor. Por amor de tua palavra e de acordo com tua vontade, realizaste este feito grandioso e o revelaste ao teu servo. Quão grande és tu, ó Soberano Senhor! Não há ninguém como tu, nem há outro Deus além de ti, conforme tudo o que sabemos. E quem é como Israel, o teu povo, a única nação da terra que tu, ó Deus, resgataste para dela fazeres um povo para ti mesmo e assim tornaste o teu nome famoso, realizaste grandes e impressionantes maravilhas ao expulsar nações e seus deuses de diante desta mesma nação que libertaste do Egito? Tu mesmo fizeste de Israel o teu povo particular para sempre, e tu, ó Senhor, te tornaste o seu Deus. Agora, Senhor Deus, confirma para sempre a promessa que fizeste a respeito de teu servo e de sua descendência. Faze conforme prometeste, para que o teu nome seja engrandecido para sempre e os homens digam: 'O Senhor dos Exércitos é o Deus de Israel!' E a descendência de teu servo Davi se manterá firme diante de ti. Ó Senhor dos Exércitos, Deus de Israel, tu mesmo o revelaste a teu servo quando disseste: 'Estabelecerei uma dinastia para você'. Por isso, o teu servo achou coragem para orar a ti. Ó Soberano Senhor, tu és Deus! Tuas palavras são verdadeiras, e tu fizeste essa boa promessa a teu servo. Agora, por tua bondade, abençoa a família de teu servo, para que ela continue para sempre na tua presença. Tu, ó Soberano Senhor, o prometeste! E, abençoada por ti, bendita será para sempre a família de teu servo."

Um rei sem forças armadas não permanece por muito tempo no trono. Assim, Davi organizou um exército eficaz com líderes de confiança e o usou estrategicamente para estabilizar as fronteiras e eliminar opositores regionais. Mercenários não conseguiam derrotá-lo, e batalhas em duas frentes ainda terminavam em vitórias decisivas suas. Davi era um guerreiro, um poeta e um homem que compartilhava das ideias de Deus. Era também um líder que colocava o Senhor

em primeiro lugar e que O amava e seguia. Em toda parte os testemunhos mostravam que o Todo-poderoso havia abençoado aquele pastor-rei.

Davi, porém, não era um homem perfeito. Um dia, com seus generais em uma guerra distante, o rei foi desafiado por um inimigo interno tão feroz quanto qualquer adversário que já enfrentara no campo de batalha.

Davi comete adultério

Na primavera, época em que os reis saíam para a guerra, Davi enviou para a batalha Joabe com seus oficiais e todo o exército de Israel; e eles derrotaram os amonitas e cercaram Rabá. Mas Davi permaneceu em Jerusalém.

Uma tarde Davi levantou-se da cama e foi passear pelo terraço do palácio. Do terraço, viu uma mulher muito bonita, tomando banho, e mandou alguém procurar saber quem era. Disseram-lhe: "É Bate-Seba, filha de Eliã e mulher de Urias, o hitita." Davi mandou que a trouxessem e se deitou com ela, que havia acabado de se purificar da impureza da sua menstruação. Depois, voltou para casa. A mulher engravidou e mandou um recado a Davi, dizendo que estava grávida.

Em face disso, Davi mandou esta mensagem a Joabe: "Envie-me Urias, o hitita." E Joabe o enviou. Quando Urias chegou, Davi perguntou-lhe como estavam Joabe e os soldados e como estava indo a guerra; e lhe disse: "Vá descansar um pouco em sua casa." Urias saiu do palácio e logo lhe foi mandado um presente da parte do rei. Mas Urias dormiu na entrada do palácio, onde dormiam os guardas de seu senhor, e não foi para casa.

Quando informaram a Davi que Urias não tinha ido para casa, ele lhe perguntou: "Depois da viagem que você fez, por que não foi para casa?" Urias respondeu: "A arca e os homens de Israel e de Judá repousam em tendas; o meu senhor Joabe e os seus soldados estão acampados ao ar livre. Como poderia eu ir para casa para comer, beber e deitar-me com minha mulher? Juro por teu nome e por tua vida que não farei uma coisa dessas!" Então Davi lhe disse: "Fique aqui mais um dia; amanhã eu o mandarei de volta." Urias ficou em Jerusalém, mas no dia seguinte Davi o convidou para comer e beber e o embriagou. À tarde, porém, Urias saiu para dormir em sua esteira, onde os guardas de seu senhor dormiam, e não foi para casa.

De manhã, Davi enviou uma carta a Joabe por meio de Urias. Nela escreveu: "Ponha Urias na linha de frente e deixe-o onde o combate estiver mais violento, para que seja ferido e morra." Como Joabe tinha cercado a cidade, colocou Urias no lugar onde sabia que os inimigos eram mais fortes. Quando os homens da cidade saíram e lutaram contra Joabe, alguns dos oficiais da guarda de Davi morreram, e morreu também Urias, o hitita.

Quando a mulher de Urias soube que o seu marido havia morrido, chorou por ele. Passado o luto, Davi mandou que a trouxessem para o palácio; ela se tornou sua mulher e teve um filho dele. Mas o que Davi fez desagradou ao Senhor.

Natã repreende Davi

E o Senhor enviou a Davi o profeta Natã. Ao chegar, ele disse a Davi: "Dois homens viviam numa cidade, um era rico e o outro, pobre. O rico possuía muitas ovelhas e bois, mas o pobre nada tinha, senão uma cordeirinha que havia comprado. Ele a criou, e ela cresceu com ele e com seus filhos. Ela comia junto dele, bebia do seu copo e até dormia em seus braços. Era como uma filha para ele. Certo dia, um viajante chegou à casa do rico, e este não quis pegar uma de suas próprias ovelhas ou de seus bois para preparar-lhe uma refeição. Em vez disso, preparou para o visitante a cordeira que pertencia ao pobre."

Então Davi encheu-se de ira contra o homem e disse a Natã: "Juro pelo nome do Senhor que o homem que fez isso merece a morte! Deverá pagar quatro vezes o preço da cordeira, porquanto agiu sem misericórdia." "Você é esse homem!", disse Natã a Davi. E continuou: "Assim diz o Senhor, o Deus de Israel: 'Eu o ungi rei de Israel e o livrei das mãos de Saul. Dei a você a casa e as mulheres do seu senhor. Dei a você a nação de Israel e Judá. E, se tudo isso não fosse suficiente, eu teria dado mais ainda. Por que você desprezou a palavra do Senhor, fazendo o que ele reprova? Você matou Urias, o hitita, com a espada dos amonitas e ficou com a mulher dele. Por isso, a espada nunca se afastará de sua família, pois você me desprezou e tomou a mulher de Urias, o hitita, para ser sua mulher.'

"Assim diz o Senhor: 'De sua própria família trarei desgraça sobre você. Tomarei as suas mulheres diante dos seus próprios olhos e as darei a outro; e ele se deitará com elas em plena luz do dia. Você fez isso às escondidas, mas eu o farei diante de todo o Israel, em plena luz do dia.'"

Então Davi disse a Natã: "Pequei contra o Senhor!"

Ao contrário de Saul, Davi não tentou justificar seu pecado. Envergonhado e de coração partido, Davi reconheceu seu erro e deu vazão a seus sentimentos no seguinte cântico.

Salmo de Davi. Escrito quando o profeta Natã veio falar com Davi, depois que este cometeu adultério com Bate-Seba.

Tem misericórdia de mim, ó Deus,
    por teu amor;
por tua grande compaixão
    apaga as minhas transgressões.

Lava-me de toda a minha culpa
    e purifica-me do meu pecado.

Pois eu mesmo
    reconheço as minhas transgressões,
e o meu pecado sempre me persegue.
Contra ti, só contra ti, pequei
    e fiz o que tu reprovas,
de modo que justa é a tua sentença
    e tens razão em condenar-me.
Sei que sou pecador desde que nasci;
sim, desde que me concebeu minha mãe.
Sei que desejas a verdade no íntimo;
e no coração me ensinas a sabedoria.

Purifica-me com hissopo, e ficarei puro;
lava-me, e mais branco do que a neve serei.
Faze-me ouvir de novo júbilo e alegria,
e os ossos que esmagaste exultarão.
Esconde o rosto dos meus pecados
e apaga todas as minhas iniquidades.
Cria em mim um coração puro, ó Deus,
    e renova dentro de mim um espírito estável.
Não me expulses da tua presença
    nem tires de mim o teu Santo Espírito.[1]
Devolve-me a alegria da tua salvação
    e sustenta-me
    com um espírito pronto a obedecer.
Então ensinarei os teus caminhos
    aos transgressores
para que os pecadores se voltem para ti.

Livra-me da culpa dos crimes de sangue,
    ó Deus, Deus da minha salvação!
E a minha língua aclamará a tua justiça.
Ó Senhor, dá palavras aos meus lábios,
e a minha boca anunciará o teu louvor.

---

1. **Santo Espírito, Espírito Santo:** Manifestação de Deus que vive dentro daqueles que acreditam em Jesus Cristo e que lhes permite seguir o caminho do Senhor. Deus é uno, porém age na forma de três "pessoas": Deus, o Pai; Jesus, o Filho; e o Espírito Santo.

Não te deleitas em sacrifícios
nem te agradas em holocaustos,
  senão eu os traria.
Os sacrifícios que agradam a Deus
  são um espírito quebrantado;
um coração quebrantado e contrito,
ó Deus, não desprezarás.

Por tua boa vontade faze Sião[2] prosperar;
ergue os muros de Jerusalém.
Então te agradarás dos sacrifícios sinceros,
  das ofertas queimadas e dos holocaustos;
e novilhos serão oferecidos sobre o teu altar.

O rei foi acometido pela mesma fraqueza sexual comum a muitos homens. Porém, ao contrário da maioria deles, Davi compreendeu que seu pecado havia rompido o relacionamento com Deus. Ele desapontara o Senhor ao ceder à ganância, à luxúria e ao assassinato. Seu pecado era uma rachadura em uma amizade divina que precisava ser reparada. O arrependimento que sentia era real, contudo seus atos ainda geraram consequências.

E Natã respondeu: "O Senhor perdoou o seu pecado. Você não morrerá. Entretanto, uma vez que você insultou o Senhor, o menino morrerá."

Depois que Natã foi para casa, o Senhor fez adoecer o filho que a mulher de Urias dera a Davi. E Davi implorou a Deus em favor da criança. Ele jejuou e, entrando em casa, passou a noite deitado no chão. Os oficiais do palácio tentaram fazê-lo levantar-se do chão, mas ele não quis e recusou comer. Sete dias depois a criança morreu. Os conselheiros de Davi ficaram com medo de dizer-lhe que a criança estava morta e comentaram: "Enquanto a criança ainda estava viva, falamos com ele, e ele não quis escutar-nos. Como vamos dizer-lhe que a criança morreu? Ele poderá cometer alguma loucura!" Davi, percebendo que seus conselheiros cochichavam entre si, compreendeu que a criança estava morta e perguntou: "A criança morreu?" "Sim, morreu", responderam eles.

Então Davi levantou-se do chão, lavou-se, perfumou-se e trocou de roupa. Depois entrou no santuário do Senhor e o adorou.

---

2. **Sião:** Nome dado a diversas localidades de Jerusalém e utilizado por muitos autores da Bíblia para se referir à nação escolhida de Deus ou a uma futura cidade celestial.

O perdão limpa as feridas do pecado. Davi, tomado pelo remorso, pediu que Deus o perdoasse, e Ele disse sim. O Senhor ama aquele que respeita Sua santidade e preza Sua amizade. Davi expressou sua gratidão pela dádiva do perdão divino em um dos seus salmos.

Como é feliz aquele
  que tem suas transgressões perdoadas
  e seus pecados apagados!
Como é feliz aquele
  a quem o Senhor não atribui culpa
  e em quem não há hipocrisia!

Enquanto eu mantinha escondidos os meus pecados,
  o meu corpo definhava de tanto gemer.
Pois dia e noite
  a tua mão pesava sobre mim;
minhas forças foram-se esgotando
  como em tempo de seca.

Então reconheci diante de ti o meu pecado
  e não encobri as minhas culpas.

Eu disse: "Confessarei as minhas transgressões",

e tu perdoaste a culpa do meu pecado.
Portanto, que todos os que são fiéis orem a ti
  enquanto podes ser encontrado;
quando as muitas águas se levantarem,
  elas não os atingirão.
Tu és o meu abrigo;
tu me preservarás das angústias
e me cercarás de canções de livramento.

Eu o instruirei e o ensinarei
  no caminho que você deve seguir;
eu o aconselharei e cuidarei de você.

Não sejam como o cavalo ou o burro,
  que não têm entendimento
mas precisam ser controlados

com freios e rédeas;
caso contrário, não obedecem.
Muitas são as dores dos ímpios,
mas a bondade do Senhor
protege quem nele confia.
Alegrem-se no Senhor e exultem,
vocês que são justos!
Cantem de alegria
todos vocês que são retos de coração!

Depois Davi consolou sua mulher Bate-Seba e deitou-se com ela, e ela teve um menino, a quem Davi deu o nome de Salomão. O Senhor o amou e enviou o profeta Natã com uma mensagem a Davi. E Natã deu ao menino o nome de Jedidias.[3]

Com seu pecado perdoado, Davi voltou a louvar a Deus com todo o coração e continuou a liderar seu exército com grande sucesso. Estrategista brilhante, ele sabia como motivar seus homens. No entanto ia se formando entre seus filhos uma discórdia que pegou Davi de surpresa. Seu discernimento normalmente profundo dos meandros do comportamento humano falhou em relação a seu filho Absalão. Davi assistiu impassível enquanto ele minava de forma sutil o seu governo e agradava às massas. Por fim, Absalão tornou-se adversário político de Davi. Aquele homem bonito, dono de uma chama indomável, tornou-se um traidor.

Davi se deparou, então, com um território desconhecido: uma rebelião dentro da própria família, um inimigo que era também um filho adorado. Como marchar contra um adversário que você ama? Como atirar uma lança contra o coração do outro, quando o golpe devasta também o seu próprio coração?

A morte de Absalão

Davi passou em revista o exército e nomeou comandantes de batalhões de mil e de cem. Depois dividiu o exército em três companhias: uma sob o comando de Joabe, outra sob o comando de Abisai, irmão de Joabe, filho de Zeruia, e outra sob o comando de Itai, o giteu. Disse então o rei ao exército: "Eu também marcharei com vocês." Mas os homens disseram: "Não faças isso! Se tivermos que

3. **Jedidias** significa "amado pelo Senhor".

fugir, eles não se preocuparão conosco e, mesmo que metade de nós morra em batalha, eles não se importarão. Tu, porém, vales por dez mil de nós. Melhor será que fiques na cidade e dali nos dês apoio." O rei respondeu: "Farei o que acharem melhor." E o rei ficou junto à porta, enquanto os soldados marchavam, saindo em unidades de cem e de mil. O rei ordenou a Joabe, a Abisai e a Itai: "Por amor a mim, tratem bem o jovem Absalão!" E todo o exército ouviu quando o rei deu essa ordem sobre Absalão a cada um dos comandantes. O exército saiu a campo para enfrentar Israel, e a batalha aconteceu na floresta de Efraim, onde o exército de Israel foi derrotado pelos soldados de Davi. Houve grande matança naquele dia, elevando-se o número de mortos a vinte mil. A batalha espalhou-se por toda a região, e, naquele dia, a floresta matou mais que a espada.

Durante a batalha, Absalão, montado em sua mula, encontrou-se com os soldados de Davi. Passando a mula debaixo dos galhos de uma grande árvore, Absalão ficou preso nos galhos pela cabeça. Ficou pendurado entre o céu e a terra, e a mula prosseguiu. Um homem o viu e informou a Joabe: "Acabei de ver Absalão pendurado numa grande árvore." "Você o viu?", perguntou Joabe ao homem. "E por que não o matou ali mesmo? Eu teria dado a você dez peças de prata e um cinturão de guerreiro!" Mas o homem respondeu: "Mesmo que fossem pesadas e colocadas em minhas mãos mil peças de prata, eu não levantaria a mão contra o filho do rei. Ouvimos o rei ordenar a ti, a Abisai e a Itai: 'Protejam, por amor a mim, o jovem Absalão.' Por outro lado, se eu tivesse atentado traiçoeiramente contra a vida dele, o rei ficaria sabendo, pois não se pode esconder nada dele, e tu mesmo ficarias contra mim." E Joabe disse: "Não vou perder mais tempo com você." Então pegou três dardos e com eles traspassou o coração de Absalão quando ele ainda estava vivo na árvore. E dez dos escudeiros de Joabe cercaram Absalão e acabaram de matá-lo.

A seguir Joabe tocou a trombeta para que o exército parasse de perseguir Israel e assim deteve o exército. Retiraram o corpo de Absalão, jogaram-no num grande fosso na floresta e fizeram um grande monte de pedras sobre ele. Enquanto isso, todos os israelitas fugiam para casa.

Quando em vida, Absalão tinha levantado um monumento para si mesmo no vale do Rei, dizendo: "Não tenho nenhum filho para preservar a minha memória." Por isso deu à coluna o seu próprio nome. Chama-se ainda hoje Monumento de Absalão.

Então Joabe ordenou a um etíope: "Vá dizer ao rei o que você viu." O etíope inclinou-se diante de Joabe e saiu correndo para levar a notícia.

Então o etíope chegou e disse: "Ó rei, meu senhor, ouve a boa notícia! Hoje o Senhor te livrou de todos os que se levantaram contra ti." O rei perguntou ao etíope: "O jovem Absalão está bem?" O etíope respondeu: "Que os inimigos do rei, meu senhor, e todos os que se levantam para te fazer mal acabem como aquele jovem!"

Então o rei, abalado, subiu ao quarto que ficava por cima da porta e chorou. Foi subindo e clamando: "Ah, meu filho Absalão! Meu filho, meu filho Absalão! Quem me dera ter morrido em seu lugar! Ah, Absalão, meu filho, meu filho!"

O rei, com o rosto coberto, gritava: "Ah, meu filho Absalão! Ah, Absalão, meu filho, meu filho!"

A revolta de Absalão foi suprimida e o dano político, reparado. Porém o futuro parecia sombrio. Ainda havia traidores na nação. Aqueles que resistiam recebiam o mesmo destino dos demais contestadores. O sucesso de Davi contra seus inimigos indicava que Deus ainda estava em ação. Davi, em uma atitude rara entre reis e generais, logo atribuiu a Deus todo o crédito por suas vitórias, expressando-Lhe toda a sua gratidão pela vida e força que tinha.

Salmo davídico:

O rei se alegra na tua força, ó Senhor!
Como é grande a sua exultação
    pelas vitórias que lhe dás!
Tu lhe concedeste o desejo do seu coração
e não lhe rejeitaste o pedido
    dos seus lábios.

Tu o recebeste dando-lhe ricas bênçãos,
e em sua cabeça
    puseste uma coroa de ouro puro.
Ele te pediu vida, e tu lhe deste!
    Vida longa e duradoura.

Pelas vitórias que lhe deste,
    grande é a sua glória;
de esplendor e majestade o cobriste.
Fizeste dele uma grande bênção para sempre
e lhe deste a alegria da tua presença.
O rei confia no Senhor:
por causa da fidelidade do Altíssimo
    ele não será abalado.

Tua mão alcançará todos os teus inimigos;
tua mão direita atingirá todos os que te odeiam.
No dia em que te manifestares
    farás deles uma fornalha ardente.
Na sua ira, o Senhor os devorará,
    um fogo os consumirá.
Acabarás com a geração deles na terra,
com a sua descendência entre os homens.
Embora tramem o mal contra ti
    e façam planos perversos,
nada conseguirão;
pois tu os porás em fuga
quando apontares para eles o teu arco.

Sê exaltado, Senhor, na tua força!
    Cantaremos e louvaremos o teu poder.

O Senhor dissera a Davi que o projeto do grande templo ficaria a cargo do seu sucessor, Salomão, um filho cujas mãos não estavam tão manchadas de sangue, mas cuja mente e coração mostravam-se à altura da tarefa. Davi fez planos grandiosos e reuniu materiais em abundância, porém era Salomão quem iria cuidar da construção. O trabalho de Davi estava quase concluído. Mudanças estavam por vir. Seria o futuro tão abençoado por Deus quanto o passado?

Então disse Davi: "Este é o lugar para o templo de Deus, o Senhor, e do altar de holocaustos para Israel."

Preparativos para o templo

Davi deu ordens para que se reunissem os estrangeiros que viviam em Israel e, dentre eles, designou cortadores de pedra para prepararem pedras lavradas para a construção do templo de Deus. Ele providenciou grande quantidade de ferro para a fabricação de pregos e dobradiças para as portas, e mais bronze do que se podia pesar. Também providenciou mais toras de cedro do que se podia contar, pois os sidônios e os tírios haviam trazido muito cedro para Davi.

Davi pensava: "Meu filho Salomão é jovem e inexperiente, e o templo que será construído para o Senhor deve ser extraordinariamente magnífico, famoso e cheio de esplendor à vista de todas as nações. Por isso, deixarei tudo preparado para a construção." Assim, Davi deixou tudo preparado antes de morrer. Davi mandou chamar seu filho Salomão e ordenou que ele construísse um templo para o Senhor, o Deus de Israel, dizendo: "Meu filho, eu tinha no coração o propósito de construir um templo em honra ao nome do Senhor, o meu Deus. Mas veio a mim esta palavra do Senhor: 'Você matou muita gente e empreendeu muitas guerras. Por isso, não construirá um templo em honra ao meu nome, pois derramou muito sangue na terra, diante de mim. Mas você terá um filho que será um homem de paz, e eu farei com que ele tenha paz com todos os inimigos ao redor dele. Seu nome será Salomão, e eu darei paz e tranquilidade a Israel durante o reinado dele. É ele que vai construir um templo em honra ao meu nome. Eu serei seu pai e ele será meu filho. E eu firmarei para sempre o trono do reinado dele sobre Israel.' Agora, meu filho, que o Senhor seja com você, para que você consiga construir o templo do Senhor, o seu Deus, conforme ele disse que você faria. Que o Senhor dê a você prudência e entendimento para que você obedeça à lei do Senhor, o seu Deus, quando ele o puser como líder de Israel. E você prosperará se for cuidadoso em obedecer aos decretos e às leis que o Senhor deu a Israel por meio de Moisés. Seja forte e corajoso! Não tenha medo nem se desanime!

"Com muito esforço providenciei para o templo do Senhor três mil e quinhentas toneladas de ouro, trinta e cinco mil toneladas de prata, e mais bronze e ferro do que se pode calcular, além de madeira e pedra. E você ainda poderá aumentar a quantidade desse material. Você tem muitos trabalhadores: cortadores de pedras, pedreiros e carpinteiros, bem como especialistas em todo tipo de trabalho em ouro, prata, bronze e ferro. Agora comece o trabalho, e que o Senhor esteja com você."

Então Davi ordenou a todos os líderes de Israel que ajudassem seu filho Salomão. Disse ele: "Certamente o Senhor, o seu Deus, está com vocês, e concedeu a vocês paz. Pois ele entregou os habitantes dessa terra em minhas mãos, e ela foi submetida ao Senhor e ao seu povo. Agora consagrem o coração e a alma para buscarem o Senhor, o seu Deus. Comecem a construir o santuário de Deus, o Senhor, para que vocês possam trazer a arca da aliança do Senhor e os utensílios sagrados que pertencem a Deus para dentro do templo que será construído em honra ao nome do Senhor."

Então o rei Davi disse a toda a assembleia: "Deus escolheu meu filho Salomão, e mais ninguém. Mas ele é jovem e inexperiente e a tarefa é grande, pois o palácio não será feito para homens, mas para o Senhor, o nosso Deus. Forneci grande quantidade de recursos para o trabalho do templo do meu Deus: ouro, prata, bronze, ferro e madeira, bem como ônix para os engastes e ainda turquesas, pedras de várias cores e todo tipo de pedras preciosas e mármore. Além disso, pelo amor ao templo do meu Deus, agora entrego, das minhas próprias riquezas, ouro e prata para o templo do meu Deus, além de tudo o que já tenho dado para este santo templo. Ofereço, pois, cento e cinco toneladas de ouro puro de Ofir e duzentos e quarenta e cinco toneladas de prata refinada, para o revestimento das paredes do templo, para o trabalho em ouro e em prata e para todo o trabalho dos artesãos. Agora, quem hoje está disposto a ofertar dádivas ao Senhor?"

Então os chefes das famílias, os líderes das tribos de Israel, os comandantes de mil e de cem e os oficiais encarregados do trabalho do rei ofertaram espontaneamente. Para a obra do templo de Deus eles deram cento e setenta e cinco toneladas de ouro e dez mil moedas de ouro, trezentas e cinquenta toneladas de prata, seiscentas e trinta toneladas de bronze e três mil e quinhentas toneladas de ferro. Quem tinha pedras preciosas deu-as para o depósito dos tesouros do templo do Senhor, cujo responsável era Jeiel, o gersonita. O povo alegrou-se diante da atitude de seus líderes, pois fizeram essas ofertas voluntariamente e de coração íntegro ao Senhor. E o rei Davi também encheu-se de alegria.

A oração de Davi

Davi louvou o Senhor na presença de toda a assembleia, dizendo:

"Bendito sejas, ó Senhor,
Deus de Israel, nosso pai,
de eternidade a eternidade.
Teus, ó Senhor,
são a grandeza, o poder,
a glória, a majestade e o esplendor,
pois tudo o que há
nos céus e na terra é teu.
Teu, ó Senhor, é o reino;
tu estás acima de tudo.
A riqueza e a honra vêm de ti;
tu dominas sobre todas as coisas.
Nas tuas mãos estão a força e o poder
para exaltar e dar força a todos.
Agora, nosso Deus, damos-te graças
e louvamos o teu glorioso nome.

"Mas quem sou eu, e quem é o meu povo, para que pudéssemos contribuir tão generosamente como fizemos? Tudo vem de ti, e nós apenas te demos o que vem das tuas mãos. Diante de ti somos estrangeiros e forasteiros, como os nossos antepassados. Os nossos dias na terra são como uma sombra, sem esperança. Ó Senhor, nosso Deus, toda essa riqueza que ofertamos para construir um templo em honra ao teu santo nome vem das tuas mãos, e toda ela pertence a ti. Sei, ó meu Deus, que sondas o coração e que te agradas com a integridade. Tudo o que dei foi espontaneamente e com integridade de coração. E agora vi com alegria com quanta disposição o teu povo, que aqui está, tem contribuído. Ó Senhor, Deus de nossos antepassados Abraão, Isaque e Israel, conserva para sempre este desejo no coração de teu povo e mantém o coração deles leal a ti. E dá ao meu filho Salomão um coração íntegro para obedecer aos teus mandamentos, aos teus preceitos e aos teus decretos, a fim de construir este templo para o qual fiz os preparativos necessários."

Então Davi disse a toda a assembleia: "Louvem o Senhor, o seu Deus." E todos eles louvaram o Senhor, o Deus dos seus antepassados, inclinando-se e prostrando-se diante do Senhor e diante do rei.

Qual era o centro da personalidade intrigante desse líder? Seriam o poder e a avareza que marcavam o estilo habitual dos reis? Não. Era o amor a Deus. Davi era um homem repleto de iniciativa e paixão, sua riqueza era sólida e sua família tão grande quanto um vilarejo. Todavia, o que governava sua vida e enchia seu coração era um profundo amor a Deus. O Senhor prevalecia sobre tudo. O Altíssimo era o Doador generoso e Pai terno que conduzira Davi desde a infância até a velhice. A poesia de Davi nos revela o seguinte: a felicidade se dá quando o coração se regozija e a mente se expande de encanto perante a beleza e glória de Deus e Seu zelo extraordinário, individual e constante. É impossível não notar esta cadência nos cânticos de Davi.

Um salmo de Davi:

O Senhor é o meu pastor; de nada terei falta.
Em verdes pastagens me faz repousar
e me conduz a águas tranquilas;
restaura-me o vigor.
Guia-me nas veredas da justiça
por amor do seu nome.

Mesmo quando eu andar
por um vale de trevas e morte,
não temerei perigo algum, pois tu estás comigo;
a tua vara e o teu cajado me protegem.

Preparas um banquete para mim
à vista dos meus inimigos.
Tu me honras,

ungindo a minha cabeça com óleo
e fazendo transbordar o meu cálice.
Sei que a bondade e a fidelidade
me acompanharão todos os dias da minha vida,
e voltarei à casa do Senhor enquanto eu viver.

Davi sabia que seus dias de guerreiro haviam terminado e seu vigor para conduzir uma nação esmorecia. Ainda assim, ele relutava em transferir o poder a seu filho Salomão. Um dia, sua bela esposa Bate-Seba sussurrou em seu ouvido: "Agora, Davi, a hora é esta." E o rei acedeu.

Capítulo 16

O REI QUE TINHA TUDO

Quando o rei Davi envelheceu, estando já de idade bem avançada, cobriam-no de cobertores, mas ele não se aquecia.

Então Bate-Seba foi até o quarto do rei, já idoso, onde a sunamita Abisague cuidava dele. Bate-Seba ajoelhou-se e prostrou-se com o rosto em terra, diante do rei. "O que você quer?", o rei perguntou. Ela respondeu: "Meu senhor, tu mesmo juraste a esta tua serva, pelo Senhor, o teu Deus: 'Seu filho Salomão me sucederá como rei e se assentará no meu trono.'"

O início do reinado de Salomão

O rei fez um juramento: "Juro pelo nome do Senhor, o qual me livrou de todas as adversidades, que, sem dúvida, hoje mesmo vou executar o que jurei pelo Senhor, o Deus de Israel. O meu filho Salomão me sucederá como rei e se assentará no meu trono em meu lugar." Então Bate-Seba prostrou-se com o rosto em terra e, ajoelhando-se diante do rei, disse: "Que o rei Davi, meu senhor, viva para sempre!" O rei Davi ordenou: "Chamem o sacerdote Zadoque, o profeta Natã e Benaia, filho de Joiada." Quando eles chegaram à presença do rei, ele os instruiu: "Levem os conselheiros do seu senhor com vocês, ponham o meu filho Salomão sobre a minha mula e levem-no a Giom. Ali o sacerdote Zadoque e o profeta Natã o ungirão rei sobre Israel. Nesse momento toquem a trombeta e gritem:

Viva o rei Salomão! Depois acompanhem-no, e ele virá assentar-se no meu trono e reinará em meu lugar. Eu o designei para governar Israel e Judá." Benaia, filho de Joiada, respondeu ao rei: "Assim se fará! Que o Senhor, o Deus do rei, meu senhor, o confirme. Assim como o Senhor esteve com o rei, meu senhor, também esteja ele com Salomão para que ele tenha um reinado ainda mais glorioso que o reinado de meu senhor, o rei Davi!"

Então o sacerdote Zadoque, o profeta Natã, Benaia, filho de Joiada, os queretitas e os peletitas fizeram Salomão montar a mula do rei Davi e o escoltaram até Giom. O sacerdote Zadoque pegou na Tenda o chifre com óleo e ungiu Salomão. A seguir, tocaram a trombeta e todo o povo gritou: "Viva o rei Salomão!" E todo o povo o acompanhou, tocando flautas e celebrando, de tal forma que o chão tremia com o barulho.

As instruções de Davi a Salomão

Quando se aproximava o dia de sua morte, Davi deu instruções ao seu filho Salomão: "Estou para seguir o caminho de toda a terra. Por isso, seja forte e seja homem. Obedeça ao que o Senhor, o seu Deus, exige: ande nos seus caminhos e obedeça aos seus decretos, aos seus mandamentos, às suas ordenanças e aos seus testemunhos, conforme se acham escritos na Lei de Moisés; assim você prosperará em tudo o que fizer e por onde quer que for, e o Senhor manterá a promessa que me fez: 'Se os seus descendentes cuidarem de sua conduta e se me seguirem fielmente de todo o coração e de toda a alma, você jamais ficará sem descendente no trono de Israel.'"

Então Davi descansou com os seus antepassados e foi sepultado na Cidade de Davi. Ele reinou quarenta anos em Israel: sete anos em Hebrom e trinta e três em Jerusalém.

Salomão assentou-se no trono de Davi, seu pai, e o seu reinado foi firmemente estabelecido.

Salomão pede sabedoria

Salomão aliou-se ao faraó, rei do Egito, casando-se com a filha dele. Ele a trouxe à Cidade de Davi até terminar a construção do seu palácio e do templo do Senhor, e do muro em torno de Jerusalém. O povo, porém, sacrificava nos lugares sagrados, pois ainda não tinha sido construído um templo em honra ao nome do Senhor. Salomão amava o Senhor, o que demonstrava andando de acordo com os decretos do seu pai, Davi; mas oferecia sacrifícios e queimava incenso nos lugares sagrados.

O rei Salomão foi a Gibeom para oferecer sacrifícios, pois ali ficava o principal lugar sagrado, e ofereceu naquele altar mil holocaustos. Em Gibeom o Senhor apareceu a Salomão num sonho, à noite, e lhe disse: "Peça-me o que quiser, e eu darei a você." Salomão respondeu: "Tu foste muito bondoso para com o teu servo, o meu pai, Davi, pois ele foi fiel a ti e foi justo e reto de coração. Tu mantiveste grande bondade para com ele e lhe deste um filho que hoje se assenta no seu trono. Agora, Senhor, meu Deus, fizeste o teu servo reinar em lugar de meu pai, Davi. Mas eu não passo de um jovem e não sei o que fazer. Teu servo está aqui no meio do povo que escolheste, um povo tão grande que nem se pode contar. Dá, pois, ao teu servo um coração cheio de discernimento para governar o teu povo e capaz de distinguir entre o bem e o mal. Pois quem pode governar este teu grande povo?" O pedido que Salomão fez agradou ao Senhor. Por isso, Deus lhe disse: "Já que você pediu isso e não uma vida longa nem riqueza, nem pediu a morte dos seus inimigos, mas discernimento para ministrar a justiça, farei o que você pediu. Eu darei a você um coração sábio e capaz de discernir, de modo que nunca houve nem haverá ninguém como você. Também darei o que você não pediu: riquezas e fama, de forma que não haverá rei igual a você durante toda a sua vida. E, se você andar nos meus caminhos e obedecer aos meus decretos e aos meus mandamentos, como o seu pai, Davi, eu prolongarei a sua vida." Então Salomão acordou e percebeu que tinha sido um sonho. A seguir voltou a Jerusalém, pôs-se perante a arca da aliança do Senhor, sacrificou holocaustos e apresentou ofertas de comunhão. Depois ofereceu um banquete a toda a sua corte.

Um sábio veredicto

Certo dia duas prostitutas compareceram diante do rei. Uma delas disse: "Ah meu senhor! Esta mulher mora comigo na mesma casa. Eu dei à luz um filho e ela estava comigo na casa. Três dias depois de nascer o meu filho, esta mulher também deu à luz um filho. Estávamos sozinhas; não havia mais ninguém na casa. Certa noite, esta mulher se deitou sobre o seu filho, e ele morreu. Então ela se levantou no meio da noite e pegou o meu filho enquanto eu, tua serva, dormia, e o pôs ao seu lado. E pôs o filho dela, morto, ao meu lado. Ao levantar-me de madrugada para amamentar o meu filho, ele estava morto. Mas, quando olhei bem para ele de manhã, vi que não era o filho que eu dera à luz." A outra mulher disse: "Não! O que está vivo é meu filho; o morto é seu." Mas a primeira insistia: "Não! O morto é seu; o vivo é meu."

Assim elas discutiram diante do rei. O rei disse: "Esta afirma: 'Meu filho está vivo, e o seu filho está morto', enquanto aquela diz: 'Não! Seu filho está morto, e o meu está vivo'". Então o rei ordenou: "Tragam-me uma espada." Trouxeram-lhe. Ele ordenou: "Cortem a criança viva ao meio e deem metade a uma e metade à outra." A mãe do filho que estava vivo, movida pela compaixão materna, clamou: "Por favor, meu senhor, dê a criança viva a ela! Não a mate!" A outra, porém, disse: "Não será nem minha nem sua. Cortem-na ao meio!" Então o rei deu o seu veredicto: "Não matem a criança! Deem-na à primeira mulher. Ela é a mãe." Quando todo o Israel ouviu o veredicto do rei, passou a respeitá-lo profundamente, pois viu que a sabedoria de Deus estava nele para fazer justiça.

O povo de Judá e Israel era tão numeroso quanto a areia do litoral; ele comia, bebia e era feliz. E o reino de Salomão se estendia desde o rio Eufrates à terra dos filisteus, chegando até à fronteira com o Egito. Estes povos traziam presentes a Salomão e foram seus súditos durante toda a sua vida.

Deus deu a Salomão sabedoria, discernimento extraordinário e uma abrangência de conhecimento tão imensurável quanto a areia do mar. A sabedoria de Salomão era maior do que a de todos os homens do oriente e do que toda a sabedoria do Egito. Ele era mais sábio do que qualquer outro homem, mais do que o ezraíta Etã; mais sábio do que Hemã, Calcol e Darda, filhos de Maol. Sua fama espalhou-se por todas as nações em redor. Ele compôs três mil provérbios, e os seus cânticos chegaram a mil e cinco. Descreveu as plantas, desde o cedro do Líbano até o hissopo que brota nos muros. Também discorreu sobre os quadrúpedes, as aves, os animais que se movem rente ao chão e os peixes. Homens de todas as nações vinham ouvir a sabedoria de Salomão. Eram enviados por todos os reis que tinham ouvido falar de sua sabedoria.

O nome de Salomão é sinônimo de sabedoria, em parte graças à sua coletânea de aforismos contidos no célebre livro dos Provérbios. Abrangendo diversas áreas da vida, estes dísticos fáceis de lembrar nos fazem compreender de forma prática o que significa ser temente a Deus e ter relacionamentos honrosos perante os olhos Dele, além de nos ensinarem a lidar com as finanças, o trabalho e a vida.

Provérbios de Salomão:

Eles ajudarão a experimentar
  a sabedoria e a disciplina;
a compreender as palavras
  que dão entendimento;
a viver com disciplina e sensatez,
  fazendo o que é justo, direito e correto;
ajudarão a dar prudência
  aos inexperientes

e conhecimento e bom senso aos jovens.
Se o sábio lhes der ouvidos,
    aumentará seu conhecimento,
e quem tem discernimento
    obterá orientação
para compreender provérbios e parábolas,
    ditados e enigmas dos sábios.

O temor do Senhor
    é o princípio do conhecimento,
mas os insensatos desprezam
    a sabedoria e a disciplina.

Meu filho, se você aceitar
    as minhas palavras
e guardar no coração
    os meus mandamentos;
    se der ouvidos à sabedoria
e inclinar o coração para o discernimento;
se clamar por entendimento
    e por discernimento gritar bem alto;
se procurar a sabedoria
    como se procura a prata
e buscá-la como quem busca
    um tesouro escondido,
então você entenderá
    o que é temer o Senhor
e achará o conhecimento de Deus.
Pois o Senhor é quem dá sabedoria;
de sua boca procedem
    o conhecimento e o discernimento.
    Ele reserva a sensatez para o justo;
como um escudo,
    protege quem anda com integridade,
pois guarda a vereda do justo
e protege o caminho de seus fiéis.

Então você entenderá
    o que é justo, direito e certo
e aprenderá os caminhos do bem.

Pois a sabedoria entrará em seu coração,
e o conhecimento
será agradável à sua alma.
O bom senso o guardará,
e o discernimento o protegerá.

A sabedoria o livrará
do caminho dos maus,
dos homens de palavras perversas –
que abandonam as veredas retas
para andarem por caminhos de trevas –,
têm prazer em fazer o mal,
exultam com a maldade dos perversos,
andam por veredas tortuosas
e no caminho se extraviam.

Ela também o livrará da mulher imoral,
da pervertida que seduz com suas palavras,
que abandona aquele que
desde a juventude foi seu companheiro
e ignora a aliança que fez diante de Deus.
A mulher imoral se dirige para a morte, que é a sua casa,
e os seus caminhos levam às sombras.
Os que a procuram jamais voltarão,
nem tornarão a encontrar
as veredas da vida.

A sabedoria o fará andar nos caminhos
dos homens de bem
e manter-se nas veredas dos justos.
Pois os justos habitarão na terra,
e os íntegros nela permanecerão;
mas os ímpios serão eliminados da terra,
e dela os infiéis serão arrancados.

Conselhos da sabedoria

Meu filho, não se esqueça da minha lei,
mas guarde no coração
os meus mandamentos,

pois eles prolongarão a sua vida
por muitos anos
e darão a você prosperidade e paz.

Que o amor e a fidelidade
jamais o abandonem;
prenda-os ao redor do seu pescoço,
escreva-os na tábua do seu coração.
Então você terá o favor
de Deus e dos homens
e boa reputação.

Confie no Senhor de todo o seu coração
e não se apoie
em seu próprio entendimento;
reconheça o Senhor
em todos os seus caminhos,
e ele endireitará as suas veredas.

Não seja sábio aos seus próprios olhos;
tema o Senhor e evite o mal.
Isso dará a você saúde ao corpo
e vigor aos ossos.

Honre o Senhor
com todos os seus recursos
e com os primeiros frutos
de todas as suas plantações;
os seus celeiros
ficarão plenamente cheios,
e os seus barris transbordarão de vinho.

Meu filho,
não despreze a disciplina do Senhor
nem se magoe com a sua repreensão,
pois o Senhor disciplina a quem ama,
assim como o pai faz ao filho
de quem deseja o bem.

As alegrias do sábio

Como é feliz o homem
    que acha a sabedoria,
o homem que obtém entendimento,
    pois a sabedoria
    é mais proveitosa do que a prata
e rende mais do que o ouro.
  É mais preciosa do que rubis;
nada do que você possa desejar
    se compara a ela.
    Na mão direita,
a sabedoria garante a você vida longa;
na mão esquerda, riquezas e honra.
    Os caminhos da sabedoria
são caminhos agradáveis,
e todas as suas veredas são paz.
A sabedoria é árvore que dá vida
    a quem a abraça;
    quem a ela se apega será abençoado.

Meu filho,
obedeça aos mandamentos de seu pai
e não abandone o ensino de sua mãe.

Pois o mandamento é lâmpada,
a instrução é luz
e as advertências da disciplina
    são o caminho que conduz à vida;
    eles o protegerão da mulher imoral
e dos falsos elogios da mulher leviana.
Não cobice em seu coração a sua beleza,
nem se deixe seduzir por seus olhares,
    pois o preço de uma prostituta
    é um pedaço de pão,
mas a adúltera sai à caça
    de vidas preciosas.
Pode alguém colocar fogo no peito
    sem queimar a roupa?
Pode alguém andar sobre brasas
    sem queimar os pés?

Assim acontece com quem se deita
    com mulher alheia;
ninguém que a toque ficará sem castigo.

O vinho é zombador
    e a bebida fermentada provoca brigas;
não é sábio deixar-se dominar por eles.

O medo que o rei provoca
    é como o do rugido de um leão;
quem o irrita põe em risco a própria vida.

É uma honra dar fim a contendas,
mas todos os insensatos envolvem-se nelas.

O preguiçoso não ara a terra
    na estação própria;
mas na época da colheita procura
    e não acha nada.

Os propósitos do coração do homem
    são águas profundas,
mas quem tem discernimento
    os traz à tona.

Muitos se dizem amigos leais;
mas, um homem fiel,
    quem poderá achar?
O homem justo leva uma vida íntegra;
como são felizes os seus filhos!

Quando o rei se assenta no trono
    para julgar,
com o olhar esmiúça todo o mal.

Quem poderá dizer:
    "Purifiquei o coração;
    estou livre do meu pecado"?

Pesos adulterados
e medidas falsificadas
são coisas que o Senhor detesta.

Até a criança mostra o que é
por suas ações;
o seu procedimento
revelará se ela é pura e justa.

Os ouvidos que ouvem
e os olhos que veem
foram feitos pelo Senhor.

Não ame o sono,
senão você acabará ficando pobre;
fique desperto e terá alimento de sobra.

"Não vale isso! Não vale isso!",
diz o comprador,
mas, quando se vai,
gaba-se do bom negócio.

Mesmo onde há ouro e rubis
em grande quantidade,
os lábios que transmitem conhecimento
são uma rara preciosidade.

Tome-se a veste
de quem serve de fiador ao estranho;
sirva ela de penhor
de quem dá garantia a uma mulher leviana.

Saborosa é a comida
que se obtém com mentiras,
mas depois dá areia na boca.

Os conselhos são importantes
para quem quiser fazer planos,
e quem sai à guerra
precisa de orientação.

Quem vive contando casos
não guarda segredo;
por isso, evite quem fala demais.

Se alguém amaldiçoar seu pai ou sua mãe,

a luz de sua vida se extinguirá
na mais profunda escuridão.

A herança que se obtém
com ganância no princípio
no final não será abençoada.

Não diga:
"Eu o farei pagar pelo mal que me fez!"
Espere pelo Senhor,
e ele dará a vitória a você.

O Senhor detesta pesos adulterados,
e balanças falsificadas não o agradam.

Os passos do homem
são dirigidos pelo Senhor.
Como poderia alguém
discernir o seu próprio caminho?

O espírito do homem
é a lâmpada do Senhor,
e vasculha cada parte do seu ser.
A beleza dos jovens está na sua força;
a glória dos idosos,
nos seus cabelos brancos.

Os golpes e os ferimentos
eliminam o mal;
os açoites limpam as profundezas do ser.

Todos os caminhos do homem
lhe parecem justos,
mas o Senhor pesa o coração.
Fazer o que é justo e certo
é mais aceitável ao Senhor
do que oferecer sacrifícios.

A vida de pecado dos ímpios
se vê no olhar orgulhoso
e no coração arrogante.

Os planos bem elaborados levam à fartura;
mas o apressado sempre acaba na miséria.

A fortuna obtida com língua mentirosa
é ilusão fugidia e armadilha mortal.

O caminho do culpado é tortuoso,
mas a conduta do inocente é reta.

Melhor é viver num canto sob o telhado
do que repartir a casa
com uma mulher briguenta.

O desejo do perverso é fazer o mal;
ele não tem dó do próximo.

Quando o zombador é castigado,
o inexperiente obtém sabedoria;
quando o sábio recebe instrução,
obtém conhecimento.

Quem fecha os ouvidos
ao clamor dos pobres
também clamará e não terá resposta.

O presente que se faz em segredo
acalma a ira,
e o suborno oferecido às ocultas
apazigua a maior fúria.

Quando se faz justiça,
o justo se alegra,
mas os malfeitores se apavoram.
Quem se afasta
do caminho da sensatez
repousará na companhia dos mortos.

Quem se entrega aos prazeres
passará necessidade;
quem se apega ao vinho e ao azeite
jamais será rico.

Quem segue a justiça e a lealdade
encontra vida, justiça e honra.

Quem é cuidadoso no que fala
evita muito sofrimento.

O vaidoso e arrogante
chama-se zombador;
ele age com extremo orgulho.

O preguiçoso morre de tanto desejar
e de nunca pôr as mãos no trabalho.

O dia inteiro ele deseja mais e mais,
enquanto o justo reparte sem cessar.

A testemunha falsa perecerá,
mas o testemunho
do homem bem informado
permanecerá.
O ímpio mostra no rosto
a sua arrogância,
mas o justo mantém em ordem
o seu caminho.

Uma esposa exemplar;
feliz quem a encontrar!
É muito mais valiosa que os rubis.
Seu marido tem plena confiança nela
    e nunca lhe falta coisa alguma.
Ela só lhe faz o bem, e nunca o mal,
    todos os dias da sua vida.
Escolhe a lã e o linho
    e com prazer trabalha com as mãos.
Como os navios mercantes,
    ela traz de longe as suas provisões.
Antes de clarear o dia ela se levanta,
    prepara comida para todos os de casa
e dá tarefas às suas servas.
Ela avalia um campo e o compra;
    com o que ganha planta uma vinha.

Entrega-se com vontade ao seu trabalho;
seus braços são fortes e vigorosos.
Administra bem o seu comércio lucrativo,
e a sua lâmpada fica acesa durante a noite.
Nas mãos segura o fuso
e com os dedos pega a roca.
Acolhe os necessitados
e estende as mãos aos pobres.
Não teme por seus familiares quando chega a neve,
pois todos eles vestem agasalhos.
Faz cobertas para a sua cama;
veste-se de linho fino e de púrpura.
Seu marido é respeitado
na porta da cidade,
onde toma assento
entre as autoridades da sua terra.
Ela faz vestes de linho e as vende,
e fornece cintos aos comerciantes.

Reveste-se de força e dignidade;
sorri diante do futuro.
Fala com sabedoria
e ensina com amor.
Cuida dos negócios de sua casa
e não dá lugar à preguiça.
Seus filhos se levantam e a elogiam;
seu marido também a elogia, dizendo:
"Muitas mulheres são exemplares,
mas você a todas supera."
A beleza é enganosa
e a formosura é passageira;
mas a mulher que teme o Senhor
será elogiada.
Que ela receba a recompensa merecida,
e as suas obras sejam elogiadas
à porta da cidade.

Como o sucesso militar de seu pai havia tornado as fronteiras de Israel seguras, o rei Salomão poderia se dedicar à diplomacia, às artes e à construção do

templo. Enquanto a primeira atitude de Davi para com uma nação vizinha era brandir a espada, Salomão dizia palavras sábias e fechava um acordo favorável. Davi era um rei guerreiro; Salomão era um empreendedor brilhante.

Preparativos para a construção do templo

Quando Hirão, rei de Tiro, soube que Salomão tinha sido ungido rei, mandou seus conselheiros a Salomão, pois sempre tinha sido amigo leal de Davi. Salomão enviou esta mensagem a Hirão: "Tu bem sabes que foi por causa das guerras travadas de todos os lados contra meu pai, Davi, que ele não pôde construir um templo em honra ao nome do Senhor, o seu Deus, até que o Senhor pusesse os seus inimigos debaixo dos seus pés. Mas agora o Senhor, o meu Deus, concedeu-me paz em todas as fronteiras, e não tenho que enfrentar nem inimigos nem calamidades. Pretendo, por isso, construir um templo em honra ao nome do Senhor, o meu Deus, conforme o Senhor disse a meu pai, Davi: 'O seu filho, a quem colocarei no trono em seu lugar, construirá o templo em honra ao meu nome.' Agora te peço que ordenes que cortem para mim cedros do Líbano. Os meus servos trabalharão com os teus, e eu pagarei a teus servos o salário que determinares. Sabes que não há entre nós ninguém tão hábil em cortar árvores quanto os sidônios."

Hirão ficou muito alegre quando ouviu a mensagem de Salomão e exclamou: "Bendito seja o Senhor, pois deu a Davi um filho sábio para governar essa grande nação." E Hirão respondeu a Salomão: "Recebi a mensagem que me enviaste e atenderei ao teu pedido, enviando-te madeira de cedro e de pinho. Meus servos levarão a madeira do Líbano até o mar, e eu a farei flutuar em jangadas até o lugar que me indicares. Ali eu a deixarei e tu poderás levá-la. E, em troca, fornecerás alimento para a minha corte." Assim Hirão se tornou fornecedor de toda a madeira de cedro e de pinho que Salomão desejava, e Salomão deu a Hirão vinte mil tonéis de trigo para suprir de mantimento a sua corte, além de vinte mil tonéis de azeite de oliva puro. Era o que Salomão dava anualmente a Hirão. O Senhor deu sabedoria a Salomão, como lhe havia prometido. Houve paz entre Hirão e Salomão, e os dois fizeram um tratado.

Quatrocentos e oitenta anos depois que os israelitas saíram do Egito, no quarto ano do reinado de Salomão sobre Israel, no mês de zive, que é o segundo mês, ele começou a construir o templo do Senhor.

Detalhes da construção revelaram um templo de dimensões modestas (cerca de 27 metros por nove), porém de uma beleza e importância histórica espetaculares. Dois pilares de bronze conduziam ao pórtico, que por sua vez conduzia ao Aposento Sagrado, construído com madeira de cedro e oliveira, e, então,

ao Aposento Mais Sagrado, que era revestido de ouro. A arca de Deus ficava neste aposento, onde só era permitida a entrada do sumo sacerdote. A planta do templo de Salomão seguia os padrões do tabernáculo que Moisés construíra durante a jornada dos israelitas pelo deserto. A construção exigiu sete anos de trabalho de 180 mil trabalhadores e quase 4 mil supervisores. A percussão de martelos e cinzéis ecoava alto pela pedreira. No canteiro de obras, uma solenidade tácita antecipava a inauguração da Casa de Deus.

Terminada toda a obra que Salomão havia realizado para o templo do Senhor, ele trouxe as coisas que seu pai, Davi, tinha consagrado e as colocou junto com os tesouros do templo do Senhor: a prata, o ouro e todos os utensílios.

Então Salomão reuniu em Jerusalém as autoridades de Israel, todos os líderes das tribos e os chefes das famílias israelitas, para levarem de Sião, a Cidade de Davi, a arca da aliança do Senhor. E todos os homens de Israel uniram-se ao rei por ocasião da festa, no mês de etarim, que é o sétimo mês. Quando todas as autoridades de Israel chegaram, os levitas pegaram a arca e a levaram com a Tenda do Encontro e com todos os seus utensílios sagrados. Foram os sacerdotes levitas que levaram tudo.

O rei Salomão e toda a comunidade de Israel que se havia reunido a ele diante da arca sacrificaram tantas ovelhas e bois que nem era possível contar. Os sacerdotes levaram a arca da aliança do Senhor para o seu lugar no santuário interno do templo, no Lugar Santíssimo, e a colocaram debaixo das asas dos querubins.

Os sacerdotes saíram do Lugar Santo. Todos eles haviam se consagrado, não importando a divisão a que pertenciam. E todos os levitas que eram músicos — Asafe, Hemã, Jedutum e os filhos e parentes deles — ficaram a leste do altar, vestidos de linho fino, tocando címbalos, harpas e liras, e os acompanhavam cento e vinte sacerdotes tocando cornetas. Os que tocavam cornetas e os cantores, em uníssono, louvaram e agradeceram ao Senhor. Ao som de cornetas, címbalos e outros instrumentos, levantaram suas vozes em louvor ao Senhor e cantaram: "Ele é bom; o seu amor dura para sempre." Então uma nuvem encheu o templo do Senhor, de forma que os sacerdotes não podiam desempenhar o seu serviço, pois a glória do Senhor encheu o templo de Deus.

E Salomão exclamou: "O Senhor disse que habitaria numa nuvem escura! Na realidade, construí para ti um templo magnífico, um lugar para nele habitares para sempre!"

Depois, o rei virou-se e abençoou toda a assembleia de Israel, ali, em pé.

Depois, Salomão colocou-se diante do altar do Senhor, e de toda a assembleia de Israel, e levantou as mãos para orar. E orou:

"Senhor, Deus de Israel, não há Deus como tu nos céus e na terra! Tu que guardas a tua aliança de amor com os teus servos que, de coração, andam segundo a tua vontade. Cumpriste a tua promessa a teu servo Davi, meu pai; com tua boca a fizeste e com tua mão a cumpriste, conforme hoje se vê.

"Mas será possível que Deus habite na terra com os homens? Os céus, mesmo os mais altos céus, não podem conter-te. Muito menos este templo que construí! Ainda assim, atende à oração do teu servo e ao seu pedido de misericórdia, ó Senhor, meu Deus. Ouve o clamor e a oração que teu servo faz hoje na tua presença. Estejam os teus olhos voltados dia e noite para este templo, lugar do qual disseste que nele porias o teu nome, para que ouças a oração que o teu servo fizer voltado para este lugar. Ouve as súplicas do teu servo e de Israel, o teu povo, quando orarem voltados para este lugar. Ouve desde os céus, lugar da tua habitação, e, quando ouvires, dá-lhes o teu perdão.

"Assim, meu Deus, que os teus olhos estejam abertos e os teus ouvidos
    atentos às orações feitas neste lugar.
Agora, levanta-te, ó Senhor, ó Deus,
e vem para o teu lugar de descanso,
    tu e a arca do teu poder.
Estejam os teus sacerdotes
    vestidos de salvação,
ó Senhor, ó Deus;
    que os teus santos se regozijem
    em tua bondade.
Ó Senhor, ó Deus,
    não rejeites o teu ungido.
Lembra-te da fidelidade
    prometida a teu servo Davi."

Assim que Salomão acabou de orar, desceu fogo do céu e consumiu o holocausto e os sacrifícios, e a glória do Senhor encheu o templo. Os sacerdotes não conseguiam entrar no templo do Senhor, porque a glória do Senhor o enchia. Quando todos os israelitas viram o fogo descendo e a glória do Senhor sobre o templo, ajoelharam-se no pavimento com o rosto em terra, adoraram e deram graças ao Senhor, dizendo:

"Ele é bom;
o seu amor dura para sempre."

Quando Salomão terminou a oração e a súplica ao Senhor, levantou-se diante do altar do Senhor, onde tinha se ajoelhado e estendido as mãos para o céu. Pôs-se em pé e abençoou em alta voz toda a assembleia de Israel, dizendo: "Bendito seja o Senhor, que deu descanso a Israel, o seu povo, como havia prometido. Não ficou sem cumprimento nenhuma das boas promessas que ele fez por meio do seu servo Moisés. Que o Senhor, o nosso Deus, esteja conosco, assim como esteve com os nossos antepassados. Que ele jamais nos deixe nem nos abandone! E faça com que de coração nos voltemos para ele a fim de andarmos em todos os seus caminhos e obedecermos aos seus mandamentos, decretos e ordenanças, que deu aos nossos antepassados. E que as palavras da minha súplica ao Senhor tenham acesso ao Senhor, o nosso Deus, dia e noite, para que ele defenda a causa do seu servo e a causa de Israel, o seu povo, de acordo com o que precisarem. Assim, todos os povos da terra saberão que o Senhor é Deus e que não há nenhum outro. Mas, vocês, tenham coração íntegro para com o Senhor, o nosso Deus, para viverem por seus decretos e obedecerem aos seus mandamentos, como acontece hoje."

Então o rei Salomão e todo o Israel ofereceram sacrifícios ao Senhor; ele ofereceu em sacrifício de comunhão ao Senhor vinte e dois mil bois e cento e vinte mil ovelhas. Assim o rei e todos os israelitas fizeram a dedicação do templo do Senhor.

O Senhor aparece a Salomão

Quando Salomão acabou de construir o templo do Senhor, o palácio real e tudo mais que desejara construir, o Senhor lhe apareceu pela segunda vez, como lhe havia aparecido em Gibeom. O Senhor lhe disse: "Ouvi a oração e a súplica que você fez diante de mim; consagrei este templo que você construiu, para que nele habite o meu nome para sempre. Os meus olhos e o meu coração estarão sempre nele. E, se você andar segundo a minha vontade, com integridade de coração e com retidão, como fez o seu pai, Davi; se fizer tudo o que ordeno a você, obedecendo aos meus decretos e às minhas ordenanças, firmarei para sempre sobre Israel o seu trono, conforme prometi a Davi, seu pai, quando lhe disse: Nunca faltará descendente para governar Israel. Mas, se você ou seus filhos se afastarem de mim e não obedecerem aos mandamentos e aos decretos que lhes dei, e prestarem culto a outros deuses e adorá-los, desarraigarei Israel da terra que lhes dei e lançarei para longe da minha presença este templo que consagrei ao meu nome. Israel se tornará então objeto de zombaria entre todos os povos. E, embora este templo seja agora imponente, todos os que passarem por ele ficarão espantados e perguntarão: 'Por que o Senhor fez uma coisa dessas a esta terra e a este templo?' E a resposta será: 'Porque abandonaram o Senhor, o seu Deus, que tirou os seus antepassados do Egito, e se apegaram a outros deuses, adorando-os e prestando-lhes culto; por isso, o Senhor trouxe sobre eles toda esta desgraça.'"

A ornamentação em ouro e o trabalho em madeira de cedro trouxeram glória a Deus e encantaram várias gerações com sua beleza. Porém o Senhor recordou a Salomão que, mais do que isso, o que Ele desejava era um coração submisso e alegre. Salomão escutou todas aquelas palavras, acreditando nelas e seguindo--as, mesmo diante dos elogios de seus admiradores. Visitantes vinham de toda parte para conhecer o famoso rei.

A rainha de Sabá visita Salomão

A rainha de Sabá soube da fama que Salomão tinha alcançado, graças ao nome do Senhor, e foi a Jerusalém para pô-lo à prova com perguntas difíceis. Quando chegou, acompanhada de uma enorme caravana, com camelos carregados de especiarias, grande quantidade de ouro e pedras preciosas, fez a Salomão todas as perguntas que tinha em mente. Salomão respondeu a todas; nenhuma lhe foi tão difícil que não pudesse responder. Vendo toda a sabedoria de Salomão, bem como o palácio que ele havia construído, o que era servido em sua mesa, o alojamento de seus oficiais, os criados e os copeiros — todos uniformizados — e os holocaustos que ele fazia no templo do Senhor, a visitante ficou impressionada. Então ela disse ao rei: "Tudo o que ouvi em meu país acerca de tuas realizações e de tua sabedoria é verdade. Mas eu não acreditava no que diziam, até ver com os meus próprios olhos. Na realidade, não me contaram nem a metade; tu ultrapassas em muito o que ouvi, tanto em sabedoria como em riqueza. Como devem ser felizes os homens da tua corte, que continuamente estão diante de ti e ouvem a tua sabedoria! Bendito seja o Senhor, o teu Deus, que se agradou de ti e te colocou no trono de Israel. Por causa do amor eterno do Senhor para com Israel, ele te fez rei, para manter a justiça e a retidão." E ela deu ao rei quatro mil e duzentos quilos de ouro e grande quantidade de especiarias e pedras preciosas. Nunca mais foram trazidas tantas especiarias quanto as que a rainha de Sabá deu ao rei Salomão.

O rei Salomão deu à rainha de Sabá tudo o que ela desejou e pediu, além do que já lhe tinha dado por sua generosidade real. Então ela e os seus servos voltaram para o seu país.

O peso do ouro que Salomão recebia anualmente era de vinte e três mil e trezentos quilos, fora os impostos pagos por mercadores e comerciantes, por todos os reis da Arábia e pelos governadores do país. O rei Salomão fez duzentos escudos grandes de ouro batido, utilizando três quilos e seiscentos gramas de ouro em cada um. Também fez trezentos escudos pequenos de ouro batido, com um quilo e oitocentos gramas de ouro em cada um. O rei os colocou no Palácio da Floresta do Líbano. O rei mandou fazer ainda um grande trono de marfim revestido de ouro puro. O trono tinha seis degraus, e o seu encosto tinha a parte alta arredondada. Nos dois lados do assento havia braços, com um leão junto a cada braço. Havia doze leões nos seis degraus, um em cada ponta de cada degrau. Nada igual havia sido feito em nenhum outro reino.

Todas as taças do rei Salomão eram de ouro, bem como todos os utensílios do Palácio da Floresta do Líbano. Não havia nada de prata, pois a prata quase não tinha valor nos dias de Salomão. O rei tinha no mar uma frota de navios mercantes com os navios de Hirão. Cada três anos a frota voltava, trazendo ouro, prata, marfim, macacos e pavões. O rei Salomão era o mais rico e o mais sábio de todos os reis da terra. Gente de todo o mundo pedia audiência a Salomão para ouvir a sabedoria que Deus lhe tinha dado. Ano após ano, todos os visitantes traziam algum presente: utensílios de prata e de ouro, mantos, armas e especiarias, cavalos e mulas.

Salomão juntou carros e cavalos; possuía mil e quatrocentos carros e doze mil cavalos, dos quais mantinha uma parte nas guarnições de algumas cidades e a outra perto dele, em Jerusalém. O rei tornou a prata tão comum em Jerusalém quanto as pedras, e o cedro tão numeroso quanto as figueiras bravas da Sefelá. Os cavalos de Salomão eram importados do Egito e da Cilícia, onde os fornecedores do rei os compravam. Importavam do Egito um carro por sete quilos e duzentos gramas de prata, e um cavalo por um quilo e oitocentos gramas, e os exportavam para todos os reis dos hititas e dos arameus.

Na época de Salomão, a poligamia era considerada normal (embora não fosse aprovada por Deus). Como outros reis, Salomão tinha um grande harém de esposas, algumas de outras nações. Infelizmente, a sedução irresistível do perfume adocicado levou Salomão a baixar sua guarda também contra os cultos pagãos... uma péssima decisão para um homem famoso por sua sabedoria. Era o começo do fim.

As mulheres de Salomão

O rei Salomão amou muitas mulheres estrangeiras, além da filha do faraó. Eram mulheres moabitas, amonitas, edomitas, sidônias e hititas. Elas eram das nações a respeito das quais o Senhor tinha dito aos israelitas: "Vocês não poderão tomar mulheres dentre essas nações, porque elas os farão desviar-se para seguir os seus deuses." No entanto, Salomão apegou-se amorosamente a elas. Casou com setecentas princesas e trezentas concubinas, e as suas mulheres o levaram a desviar-se. À medida que Salomão foi envelhecendo, suas mulheres o induziram a voltar-se para outros deuses, e o seu coração já não era totalmente dedicado ao Senhor, o seu Deus, como fora o coração do seu pai, Davi. Ele seguiu Astarote, a deusa dos sidônios, e Moloque, o repugnante deus dos amonitas. Dessa forma, Salomão fez o que o Senhor reprova; não seguiu completamente o Senhor, como o seu pai, Davi.

O Senhor irou-se contra Salomão por ter-se desviado do Senhor, o Deus de Israel, que lhe havia aparecido duas vezes. Embora ele tivesse proibido Salomão de seguir outros deuses, Salomão não lhe obedeceu. Então o Senhor lhe disse: "Já que essa é a sua atitude e você não obedeceu à minha aliança e aos meus decretos, os quais ordenei a você, certamente tirarei de você o reino e o darei a um dos seus servos. No entanto, por amor a Davi, seu pai, não farei isso enquanto você viver. Eu o tirarei da mão do seu filho. Mas não tirarei dele o reino inteiro; eu lhe darei uma tribo por amor de Davi, meu servo, e por amor de Jerusalém, a cidade que escolhi."

Capítulo 17

Um reino dividido

Por intermédio do profeta Aías, Deus disse a Jeroboão, um jovem astro em ascensão no governo de Salomão, que ele seria o futuro rei. Deus entregou a Jeroboão todas as tribos de Israel, exceto uma. Depois de uma frustrada tentativa de assumir o trono, Jeroboão aprendeu a aguardar o momento determinado pelo Senhor. Salomão não estava pronto para abdicar do trono e tentou matar Jeroboão, para evitar que ele se tornasse rei. Jeroboão fugiu para o Egito e lá esperou uma oportunidade para dar seu próximo passo.

Após a morte de Salomão, a própria tribo de Judá aceitou automaticamente seu filho Roboão como sucessor no trono. Contudo, a maior parte do povo, especialmente os que provinham de outras tribos, passara a se ressentir dos impostos pesados de Salomão e do recrutamento para trabalhar em seus projetos grandiosos. Quando se reuniram para coroar Roboão, os representantes de todo o Estado de Israel manifestaram suas queixas.

Roboão foi a Siquém, onde todos os israelitas tinham se reunido para proclamá-lo rei. Assim que Jeroboão, filho de Nebate, que estava no Egito para onde tinha fugido do rei Salomão, soube disso, voltou de lá. Depois disso mandaram chamá-lo. Então ele e toda a assembleia de Israel foram ao encontro de

Roboão e disseram: "Teu pai colocou sobre nós um jugo pesado, mas agora diminui o trabalho árduo e este jugo pesado, e nós te serviremos." Roboão respondeu: "Voltem a mim daqui a três dias." Então o povo foi embora.

O rei Roboão perguntou às autoridades que haviam servido ao seu pai, Salomão, durante a vida dele: "Como vocês me aconselham a responder a este povo?" Eles responderam: "Se hoje fores um servo deste povo e servi-lo, dando-lhe uma resposta favorável, eles sempre serão teus servos." Roboão, contudo, rejeitou o conselho que as autoridades de Israel lhe tinham dado e consultou os jovens que haviam crescido com ele e o estavam servindo. Perguntou-lhes: "Que conselho vocês me dão? Como devemos responder a este povo, que me diz: 'Diminui o jugo que teu pai colocou sobre nós'?" Os jovens que haviam crescido com ele responderam: "A este povo que te disse: 'Teu pai colocou sobre nós um jugo pesado; torna-o mais leve', dize: Meu dedo mínimo é mais grosso do que a cintura do meu pai. Pois bem, meu pai lhes impôs um jugo pesado; eu o tornarei ainda mais pesado. Meu pai os castigou com simples chicotes; eu os castigarei com chicotes pontiagudos."

Três dias depois, Jeroboão e todo o povo voltaram a Roboão, segundo a orientação dada pelo rei: "Voltem a mim daqui a três dias." E o rei lhes respondeu asperamente. Rejeitando o conselho das autoridades de Israel, seguiu o conselho dos jovens e disse: "Meu pai tornou pesado o seu jugo; eu o tornarei ainda mais pesado. Meu pai os castigou com simples chicotes; eu os castigarei com chicotes pontiagudos." E o rei não ouviu o povo, pois esta mudança nos acontecimentos vinha da parte do Senhor, para que se cumprisse a palavra que o Senhor havia falado a Jeroboão, filho de Nebate, por meio do silonita Aías. Quando todo o Israel viu que o rei se recusava a ouvi-los, respondeu ao rei:

> "Que temos em comum com Davi?
> Que temos em comum
> com o filho de Jessé?
> Para as suas tendas, ó Israel!
> Cuide da sua própria casa, ó Davi!"

E assim os israelitas foram para as suas casas. Quanto, porém, aos israelitas que moravam nas cidades de Judá, Roboão continuou rei deles.

Roboão renunciou para governar Judá (a região menor, ao sul), ao passo que Jeroboão se tornou rei de Israel (a região maior, ao norte). Deus avisara que o reino se dividiria porque Salomão não conseguiu manter os cultos pagãos fora do seu território. Já cindida quanto às práticas religiosas, a nação passou a sê-lo também quanto à política, ao sacerdócio, à segurança e à proteção. Antes, o exército de Israel havia sido o orgulho da região, que tinha seus depósitos cheios

de metais preciosos, seu povo alimentado, suas cidades agitadas e seu templo ativo. O que seria de Israel e Judá agora que essas regiões estavam fendidas por divergências que seus líderes não conseguiam solucionar?

O rei Roboão enviou Adonirão, chefe do trabalho forçado, mas todo o Israel o apedrejou até a morte. O rei, contudo, conseguiu subir em sua carruagem e fugir para Jerusalém. Dessa forma, Israel se rebelou contra a dinastia de Davi, e assim permanece até hoje.

Quando todos os israelitas souberam que Jeroboão tinha voltado, mandaram chamá-lo para a reunião da comunidade e o fizeram rei sobre todo o Israel. Somente a tribo de Judá permaneceu leal à dinastia de Davi.

Quando Roboão, filho de Salomão, chegou a Jerusalém, convocou cento e oitenta mil homens de combate, das tribos de Judá e de Benjamim, para guerrearem contra Israel e recuperarem o reino. Entretanto, veio esta palavra de Deus a Semaías, homem de Deus: "Diga a Roboão, filho de Salomão, rei de Judá, às tribos de Judá e Benjamim, e ao restante do povo: Assim diz o Senhor: Não saiam à guerra contra os seus irmãos israelitas. Voltem para casa, todos vocês, pois fui eu que fiz isso." E eles obedeceram à palavra do Senhor e voltaram para as suas casas, conforme o Senhor tinha ordenado.

Bezerros de ouro em Betel e em Dã

Jeroboão fortificou Siquém, nos montes de Efraim, onde passou a morar. Depois saiu e fortificou Peniel.

Jeroboão pensou: "O reino agora provavelmente voltará para a dinastia de Davi. Se este povo subir a Jerusalém para oferecer sacrifícios no templo do Senhor, novamente dedicarão sua lealdade ao senhor deles, Roboão, rei de Judá. Eles vão me matar e vão voltar para o rei Roboão." Depois de aconselhar-se, o rei fez dois bezerros de ouro e disse ao povo: "Vocês já subiram muito a Jerusalém. Aqui estão os seus deuses, ó Israel, que tiraram vocês do Egito." Mandou pôr um bezerro em Betel e outro em Dã. E isso veio a ser um pecado, pois o povo ia até Dã para adorar aquele bezerro. Jeroboão construiu altares idólatras e designou sacerdotes dentre o povo, apesar de não serem levitas. Instituiu uma festa no décimo quinto dia do oitavo mês, semelhante à festa realizada em Judá, e ofereceu sacrifícios no altar. Ele fez isso em Betel, onde sacrificou aos bezerros que havia feito. Também estabeleceu lá sacerdotes nos seus altares idólatras. No décimo quinto dia do oitavo mês, data que ele mesmo escolheu, ofereceu sacrifícios no altar que havia construído em Betel. Assim, ele instituiu a festa para os israelitas e foi ao altar para queimar incenso.

O homem de Deus que veio de Judá

Por ordem do Senhor, um homem de Deus foi de Judá a Betel quando Jeroboão estava em pé junto ao altar para queimar incenso. Ele clamou contra o altar, segundo a ordem do Senhor: "Ó altar, ó altar! Assim diz o Senhor: 'Um filho nascerá na família de Davi e se chamará Josias. Sobre você ele sacrificará os sacerdotes dos altares idólatras que agora queimam incenso aqui, e ossos humanos serão queimados sobre você.'" Naquele mesmo dia, o homem de Deus deu um sinal: "Este é o sinal que o Senhor declarou: O altar se fenderá, e as cinzas que estão sobre ele se derramarão." Quando o rei Jeroboão ouviu o que o homem de Deus proclamava contra o altar de Betel, apontou para ele e ordenou: "Prendam-no!" Mas o braço que ele tinha estendido ficou paralisado e não voltava ao normal. Além disso, o altar se fendeu e as suas cinzas se derramaram, conforme o sinal dado pelo homem de Deus por ordem do Senhor. Então o rei disse ao homem de Deus: "Interceda ao Senhor, o seu Deus, e ore por mim para que meu braço se recupere." O homem de Deus intercedeu ao Senhor, e o braço do rei recuperou-se e voltou ao normal.

Mesmo depois disso, Jeroboão não mudou o seu mau procedimento, mas continuou a nomear dentre o povo sacerdotes para os altares idólatras. Ele consagrava para esses altares todo aquele que quisesse tornar-se sacerdote. Esse foi o pecado da família de Jeroboão, que levou à sua queda e à sua eliminação da face da terra.

A profecia de Aías contra Jeroboão

Naquela época, Abias, filho de Jeroboão, ficou doente, e este disse à sua mulher: "Use um disfarce, para não ser reconhecida como a mulher de Jeroboão, e vá a Siló, onde vive o profeta Aías, aquele que me disse que eu seria rei sobre este povo. Leve para ele dez pães, alguns bolos e uma garrafa de mel. Ele dirá a você o que vai acontecer com o menino." A mulher de Jeroboão atendeu a seu pedido e foi à casa de Aías, em Siló. Ora, Aías já não conseguia enxergar; tinha ficado cego por causa da idade. Mas o Senhor lhe tinha dito: "A mulher de Jeroboão está vindo para perguntar a você acerca do filho dela, pois ele está doente, e você deve responder-lhe assim e assim. Quando chegar, ela vai fingir que é outra pessoa."

Quando Aías ouviu o som dos passos junto da porta, disse: "Entre, mulher de Jeroboão. Por que esse fingimento? Fui encarregado de dar más notícias a você. Vá dizer a Jeroboão que é isto o que o Senhor, o Deus de Israel, diz: 'Tirei-o dentre o povo e o tornei líder sobre Israel, o meu povo. Tirei o reino da família de Davi e o dei a você, mas você não tem sido como o meu servo Davi, que obedecia aos meus mandamentos e me seguia de todo o coração, fazendo apenas o que eu aprovo. Você tem feito mais mal do que todos os que viveram antes de você, pois fez para você outros deuses, ídolos de metal; você provocou a minha ira e voltou as costas para mim. Por isso, trarei desgraça à família de Jeroboão. Matarei, de Jeroboão, até o último indivíduo do sexo masculino em Israel, seja escravo, seja livre. Queimarei a família de Jeroboão até o fim como quem queima esterco. Dos que pertencem a Jeroboão, os cães comerão os que morrerem na cidade, e as aves do céu se alimentarão dos que morrerem no campo. O Senhor falou!' Quanto a você, volte para casa. Quando você puser os pés na cidade, o menino morrerá. Todo o Israel chorará por ele e o sepultará. Ele é o único da família de Jeroboão que será sepultado, pois é o único da família de Jeroboão em quem o Senhor, o Deus de Israel, encontrou alguma coisa boa. O Senhor levantará para si um rei sobre Israel que eliminará a família de Jeroboão. O dia virá! Quando? Agora mesmo. E o Senhor ferirá Israel, de maneira que ficará como junco balançando na água. Ele desarraigará Israel desta boa terra que deu aos seus antepassados e os espalhará para além do Eufrates, pois provocaram a ira do Senhor com os postes sagrados que fizeram. E ele abandonará Israel por causa dos pecados que Jeroboão cometeu e tem feito Israel cometer." Então a mulher de Jeroboão levantou-se e voltou para Tirza. Assim que entrou em casa, o menino morreu. Eles o sepultaram, e todo o Israel chorou por ele, conforme o Senhor predissera por meio do seu servo, o profeta Aías.

O reinado de Roboão, rei de Judá

Roboão, filho de Salomão, foi rei de Judá. Tinha quarenta e um anos de idade quando começou a reinar e reinou dezessete anos em Jerusalém, cidade que o Senhor havia escolhido dentre todas as tribos de Israel para nela pôr o seu nome.

Judá fez o que o Senhor reprova. Pelos pecados que cometeram, eles despertaram a sua ira zelosa mais do que os seus antepassados o tinham feito. Também construíram para si altares idólatras, colunas sagradas e postes sagrados sobre todos os montes e debaixo de todas as árvores frondosas. Havia no país até prostitutos cultuais; o povo se envolvia em todas as práticas detestáveis das nações que o Senhor havia expulsado de diante dos israelitas.

No quinto ano do reinado de Roboão, Sisaque, rei do Egito, atacou Jerusalém. Levou embora todos os tesouros do templo do Senhor e do palácio real, inclusive os escudos de ouro que Salomão havia feito. Por isso, o rei Roboão mandou fazer escudos de bronze para substituí-los e os entregou aos chefes da guarda da entrada do palácio real. Sempre que o rei ia ao templo do Senhor, os guardas empunhavam os escudos e, em seguida, os devolviam à sala da guarda.

Houve guerra constante entre Roboão e Jeroboão. Roboão descansou com os seus antepassados e foi sepultado com eles na Cidade de Davi. Sua mãe, uma amonita, chamava-se Naamá. E o seu filho Abias foi o seu sucessor.

No décimo oitavo ano do reinado de Jeroboão, filho de Nebate, Abias tornou-se rei de Judá e reinou três anos em Jerusalém. O nome de sua mãe era Maaca, filha de Absalão. Ele cometeu todos os pecados que o seu pai tinha cometido; seu coração não era inteiramente consagrado ao Senhor, o seu Deus, quanto fora o coração de Davi, seu predecessor. No entanto, por amor de Davi, o Senhor, o seu Deus, concedeu-lhe uma lâmpada em Jerusalém, dando-lhe um filho como sucessor e fortalecendo Jerusalém. Pois Davi fizera o que o Senhor aprova e não deixara de obedecer a nenhum dos mandamentos do Senhor durante todos os dias da sua vida, exceto no caso de Urias, o hitita.

Também houve guerra entre Abias e Jeroboão.

E Abias descansou com os seus antepassados e foi sepultado na Cidade de Davi. E o seu filho Asa foi o seu sucessor.

Após 22 anos como rei de Israel, Jeroboão morreu. Diversos reis governaram Israel e Judá. A maioria fez o mal. Apenas um governante considerado "bom", o rei Asa de Judá, "fez o que era correto aos olhos do Senhor". Fazer o que era correto incluía livrar o reino da idolatria. O rei Asa chegou ao ponto de afastar Maaca, sua avó, do posto elevado de rainha-mãe, por ela fazer parte de um culto pagão. Asa não parou por aí. Ele compreendeu que apenas o Senhor Deus era digno de adoração e varreu os ídolos de toda a região de Judá. No lado desprezível da história, Nadabe, filho de Jeroboão, "fez o mal aos olhos do Senhor, seguindo os passos do pai". Um homem chamado Baasa tramou contra Nadabe, matando-o juntamente com toda a família de Jeroboão, cumprindo a profecia que Deus fizera por intermédio do profeta Aías. Baasa, "ao cometer o mesmo pecado que Jeroboão fizera Israel cometer", não se saiu melhor como rei. Da mesma forma, Zinri, que também seguiu "o mau caminho de Jeroboão", matou seu predecessor, o rei Elá, para chegar ao trono. Porém Zinri não soube avaliar a falta de apoio popular e ficou no poder apenas sete dias antes de atear fogo a si mesmo no palácio e deixar o trono para Onri, a escolha do povo. Durante seu reinado, Onri tornou a cidade de Samaria a capital do reino setentrional e "Samaria" também passou a significar todo o território das tribos do norte.

Quando Onri morreu, seu filho Acabe se tornou rei de Israel. Contudo, o verdadeiro poder da família estava nas mãos de Jezabel, a infame esposa de Acabe, filha de um rei pagão estrangeiro, uma mulher poderosa com uma vontade de ferro. Acabe e Jezabel adoravam Baal e odiavam os profetas de Deus, dos quais Elias era o chefe. Elias tornou-se o inimigo público número um do Estado, mas Deus planejara um confronto flamejante para mostrar ao povo de que lado estava.

Capítulo 18

Mensageiros de Deus

Ora, Elias, de Tisbe, em Gileade, disse a Acabe: "Juro pelo nome do Senhor, o Deus de Israel, a quem sirvo, que não cairá orvalho nem chuva nos anos seguintes, exceto mediante a minha palavra."

Depois disso a palavra do Senhor veio a Elias: "Saia daqui, vá para o leste e esconda-se perto do riacho de Querite, a leste do Jordão. Você beberá do riacho, e dei ordens aos corvos para o alimentarem lá." E ele fez o que o Senhor lhe tinha dito. Foi para o riacho de Querite, a leste do Jordão, e ficou lá. Os corvos lhe traziam pão e carne de manhã e de tarde, e ele bebia água do riacho.

Depois de um longo tempo, no terceiro ano da seca, a palavra do Senhor veio a Elias: "Vá apresentar-se a Acabe, pois enviarei chuva sobre a terra". E Elias foi.

Elias no monte Carmelo

Quando Acabe viu Elias, disse-lhe: "É você mesmo, perturbador de Israel?"

"Não tenho perturbado Israel", Elias respondeu. "Mas você e a família do seu pai têm. Vocês abandonaram os mandamentos do Senhor e seguiram os baalins. Agora convoque todo o povo de Israel para encontrar-se comigo no monte Carmelo. E traga os quatrocentos e cinquenta profetas de Baal e os quatrocentos profetas de Aserá que comem à mesa de Jezabel."

Acabe convocou então todo o Israel e reuniu os profetas no monte Carmelo. Elias dirigiu-se ao povo e disse: "Até quando vocês vão oscilar para um lado e para o outro? Se o Senhor é Deus, sigam-no; mas, se Baal é Deus, sigam-no."

O povo, porém, nada respondeu.

Disse então Elias: "Eu sou o único que restou dos profetas do Senhor, mas Baal tem quatrocentos e cinquenta profetas. Tragam dois novilhos. Escolham eles um, cortem-no em pedaços e o ponham sobre a lenha, mas não acendam o fogo. Eu prepararei o outro novilho e o colocarei sobre a lenha, e também não acenderei o fogo nela. Então vocês invocarão o nome do seu deus e eu invocarei o nome do Senhor. O deus que responder pelo fogo, esse é Deus."

Então todo o povo disse: "O que você disse é bom."

Elias disse aos profetas de Baal: "Escolham um dos novilhos e preparem-no primeiro, visto que vocês são tantos. Clamem pelo nome do seu deus, mas não acendam o fogo." Então eles pegaram o novilho que lhes foi dado e o prepararam. E clamaram pelo nome de Baal desde a manhã até o meio-dia. "Ó Baal, responde-nos!", gritavam. E dançavam em volta do altar que haviam feito. Mas não houve nenhuma resposta; ninguém respondeu.

Ao meio-dia, Elias começou a zombar deles. "Gritem mais alto!", dizia, "já que ele é um deus. Quem sabe está meditando, ou ocupado, ou viajando. Talvez esteja dormindo e precise ser despertado." Então eles passaram a gritar ainda mais alto e a ferir-se com espadas e lanças, de acordo com o costume deles, até sangrarem. Passou o meio-dia e eles continuaram em transe até a hora do sacrifício da tarde. Mas não houve resposta alguma; ninguém respondeu, ninguém deu atenção.

Então Elias disse a todo o povo: "Aproximem-se de mim." O povo aproximou-se, e Elias reparou o altar do Senhor, que estava em ruínas. Depois apanhou doze pedras, uma para cada tribo dos descendentes de Jacó, a quem a palavra do Senhor tinha sido dirigida, e disse: "Seu nome será Israel." Com as pedras construiu um altar em honra ao nome do Senhor e cavou ao redor do altar uma valeta na qual poderiam ser semeadas duas medidas de sementes. Depois arrumou a lenha, cortou o novilho em pedaços e o pôs sobre a lenha. Então disse: "Encham de água quatro jarras grandes e derramem-na sobre o holocausto e sobre a lenha." "Façam-no novamente", disse, e eles o fizeram. "Façam-no pela terceira vez", ordenou, e eles o fizeram pela terceira vez. A água escorria do altar, chegando a encher a valeta.

À hora do sacrifício, o profeta Elias colocou-se à frente do altar e orou: "Ó Senhor, Deus de Abraão, de Isaque e de Israel, que hoje fique conhecido que tu és Deus em Israel e que sou o teu servo e que fiz todas estas coisas por ordem tua. Responde-me, ó Senhor, responde-me, para que este povo saiba que tu, ó Senhor, és Deus e que fazes o coração deles voltar para ti." Então o fogo do Senhor caiu e queimou completamente o holocausto, a lenha, as pedras e o chão, e também secou totalmente a água na valeta. Quando o povo viu isso, todos caíram prostrados e gritaram: "O Senhor é Deus! O Senhor é Deus!" Então Elias ordenou-lhes: "Prendam os profetas de Baal. Não deixem nenhum escapar!" Eles os prenderam, e Elias os fez descer ao riacho de Quisom e lá os matou.

E Elias disse a Acabe: "Vá comer e beber, pois já ouço o barulho de chuva pesada." Então Acabe foi comer e beber, mas Elias subiu até o alto do Carmelo, dobrou-se até o chão e pôs o rosto entre os joelhos. "Vá e olhe na direção do mar", disse ao seu servo. E ele foi e olhou. "Não há nada lá", disse ele. Sete vezes Elias mandou: "Volte para ver." Na sétima vez o servo disse: "Uma nuvem tão pequena quanto a mão de um homem está se levantando do mar." Então Elias disse: "Vá dizer a Acabe: Prepare o seu carro e desça, antes que a chuva o impeça." Enquanto isso, nuvens escuras apareceram no céu, começou a ventar e a chover forte, e Acabe partiu de carro para Jezreel. O poder do Senhor veio sobre

Elias, e ele, prendendo a capa com o cinto, correu à frente de Acabe por todo o caminho até Jezreel.

Jezabel não costumava remoer suas derrotas. Quando a gana de lutar do próprio Acabe se esgotava, ele podia contar com Jezabel para continuar o ataque. Sua vontade de vencer superava qualquer dúvida que pudesse ter quanto ao fracasso no monte Carmelo. Depois de confabular com Acabe, Jezabel renovou seus esforços para destruir Elias.

A fuga de Elias para Horebe

Ora, Acabe contou a Jezabel tudo o que Elias tinha feito e como havia matado todos aqueles profetas à espada. Por isso, Jezabel mandou um mensageiro a Elias para dizer-lhe: "Que os deuses me castiguem com todo o rigor se amanhã nesta hora eu não fizer com a sua vida o que você fez com a deles." Elias teve medo e fugiu para salvar sua vida. Em Berseba de Judá ele deixou o seu servo e entrou no deserto, caminhando um dia. Chegou a um pé de giesta, sentou-se debaixo dele e orou, pedindo a morte: "Já tive o bastante, Senhor. Tira a minha vida; não sou melhor do que os meus antepassados." Depois deitou-se à sombra da árvore e dormiu. De repente um anjo tocou nele e disse: "Levante-se e coma." Elias olhou ao redor e viu que ali, junto à sua cabeça, havia um pão assado sobre brasas quentes e um jarro de água. Ele comeu, bebeu e deitou-se de novo. O anjo do Senhor voltou, tocou nele e disse: "Levante-se e coma, pois a sua viagem será muito longa." Então ele se levantou, comeu e bebeu. Fortalecido com aquela comida, viajou quarenta dias e quarenta noites, até chegar a Horebe, o monte de Deus.

Em Horebe, entrou numa caverna e passou a noite. E a palavra do Senhor veio a ele: "O que você está fazendo aqui, Elias?" Ele respondeu: "Tenho sido muito zeloso pelo Senhor, o Deus dos Exércitos. Os israelitas rejeitaram a tua aliança, quebraram os teus altares e mataram os teus profetas à espada. Sou o único que sobrou, e agora também estão procurando matar-me."

O Senhor lhe disse: "Saia e fique no monte, na presença do Senhor, pois o Senhor vai passar." Então veio um vento fortíssimo que separou os montes e esmigalhou as rochas diante do Senhor, mas o Senhor não estava no vento. Depois do vento houve um terremoto, mas o Senhor não estava no terremoto. Depois do terremoto houve um fogo, mas o Senhor não estava nele. E depois do fogo houve o murmúrio de uma brisa suave. Quando Elias ouviu, puxou a capa para cobrir o rosto, saiu e ficou à entrada da caverna. E uma voz lhe perguntou: "O que você está fazendo aqui, Elias?" Ele respondeu: "Tenho sido muito zeloso pelo Senhor, o Deus dos Exércitos. Os israelitas rejeitaram a tua aliança, quebraram os teus altares e mataram os teus profetas à espada. Sou o único que sobrou, e agora também estão procurando matar-me."

O Senhor lhe disse: "Volte pelo caminho por onde veio e vá para o deserto de Damasco. Chegando lá, unja Hazael como rei da Síria. Unja também Jeú, filho de Ninsi, como rei de Israel, e unja Eliseu, filho de Safate, de Abel-Meolá, para suceder a você como profeta. Jeú matará todo aquele que escapar da espada de Hazael, e Eliseu matará todo aquele que escapar da espada de Jeú. No entanto, fiz sobrar sete mil em Israel, todos aqueles cujos joelhos não se inclinaram diante de Baal e todos aqueles cujas bocas não o beijaram."

O chamado de Eliseu

Então Elias saiu de lá e encontrou Eliseu, filho de Safate. Ele estava arando com doze parelhas de bois e conduzindo a décima segunda parelha. Elias o alcançou e lançou sua capa sobre ele. Eliseu deixou os bois e correu atrás de Elias. "Deixa-me dar um beijo de despedida em meu pai e minha mãe", disse, "e então irei contigo."

"Vá e volte", respondeu Elias; "lembre-se do que fiz a você."

E Eliseu voltou, apanhou a sua parelha de bois e os matou. Queimou o equipamento de arar para cozinhar a carne e a deu ao povo, e eles comeram. Depois partiu com Elias, tornando-se seu auxiliar.

O rei Acabe vivia em constante instabilidade, parecendo majestoso em um dia e deplorável no seguinte. Ele poupou a vida do seu arqui-inimigo Ben-Hadade quando Deus entregou o rei de Arã em suas mãos durante uma batalha. Porém tirou a vida de seu próprio súdito Nabote, para poder roubar seu vinhedo. No final, Acabe morreu na guerra, disfarçado de soldado de infantaria, atingido por uma flecha perdida. Seu filho Acazias não conseguiu aprimorar o histórico lastimável de seus pais, juntando-se aos anais dos reis cruéis e morrendo sem um sucessor. Em Judá, Josafá, filho de Asa, seguiu Deus, sobreviveu às ameaças inimigas, e o reino meridional começou a prosperar.

Elias é levado aos céus

Quando o Senhor levou Elias aos céus num redemoinho, aconteceu o seguinte: Elias e Eliseu saíram de Gilgal, e no caminho disse-lhe Elias: "Fique aqui, pois o Senhor me enviou a Betel." Eliseu, porém, disse: "Juro pelo nome do Senhor e por tua vida que não te deixarei ir só." Então foram a Betel. Em Betel, os discípulos dos profetas foram falar com Eliseu e perguntaram: "Você sabe que hoje o Senhor vai levar para os céus o seu mestre, separando-o de você?" Respondeu

Eliseu: "Sim, eu sei, mas não falem nisso." Então Elias lhe disse: "Fique aqui, Eliseu, pois o Senhor me enviou a Jericó." Ele respondeu: "Juro pelo nome do Senhor e por tua vida que não te deixarei ir só." Desceram então a Jericó. Em Jericó os discípulos dos profetas foram falar com Eliseu e lhe perguntaram: "Você sabe que hoje o Senhor vai levar para os céus o seu mestre, separando-o de você?" Respondeu Eliseu: "Sim, eu sei, mas não falem nisso." Em seguida, Elias lhe disse: "Fique aqui, pois o Senhor me enviou ao rio Jordão." Ele respondeu: "Juro pelo nome do Senhor e por tua vida que não te deixarei ir só!" Então partiram juntos.

Cinquenta discípulos dos profetas os acompanharam e ficaram olhando a distância, quando Elias e Eliseu pararam à margem do Jordão. Então Elias tirou o manto, enrolou-o e com ele bateu nas águas. As águas se dividiram, e os dois atravessaram em chão seco. Depois de atravessar, Elias disse a Eliseu: "O que posso fazer em seu favor antes que eu seja levado para longe de você?" Respondeu Eliseu: "Faze de mim o principal herdeiro de teu espírito profético." Disse Elias: "Seu pedido é difícil; mas, se você me vir quando eu for separado de você, terá o que pediu; do contrário, não será atendido." De repente, enquanto caminhavam e conversavam, apareceu um carro de fogo puxado por cavalos de fogo que os separou, e Elias foi levado aos céus num redemoinho. Quando viu isso, Eliseu gritou: "Meu pai! Meu pai! Tu eras como os carros de guerra e os cavaleiros de Israel!" E, quando já não podia mais vê-lo, Eliseu pegou as próprias vestes e as rasgou ao meio. Depois pegou o manto de Elias, que tinha caído, e voltou para a margem do Jordão.

Então bateu nas águas do rio com o manto e perguntou: "Onde está agora o Senhor, o Deus de Elias?" Tendo batido nas águas, elas se dividiram e ele atravessou. Quando os discípulos dos profetas, vindos de Jericó, viram isso, disseram: "O espírito profético de Elias repousa sobre Eliseu." Então foram ao seu encontro e prostraram-se diante dele.

Elias partira. Eliseu ficou para trás para continuar o trabalho, e seus extraordinários milagres deixaram claro que seu Deus era de um poder e de uma glória indizíveis.

Alguns homens da cidade foram dizer a Eliseu: "Como podes ver, esta cidade está bem localizada, mas a água não é boa e a terra é improdutiva." E disse ele: "Ponham sal numa tigela nova e tragam-na para mim." Quando a levaram, ele foi à nascente, jogou o sal ali e disse: "Assim diz o Senhor: 'Purifiquei esta água. Não causará mais mortes nem deixará a terra improdutiva.'" E até hoje a água permanece pura, conforme a palavra de Eliseu.

O MILAGRE DO AZEITE

Certo dia, a mulher de um dos discípulos dos profetas foi falar a Eliseu: "Teu servo, meu marido, morreu, e tu sabes que ele temia o Senhor. Mas agora veio um credor que está querendo levar meus dois filhos como escravos." Eliseu perguntou-lhe: "Como posso ajudá-la? Diga-me, o que você tem em casa?" E ela respondeu: "Tua serva não tem nada além de uma vasilha de azeite." Então disse Eliseu: "Vá pedir emprestadas vasilhas a todos os vizinhos. Mas peça muitas. Depois entre em casa com seus filhos e feche a porta. Derrame daquele azeite em cada vasilha e vá separando as que você for enchendo." Depois disso ela foi embora, fechou-se em casa com seus filhos e começou a encher as vasilhas que eles lhe traziam. Quando todas as vasilhas estavam cheias, ela disse a um dos filhos: "Traga-me mais uma." Mas ele respondeu: "Já acabaram." Então o azeite parou de correr. Ela foi e contou tudo ao homem de Deus, que lhe disse: "Vá, venda o azeite e pague suas dívidas. E você e seus filhos ainda poderão viver do que sobrar."

Eliseu ficava agradecido pelos pequenos favores que diminuíam o fardo estressante de um profeta. Certa vez, recebeu uma refeição de uma mulher rica de Suném, que posteriormente sugeriu ao marido que eles deveriam oferecer abrigo a Eliseu sempre que ele estivesse naquela região. Grato pela sua amizade e gentileza, Eliseu pediu a Deus pela mulher, que não tinha filhos.

Um dia, quando Eliseu chegou, subiu ao seu quarto e deitou-se. Ele mandou o seu servo Geazi chamar a sunamita. Ele a chamou e, quando ela veio, Eliseu mandou Geazi dizer-lhe: "Você teve todo este trabalho por nossa causa. O que podemos fazer por você? Quer que eu interceda por você ao rei ou ao comandante do exército?" Ela respondeu: "Estou bem entre a minha própria gente." Mais tarde Eliseu perguntou a Geazi: "O que se pode fazer por ela?" Ele respondeu: "Bem, ela não tem filhos, e seu marido é idoso." Então Eliseu mandou chamá-la de novo. Geazi a chamou, ela veio até a porta, e ele disse: "Por volta desta época, no ano que vem, você estará com um filho nos braços." Ela contestou: "Não, meu senhor. Não iludas a tua serva, ó homem de Deus!" Mas, como Eliseu lhe dissera, a mulher engravidou e no ano seguinte, por volta daquela mesma época, deu à luz um filho.

Tempos depois, a criança adoeceu. Imagine a aflição da mãe quando o filho morreu em seus braços. Sua primeira atitude foi viajar em busca de Eliseu.

Ao encontrar o homem de Deus no monte, ela se abraçou aos seus pés. Geazi veio para afastá-la, mas o homem de Deus lhe disse: "Deixe-a em paz! Ela está muito angustiada, mas o Senhor nada me revelou e escondeu de mim a razão de sua angústia." E disse a mulher: "Acaso eu te pedi um filho, meu senhor? Não te disse para não me dar falsas esperanças?"

Então Eliseu disse a Geazi: "Ponha a capa por dentro do cinto, pegue o meu cajado e corra. Se você encontrar alguém, não o cumprimente e, se alguém o cumprimentar, não responda. Quando lá chegar, ponha o meu cajado sobre o rosto do menino." Mas a mãe do menino disse: "Juro pelo nome do Senhor e por tua vida que, se ficares, não irei." Então ele foi com ela. Geazi chegou primeiro e pôs o cajado sobre o rosto do menino, mas ele não falou nem reagiu. Então Geazi voltou para encontrar-se com Eliseu e lhe disse: "O menino não voltou a si." Quando Eliseu chegou à casa, lá estava o menino, morto, estendido na cama. Ele entrou, fechou a porta e orou ao Senhor. Depois deitou-se sobre o menino, boca a boca, olhos com olhos, mãos com mãos. Enquanto se debruçava sobre ele, o corpo do menino ia se aquecendo. Eliseu levantou-se e começou a andar pelo quarto; depois subiu na cama e debruçou-se mais uma vez sobre ele. O menino espirrou sete vezes e abriu os olhos. Eliseu chamou Geazi e o mandou chamar a sunamita. E ele obedeceu. Quando ela chegou, Eliseu disse: "Pegue seu filho." Ela entrou, prostrou-se a seus pés, curvando-se até o chão. Então pegou o filho e saiu.

Um dos mais famosos dentre os feitos notáveis de Eliseu começou com o testemunho de uma jovem de Israel. Seu nome é desconhecido, mas seu problema não é incomum. Ela foi capturada por invasores do rei de Arã e passou a viver como escrava na casa do comandante do seu exército. O comandante, chamado Naamã, sofria de lepra. A israelita teve compaixão dele e o incentivou a buscar a cura por intermédio do profeta de seu Deus. Por uma fé nascida do desespero, Naamã procurou Eliseu e recebeu do profeta uma instrução surpreendente: vá se lavar no rio Jordão. Quando Naamã obedeceu, foi totalmente curado. Porém, quando Geazi, o servo de Eliseu, tentou conseguir uma pequena recompensa por esse milagre, tornou-se leproso por sua ganância.

O profeta de Deus e suas palavras não deveriam ser tratados com leviandade ou desdém. O rei de Arã descobriu isso na própria pele.

Ora, o rei da Síria estava em guerra contra Israel. Depois de reunir-se com os seus conselheiros, disse: "Montarei o meu acampamento em tal lugar." Mas o homem de Deus mandava uma mensagem ao rei de Israel: "Evite passar por tal lugar, pois os arameus estão descendo para lá." Assim, o rei de Israel investigava o lugar indicado pelo homem de Deus. Repetidas vezes Eliseu alertou o rei, que tomava as devidas precauções.

Isso enfureceu o rei da Síria, que, convocando seus conselheiros, perguntou-lhes: "Vocês não me apontarão qual dos nossos está do lado do rei de Israel?" Respondeu um dos conselheiros: "Nenhum de nós, majestade. É Eliseu, o profeta que está em Israel, que revela ao rei de Israel até as palavras que tu falas em teu quarto."

Ordenou o rei: "Descubram onde ele está, para que eu mande capturá-lo." Quando lhe informaram que o profeta estava em Dotã, ele enviou para lá uma grande tropa com cavalos e carros de guerra. Eles chegaram de noite e cercaram a cidade.

O servo do homem de Deus levantou-se bem cedo pela manhã e, quando saía, viu que uma tropa com cavalos e carros de guerra havia cercado a cidade. Então exclamou: "Ah, meu senhor! O que faremos?" O profeta respondeu: "Não tenha medo. Aqueles que estão conosco são mais numerosos do que eles." E Eliseu orou: "Senhor, abre os olhos dele para que veja." Então o Senhor abriu os olhos do rapaz, que olhou e viu as colinas cheias de cavalos e carros de fogo ao redor de Eliseu.

Quando os arameus desceram na direção de Eliseu, ele orou ao Senhor: "Fere estes homens de cegueira." Então ele os feriu de cegueira, conforme Eliseu havia pedido. Eliseu lhes disse: "Este não é o caminho, nem esta é a cidade que procuram. Sigam-me, e eu os levarei ao homem que vocês estão procurando." E os guiou até a cidade de Samaria. Assim que entraram na cidade, Eliseu disse: "Senhor, abre os olhos destes homens para que possam ver." Então o Senhor abriu-lhes os olhos, e eles viram que estavam dentro de Samaria.

Quando o rei de Israel os viu, perguntou a Eliseu: "Devo matá-los, meu pai? Devo matá-los?" Ele respondeu: "Não! O rei costuma matar prisioneiros que captura com a espada e o arco? Ordena que lhes sirvam comida e bebida e deixe que voltem ao seu senhor." Então o rei preparou-lhes um grande banquete e, terminando eles de comer e beber, mandou-os de volta para o seu senhor. Assim, as tropas da Síria pararam de invadir o território de Israel.

Após a morte de Eliseu, ele ordenou que Jeú fosse ungido rei de Israel. Este mesmo Jeú, repleto de zelo sagrado, conduziu um regimento até a casa de Jezabel na cidade de Jezrael. Jeú a confrontou destemidamente, chamando seus servos para que a atirassem pela janela. Assim, a "mulher maldita" morreu naquele dia e, em seguida, toda a prole de Acabe foi assassinada. Estes fatos marcaram o cumprimento da profecia que Eliseu fizera anos antes. Então Jeú desceu sua espada sobre os sacerdotes do deus pagão Baal, pois, sem dúvida, a ameaça mais sutil e perniciosa de todas estava na subversão do culto ao verdadeiro Deus. Os altares de Baal precisavam ser destruídos para segurança de Israel.

Muitos reis passaram por Israel e Judá. Alguns empreenderam reformas em louvor a Deus, outros trouxeram caos ao que herdaram. Jeoacaz, filho de Jeú, perdeu seu exército, mas manteve a nação unida. Por volta de 797 a.C., Eliseu

fez mais um pronunciamento contra os arameus, em resposta às súplicas de um desesperado rei Joás. Assim que a vitória do rei estava garantida, Eliseu morreu. Jeroboão II assumiu as rédeas do reino e guarneceu as fronteiras de Israel. No entanto, jamais fez o mesmo com a alma espiritual da nação. O culto a falsos deuses e a produção comercial de ídolos floresceram durante o seu regime. No decorrer desse período de prosperidade, um profeta surgiu com uma mensagem comovente de justiça e equidade.

Palavras que Amós, criador de ovelhas em Tecoa, recebeu em visões, a respeito de Israel, dois anos antes do terremoto. Nesse tempo, Uzias era rei de Judá e Jeroboão, filho de Jeoás, era rei de Israel.

Ouçam esta palavra que o Senhor falou contra vocês, ó israelitas; contra toda esta família que tirei do Egito:

"Escolhi apenas vocês
de todas as famílias da terra;
por isso eu os castigarei
por todas as suas maldades."
Certamente o Senhor, o Soberano,
não faz coisa alguma
sem revelar o seu plano
aos seus servos, os profetas.

Proclamem nos palácios de Asdode
e do Egito:
"Reúnam-se nos montes de Samaria
para verem o grande tumulto que há ali
e a opressão no meio do seu povo."

"Eles não sabem agir com retidão",
declara o Senhor,
"eles, que acumulam em seus palácios
o que roubaram e saquearam."

Portanto, assim diz o Senhor, o Soberano:

"Um inimigo cercará o país.
Ele derrubará as suas fortalezas
e saqueará os seus palácios."

"No dia em que eu castigar Israel
    por causa dos seus pecados,
    destruirei os altares de Betel;
as pontas do altar serão cortadas
e cairão no chão."

O Senhor, o Soberano,
    jurou pela sua santidade:
"Certamente chegará o tempo
    em que vocês serão levados com ganchos,
e os últimos de vocês com anzóis.
Cada um de vocês sairá
    pelas brechas do muro,
e serão atirados
    na direção do Harmom",
    declara o Senhor.

"Fui eu mesmo que dei a vocês
    estômagos vazios em cada cidade
    e a falta de alimentos em todo lugar,
e, mesmo assim, vocês
    não se voltaram para mim",
    declara o Senhor.

"Muitas vezes
    castiguei os seus jardins e as suas vinhas,
    castiguei-os com pragas e ferrugem.
    Gafanhotos devoraram
    as suas figueiras e as suas oliveiras,
e, mesmo assim, vocês
    não se voltaram para mim",
    declara o Senhor.

"Enviei pragas contra vocês
    como fiz com o Egito.
Matei os seus jovens à espada,
    deixei que capturassem os seus cavalos.
Enchi os seus narizes
    com o mau cheiro dos mortos
    em seus acampamentos,

e, mesmo assim,
    vocês não se voltaram para mim",
    declara o Senhor.

"Por isso, ainda o castigarei, ó Israel,
    e, porque eu farei isto com você,
prepare-se para encontrar-se
    com o seu Deus, ó Israel."

Busquem o Senhor e terão vida,
    do contrário,
ele irromperá como um fogo
    entre os descendentes de José
e devastará a cidade de Betel,
    e não haverá ninguém ali
    para apagá-lo.

Busquem o bem, não o mal,
    para que tenham vida.
Então o Senhor,
    o Deus dos Exércitos,
estará com vocês,
    conforme vocês afirmam.
Odeiem o mal, amem o bem;
    estabeleçam a justiça nos tribunais.
Talvez o Senhor,
    o Deus dos Exércitos,
tenha misericórdia
    do remanescente de José.

"Sem dúvida, os olhos
    Do Senhor, o Soberano,
    se voltam para este reino pecaminoso.
Eu o varrerei da superfície da terra,
    mas não destruirei totalmente
    a descendência de Jacó",
    declara o Senhor.

"Todos os pecadores
    que há no meio do meu povo
    morrerão à espada,

todos os que dizem:
'A desgraça não nos atingirá
nem nos encontrará.'"

Oseias foi o próximo profeta de Israel. Ele se dedicou de todo o coração, rogando a uma pátria que se recusava a amar um Deus fiel. Oseias alertou o reino do norte, dizendo que, se não se arrependessem e retornassem ao Senhor, teriam de enfrentar sérias consequências.

Israelitas, ouçam a palavra
do Senhor,
porque o Senhor tem uma acusação
contra vocês que vivem nesta terra:
"A fidelidade e o amor
desapareceram desta terra,
como também o conhecimento de Deus.
Só se veem maldição, mentira
e assassinatos,
roubo e mais roubo,
adultério e mais adultério;
ultrapassam todos os limites!
E o derramamento de sangue
é constante.

"Suas ações não lhes permitem
voltar para o seu Deus.
Um espírito de prostituição
está no coração deles;
não reconhecem o Senhor.
A arrogância de Israel
testifica contra eles;
Israel e Efraim tropeçam
em seu pecado;
Judá também tropeça com eles.
Quando eles forem buscar o Senhor
com todos os seus rebanhos
e com todo o seu gado,
não o encontrará;
ele se afastou deles.

Traíram o Senhor;
    geraram filhos ilegítimos.
Agora suas festas de lua nova
    os devorarão, tanto a eles
    como as suas plantações.

"Pois serei como um leão para Efraim
    e como um leão grande para Judá.
Eu os despedaçarei e irei embora;
eu os levarei
    sem que ninguém possa livrá-los.
Então voltarei ao meu lugar
    até que eles admitam sua culpa.
Eles buscarão a minha face;
em sua necessidade,
    eles me buscarão ansiosamente.

"Coloquem a trombeta
    em seus lábios!
Ele vem ameaçador como uma águia
    sobre o templo do Senhor,
porquanto quebraram a minha aliança
    e se rebelaram contra a minha Lei.
Israel clama a mim:
'Ó nosso Deus, nós te reconhemos!'
Mas Israel rejeitou o que é bom;
    um inimigo o perseguirá.
Eles instituíram reis
    sem o meu consentimento;
escolheram líderes
    sem a minha aprovação.
Com prata e ouro
    fizeram ídolos para si,
para a sua própria destruição.
"Doravante, ele se lembrará
    da impiedade deles
e castigará os seus pecados:
    eles voltarão para o Egito.
Israel esqueceu o seu Criador
    e construiu palácios;

Judá fortificou muitas cidades.
Mas sobre as suas cidades
enviarei fogo
que consumirá suas fortalezas."

Os dias de castigo vêm,
os dias de punição estão chegando.
Que Israel o saiba.
Por serem tantos os pecados,
e tão grande a hostilidade de vocês,
o profeta é considerado um tolo,
e o homem inspirado, um louco violento.

Oseias sabia por experiência própria que Deus não daria as costas àqueles que confessassem sua avareza, ódio e orgulho. Pediu-Lhe que fosse o Redentor e o Senhor Soberano dessas pessoas. O profeta convocou sua nação para fazer exatamente isso.

Preparem o que vão dizer
e voltem para o Senhor.
Peçam-lhe:
"Perdoa todos os nossos pecados
e, por misericórdia, recebe-nos,
para que te ofereçamos
o fruto dos nossos lábios."

Embora os profetas tivessem alertado o povo, o reino setentrional de Israel não lhes deu ouvidos. As pessoas endureceram seus corações e continuaram se recusando a adorar o único e verdadeiro Deus digno de adoração. Os reis de Israel conduziram o povo ao caos espiritual e social. Entre Jeroboão II e Oseias houve uma série de cinco outros reis, conhecidos por fazerem "o mal aos olhos do Senhor". Todos eles chegaram ao poder e abandonaram seus reinados ou foram assassinados.

Até quando o povo continuaria a se rebelar e a desonrar seu Criador? A nação de Israel não tardou a colher as consequências do seu pecado.

Capítulo 19

A queda dos reinos

No décimo segundo ano do reinado de Acaz, rei de Judá, Oseias, filho de Elá, tornou-se rei de Israel em Samaria e reinou durante nove anos. Ele fez o que o Senhor reprova, mas não como os reis de Israel que o precederam.

Salmaneser, rei da Assíria, foi atacar Oseias, que fora seu vassalo e lhe pagara tributo. Mas o rei da Assíria descobriu que Oseias era um traidor, pois havia mandado emissários a Sô, rei do Egito, e já não pagava mais o tributo, como costumava fazer anualmente. Por isso, Salmaneser mandou lançá-lo na prisão. O rei da Assíria invadiu todo o país, marchou contra Samaria e a sitiou por três anos. No nono ano do reinado de Oseias, o rei assírio conquistou Samaria e deportou os israelitas para a Assíria. Ele os colocou em Hala, em Gozã do rio Habor e nas cidades dos medos.

Israel é castigado com o exílio

Tudo isso aconteceu porque os israelitas haviam pecado contra o Senhor, o seu Deus, que os tirara do Egito, de sob o poder do faraó, rei do Egito. Eles prestaram culto a outros deuses e seguiram os costumes das nações que o Senhor havia expulsado de diante deles, bem como os costumes que os reis de Israel haviam introduzido.

Causaram males que levaram o Senhor à ira. Prestaram culto a ídolos, embora o Senhor houvesse dito: "Não façam isso." O Senhor advertiu Israel e Judá por intermédio de todos os seus profetas e videntes: "Desviem-se de seus maus caminhos. Obedeçam às minhas ordenanças e aos meus decretos, de acordo com toda a Lei que ordenei aos seus antepassados que obedecessem e que lhes entreguei por meio de meus servos, os profetas." Mas eles não quiseram ouvir e foram obstinados como seus antepassados, que não confiaram no Senhor, o seu Deus.

Assim, o povo de Israel foi tirado de sua terra e levado para o exílio na Assíria, onde ainda hoje permanece.

Então o Senhor indignou-se muito contra Israel e o expulsou da sua presença. Só a tribo de Judá escapou.

"Não façais prisioneiros." "Aterrorizai os conquistados." Estas eram práticas comuns aos antigos impérios. Para garantir-se contra rebeliões organizadas, Sargom II, da Assíria, deportou mais de 27 mil pessoas do reino setentrional de Israel para cidades distantes depois que suas defesas ruíram. A identidade

de uma nação - um povo com uma causa e uma herança em comum - desapareceu.

No reino meridional de Judá, o jovem rei Ezequias observava o desenrolar desses acontecimentos. Como governar uma pequena nação quando o maior exército do mundo está acampado na sua fronteira norte?

No terceiro ano do reinado de Oseias, filho de Elá, rei de Israel, Ezequias, filho de Acaz, rei de Judá, começou a reinar. Ele tinha vinte e cinco anos de idade quando começou a reinar e reinou vinte e nove anos em Jerusalém. O nome de sua mãe era Abia, filha de Zacarias. Ele fez o que o Senhor aprova, tal como tinha feito Davi, seu predecessor. Removeu os altares idólatras, quebrou as colunas sagradas e derrubou os postes sagrados.

Ezequias confiava no Senhor, o Deus de Israel. Nunca houve ninguém como ele entre todos os reis de Judá, nem antes nem depois dele.

E o Senhor estava com ele; era bem-sucedido em tudo o que fazia. Rebelou-se contra o rei da Assíria e deixou de submeter-se a ele.

A ameaça de Senaquerib a Jerusalém

De Laquis o rei da Assíria enviou ao rei Ezequias, em Jerusalém, seu general, seu oficial principal e seu comandante de campo com um grande exército. Eles subiram a Jerusalém e pararam no aqueduto do açude superior, na estrada que leva ao campo do Lavandeiro. Eles chamaram pelo rei; e o administrador do palácio, Eliaquim, filho de Hilquias, o secretário Sebna e o arquivista real Joá, filho de Asafe, foram ao seu encontro. O comandante de campo lhes disse: "Digam a Ezequias que assim diz o grande rei, o rei da Assíria: 'Em que você baseia sua confiança? Você pensa que meras palavras já são estratégia e poderio militar. Em quem você está confiando para se rebelar contra mim? Você está confiando no Egito, aquele caniço quebrado que espeta e perfura a mão do homem que nele se apoia! Assim o faraó, rei do Egito, retribui a quem confia nele. Mas, se vocês me disserem: Estamos confiando no Senhor, o nosso Deus; não é ele aquele cujos santuários e altares Ezequias removeu, dizendo a Judá e Jerusalém: Vocês devem adorar diante deste altar em Jerusalém? Aceite, pois, agora, o desafio do meu senhor, o rei da Assíria: Eu lhe darei dois mil cavalos se você tiver cavaleiros para eles! Como você pode derrotar o mais insignificante guerreiro do meu senhor? Você confia no Egito para lhe dar carros de guerra e cavaleiros? Além disso, será que vim atacar e destruir este local sem uma palavra da parte do Senhor? O próprio Senhor me disse que marchasse contra este país e o destruísse.'"

Então o comandante levantou-se e gritou em hebraico: "Ouçam a palavra do grande rei, o rei da Assíria! Assim diz o rei: 'Não deixem que Ezequias os engane. Ele não poderá livrá-los de minha mão.' Não deixem Ezequias convencê-los a confiar no Senhor, quando diz: 'Com certeza o Senhor nos livrará; esta cidade não será entregue nas mãos do rei da Assíria.' Não deem ouvidos a Ezequias. Assim diz o rei da Assíria: 'Façam paz comigo e rendam-se. Então cada um de vocês comerá de sua própria videira e de sua própria figueira e beberá água de sua própria cisterna, até que eu venha e os leve para uma terra igual à de vocês, terra de cereais, de vinho, terra de pão e de vinhas, terra de oliveiras e de mel. Escolham a vida e não a morte!' Não deem ouvidos a Ezequias, pois ele os está iludindo quando diz: 'O Senhor nos livrará.' Será que o deus de alguma nação conseguiu livrar sua terra das mãos do rei da Assíria?"

Senaqueribe, rei da Assíria, enviou seu comandante-chefe para intimidar Ezequias, um governante fiel a Deus. Claramente em inferioridade numérica e prestes a encarar uma derrota brutal, Ezequias recorreu ao profeta Isaías: "Por favor, reze pela ajuda do Senhor", ele suplicou, rasgando suas roupas e vestindo um saco de aniagem em total desespero. Isaías, falando em nome de Deus, assegurou a Ezequias de que o Todo-poderoso liquidaria Senaqueribe e seu exército. Com todas as rotas de fuga cortadas, a oração dos humildes trouxe resultados dramáticos.

Ora, Senaqueribe fora informado de que Tiraca, rei etíope do Egito, estava vindo lutar contra ele, de modo que mandou novamente mensageiros a Ezequias com este recado: "Digam a Ezequias, rei de Judá: 'Não deixe que o Deus no qual você confia o engane, quando diz: Jerusalém não cairá nas mãos do rei da Assíria. Com certeza, você ouviu o que os reis da Assíria têm feito a todas as nações, como as destruíram por completo. E você haveria de livrar-se? Acaso os deuses das nações que foram destruídas por meus antepassados as livraram: os deuses de Gozã, Harã, Rezefe e do povo de Éden, que estava em Telassar? Onde estão o rei de Hamate, o rei de Arpade, o rei da cidade de Sefarvaim, de Hena e de Iva?'"

Ezequias recebeu a carta das mãos dos mensageiros e a leu. Então subiu ao templo do Senhor e estendeu-a perante o Senhor. E Ezequias orou ao Senhor: "Senhor, Deus de Israel, que reinas em teu trono entre os querubins, só tu és Deus sobre todos os reinos da terra. Tu criaste os céus e a terra. Dá ouvidos, Senhor, e vê; ouve as palavras que Senaqueribe enviou para insultar o Deus vivo. É verdade, Senhor, que os reis assírios fizeram de todas essas nações e seus territórios um deserto. Atiraram os deuses delas no fogo e os destruíram, pois não eram deuses; eram apenas madeira e pedra moldadas por mãos humanas. Agora, Senhor nosso Deus, salva-nos das mãos dele, para que todos os reinos da terra saibam que só tu, Senhor, és Deus."

Então Isaías, filho de Amoz, enviou uma mensagem a Ezequias: "Assim diz o Senhor, o Deus de Israel: 'Ouvi a sua oração acerca de Senaqueribe, o rei da Assíria.' Esta é a palavra que o Senhor falou contra ele:

'De quem você zombou
    e contra quem blasfemou?[1]
Contra quem você levantou a voz
    e contra quem ergueu o
    seu olhar arrogante?
Contra o Santo de Israel!
Sim, você insultou o Senhor
    por intermédio dos seus mensageiros.

'Eu, porém, sei onde você está,
sei quando você sai e quando retorna;
e como você se enfurece contra mim.
Sim, contra mim você se enfureceu
e o seu atrevimento
    chegou aos meus ouvidos.
Por isso, porei o meu anzol
    em seu nariz
e o meu freio em sua boca
e o farei voltar
    pelo caminho por onde veio.'

"Portanto, assim diz o Senhor acerca do rei da Assíria:

'Ele não invadirá esta cidade
    nem disparará contra ela
    uma só flecha.
Não a enfrentará com escudo,
nem construirá rampas de cerco
    contra ela.
Pelo caminho por onde veio, voltará;
não invadirá esta cidade',
    declara o Senhor.
'Eu a defenderei e a salvarei,
por amor de mim mesmo
    e do meu servo Davi.'"

---

1. **Blasfemar:** Falar ou agir com a intenção de insultar ou depreciar Deus.

Naquela noite, o anjo do Senhor saiu e matou cento e oitenta e cinco mil homens no acampamento assírio. Quando o povo se levantou na manhã seguinte, o lugar estava repleto de cadáveres! Então Senaqueribe, rei da Assíria, desmontou o acampamento e foi embora. Voltou para Nínive e lá ficou.

Certo dia, enquanto ele estava adorando no templo de seu deus Nisroque, seus filhos Adrameleque e Sarezer mataram-no à espada e fugiram para a terra de Ararate. Seu filho Esar-Hadom foi o seu sucessor.

Isaías, o maior dos profetas escribas, iniciou sua obra em Jerusalém (capital de Judá, o reino do sul) em 740 a.C., pouco antes da morte do rei Uzias. Ganhou notoriedade durante o reinado de Ezequias, ajudando o rei a resistir à ameaça assíria contando apenas com Deus. Tal estratégia deve ter sido sustentada por uma fé sólida como uma rocha, do tipo que Isaías claramente praticava e desenvolvia. Deus o convocou para servi-Lo por meio de uma visão poderosa – um começo adequado para uma vocação profética que duraria quase 60 anos.

O chamado de Isaías

No ano em que o rei Uzias morreu, eu vi o Senhor assentado num trono alto e exaltado, e a aba de sua veste enchia o templo. Acima dele estavam serafins;[2] cada um deles tinha seis asas: com duas cobriam o rosto, com duas cobriam os pés e com duas voavam. E proclamavam uns aos outros:

"Santo, santo, santo
é o Senhor dos Exércitos,
a terra inteira está cheia da sua glória."

Ao som das suas vozes os batentes das portas tremeram, e o templo ficou cheio de fumaça. Então gritei: Ai de mim! Estou perdido! Pois sou um homem de lábios impuros e vivo no meio de um povo de lábios impuros; os meus olhos viram o Rei, o Senhor dos Exércitos!

Logo um dos serafins voou até mim trazendo uma brasa viva, que havia tirado do altar com uma tenaz. Com ela tocou a minha boca e disse: "Veja, isto tocou os seus lábios; por isso, a sua culpa será removida e o seu pecado será perdoado."

Então ouvi a voz do Senhor, conclamando: "Quem enviarei? Quem irá por nós?" E eu respondi: Eis-me aqui. Envia-me!

---

2. **Serafins:** Seres angelicais que se ocupavam constantemente do louvor e adoração a Deus.

Falsos profetas atuavam como consultores de relações públicas, contrapondo suas mensagens às expectativas do público. Profetas verdadeiros como Isaías, no entanto, simplesmente falavam a palavra de Deus sem se dobrarem ante as pressões políticas. A mensagem de Isaías trazia algumas notícias más: Jerusalém estava fadada a cair. Uma vez anunciado, esse fato certamente aconteceria.

Vejam! O Soberano,
    O Senhor dos Exércitos,
logo irá retirar de Jerusalém e de Judá
    todo o seu sustento,
tanto o suprimento de comida
    como o suprimento de água,
    e também o herói e o guerreiro,
    o juiz e o profeta,
o adivinho e a autoridade,
o capitão e o nobre,
    o conselheiro, o conhecedor de magia
e o perito em maldições.

Jerusalém está em ruínas,
    e o povo de Judá está caído;
suas palavras e suas ações
    são contra o Senhor,
desafiando a sua presença gloriosa.
O jeito como olham testifica contra eles;
eles mostram seu pecado como Sodoma,
    sem nada esconder.
Ai deles! Pois trouxeram desgraça
    sobre si mesmos.

Meu povo, os seus guias o enganam
    e o desviam do caminho.

Senhor toma o seu lugar no tribunal;
    levanta-se para julgar os povos.

Escutem! Há um barulho nos montes
    como o de uma grande multidão!

Escutem! É uma gritaria entre os reinos,
como nações formando
uma imensa multidão!
O Senhor dos Exércitos está reunindo
um exército para a guerra.
Eles vêm de terras distantes,
lá dos confins dos céus;
o Senhor e as armas da sua ira,
para destruírem todo o país.

O povo deu as costas a Deus e encarou as consequências do exílio e da opressão. Porém a história estava longe do fim. O Altíssimo não os esquecera e ansiava por despejar sua compaixão e graça sobre eles novamente. As profecias de Isaías também previram que, após o julgamento de Deus, os israelitas retornariam para casa e reconstruiriam sua nação, revelando com clareza que Ele estava no controle dos eventos do mundo.

O Senhor terá compaixão de Jacó;
tornará a escolher Israel
e os estabelecerá em sua própria terra.
Os estrangeiros se juntarão a eles
e farão parte da descendência de Jacó.
Povos os apanharão e os levarão
ao seu próprio lugar.
E a descendência de Israel
possuirá os povos
como servos e servas
na terra do Senhor.
Farão prisioneiros os seus captores
e dominarão sobre os seus opressores.

No dia em que o Senhor der descanso do sofrimento, da perturbação e da cruel escravidão que sobre você foi imposta, você zombará assim do rei da Babilônia:

Como chegou ao fim o opressor!
Sua arrogância acabou-se!
O Senhor quebrou a vara dos ímpios,
o cetro dos governantes.

A restauração de Israel

Assim diz o Senhor:

"No tempo favorável
  eu responderei a você
e no dia da salvação eu o ajudarei;
eu o guardarei e farei que você
  seja uma aliança para o povo,
para restaurar a terra e distribuir
  suas propriedades abandonadas,
para dizer aos cativos: 'Saiam',
e àqueles que estão nas trevas: 'Apareçam!'"

Gritem de alegria, ó céus,
  regozije-se, ó terra;
irrompam em canção, ó montes!
Pois o Senhor consola o seu povo
e terá compaixão de seus afligidos.
Sião, porém, disse:

"O Senhor me abandonou,
  o Senhor me desamparou."

"Haverá mãe que possa esquecer
  seu bebê que ainda mama
e não ter compaixão do filho
  que gerou?
Embora ela possa esquecê-lo,
  eu não me esquecerei de você!
Veja, eu gravei você
  nas palmas das minhas mãos;
seus muros estão sempre diante de mim.
Seus filhos apressam-se em voltar,
e aqueles que a despojaram
  afastam-se de você.
Erga os olhos e olhe ao redor;
todos os seus filhos se ajuntam
  e vêm até você.
Juro pela minha vida

que você se vestirá deles todos como ornamento;
você se vestirá deles como uma noiva", declara o Senhor.

"Então você saberá que eu sou o Senhor;
aqueles que esperam em mim
não ficarão decepcionados.

"Então todo mundo saberá que eu,
O Senhor, sou o seu Salvador,
seu Redentor, o Poderoso de Jacó."

O retorno prometido do reino de Judá seria o precursor de algo muito mais glorioso que estava por vir – o mais elevado plano de Deus para dar ao seu povo liberdade e glória eternas. As profecias de Isaías terminavam com a promessa de um servo sofredor, o Messias, que lideraria um reino glorioso sem fim.

Nesse meio-tempo, o fiel rei Ezequias morreu e foi sepultado. Infelizmente, seu filho, Manassés, não seguiu o exemplo de lealdade do pai. Durante o seu reinado, ele se empenhou em apoiar práticas religiosas abomináveis e uma opressão brutal. Os virtuosos[3] deviam recordar com carinho os bons e velhos tempos de Ezequias ao suportarem as traições e os pactos do novo governante.

Manassés tinha doze anos de idade quando começou a reinar e reinou cinquenta e cinco anos em Jerusalém. Ele fez o que o Senhor reprova, imitando as práticas detestáveis das nações que o Senhor havia expulsado de diante dos israelitas. Reconstruiu os altares idólatras que seu pai Ezequias havia demolido, ergueu altares para os baalins e fez postes sagrados. Inclinou-se diante de todos os exércitos celestes e lhes prestou culto. Construiu altares no templo do Senhor, do qual o Senhor tinha dito: "Meu nome permanecerá para sempre em Jerusalém."

Nos dois pátios do templo do Senhor ele construiu altares para todos os exércitos celestes. Chegou a queimar seus filhos em sacrifício no vale de Ben-Hinom; praticou feitiçaria, adivinhação e magia, e recorreu a médiuns e aos que consultavam os espíritos. Fez o que o Senhor reprova, provocando-o à ira. Ele tomou a imagem esculpida que havia feito e a colocou no templo, do qual Deus tinha dito a Davi e a seu filho Salomão: "Neste templo e em Jerusalém, que escolhi entre todas as tribos de Israel, porei meu nome para sempre. Não farei os pés dos israelitas deixarem novamente a terra que dei aos seus antepassados se tão somente tiverem o cuidado de fazer tudo o

---

3. **Virtuosos:** Aqueles que valorizam Deus acima de tudo e de todos e cuja vida é dedicada a Lhe prestar obediência.

que lhes ordenei em todas as leis, decretos e ordenanças dados por meio de Moisés." Manassés, porém, desencaminhou Judá e o povo de Jerusalém, ao ponto de fazerem pior do que as nações que o Senhor havia destruído diante dos israelitas.

E o Senhor disse por meio dos seus servos, os profetas: "Manassés, rei de Judá, cometeu esses atos repugnantes. Agiu pior do que os amorreus que o antecederam e também levou Judá a pecar com os ídolos que fizera. Portanto, assim diz o Senhor, o Deus de Israel: Causarei uma tal desgraça em Jerusalém e em Judá que os ouvidos de quem ouvir a respeito ficarão zumbindo. Estenderei sobre Jerusalém o fio de medir utilizado contra Samaria e o fio de prumo usado contra a família de Acabe. Limparei Jerusalém como se limpa um prato, lavando-o e virando-o de cabeça para baixo. Abandonarei o remanescente da minha herança e o entregarei nas mãos de seus inimigos. Serão despojados e saqueados por todos os seus adversários, pois fizeram o que eu reprovo e me levaram à ira, desde o dia em que os seus antepassados saíram do Egito até hoje."

Manassés também derramou tanto sangue inocente que encheu Jerusalém de um extremo a outro; além disso levou Judá a cometer pecado e fazer o que o Senhor reprova.

Manassés mereceu plenamente o julgamento de Deus. No entanto, em Sua graça, Deus também deu ao rei a oportunidade de se arrepender.

O Senhor falou a Manassés e a seu povo, mas não lhe deram atenção.

Por isso, o Senhor enviou contra eles os comandantes do exército do rei da Assíria, os quais prenderam Manassés, colocaram-lhe um gancho no nariz e algemas de bronze e o levaram para a Babilônia. Em sua angústia, ele buscou o favor do Senhor, o seu Deus, e humilhou-se muito diante do Deus dos seus antepassados. Quando ele orou, o Senhor o ouviu e atendeu o seu pedido e o trouxe de volta a Jerusalém e a seu reino. E assim Manassés reconheceu que o Senhor é Deus.

Quaisquer sentimentos de esperança renovada que o arrependimento de Manassés possa ter trazido caíram por terra quando seu filho Amon assumiu o trono após a sua morte.

Amom tinha vinte e dois anos de idade quando começou a reinar e reinou dois anos em Jerusalém. Ele fez o que o Senhor reprova; à semelhança de seu pai, Amom prestou culto e ofereceu sacrifícios a todos os ídolos que Manassés havia feito. Mas, ao contrário de seu pai Manassés, não se humilhou diante do Senhor; antes, aumentou a sua culpa. Os oficiais de Amom conspiraram contra ele e o assassinaram em seu palácio. Mas o povo matou todos os que haviam conspirado contra o rei Amom e proclamou rei, em seu lugar, seu filho Josias.

Josias, o filho de Amon, tinha apenas oito anos de idade quando começou seu reinado. Porém, aos 16, ele passou a buscar o Senhor com seriedade e aos 20 começou a purificar a nação da idolatria. Josias reinou com sucesso, e até com distinção, por 31 anos de renovação e reforma espiritual. Durante seu governo, ele encontrou o antigo Livro da Lei de Moisés enquanto reformava o templo em ruínas e seguiu seus preceitos com fervor. Dedicou-se de corpo e alma a redescobrir para todo o povo o modo de viver desejado por Deus. No entanto, uma decisão política fatal o levou à morte na batalha contra o faraó Neco, em 609 a.C.

Mais uma vez o filho não seguiu os passos do pai. Jeoacaz, filho de Josias, foi um rei patético e ficou apenas três meses no poder. Em seguida veio Jeoaquim, que não se saiu melhor. Durante seu reinado, Nabucodonosor invadiu Judá, fazendo alguns reféns, entre eles Daniel. Jeoaquim tornou-se um vassalo do império babilônico. Os alertas proféticos de destruição aos poucos se tornavam realidade.

Jeoaquim tinha 25 anos de idade quando começou a reinar e reinou 11 anos em Jerusalém.

Ele fez o que o Senhor reprova, tal como os seus antepassados.

Durante o reinado de Jeoaquim, Nabucodonosor, rei da Babilônia, invadiu o país, e Jeoaquim tornou-se seu vassalo por três anos. Então ele voltou atrás e rebelou-se contra Nabucodonosor. O Senhor enviou contra ele tropas babilônicas, aramaicas, moabitas e amonitas para destruir Judá, de acordo com a palavra do Senhor proclamada por seus servos, os profetas.

Jeoaquim descansou com os seus antepassados. Seu filho Joaquim foi o seu sucessor.

O reinado de Joaquim, rei de Judá

Joaquim tinha dezoito anos de idade quando começou a reinar e reinou três meses em Jerusalém. O nome da sua mãe era Neusta, filha de Elnatã; ela era de Jerusalém. Ele fez o que o Senhor reprova, tal como seu pai.

Naquela ocasião, os oficiais de Nabucodonosor, rei da Babilônia, avançaram até Jerusalém e a cercaram. Enquanto os seus oficiais a cercavam, o próprio Nabucodonosor veio à cidade. Então Joaquim, rei de Judá, sua mãe, seus conselheiros, seus nobres e seus oficiais se entregaram; todos se renderam a ele. No seu oitavo ano de reinado, Nabucodonosor, rei da Babilônia, levou Joaquim como prisioneiro.

Conforme o Senhor tinha declarado, ele retirou todos os tesouros do templo do Senhor e do palácio real, quebrando todos os utensílios de ouro que Salomão, rei de Israel, fizera para o templo do Senhor. Levou para o exílio toda Jerusalém: todos os líderes e os homens de combate, todos os artesãos e artífices. Era um total de dez mil pessoas; só ficaram os mais pobres. Nabucodonosor levou prisioneiro Joaquim para a Babilônia. Também levou de Jerusalém para a Babilônia a mãe do rei, suas mulheres, seus oficiais e os líderes do país. O rei da Babilônia também deportou para a Babilônia toda a força de sete mil homens de combate, homens fortes e preparados para a guerra, e mil artífices e artesãos. Fez Matanias, tio de Joaquim, reinar em seu lugar, e mudou seu nome para Zedequias.

Uma calamidade pode muitas vezes levar a uma mudança de opinião e de atitude. Porém não foi assim em Jerusalém. A relação do povo com Deus, já estremecida, decaiu a ponto de Ele permitir que o poderoso rei Nabucodonosor começasse a esmagar a Cidade Santa, o último bastião de esperança para Judá. Por ordem de Nabucodonosor, um segundo grupo de israelitas, ainda maior do que o primeiro, foi deportado para a Babilônia em 597 a.C. Entre eles havia um jovem sacerdote chamado Ezequiel, um homem de inteligência afiada, enorme talento literário e perspicácia espiritual.

Ezequiel transmitiu a seus companheiros de exílio a mensagem austera do julgamento de Deus. Jerusalém ainda estava de pé, porém aquele era o começo do fim. Em sua visão, Ezequiel recebeu suas ordens e sua mensagem profética: a descrença conduz à ruína.

Os seres viventes e a glória do Senhor

Era o quinto dia do quarto mês do trigésimo ano, e eu estava entre os exilados, junto ao rio Quebar. Abriram-se os céus, e eu tive visões de Deus.

Olhei e vi uma tempestade que vinha do norte: uma nuvem imensa, com relâmpagos e faíscas, cercada por uma luz brilhante. O centro do fogo parecia metal reluzente, e no meio do fogo havia quatro vultos que pareciam seres viventes. Na aparência, tinham forma de homem, mas cada um deles tinha quatro rostos e quatro asas.

Acima das cabeças dos seres viventes estava o que parecia uma abóbada, reluzente como gelo e impressionante. Debaixo dela, cada ser vivente estendia duas asas ao que lhe estava mais próximo e com as outras duas asas cobria o corpo. Ouvi o ruído de suas asas quando voavam. Parecia o ruído de muitas águas, parecia a voz do Todo-poderoso. Era um ruído estrondoso, como o de um exército. Quando paravam, fechavam as asas. Então veio uma voz de cima da abóbada sobre as suas cabeças, enquanto eles ficavam de asas fechadas.

Acima da abóbada sobre as suas cabeças havia o que parecia um trono de safira e bem no alto – sobre o trono – havia uma figura que parecia um homem.

Vi que a parte de cima do que seria a cintura dele parecia ser de um metal brilhante, como se estivesse cheia de fogo, e a parte de baixo parecia fogo; e uma luz brilhante o cercava. Essa era a aparência da figura da glória do Senhor. Quando a vi, prostrei-me com o rosto em terra e ouvi a voz de alguém falando.

Ele me disse: "Filho do homem, fique em pé, pois eu vou falar com você." Enquanto ele falava, o Espírito entrou em mim e me pôs em pé, e ouvi aquele que me falava. Ele disse: "Filho do homem, vou enviá-lo aos israelitas, nação rebelde que se revoltou contra mim; até hoje eles e os seus antepassados têm se revoltado contra mim. O povo a quem vou enviá-lo é obstinado e rebelde. Diga-lhes: 'Assim diz o Soberano, o Senhor.'

"E você, filho do homem, não tenha medo dessa gente nem das suas palavras. Não tenha medo, ainda que o cerquem espinheiros e você viva entre escorpiões. Não tenha medo do que disserem, nem fique apavorado ao vê-los, embora sejam uma nação rebelde. Você lhes falará as minhas palavras, quer ouçam quer deixem de ouvir, pois são rebeldes."

Esta palavra do Senhor veio a mim: "Filho do homem, vire o rosto contra os montes de Israel; profetize contra eles e diga: Ó montes de Israel, ouçam a palavra do Soberano, o Senhor. Assim diz o Soberano, o Senhor, aos montes e às colinas, às ravinas e aos vales: Estou prestes a trazer a espada contra vocês; vou destruir os seus altares idólatras. Seus altares serão arrasados, seus altares de incenso serão esmigalhados, e abaterei o seu povo na frente dos seus ídolos. Porei os cadáveres dos israelitas em frente dos seus ídolos e espalharei os seus ossos ao redor dos seus altares. Onde quer que você viva, as cidades serão devastadas e os altares idólatras serão arrasados e devastados, seus ídolos serão esmigalhados e transformados em ruínas, seus altares de incenso serão derrubados e tudo o que vocês realizaram será apagado. Seu povo cairá morto no meio de vocês, e vocês saberão que eu sou o Senhor.

"Mas pouparei alguns; alguns de vocês escaparão da espada quando forem espalhados entre as terras e nações. Ali, nas nações para onde vocês tiverem sido levados cativos, aqueles que escaparem se lembrarão de mim; lembrarão como fui entristecido por seus corações adúlteros, que se desviaram de mim, e por seus olhos, que cobiçaram os seus ídolos. Terão nojo de vocês mesmos por causa do mal que fizeram e por causa de todas as suas práticas repugnantes. E saberão que eu sou o Senhor, que não ameacei em vão trazer esta desgraça sobre eles."

Assim diz o Soberano, o Senhor: "Eis a desgraça! Uma desgraça jamais imaginada vem aí.

"Chegou a hora, o dia está próximo; há pânico, e não alegria, sobre os montes.

Estou prestes a derramar a minha ira sobre você e esgotar a minha indignação contra você; eu a julgarei de acordo com a sua conduta e a retribuirei por todas as suas práticas repugnantes."

As coisas iam de mal a pior em Jerusalém. Deus, no entanto, continuava a buscar e advertir seu povo. Outro profeta, chamado Jeremias, foi convocado a servir o Senhor depois de uma conversa muito interessante com Ele.

A palavra do Senhor veio a mim, dizendo:

"Antes de formá-lo no ventre
eu o escolhi;
antes de você nascer, eu o separei
e o designei profeta às nações."

Mas eu disse: "Ah, Soberano Senhor! Eu não sei falar, pois ainda sou muito jovem."

O Senhor, porém, me disse: "Não diga que é muito jovem. A todos a quem eu o enviar, você irá e dirá tudo o que eu ordenar a você. Não tenha medo deles, pois eu estou com você para protegê-lo."

O Senhor estendeu a mão, tocou a minha boca e disse-me: "Agora ponho em sua boca as minhas palavras. Veja! Eu hoje dou a você autoridade sobre nações e reinos, para arrancar, despedaçar, arruinar e destruir; para edificar e plantar."

"E hoje eu faço de você uma cidade fortificada, uma coluna de ferro e um muro de bronze, contra toda a terra: contra os reis de Judá, seus oficiais, seus sacerdotes e o povo da terra. Eles lutarão contra você, mas não o vencerão, pois eu estou com você e o protegerei."

Sabendo que Deus estava com ele, Jeremias abandonou seus medos. Conhecido como o "profeta lamentador", Jeremias sentia profundamente o fardo dos pecados dos israelitas e o julgamento que estava por vir. O fato de sua mensagem ser rejeitada não ajudava. Ele falou a respeito da destruição que recairia sobre Jerusalém e do julgamento de Deus pelos pecados de idolatria e soberba do povo.

Contudo, Jeremias também revelou outra verdade que conhecia: a misericórdia de Deus era infalível, embora o abrandamento da punição parecesse distante. Apesar de todas as edificações derrubadas, das vidas perdidas em batalhas fracassadas e das vidas dissipadas em busca de prazeres pagãos, a clemência de Deus resistia – uma clemência cheia de ternura que seria derramada sobre uma nação que O havia abandonado. Para o amor majestoso de Deus, nada é impossível.

Ouça a palavra do Senhor,
    ó comunidade de Jacó,
todos os clãs da comunidade de Israel.

"Alguma nação já trocou
    os seus deuses?
E eles nem sequer são deuses!
Mas o meu povo trocou a sua Glória
    por deuses inúteis.
Espantem-se diante disso, ó céus!
Fiquem horrorizados e abismados",
diz o Senhor.
"O meu povo cometeu dois crimes:
eles me abandonaram,
    a mim, a fonte de água viva;
e cavaram as suas próprias cisternas,
    cisternas rachadas
    que não retêm água.

"Há muito tempo
    eu quebrei o seu jugo
    e despedacei as correias que a prendiam.
Mas você disse: 'Eu não servirei!'

"Eu a plantei como uma videira seleta,
    de semente absolutamente pura.
Como, então, contra mim
    você se tornou uma videira
    degenerada e selvagem?
Mesmo que você se lave com soda
    e com muito sabão,
a mancha da sua iniquidade
    permanecerá diante de mim",
diz o Soberano Senhor.

"Assim como o ladrão
    fica envergonhado
    quando é apanhado em flagrante,
também a comunidade de Israel
    ficará envergonhada:
seus reis e oficiais,

seus sacerdotes e profetas.
Pois dizem à madeira:
    'Você é meu pai'
e à pedra: 'Você me deu à luz.'
Voltaram para mim as costas
    e não o rosto,
mas na hora da adversidade dizem:
    'Venha salvar-nos!'
E onde estão os deuses
    que você fabricou para si?
Que eles venham,
    se puderem salvá-la
    na hora da adversidade!
Porque os seus deuses
    são tão numerosos
    como as suas cidades, ó Judá!
"Anunciem em Judá! Proclamem em Jerusalém:
'Toquem a trombeta por toda esta terra!'
Gritem bem alto e digam: 'Reúnam-se!
    Fujamos para as cidades fortificadas!'
Ergam o sinal indicando Sião.
Fujam sem demora em busca de abrigo!
Porque do norte eu estou
    trazendo desgraça,
uma grande destruição."

Um leão saiu da sua toca,
um destruidor de nações
    se pôs a caminho.
Ele saiu de onde vive
    para arrasar a sua terra.
Suas cidades ficarão em ruínas
    e sem habitantes.
Por isso, ponham vestes de lamento,
    chorem e gritem,
pois o fogo da ira do Senhor
    não se desviou de nós.

"Percorram as ruas de Jerusalém,
    olhem e observem.

Procurem em suas praças
    para ver se podem encontrar
    alguém que aja com honestidade
    e que busque a verdade.
Então eu perdoarei a cidade."

Escutem e deem atenção,
    não sejam arrogantes,
pois o Senhor falou.
    Deem glória ao Senhor, ao seu Deus,
    antes que ele traga trevas,
antes que os pés de vocês tropecem
    nas colinas ao escurecer.
Vocês esperam a luz,
mas ele fará dela
    uma escuridão profunda;
sim, ele a transformará
    em densas trevas.
    Mas, se vocês não ouvirem,
    eu chorarei em segredo
por causa do orgulho de vocês.
Chorarei amargamente,
    e de lágrimas
    os meus olhos transbordarão,
porque o rebanho do Senhor
foi levado para o cativeiro.

Diga-se ao rei e à rainha-mãe:
    "Desçam do trono,
    pois as suas coroas gloriosas
    caíram de sua cabeça."
As cidades do Neguebe
    estão bloqueadas
e não há quem nelas consiga entrar.
Todo o Judá foi levado para o exílio,
    todos foram exilados.

As palavras de Jeremias eram claras, porém os reis de Judá se recusaram a dar ouvidos. Eles se tornaram cada vez mais insolentes, ignorando os alertas e a

sabedoria do profeta. Suas táticas fraudulentas e gananciosas estavam destinadas ao fracasso. Finalmente chegou a hora de os reis de Judá encararem todo o poderio militar da Babilônia, impenetrável e sedento de sangue. O fim de Jerusalém se aproximava.

O Senhor, o Deus dos seus antepassados, advertiu-os várias vezes por meio de seus mensageiros, pois ele tinha compaixão de seu povo e do lugar de sua habitação. Mas eles zombaram dos mensageiros de Deus, desprezaram as palavras dele e expuseram ao ridículo os seus profetas, até que a ira do Senhor se levantou contra o seu povo e já não houve remédio.

Zedequias tinha vinte e um anos de idade quando começou a reinar, e reinou onze anos em Jerusalém. Ele fez o que o Senhor, o seu Deus, reprova e não se humilhou diante do profeta Jeremias, que lhe falava como porta-voz do Senhor. Também se revoltou contra o rei Nabucodonosor, que o havia obrigado a fazer um juramento em nome de Deus. Tornou-se muito obstinado e não quis se voltar para o Senhor, o Deus de Israel. Além disso, todos os líderes dos sacerdotes e o povo se tornaram cada vez mais infiéis, seguindo todas as práticas detestáveis das outras nações e contaminando o templo do Senhor, consagrado por ele em Jerusalém.

Então, no nono ano do reinado de Zedequias, no décimo mês, Nabucodonosor, rei da Babilônia, marchou contra Jerusalém com todo o seu exército. Acamparam fora da cidade e construíram torres de assalto ao redor dela. A cidade ficou sob cerco até o décimo primeiro ano do rei Zedequias. Ao chegar o nono dia do quarto mês, a fome era tão severa que não havia comida para o povo.

Tudo indicava que Deus havia abandonado seu povo. Onde estava Sua misericórdia naquele momento? Zedequias e seus aliados queriam que Jeremias interviesse e pedisse a ajuda do Senhor. Em vez disso, ele previu que derrota e morte seriam as consequências dos pecados ininterruptos dos israelitas.

Esta é a palavra que veio a Jeremias da parte do Senhor, quando o rei Zedequias enviou-lhe Pasur, filho de Malquias, e o sacerdote Sofonias, filho de Maaseias. Eles disseram: "Consulte agora o Senhor por nós porque Nabucodonosor, rei da Babilônia, está nos atacando. Talvez o Senhor faça por nós uma de suas maravilhas e, assim, ele se retire de nós." Jeremias, porém, respondeu-lhes: "Digam a Zedequias: Assim diz o Senhor, o Deus de Israel: 'Estou a ponto de voltar contra vocês as armas de guerra que estão em suas mãos, as quais vocês estão usando para combater o rei da Babilônia e os babilônios, que cercam vocês do lado de fora do muro. E eu os reunirei dentro desta cidade. Eu mesmo lutarei contra vocês com mão poderosa e braço forte, com ira, furor e grande indignação. Matarei os habitantes desta cidade, tanto homens como animais; eles morrerão de uma peste terrível. Depois disso', declara o Senhor, 'entregarei Zedequias, rei de Judá, seus conselheiros e o povo desta cidade que sobreviver à peste, à espada e à fome nas mãos de Nabucodonosor, rei da Babilônia, nas mãos dos inimigos deles e daqueles que querem tirar-lhes a vida. Ele os matará pela espada sem piedade nem misericórdia; não terá deles nenhuma compaixão.'

"Digam a este povo: Assim diz o Senhor: 'Ponho diante de vocês o caminho da vida e o caminho da morte. Todo aquele que ficar nesta cidade morrerá pela espada, pela fome ou pela peste. Mas todo o que sair e render-se aos babilônios, que cercam vocês, viverá; esse escapará com vida. Decidi fazer o mal e não o bem a esta cidade', diz o Senhor. 'Ela será entregue nas mãos do rei da Babilônia, e ele a incendiará.'"

Então o muro da cidade foi rompido. O rei e todos os soldados fugiram e saíram da cidade, à noite, na direção do jardim real, pela porta entre os dois muros, embora os babilônios estivessem cercando a cidade. Foram à Arabá, mas os babilônios perseguiram o rei Zedequias e o alcançaram na planície de Jericó. Todos os seus soldados se separaram dele e se dispersaram, e ele foi capturado. Ele foi levado ao rei da Babilônia em Ribla, na terra de Hamate, que o sentenciou. Em Ribla, o rei da Babilônia mandou executar os filhos de Zedequias diante de seus olhos e também matou todos os nobres de Judá. Então mandou furar os olhos de Zedequias e prendê-lo com correntes de bronze e o levou para a Babilônia, onde o manteve na prisão até o dia de sua morte.

No décimo dia do quinto mês, no décimo nono ano de Nabucodonosor, rei da Babilônia, Nebuzaradã, comandante da guarda imperial, que servia o rei da Babilônia, veio a Jerusalém. Ele incendiou o templo do Senhor, o palácio real e todas as casas de Jerusalém. Todos os edifícios importantes foram incendiados por ele. O exército babilônio, sob as ordends da guarda imperial, derrubou todos os muros em torno de Jerusalém. Nebuzaradã deportou para a Babilônia alguns dos mais pobres e o povo que restou na cidade, juntamente com o restante dos artesãos e aqueles que tinham se rendido ao rei da Babilônia. Mas Nebuzaradã deixou para trás o restante dos mais pobres da terra para trabalhar nas vinhas e nos campos.

O comandante da guarda tomou como prisioneiros o sumo sacerdote Seraías, o sacerdote adjunto Sofonias e os três guardas das portas. Dos que ainda estavam na cidade, tomou o oficial encarregado dos homens de combate e sete conselheiros reais. Também tomou o secretário, que era o oficial maior encarregado do alistamento do povo da terra, e sessenta de seus homens que foram encontrados na cidade. O comandante Nebuzaradã tomou todos eles e os levou ao rei da Babilônia em Ribla. Ali, em Ribla, na terra de Hamate, o rei fez com que fossem executados. Assim Judá foi para o cativeiro, longe de sua terra.

Jerusalém havia tombado. No entanto, o profeta Jeremias não foi deportado. Em vez disso, Nabucodonosor o aconselhou a se juntar a Gedalias, o novo governador da região. Pouco depois, Gedalias foi assassinado. Muitos dos judeus que ainda viviam em Judá, temendo uma represália da Babilônia, fugiram para o Egito, forçando Jeremias a acompanhá-los. (A tradição judaica diz que ele foi apedrejado até à morte enquanto vivia no Egito.) Contudo, o coração de Jeremias esteve sempre na cidade sagrada da sua terra natal - antes fervilhante de negócios e orações, agora vazia e silenciosa. O profeta chorou amargamente pelo seu povo.

Como está deserta a cidade,
antes tão cheia de gente!
Como se parece com uma viúva,
a que antes era grandiosa entre as nações!
A que era a princesa das províncias
agora tornou-se uma escrava.
Chora amargamente à noite,
as lágrimas rolam por seu rosto.
De todos os seus amantes,
nenhum a consola.
Todos os seus amigos a traíram;
tornaram-se seus inimigos.

Em aflição e sob trabalhos forçados,
Judá foi levado ao exílio.
Vive entre as nações
sem encontrar repouso.
Todos os que a perseguiram a capturaram
em meio ao seu desespero.

O Senhor fez o que planejou;
cumpriu a sua palavra,
que há muito havia decretado.
Derrubou tudo sem piedade,
permitiu que o inimigo zombasse de você,
exaltou o poder dos seus adversários.

O coração do povo clama ao Senhor.
Ó muro da cidade de Sião,

corram como um rio
    as suas lágrimas dia e noite;
não se permita nenhum descanso
    nem dê repouso à menina dos seus olhos.

Levante-se, grite no meio da noite,
    quando começam as vigílias noturnas;
derrame o seu coração como água
    na presença do Senhor.
Levante para ele as mãos
    em favor da vida de seus filhos,
que desmaiam de fome
    nas esquinas de todas as ruas.

Todavia, lembro-me também
    do que pode me dar esperança:
Graças ao grande amor do Senhor
    é que não somos consumidos,
pois as suas misericórdias são inesgotáveis.
Renovam-se cada manhã;
    grande é a sua fidelidade!
Digo a mim mesmo:
    A minha porção é o Senhor;
portanto, nele porei a minha esperança.

O Senhor é bom para com aqueles
    cuja esperança está nele,
para com aqueles que o buscam;
é bom esperar tranquilo
    pela salvação do Senhor.

Lembra-te, Senhor,
    do que tem acontecido conosco;
olha e vê a nossa desgraça.
Nossa herança foi entregue aos estranhos,
    nossas casas, aos estrangeiros.
Somos órfãos de pai,
    nossas mães são como viúvas.
Temos que comprar a água que bebemos;
    nossa lenha, só conseguimos pagando.

Aqueles que nos perseguem
    estão bem próximos;
estamos exaustos e não temos como descansar.
Dos nossos corações fugiu a alegria;
nossas danças se transformaram
    em lamentos.
A coroa caiu da nossa cabeça.
    Ai de nós, porque temos pecado!

Tu, Senhor, reinas para sempre;
teu trono permanece
    de geração em geração.
Por que motivo então te esquecerias de nós?
Restaura-nos para ti, Senhor,
para que voltemos;
renova os nossos dias como os de antigamente.

Mesmo enfrentando tristezas e tragédias, Jeremias confiava na misericórdia de Deus - assim como Ezequiel. Antes de Jerusalém ser subjugada pelos babilônios, o profeta Ezequiel alertara o povo de que a destruição estava por vir. E, ainda assim, quando Ezequiel e seus companheiros de exílio na Babilônia receberam a notícia de que a cidade havia tombado, sua mensagem passou a ser de esperança. Embora o povo tivesse dado as costas a Deus, eles voltariam a receber, imerecidamente, graça e clemência em abundância.

"Por isso, diga à nação de Israel: Assim diz o Soberano, o Senhor: Não é por sua causa, ó nação de Israel, que farei essas coisas, mas por causa do meu santo nome, que vocês profanaram entre as nações para onde foram. Mostrarei a santidade do meu santo nome, que foi profanado entre as nações, o nome que vocês profanaram no meio delas. Então as nações saberão que eu sou o Senhor, palavra do Soberano, o Senhor, quando eu me mostrar santo por meio de vocês diante dos olhos delas. Pois eu os tirarei dentre as nações, os ajuntarei do meio de todas as terras e os trarei de volta para a sua própria terra. Aspergirei água pura sobre vocês e ficarão puros; eu os purificarei de todas as suas impurezas e de todos os seus ídolos. Darei a vocês um coração novo e porei um espírito novo em vocês; tirarei de vocês o coração de pedra e, em troca, darei um coração de carne. Porei o meu Espírito em vocês e os levarei a agir segundo os meus decretos e a obedecer fielmente às minhas leis. Vocês habitarão na terra que dei aos seus antepassados; vocês serão o meu povo, e eu serei o seu Deus. No dia em que eu os purificar de todos os seus pecados, restabelecerei as suas cidades e as ruínas serão reconstruídas. A terra arrasada será cultivada; não permanecerá arrasada à vista de todos que passarem por ela. Estes dirão: 'Esta terra que estava arrasada tornou-se como o jardim do Éden; as cidades que jaziam em ruínas, arrasadas e destruídas, agora estão fortificadas e habitadas.' Então as nações que estiverem ao redor de vocês e que subsistirem saberão que eu, o Senhor, reconstruí o que estava destruído e replantei o que estava arrasado. Eu, o Senhor, falei e o farei."

A mão do Senhor estava sobre mim, e, por seu Espírito, ele me levou a um vale cheio de ossos. Ele me levou de um lado para outro, e pude ver que era enorme o número de ossos no vale e que os ossos estavam muito secos. Ele me perguntou: "Filho do homem, estes ossos poderão tornar a viver?" Eu respondi: "Ó Soberano Senhor, só tu o sabes." Então ele me disse: "Profetize a estes ossos e diga-lhes: Ossos secos, ouçam a palavra do Senhor! Assim diz o Soberano, o Senhor, a estes ossos: Farei um espírito entrar em vocês, e vocês terão vida. Porei tendões em vocês e farei aparecer carne sobre vocês e os cobrirei com pele; porei um espírito em vocês, e vocês terão vida. Então vocês saberão que eu sou o Senhor." E eu profetizei conforme a ordem recebida. Enquanto profetizava, houve um barulho, um som de chocalho, e os ossos se juntaram, osso com osso. Olhei, e os ossos foram cobertos de tendões e de carne, e depois de pele; mas não havia espírito neles. A seguir, ele me disse: "Profetize ao espírito; profetize, filho do homem, e diga-lhe: Assim diz o Soberano, o Senhor: Venha desde os quatro ventos, ó espírito, e sopre dentro desses mortos, para que vivam." Profetizei conforme a ordem recebida, e o espírito entrou neles; eles receberam vida e se puseram em pé. Era um exército enorme!

Então ele me disse: "Filho do homem, estes ossos são toda a nação de Israel. Eles dizem: 'Nossos ossos se secaram e nossa esperança desvaneceu-se; fomos exterminados.' Por isso, profetize e diga-lhes: Assim diz o Soberano, o Senhor: Ó meu povo, vou abrir os seus túmulos e fazê-los sair; trarei vocês de volta à terra de Israel. E, quando eu abrir os seus túmulos e os fizer sair, vocês, meu povo, saberão que eu sou o Senhor. Porei o meu Espírito em vocês e vocês viverão, e eu os estabelecerei em sua própria terra. Então vocês saberão que eu, o Senhor, falei e fiz. Palavra do Senhor."

Capítulo 20

Daniel no exílio

Daniel e mais três jovens estavam entre os que foram levados à Babilônia em 605 a.C. na primeira deportação de judeus, anterior à queda de Jerusalém. Esses personagens se tornaram o mais famoso quarteto de heróis do Velho Testamento. Adaptaram-se com sucesso à perda de seu lar e de suas famílias e sobreviveram ao aprendizado duro dos costumes estrangeiros. É fácil entender como se tornaram rapidamente os favoritos do rei.

Depois o rei ordenou a Aspenaz, o chefe dos oficiais da sua corte, que trouxesse alguns dos israelitas da família real e da nobreza: jovens sem defeito físico, de boa aparência, cultos, inteligentes, que dominassem os vários campos do conhecimento e fossem capacitados para servir no palácio do rei. Ele deveria ensinar-lhes a língua e a literatura dos babilônios. De sua própria mesa, o rei designou-lhes uma porção diária de comida e de vinho. Eles receberiam um treinamento durante três anos e depois disso passariam a servir o rei. Entre esses estavam alguns que vieram de Judá: Daniel, Hananias, Misael e Azarias. O chefe dos oficiais deu-lhes novos nomes: a Daniel deu o nome de Beltessazar; a Hananias, Sadraque; a Misael, Mesaque; e a Azarias, Abede-Nego.

Daniel, contudo, decidiu não se tornar impuro com a comida e com o vinho do rei e pediu ao chefe dos oficiais permissão para se abster deles. E Deus fez com que o homem fosse bondoso para com Daniel e tivesse simpatia por ele. Apesar disso, ele disse a Daniel: "Tenho medo do rei, o meu senhor, que determinou a comida e a bebida de vocês. E se ele os achar menos saudáveis que os outros jovens da mesma idade? O rei poderia pedir a minha cabeça por causa de vocês." Daniel disse então ao homem que o chefe dos oficiais tinha encarregado de cuidar dele e de Hananias, Misael e Azarias: "Peço que faça uma experiência com os seus servos durante dez dias: Não nos dê nada além de vegetais para comer e água para beber. Depois compare a nossa aparência com a dos jovens que comem a comida do rei e trate os seus servos de acordo com o que você concluir." Ele concordou e fez a experiência com eles durante dez dias. Passados os dez dias, eles pareciam mais saudáveis e mais fortes do que todos os jovens que comiam a comida da mesa do rei. Assim, o encarregado tirou a comida especial e o vinho que haviam sido designados e em lugar disso lhes dava vegetais. A esses quatro jovens Deus deu sabedoria e inteligência para conhecerem todos os aspectos da cultura e da ciência. E Daniel, além disso, sabia interpretar todo tipo de visões e sonhos. Ao final do tempo estabelecido pelo rei para que os jovens fossem trazidos à sua presença, o chefe dos oficiais os apresentou a Nabucodonosor. O rei conversou com eles e não encontrou ninguém comparável a Daniel, Hananias, Misael e Azarias; de modo que eles passaram a servir o rei. O rei lhes fez perguntas sobre todos os assuntos que exigiam sabedoria e conhecimento e descobriu que eram dez vezes mais sábios do que todos os magos e encantadores de todo o seu reino. Daniel permaneceu ali até o primeiro ano do rei Ciro.

O sonho de Nabucodonosor

No segundo ano de seu reinado, Nabucodonosor teve sonhos; sua mente ficou tão perturbada que ele não conseguia dormir. Por isso, o rei convocou os magos, os encantadores, os feiticeiros e os astrólogos para que lhe dissessem o que ele havia sonhado. Quando eles vieram e se apresentaram ao rei, este lhes disse: "Tive um sonho que me perturba e quero saber o que significa."

Então os astrólogos responderam em aramaico ao rei: "Ó rei, vive para sempre! Conta o sonho aos teus servos, e nós o interpretaremos." O rei respondeu aos astrólogos: "Esta é a minha decisão: se vocês não me disserem qual foi o meu sonho e não o interpretarem, farei que vocês sejam cortados em pedaços e que as suas casas se tornem montes de entulho. Mas, se me revelarem o sonho e o interpretarem, eu darei a vocês presentes, recompensas e grandes honrarias. Portanto, revelem-me o sonho e a sua interpretação." Mas eles tornaram a dizer: "Conte o rei o sonho a seus servos, e nós o interpretaremos." Então o rei respondeu: "Já descobri que vocês estão tentando ganhar tempo, pois sabem da minha decisão. Se não me contarem o sonho, todos vocês receberão a mesma sentença; pois vocês combinaram enganar-me com mentiras, esperando que a situação mudasse. Contem-me o sonho, e saberei que vocês são capazes de interpretá-lo para mim."

Os astrólogos responderam ao rei: "Não há homem na terra que possa fazer o que o rei está pedindo! Nenhum rei, por maior e mais poderoso que tenha sido, chegou a pedir uma coisa dessas a nenhum mago, encantador ou astrólogo. O que o rei está pedindo é difícil demais; ninguém pode revelar isso ao rei, senão os deuses, e eles não vivem entre os mortais." Isso deixou o rei tão irritado e furioso que ele ordenou a execução de todos os sábios da Babilônia. E assim foi emitido o decreto para que fossem mortos os sábios; os encarregados saíram à procura de Daniel e dos seus amigos, para que também fossem mortos.

Arioque, o comandante da guarda do rei, já se preparava para matar os sábios da Babilônia, quando Daniel dirigiu-se a ele com sabedoria e bom senso. Ele perguntou ao oficial do rei: "Por que o rei emitiu um decreto tão severo?" Arioque explicou o motivo a Daniel. Diante disso, Daniel foi pedir ao rei que lhe desse um prazo, e ele daria a interpretação. Daniel voltou para casa, contou o problema aos seus amigos Hananias, Misael e Azarias, e lhes pediu que rogassem ao Deus dos céus que tivesse misericórdia acerca desse mistério, para que ele e seus amigos não fossem executados com os outros sábios da Babilônia. Então o mistério foi revelado a Daniel de noite, numa visão. Daniel louvou o Deus dos céus e disse:

> "Louvado seja o nome de Deus
>   para todo o sempre;
> a sabedoria e o poder a ele pertencem.
> Ele muda as épocas e as estações;
>   destrona reis e os estabelece.
> Dá sabedoria aos sábios
> e conhecimento aos que
>   sabem discernir.
> Revela coisas profundas e ocultas;
> conhece o que jaz nas trevas,
>   e a luz habita com ele.
> Eu te agradeço e te louvo,
>   ó Deus dos meus antepassados;
> tu me deste sabedoria e poder,
>   e me revelaste o que te pedimos;
> revelaste-nos o sonho do rei."

Então Daniel foi falar com Arioque, a quem o rei tinha designado para executar os sábios da Babilônia, e lhe disse: "Não execute os sábios. Leve-me ao rei, e eu interpretarei para ele o sonho que teve." Imediatamente Arioque levou Daniel ao rei e disse: "Encontrei um homem entre os exilados de Judá que pode dizer ao rei o significado do sonho." O rei perguntou a Daniel, também chamado Beltessazar: "Você é capaz de contar-me o que vi no meu sonho e interpretá-lo?" Daniel respondeu: "Nenhum sábio, encantador, mago ou adivinho é capaz de revelar ao rei o mistério sobre o qual ele perguntou, mas existe um Deus nos céus que revela os mistérios. Ele mostrou ao rei Nabucodonosor o que acontecerá nos últimos dias. O sonho e as visões que passaram por tua mente quando estavas deitado foram os seguintes:

"Quando estavas deitado, ó rei, tua mente se voltou para as coisas futuras, e aquele que revela os mistérios te mostrou o que vai acontecer. Quanto a mim, esse mistério não me foi revelado porque eu tenha mais sabedoria do que os outros homens, mas para que tu, ó rei, saibas a interpretação e entendas o que passou pela tua mente."

Primeiro, Daniel descreveu, de forma surpreendente, o sonho do rei nos mínimos detalhes. A interpretação que fez em seguida do sonho de Nabucodonosor foi uma aula de história, usando a estátua magnífica com a qual o rei sonhara como recurso visual. A cabeça da estátua era de ouro. Seu peito e braços eram de prata, a barriga e as coxas de bronze, as pernas de ferro e os pés uma mistura de ferro e barro. Cada parte da estátua representava um império.

A cabeça de ouro simbolizava o próprio Nabucodonosor e seu domínio. Ele era o comandante dos comandantes, líder de todo o mundo conhecido, fascinante e incomparável. No entanto, infelizmente, efêmero. A Babilônia seria substituída um dia por um poder inferior, porém momentaneamente mais forte, os medo-persas sob o comando de Ciro. Eles também cairiam diante dos gregos liderados por Alexandre, o Grande. E então viriam os romanos. Os dez dedos da estátua, feitos em parte de ferro e em parte de barro, poderiam indicar um mundo globalizado no qual as bases de poder se modificam à medida que a História gira adiante, embora alguns intérpretes da Bíblia tenham visto neles indícios simbólicos do nosso futuro no fim da História.

Para Nabucodonosor, contudo, a mensagem era clara e simples: Deus comanda a História, e o poder, o prestígio e o privilégio da Babilônia eram apenas um breve capítulo em uma saga muito mais longa. Uma notícia dessas em um império no auge da sua influência estava fadada a gerar uma reação vigorosa.

Então o rei Nabucodonosor caiu prostrado diante de Daniel, prestou-lhe honra e ordenou que lhe fosse apresentada uma oferta de cereal e incenso. O rei disse a Daniel: "Não há dúvida de que o seu Deus é o Deus dos deuses, o Senhor dos reis e aquele que revela os mistérios, pois você conseguiu revelar esse mistério." Assim, o rei pôs Daniel num alto cargo e o cobriu de presentes. Ele o designou governante de toda a província da Babilônia e o encarregou de todos os sábios da província. Além disso, a pedido de Daniel, o rei nomeou Sadraque, Mesaque e Abede-Nego administradores da província da Babilônia, enquanto o próprio Daniel permanecia na corte do rei.

Daniel tinha o dom de interpretar o significado de imagens oníricas, mas nem ele nem seus amigos estavam autorizados a se curvar diante de ídolos. Havia uma coisa à qual eles se recusavam a adaptar-se – cultos estrangeiros que violavam seu compromisso com Deus. Nesse sentido, eram insubordinados, rebeldes e infratores. Nabucodonosor decidiu erguer uma estátua de cerca de 30 metros de altura por três de largura. Quando o povo foi ordenado a curvar-se rente ao chão e adorar a estátua, três homens resistiram, recusando-se a obedecer. O rei não gostou daquilo...

O rei Nabucodonosor fez uma imagem de ouro de vinte e sete metros de altura e dois metros e setenta centímetros de largura, e a ergueu na planície de Dura, na província da Babilônia. Depois convocou os sátrapas, os prefeitos, os governadores, os conselheiros, os tesoureiros, os juízes, os magistrados e todas as autoridades provinciais para assistirem à dedicação da imagem que mandara erguer. Assim todos eles — sátrapas, prefeitos, governadores, conselheiros, tesoureiros, juízes, magistrados e todas as autoridades provinciais — se reuniram para a dedicação da imagem que o rei Nabucodonosor mandara erguer e ficaram em pé diante dela. Então o arauto proclamou em alta voz: "Esta é a ordem que é dada a vocês, ó homens de todas as nações, povos e línguas: Quando ouvirem o som da trombeta, do pífaro, da cítara, da harpa, do saltério, da flauta dupla e de toda espécie de música, prostrem-se em terra e adorem a imagem de ouro que o rei Nabucodonosor ergueu."

Nesse momento, alguns astrólogos se aproximaram e denunciaram os judeus, dizendo ao rei Nabucodonosor: "Ó rei, vive para sempre! Tu emitiste um decreto, ó rei, ordenando que todo aquele que ouvisse o som da trombeta, do pífaro, da cítara, da harpa, do saltério, da flauta dupla e de toda espécie de música se prostrasse em terra e adorasse a imagem de ouro, e que todo aquele que não se prostrasse em terra e não a adorasse seria atirado numa fornalha em chamas. Mas há alguns judeus que nomeaste para administrar a província da Babilônia – Sadraque, Mesaque e Abede-Nego – que não te dão ouvidos, ó rei. Não prestam culto aos teus deuses nem adoram a imagem de ouro que mandaste erguer." Furioso, Nabucodonosor mandou chamar Sadraque, Mesaque e Abede-Nego. E assim que eles foram conduzidos à presença do rei, Nabucodonosor lhes disse: "É verdade, Sadraque, Mesaque e Abede-Nego, que vocês não prestam culto aos meus deuses nem adoram a imagem de ouro que mandei erguer? Pois agora, quando vocês ouvirem o som da trombeta, do pífaro, da cítara, da harpa, do saltério, da flauta dupla e de toda espécie de música, se vocês se dispuserem a prostrar-se em terra e a adorar a imagem que eu fiz, será melhor para vocês. Mas, se não a adorarem, serão imediatamente atirados numa fornalha em chamas. E que deus poderá livrá-los das minhas mãos?" Sadraque, Mesaque e Abede-Nego responderam ao rei: "Ó Nabucodonosor, não precisamos defender-nos diante de ti. Se formos atirados na fornalha em chamas, o Deus a quem prestamos culto pode livrar-nos, e ele nos livrará das tuas mãos, ó rei. Mas, se ele não nos livrar, saiba, ó rei, que não prestaremos culto aos teus deuses nem adoraremos a imagem de ouro que mandaste erguer." Nabucodonosor ficou tão furioso com Sadraque, Mesaque e Abede-Nego, que o seu semblante mudou. Deu ordens para que a fornalha fosse aquecida sete vezes mais que de costume e ordenou que alguns dos soldados mais fortes do seu exército amarrassem Sadraque, Mesaque e Abede-Nego e os atirassem na fornalha em chamas. E os três homens, vestidos com seus mantos, calções, turbantes e outras roupas, foram amarrados e atirados na fornalha extraordinariamente quente. A ordem do rei era urgente e a fornalha estava tão quente que as chamas mataram os soldados que levaram Sadraque, Mesaque e Abede-Nego, e estes caíram amarrados dentro da fornalha em chamas.

Mas logo depois o rei Nabucodonosor, alarmado, levantou-se e perguntou aos seus conselheiros: "Não foram três os homens amarrados que nós atiramos no fogo?" Eles responderam: "Sim, ó rei." E o rei exclamou: "Olhem! Estou vendo quatro homens, desamarrados e ilesos, andando pelo fogo, e o quarto se parece com um filho dos deuses." Então Nabucodonosor aproximou-se da entrada da fornalha em chamas e gritou: "Sadraque, Mesaque e Abede-Nego, servos do Deus Altíssimo, saiam! Venham aqui!" E Sadraque, Mesaque e Abede-Nego saíram do fogo. Os sátrapas, os prefeitos, os governadores e os conselheiros do rei se ajuntaram em torno deles e comprovaram que o fogo não tinha ferido o corpo deles. Nem um só fio de cabelo tinha sido chamuscado, os seus mantos não estavam queimados e não havia cheiro de fogo neles. Disse então Nabucodonosor: "Louvado seja o Deus de Sadraque, Mesaque e Abede-Nego, que enviou o seu anjo e livrou os seus servos! Eles confiaram nele, desafiaram a ordem do rei, preferindo abrir mão de sua vida a prestar culto e adorar a outro deus que não fosse o seu próprio Deus. Por isso, eu decreto que todo homem de qualquer povo, nação e língua que disser alguma coisa contra o Deus de Sadraque, Mesaque e Abede-Nego seja despedaçado e sua casa seja transformada em montes de entulho, pois nenhum outro deus é capaz de livrar alguém dessa maneira." Então o rei promoveu Sadraque, Mesaque e Abede-Nego na província da Babilônia.

O orgulho geralmente precede uma queda, mas poucos líderes mundiais cairiam tão baixo e recuperariam em seguida o poder como aconteceu com Nabucodonosor. O rei teve outro sonho espetacular, dessa vez com uma árvore. Daniel foi chamado novamente e informou a Nabucodonosor que a grande árvore representava ele próprio. No sonho, ela é cortada, um símbolo de que o rei perderia tudo, enlouquecendo de tal forma que seu comportamento lembraria o de uma fera selvagem. Um ano depois, quando palavras de orgulho arrogante encheram seus lábios, Nabucodonosor foi subitamente acometido por um distúrbio mental que lhe causou as formas mais graves de desorientação. Ele passou a viver no mato, comendo grama e agindo como um animal. Então foi milagrosamente curado – cura esta que ele creditou ao Deus de Daniel – e retornou ao palácio da Babilônia como um homem são.

Daqui avançamos para o novo rei, Baltazar, que ignorou Daniel e desonrou seu Deus. Certa vez, em uma festa de gala, Baltazar serviu seu melhor vinho em cálices retirados do templo sagrado de Jerusalém, e seus convidados beberam alegremente, rindo em tom de zombaria. De repente, no auge da festa, a

mão grande e misteriosa de alguém surgiu e escreveu as seguintes palavras na parede da sala em que se dava o banquete: Mene, Mene, Tequel, Parsim.

O rei ficou assustado e chamou Daniel para explicar aquilo. O significado da mensagem na parede era: "Tu foste pesado na balança e julgado em falta." O rei era poderoso, mas logo ele e seu reino se tornariam fracos, alertou Daniel. Naquela mesma noite, enquanto a festa terminava, invasores persas cavalgaram vitoriosamente pelos portões da Babilônia e mataram o rei Baltazar.

Daniel serviu ainda a outro rei e império com honra e distinção. Ele se tornou um alto funcionário da coroa sob o comando de "Dario" – que provavelmente era a alcunha do rei Ciro da Pérsia durante seu reinado babilônico, ou o nome dado ao governante da região recém-nomeado por ele. Porém o que acontece quando se misturam um novo rei, colegas invejosos e orações?

Daniel na cova dos leões

Dario achou por bem nomear cento e vinte sátrapas para governar todo o reino e designou três supervisores sobre eles, um dos quais era Daniel. Os sátrapas tinham que prestar contas a eles para que o rei não sofresse nenhuma perda. Ora, Daniel se destacou tanto entre os supervisores e os sátrapas por suas grandes qualidades, que o rei planejava tê-lo à frente do governo de todo o império. Diante disso, os supervisores e os sátrapas procuraram motivos para acusar Daniel em sua administração governamental, mas nada conseguiram. Não puderam achar nele falta alguma, pois ele era fiel; não era desonesto nem negligente. Finalmente esses homens disseram: "Jamais encontraremos algum motivo para acusar esse Daniel, a menos que seja algo relacionado com a lei do Deus dele." E assim os supervisores e os sátrapas, de comum acordo, foram falar com o rei: "Ó rei Dario, vive para sempre! Todos os supervisores reais, os prefeitos, os sátrapas, os conselheiros e os governadores concordaram em que o rei deve emitir um decreto ordenando que todo aquele que orar a qualquer deus ou a qualquer homem nos próximos trinta dias, exceto a ti, ó rei, seja atirado na cova dos leões. Agora, ó rei, emite o decreto e assina-o para que não seja alterado, conforme a lei dos medos e dos persas, que não pode ser revogada." E o rei Dario assinou o decreto.

Quando Daniel soube que o decreto tinha sido publicado, foi para casa, para o seu quarto, no andar de cima, cujas janelas davam para Jerusalém e ali fez o que costumava fazer: três vezes por dia ele se ajoelhava e orava, agradecendo ao seu Deus. Então, aqueles homens foram investigar e encontraram Daniel orando, pedindo ajuda a Deus. E foram logo falar com o rei acerca do decreto real: "Tu não publicaste um decreto ordenando que nestes trinta dias todo aquele que fizer algum pedido a qualquer deus ou a qualquer homem, exceto a ti, ó rei, será lançado na cova dos leões?" O rei respondeu: "O decreto está em vigor, conforme a lei dos medos e dos persas, que não pode ser revogada." Então disseram ao rei: "Daniel, um dos exilados de Judá, não te dá ouvidos, ó rei, nem ao decreto que assinaste. Ele continua orando três vezes por dia." Quando o rei ouviu isso, ficou muito contrariado e decidiu salvar Daniel. Até o pôr do sol, fez o possível para livrá-lo. Mas os homens lhe disseram: "Lembra-te, ó rei, de que, segundo a lei dos medos e dos persas, nenhum decreto ou edito do rei pode ser modificado."

Então o rei deu ordens, e eles trouxeram Daniel e o jogaram na cova dos leões. O rei, porém, disse a Daniel: "Que o seu Deus, a quem você serve continuamente, o livre!" Taparam a cova com uma pedra, e o rei a selou com o seu anel-selo e com os anéis dos seus nobres, para que a decisão sobre Daniel não se modificasse. Tendo voltado ao palácio, o rei passou a noite sem comer e não aceitou nenhum divertimento em sua presença. Além disso, não conseguiu dormir. Logo ao alvorecer, o rei se levantou e correu para a cova dos leões. Quando ia se aproximando da cova, chamou Daniel com voz que revelava aflição: "Daniel, servo do Deus vivo, será que o seu Deus, a quem você serve continuamente, pôde livrá-lo dos leões?" Daniel respondeu: "Ó rei, vive para sempre! O meu Deus enviou o seu anjo, que fechou a boca dos leões. Eles não me fizeram mal algum, pois fui considerado inocente à vista de Deus. Também contra ti não cometi mal algum, ó rei." O rei muito se alegrou e ordenou que tirassem Daniel da cova. Quando o tiraram da cova, viram que não havia nele nenhum ferimento, pois ele tinha confiado no seu Deus. E, por ordem do rei, os homens que tinham acusado Daniel foram atirados na cova dos leões, junto com as suas mulheres e os seus filhos. E, antes de chegarem ao fundo, os leões os atacaram e despedaçaram todos os seus ossos.

Então o rei Dario escreveu aos homens de todas as nações, povos e línguas de toda a terra: "Paz e prosperidade! Estou editando um decreto para que em todos os domínios do império os homens temam e reverenciem o Deus de Daniel:

Pois ele é o Deus vivo
    e permanece para sempre;
o seu reino não será destruído;
    o seu domínio jamais acabará.
Ele livra e salva;
faz sinais e maravilhas
    nos céus e na terra.
Ele livrou Daniel
    do poder dos leões."

Mesmo no exílio, um resquício do povo de Deus crescia. O profeta Jeremias estava morto, porém talvez sua mensagem ainda ressoasse nos corações dos

hebreus – a mensagem da compaixão derradeira de Deus e a promessa de que eles retornariam a seu lar. Embora Jeremias tivesse profetizado uma nuvem de tristeza e morte, o "profeta lamentador" de Judá não terminara sua história em um tom melancólico. Por detrás de páginas de ruínas e fracassos havia uma de misericórdia, uma última palavra de redenção que estava intrinsecamente ligada ao caráter amoroso de Deus. "Assim disse o Senhor... eu vos salvarei."

Assim diz o Senhor, o Deus de Israel: "Escreva num livro todas as palavras que eu falei a você. Certamente vêm os dias", diz o Senhor, "em que mudarei a sorte do meu povo, Israel e Judá, e os farei retornar à terra que dei aos seus antepassados, e eles a possuirão", declara o Senhor.

"Naquele dia",
declara o Senhor dos Exércitos,
"quebrarei o jugo
que está sobre o pescoço deles
e arrebentarei as suas correntes;
não mais serão escravizados
pelos estrangeiros.
Servirão ao Senhor, ao seu Deus,
e a Davi, seu rei,
que darei a eles.

"Por isso, não tema, Jacó, meu servo!
Não fique assustado, ó Israel!",
declara o Senhor.
"Eu o salvarei de um lugar distante,
e os seus descendentes,
da terra do seu exílio.
Jacó voltará e ficará em paz
e em segurança;
ninguém o inquietará.
Porque eu estou com você
e o salvarei", diz o Senhor.
"Destruirei completamente
todas as nações
entre as quais eu o dispersei;
mas a você
não destruirei completamente.

Eu o disciplinarei, como você merece.
Não o deixarei impune."

Assim diz o Senhor dos Exércitos, o Deus de Israel: "Quando eu os trouxer de volta do cativeiro, o povo de Judá e de suas cidades dirá novamente: 'O Senhor a abençoe, ó morada justa, ó monte sagrado. O povo viverá em Judá e em todas as suas cidades, tanto os lavradores como os que conduzem os rebanhos. Restaurarei o exausto e saciarei o enfraquecido."

Assim diz o Senhor: "Quando se completarem os setenta anos da Babilônia, eu cumprirei a minha promessa em favor de vocês, de trazê-los de volta para este lugar. Porque sou eu que conheço os planos que tenho para vocês", diz o Senhor, "planos de fazê-los prosperar e não de causar dano, planos de dar a vocês esperança e um futuro. Então vocês clamarão a mim, virão orar a mim, e eu os ouvirei. Vocês me procurarão e me acharão quando me procurarem de todo o coração. Eu me deixarei ser encontrado por vocês", declara o Senhor, "e os trarei de volta do cativeiro. Eu os reunirei de todas as nações e de todos os lugares para onde eu os dispersei e os trarei de volta para o lugar de onde os deportei."

A última mensagem de esperança de Jeremias mostrou-se verdadeira. A Babilônia foi de fato subjugada por invasores persas em 539 a.C. Durante o primeiro ano do seu reinado oficial sobre a Babilônia, Ciro, o grande soberano persa, promulgou um decreto permitindo que os exilados judeus retornassem a Jerusalém. Assim, pouco menos de 70 anos após o início das primeiras deportações em 605 a.C., uma caravana de expatriados refez seus passos, louvando a Deus durante todo o caminho, por Ele ter conduzido a História em direção àquele final feliz. Eles estavam voltando para casa!

Capítulo 21

A VOLTA PARA CASA

No primeiro ano do reinado de Ciro, rei da Pérsia, a fim de que se cumprisse a palavra do Senhor falada por Jeremias, o Senhor despertou o coração de Ciro, para ele redigir uma proclamação e divulgá-la em todo o seu reino, nestes termos: "Assim diz Ciro, rei da Pérsia: 'O Senhor, o Deus dos céus, deu-me todos os reinos da terra e designou-me para construir um templo para ele em Jerusalém de Judá. Qualquer do seu povo que esteja entre vocês, que o seu Deus esteja com ele, e que vá a Jerusalém de Judá reconstruir o templo do Senhor, o Deus de Israel, o Deus que em Jerusalém tem a sua morada. E que todo sobrevivente, seja qual for o lugar em que esteja vivendo, receba dos que ali vivem prata, ouro, bens, animais e ofertas voluntárias para o templo de Deus em Jerusalém.'"

Então os líderes das famílias de Judá e de Benjamim, como também os sacerdotes e os levitas, todos aqueles cujo coração Deus despertou, dispuseram-se a ir para Jerusalém e a construir o templo do Senhor. Todos os seus vizinhos os ajudaram, levando-lhes utensílios de prata e de ouro, bens, animais e presentes valiosos, além de muitas outras ofertas voluntárias.

Além disso, o rei Ciro mandou tirar os utensílios pertencentes ao templo do Senhor, os quais Nabucodonosor tinha levado de Jerusalém e colocado no templo do seu deus.

Ao todo foram, na verdade, cinco mil e quatrocentos utensílios de ouro e de prata. Sesbazar trouxe tudo isso consigo quando os exilados vieram da Babilônia para Jerusalém.

O número dos que voltaram do exílio atingiu 42.360 homens, além dos seus 7.337 servos e servas; havia entre eles 200 cantores e cantoras. Eles possuíam 736 cavalos, 245 mulas, 435 camelos e 6.720 jumentos.

Os babilônios nomearam Zorobabel, neto de Jeoaquim – o penúltimo rei de Judá –, governador da região, tornando-o o último da linhagem de Davi a ser investido de autoridade política. Por volta de 537 a.C., Zorobabel conduziu essas cerca de 50 mil pessoas de volta à sua terra natal para darem início à reconstrução de sua pátria. Tendo um trabalho longo e árduo pela frente, o povo se lembrou de começar pelo mais importante. Com coragem e convicção, os hebreus reconstruíram, antes de tudo, o altar, erguendo, em seguida, os alicerces da casa de Deus. O verdadeiro culto era novamente uma realidade.

Quando chegou o sétimo mês e os israelitas já estavam em suas cidades, o povo se reuniu como um só homem em Jerusalém. Então Jesua, filho de Jozadaque, e seus colegas, os sacerdotes, e Zorobabel, filho de Sealtiel, e seus companheiros começaram a construir o altar do Deus de Israel para nele sacrificarem holocaustos, conforme o que está escrito na Lei de Moisés, homem de Deus. Apesar do receio que tinham dos povos que viviam ao redor, construíram o altar sobre a sua base e nele sacrificaram holocaustos ao Senhor, tanto os sacrifícios da manhã como os da tarde. Depois, de acordo com o que está escrito, celebraram a festa das cabanas com o número determinado de holocaustos prescritos para cada dia. A seguir apresentaram os holocaustos regulares, os sacrifícios da lua nova e os sacrifícios requeridos para todas as festas sagradas determinadas pelo Senhor, bem como os que foram trazidos como ofertas voluntárias. A partir do primeiro dia do sétimo mês começaram a oferecer holocaustos, embora ainda não tivessem sido lançados os alicerces do templo do Senhor.

Quando os construtores lançaram os alicerces do templo, os sacerdotes, com suas vestes e suas trombetas, e os levitas, filhos de Asafe, com címbalos, tomaram seus lugares para louvar o Senhor, conforme prescrito por Davi, rei de Israel. Com louvor e ações de graças, cantaram responsivamente ao Senhor: "Ele é bom; seu amor a Israel dura para sempre." E todo o povo louvou o Senhor em alta voz, pois haviam sido lançados os alicerces do templo do Senhor. Mas muitos dos sacerdotes, dos levitas e dos chefes das famílias mais velhos, que tinham visto o antigo templo, choraram em alta voz quando viram o lançamento dos alicerces desse templo; muitos, porém, gritavam de alegria. Não era possível distinguir entre o som dos gritos de alegria e o som do choro, pois o povo fazia enorme barulho. E o som foi ouvido a grande distância.

Quando os inimigos de Judá e de Benjamim souberam que os exilados estavam reconstruindo o templo do Senhor, o Deus de Israel, foram falar com Zorobabel e com os chefes das famílias: "Vamos ajudá-los nessa obra porque, como vocês, nós buscamos o Deus de vocês e temos sacrificado a ele desde a época de Esar-Hadom, rei da Assíria, que nos trouxe para cá." Contudo, Zorobabel, Jesua e os demais chefes das famílias de Israel responderam: "Não compete a vocês a reconstrução do templo de nosso Deus. Somente nós o construiremos para o Senhor, o Deus de Israel, conforme Ciro, o rei da Pérsia, nos ordenou." Então a gente da região começou a desanimar o povo de Judá e a atemorizá-lo, para que não continuasse a construção. Pagaram alguns funcionários para que se opusessem ao povo e frustrassem o seu plano. E fizeram isso durante todo o reinado de Ciro até o reinado de Dario, reis da Pérsia.

Assim, a obra do templo de Deus em Jerusalém foi interrompida e ficou parada até o segundo ano do reinado de Dario, rei da Pérsia.

O sucesso inicial dos que haviam retornado alarmou os samaritanos e outros povos vizinhos, que temiam o que um templo reerguido em um Estado judeu próspero poderia significar para a estabilidade política da região. Assim, se opuseram vigorosamente ao projeto, retardando as obras por cerca de seis anos e interrompendo-as por completo durante outros dez. Cansados de resistir e lutar, os israelitas começaram a pensar que, no fim das contas, talvez aquela não fosse a hora certa de construir a Casa de Deus. Em vez disso, dedicaram-se a erguer suas próprias casas e a se estabelecerem.

O Senhor, no entanto, tinha outros planos. Intervindo mais uma vez, Ele

enviou seus profetas para impulsionarem o projeto do templo. A mensagem de Ageu ajudou a retirar o povo da sua acomodação.

No primeiro dia do sexto mês do segundo ano do reinado de Dario, a palavra do Senhor veio por intermédio do profeta Ageu ao governador de Judá, Zorobabel, filho de Sealtiel, e ao sumo sacerdote Josué, filho de Jeozadaque, dizendo:

Assim diz o Senhor dos Exércitos: Este povo afirma: "Ainda não chegou o tempo de reconstruir a casa do Senhor." Por isso, a palavra do Senhor veio novamente por meio do profeta Ageu: "Acaso é tempo de vocês morarem em casas de fino acabamento, enquanto a minha casa continua destruída?" Agora, assim diz o Senhor dos Exércitos: "Vejam aonde os seus caminhos os levaram. Vocês têm plantado muito e colhido pouco. Vocês comem, mas não se fartam. Bebem, mas não se satisfazem. Vestem-se, mas não se aquecem. Aquele que recebe salário, recebe-o para colocá-lo numa bolsa furada." Assim diz o Senhor dos Exércitos: "Vejam aonde os seus caminhos os levaram! Subam o monte para trazer madeira. Construam o templo, para que eu me alegre e nele seja glorificado", diz o Senhor. "Vocês esperavam muito, mas, eis que veio pouco. E o que vocês trouxeram para casa eu dissipei com um sopro. E por que o fiz?", pergunta o Senhor dos Exércitos. "Por causa do meu templo, que ainda está destruído enquanto cada um de vocês se ocupa com a sua própria casa. Por isso, por causa de vocês, o céu reteve o orvalho e a terra deixou de dar o seu fruto. Nos campos e nos montes provoquei uma seca que atingiu o trigo, o vinho, o azeite e tudo mais que a terra produz, e também os homens e o gado. O trabalho das mãos de vocês foi prejudicado."

Zorobabel, filho de Sealtiel, o sumo sacerdote Josué, filho de Jeozadaque, e todo o restante do povo obedeceram à voz do Senhor, o seu Deus, por causa das palavras do profeta Ageu, a quem o Senhor, o seu Deus, enviara. E o povo temeu o Senhor. Então Ageu, o mensageiro do Senhor, trouxe esta mensagem do Senhor para o povo: "Eu estou com vocês", declara o Senhor. Assim o Senhor encorajou o governador de Judá, Zorobabel, filho de Sealtiel, o sumo sacerdote Josué, filho de Jeozadaque, e todo o restante do povo, e eles começaram a trabalhar no templo do Senhor dos Exércitos, o seu Deus, no vigésimo quarto dia do sexto mês do segundo ano do reinado de Dario.

Ageu continuou transmitindo sua mensagem profética de incentivo. Deus não havia esquecido sua aliança com Abraão, Isaque e Jacó, dizia ele. E aludia a uma promessa de futuro que parecia boa demais para ser verdadeira – uma promessa que iria se cumprir quando, mais tarde, Jesus Cristo visitou o templo.

No vigésimo primeiro dia do sétimo mês, veio a palavra do Senhor por meio do profeta Ageu: "Pergunte o seguinte ao governador de Judá, Zorobabel, filho de Sealtiel, ao sumo sacerdote Josué, filho de Jeozadaque, e ao restante do povo: Quem de vocês viu este templo em seu primeiro esplendor? Comparado a ele, não é como nada o que vocês veem agora? Coragem, Zorobabel", declara o Senhor. "Coragem, sumo sacerdote Josué, filho de Jeozadaque. Coragem! Ao trabalho, ó povo da terra!", declara o Senhor. "Porque eu estou com vocês", declara o Senhor dos Exércitos. "Esta é a aliança que fiz com vocês quando vocês saíram do Egito: Meu espírito está entre vocês. Não tenham medo." Assim diz o Senhor dos Exércitos: "Dentro de pouco tempo farei tremer o céu, a terra, o mar e o continente. Farei tremer todas as nações, as quais trarão para cá os seus tesouros, e encherei este templo de glória", diz o Senhor dos Exércitos. "Tanto a prata quanto o ouro me pertencem", declara o Senhor dos Exércitos. "A glória deste novo templo será maior do que a do antigo", diz o Senhor dos Exércitos. "E neste lugar estabelecerei a paz", declara o Senhor dos Exércitos.

O profeta e sacerdote Zacarias iniciou seu trabalho em Jerusalém em 520 a.C., durante a época da pregação de Ageu. Os dois homens buscavam impulsionar a retomada do projeto de reconstrução do templo. Como Ageu, Zacarias trazia uma mensagem dupla: o templo é importante, no entanto é também símbolo da vinda de algo maior. Trabalhem nele sem medo. Porém, aguardem o dia em que Deus abençoará Jerusalém novamente.

No oitavo mês do segundo ano do reinado de Dario, a palavra do Senhor veio ao profeta Zacarias, filho de Berequias e neto de Ido:

Assim diz o Senhor dos Exércitos: "Tenho muito ciúme de Sião; estou me consumindo de ciúmes por ela."

Assim diz o Senhor: "Estou voltando para Sião e habitarei em Jerusalém. Então Jerusalém será chamada Cidade da Verdade, e o monte do Senhor dos Exércitos será chamado monte Sagrado."

Assim diz o Senhor dos Exércitos: "Homens e mulheres de idade avançada voltarão a sentar-se nas praças de Jerusalém, cada um com sua bengala, por causa da idade. As ruas da cidade ficarão cheias de meninos e meninas brincando. Mesmo que isso pareça impossível para o remanescente deste povo naquela época, será impossível para mim?"

Assim diz o Senhor dos Exércitos: "Salvarei meu povo dos países do oriente e do ocidente. Eu os trarei de volta para que habitem em Jerusalém; serão meu povo e eu serei o Deus deles, com fidelidade e justiça."

Assim diz o Senhor dos Exércitos: "Vocês que estão ouvindo hoje estas palavras já proferidas pelos profetas quando foram lançados os alicerces do templo do Senhor dos Exércitos fortaleçam as mãos para que o templo seja construído. Pois antes daquele tempo não havia salários para os homens nem para os animais. Ninguém podia tratar dos seus negócios com segurança por causa de seus adversários, porque eu tinha posto cada um contra o seu próximo. Mas agora não mais tratarei com o remanescente deste povo como fiz no passado", declara o Senhor dos Exércitos. "Haverá uma rica semeadura, a videira dará o seu fruto, a terra produzirá suas colheitas e o céu derramará o orvalho. E darei todas essas coisas como uma herança ao remanescente deste povo. Assim como vocês foram uma maldição para as nações, ó Judá e Israel, também os salvarei, e vocês serão uma bênção. Não tenham medo; antes, sejam fortes."

Assim diz o Senhor dos Exércitos: "Assim como eu havia decidido castigar vocês sem compaixão quando os seus antepassados me enfureceram", diz o Senhor dos Exércitos, "também agora decidi fazer de novo o bem a Jerusalém e a Judá. Não tenham medo! Eis o que devem fazer: Falem somente a verdade uns com os outros e julguem retamente em seus tribunais; não planejem no íntimo o mal contra o seu próximo e não queiram jurar com falsidade. Porque eu odeio todas essas coisas", declara o Senhor.

Mais uma vez veio a mim a palavra do Senhor dos Exércitos.

Assim diz o Senhor dos Exércitos: "Os jejuns do quarto mês, bem como os do quinto, do sétimo e do décimo mês serão ocasiões alegres e cheias de júbilo, festas felizes para o povo de Judá. Por isso, amem a verdade e a paz."

Assim diz o Senhor dos Exércitos: "Povos e habitantes de muitas cidades ainda virão, e os habitantes de uma cidade irão a outra e dirão: 'Vamos logo suplicar o favor do Senhor e buscar o Senhor dos Exércitos. Eu mesmo já estou indo.' E muitos povos e nações poderosas virão buscar o Senhor dos Exércitos em Jerusalém e suplicar o seu favor."

Assim diz o Senhor dos Exércitos: "Naqueles dias, dez homens de todas as línguas e nações agarrarão firmemente a barra das vestes de um judeu e dirão: 'Nós vamos com você porque ouvimos dizer que Deus está com o seu povo.'"

Graças ao incentivo de Ageu e Zacarias, o povo voltou a trabalhar na reconstrução do templo. Todavia, eles não eram os únicos que haviam retornado ao trabalho. Seus opositores, desta vez representados por Tatenai, governador do território a oeste do Eufrates, fizeram o mesmo. Porém os israelitas jamais poderiam prever o que Deus faria em seguida.

Tatenai, governador do território a oeste do Eufrates, Setar-Bozenai e seus companheiros foram logo perguntar a eles: "Quem os autorizou a reconstruir este templo e estes muros? E como se chamam os homens que estão construindo este edifício?" Mas os olhos do seu Deus estavam sobre os líderes dos judeus, e eles não foram impedidos de trabalhar até que um relatório fosse enviado a Dario e dele se recebesse uma ordem oficial a respeito do assunto. Esta é uma cópia da carta que Tatenai, governador do território situado a oeste do Eufrates, Setar-Bozenai e seus companheiros, os oficiais do oeste do Eufrates, enviaram ao rei Dario. O relatório que lhe enviaram dizia o seguinte:

"Ao rei Dario: Paz e prosperidade! Informamos ao rei que fomos à província de Judá, ao templo do grande Deus. O povo o está reconstruindo com grandes pedras e já estão fixando as vigas de madeira nas paredes. A obra está sendo executada com diligência e apresentando rápido progresso. Então perguntamos aos líderes: Quem os autorizou a reconstruir este templo e estes muros? Também perguntamos os nomes dos líderes deles, para que os registrássemos para a tua informação.

"Esta é a resposta que nos deram: 'Somos servos do Deus dos céus e da terra e estamos reconstruindo o templo edificado há muitos anos, templo que foi construído e terminado por um grande rei de Israel. Mas, visto que os nossos antepassados irritaram o Deus dos céus, ele os entregou nas mãos do babilônio Nabucodonosor, rei da Babilônia, que destruiu este templo e deportou o povo para a Babilônia. Contudo, no seu primeiro ano como rei da Babilônia, o rei Ciro emitiu um decreto ordenando a reconstrução desta casa de Deus. Ele até mesmo tirou do templo da Babilônia os utensílios de ouro e de prata da casa de Deus, os quais Nabucodonosor havia tirado do templo de Jerusalém e levado para o templo da Babilônia. O rei Ciro os confiou a um homem chamado Sesbazar, que ele tinha nomeado governador, e lhe disse: Leve estes utensílios, coloque-os no templo de Jerusalém e reconstrua a casa de Deus em seu antigo local. Então Sesbazar veio e lançou os alicerces do templo de Deus em Jerusalém. Desde aquele dia o templo tem estado em construção, mas ainda não foi concluído.'

"Agora, se for do agrado do rei, que se faça uma pesquisa nos arquivos reais da Babilônia para verificar se o rei Ciro de fato emitiu um decreto ordenando a reconstrução da casa de Deus em Jerusalém. Aguardamos do rei a decisão sobre o assunto."

O rei Dario mandou então fazer uma pesquisa nos arquivos da Babilônia, que estavam nos locais em que se guardavam os tesouros. Encontrou-se um rolo na cidadela de Ecbatana, na província da Média, e nele estava escrito o seguinte, que Dario comunicou:

"No primeiro ano do seu reinado, o rei Ciro promulgou um decreto acerca do templo de Deus em Jerusalém, nestes termos:

'Que o templo seja reconstruído como local destinado à apresentação de sacrifícios e que se lancem os seus alicerces. Ele terá vinte e sete metros de altura e vinte e sete metros de largura, com três carreiras de pedras grandes e uma carreira de madeira. O custo será pago pela tesouraria do rei. E os utensílios de ouro e de prata da casa de Deus, que Nabucodonosor tirou do templo de Jerusalém e trouxe para a Babilônia, serão devolvidos aos seus lugares no templo de Jerusalém; devem ser colocados na casa de Deus.'

"Agora, então, Tatenai, governador do território situado a oeste do Eufrates, e Setar-Bozenai, e vocês, oficiais dessa província e amigos deles, mantenham-se afastados de lá. Não interfiram na obra que se faz nesse templo de Deus. Deixem o governador e os líderes dos judeus reconstruírem esse templo de Deus em seu antigo local. Além disso, promulgo o seguinte decreto a respeito do que vocês farão por esses líderes dos judeus na construção desse templo de Deus: As despesas desses homens serão integralmente pagas pela tesouraria do rei, do tributo recebido do território a oeste do Eufrates, para que a obra não pare. E o que for necessário: novilhos, carneiros, cordeiros para os holocaustos oferecidos ao Deus dos céus, e trigo, sal, vinho e azeite, conforme for solicitado pelos sacerdotes em Jerusalém, tudo deverá ser entregue diariamente a eles, sem falta, para que ofereçam sacrifícios agradáveis ao Deus dos céus e orem pelo bem-estar do rei e dos seus filhos. Além disso, determino que, se alguém alterar este decreto, atravessem-lhe o corpo com uma viga tirada de sua casa e deixem-no empalado. E seja a sua casa transformada num monte de entulho. E que Deus, que fez o seu nome ali habitar, derrube qualquer rei ou povo que estender a mão para mudar este decreto ou para destruir esse templo de Jerusalém. Eu, Dario, o decretei. Que seja plenamente executado."

Tendo recebido o decreto do rei Dario, Tatenai, governador do território situado a oeste do Eufrates, Setar-Bozenai e os companheiros deles o cumpriram plenamente. Dessa maneira, os líderes dos judeus continuaram a construir e a prosperar, encorajados pela pregação dos profetas Ageu e Zacarias, descendente de Ido. Eles terminaram a reconstrução do templo conforme a ordem do Deus de Israel e os decretos de Ciro, de Dario e de Artaxerxes, reis da Pérsia. O templo foi concluído no terceiro dia do mês de adar, no sexto ano do reinado do rei Dario.

Então, em 12 de março de 516 a.C., quase 70 anos após sua destruição, a reconstrução do templo foi concluída. Os trabalhos no projeto seguiram por mais três anos e meio. Embora não fosse tão grande ou espetacular quanto o santuário de Salomão, o templo reconstruído gozou de vida mais longa.

Então o povo de Israel, os sacerdotes, os levitas e o restante dos exilados celebraram com alegria a dedicação do templo de Deus. Para a dedicação do templo de Deus ofereceram cem touros, duzentos carneiros, quatrocentos cordeiros e, como oferta pelo pecado de todo o Israel, doze bodes, de acordo com o número das tribos de Israel. E organizaram os sacerdotes em suas divisões e os levitas em seus grupos para o serviço de Deus em Jerusalém, conforme o que está escrito no Livro de Moisés.

Muitos judeus escolheram não retornar a Judá. Um homem, Mardoqueu, vivia na cidade de Susã - uma das quatro capitais do império persa - com sua filha Hadasa, também conhecida como Ester. Uma série de acontecimentos miraculosos fez com que os dois se vissem em meio a uma trama que envolvia o rei, um decreto real e uma traição abominável.

Capítulo 22

A BELA E CORAJOSA RAINHA

Foi no tempo de Xerxes, que reinou sobre cento e vinte e sete províncias, desde a Índia até a Etiópia. Naquela época, o rei Xerxes reinava em seu trono na cidadela de Susã e, no terceiro ano do seu reinado, deu um banquete a todos os seus nobres e oficiais. Estavam presentes os líderes militares da Pérsia e da Média, os príncipes e os nobres das províncias. Durante cento e oitenta dias ele mostrou a enorme riqueza de seu reino e o esplendor e a glória de sua majestade.

Terminados esses dias, o rei deu um banquete no jardim interno do palácio, de sete dias, para todo o povo que estava na cidadela de Susã, do mais rico ao mais pobre. O jardim possuía forrações em branco e azul, presas com cordas de linho branco e tecido roxo, ligadas por anéis de prata a colunas de mármore. Tinha assentos de ouro e de prata num piso de mosaicos de pórfiro, mármore, madrepérola e outras pedras preciosas. Pela generosidade do rei, o vinho real era servido em grande quantidade, em diferentes taças de ouro. Por ordem real, os convidados tinham permissão de beber o quanto desejassem, pois o rei tinha dado instruções a todos os mordomos do palácio que os servissem à vontade.

Enquanto isso, a rainha Vasti também oferecia um banquete às mulheres, no palácio do rei Xerxes. No sétimo dia, quando o rei Xerxes já estava alegre por causa do vinho, ordenou aos sete oficiais que o serviam — Meumã, Bizta, Harbona, Bigtá, Abagta, Zetar e Carcas — que trouxessem à sua presença a rainha Vasti, usando a coroa real. Ele queria mostrar aos seus súditos e aos nobres a beleza dela, pois era de fato muito bonita. Quando, porém, os oficiais transmitiram a ordem do rei à rainha Vasti, esta se recusou a ir, e o rei ficou furioso e indignado.

Como era costume o rei consultar especialistas em questões de direito e justiça, ele mandou chamar os sábios que entendiam das leis e que eram muito amigos do rei: Carsena, Setar, Adamata, Társis, Meres, Marsena e Memucã; eles eram os sete nobres da Pérsia e da Média que tinham acesso direto ao rei e eram os mais importantes do reino. O rei lhes perguntou: "De acordo com a lei, o que se deve fazer à rainha Vasti? Ela não obedeceu à ordem do rei Xerxes transmitida pelos oficiais." Então Memucã respondeu na presença do rei e dos nobres: "A rainha Vasti não ofendeu somente o rei, mas também todos os nobres e os povos de todas as províncias do rei Xerxes, pois a conduta da rainha se tornará conhecida por todas as mulheres, e assim também elas desprezarão seus maridos e dirão: 'O rei Xerxes ordenou que a rainha Vasti fosse à sua presença, mas ela não foi.' Hoje mesmo as mulheres persas e medas da nobreza que ficarem sabendo do comportamento da rainha agirão da mesma maneira com todos os nobres do rei. Isso provocará desrespeito e discórdia sem fim. Por isso, se for do agrado do rei, que ele emita um decreto real e que seja incluído na lei irrevogável da Pérsia e da Média, determinando que Vasti nunca mais compareça na presença do rei Xerxes. Também dê o rei a sua posição de rainha a outra que seja melhor do que ela. Assim, quando o decreto real for proclamado em todo o seu imenso domínio, todas as mulheres respeitarão seus maridos, do mais rico ao mais pobre."

O rei e seus nobres aceitaram de bom grado o conselho, de modo que o rei pôs em prática a proposta de Memucã. Para isso, enviou cartas a todas as partes do reino, a cada província e a cada povo, em sua própria escrita e em sua própria língua, proclamando que todo homem deveria mandar em sua própria casa.

O coração da rainha Ester

Algum tempo depois, quando cessou a indignação do rei Xerxes, ele se lembrou de Vasti, do que ela havia feito e do que ele tinha decretado contra ela. Então os conselheiros do rei sugeriram que se procurassem belas virgens para o rei e que se nomeassem comissários em cada província do império para trazerem todas essas lindas moças ao harém da cidadela de Susã. Elas estariam sob os cuidados de Hegai, oficial responsável pelo harém, e deveriam receber tratamento de beleza. A moça que mais agradasse o rei seria rainha em lugar de Vasti. Esse conselho agradou o rei, e ele o pôs em execução.

Vasti pagou o preço de ter-se oposto à vontade do rei. Embora fosse rainha por direito, foi deposta por um capricho do seu marido. Essa era a situação precária das mulheres – e dos homens – na corte.

As mulheres do povo também estavam sujeitas aos planos do rei. Seu decre-

to de que as jovens do reino fossem levadas ao seu harém era irrefutável. Tanto elas quanto suas famílias não podiam fazer nada. Mediante a convocação do rei, os pais não tinham outra escolha senão entregar-lhe suas filhas.

Nesse tempo vivia na cidadela de Susã um judeu chamado Mardoqueu, da tribo de Benjamim, filho de Jair, neto de Simei e bisneto de Quis. Ele fora levado de Jerusalém para o exílio por Nabucodonosor, rei da Babilônia, entre os que foram levados prisioneiros com Joaquim, rei de Judá. Mardoqueu tinha uma prima chamada Hadassa, que havia sido criada por ele, por não ter pai nem mãe. Essa moça, também conhecida como Ester, era atraente e muito bonita, e Mardoqueu a havia tomado como filha quando o pai e a mãe dela morreram.

Quando a ordem e o decreto do rei foram proclamados, muitas moças foram trazidas à cidadela de Susã e colocadas sob os cuidados de Hegai. Ester também foi trazida ao palácio do rei e confiada a Hegai, encarregado do harém. A moça o agradou e ele a favoreceu. Ele logo lhe providenciou tratamento de beleza e comida especial. Designou-lhe sete moças escolhidas do palácio do rei e transferiu-a, junto com suas jovens, para o melhor lugar do harém. Ester não tinha revelado a que povo pertencia, nem a origem da sua família, pois Mardoqueu a havia proibido de fazê-lo. Diariamente ele caminhava de um lado para outro perto do pátio do harém para saber como Ester estava e o que lhe estava acontecendo.

Antes de qualquer daquelas moças apresentar-se ao rei Xerxes, devia completar doze meses de tratamento de beleza prescritos para as mulheres: seis meses com óleo de mirra e seis meses com perfumes e cosméticos. Quando ia apresentar-se ao rei, a moça recebia tudo o que quisesse levar consigo do harém para o palácio do rei. À tarde ela ia para lá e de manhã voltava para outra parte do harém, que ficava sob os cuidados de Saasgaz, oficial responsável pelas concubinas. Ela não voltava ao rei, a menos que dela ele se agradasse e a mandasse chamar pelo nome.

Quando chegou a vez de Ester, filha de Abiail, tio de Mardoqueu, que a tinha adotado como filha, ela não pediu nada além daquilo que Hegai, oficial responsável pelo harém, sugeriu. Ester causava boa impressão a todos os que a viam. Ela foi levada ao rei Xerxes, à residência real, no décimo mês, o mês de tebete, no sétimo ano do seu reinado. O rei gostou mais de Ester do que de qualquer outra mulher; ela foi favorecida por ele e ganhou sua aprovação mais do que qualquer das outras virgens. Então ele colocou nela uma coroa real e tornou-a rainha em lugar de Vasti.

O rei deu um grande banquete, o banquete de Ester, para todos os seus nobres e oficiais. Proclamou feriado em todas as províncias e distribuiu presentes por sua generosidade real.

Quando as virgens foram reunidas pela segunda vez, Mardoqueu estava sentado junto à porta do palácio real. Ester havia mantido segredo sobre seu povo e sobre a origem de sua família, conforme a ordem de Mardoqueu, pois continuava a seguir as instruções dele, como fazia quando ainda estava sob sua tutela. Um dia, quando Mardoqueu estava sentado junto à porta do palácio real, Bigtã e Teres, dois dos oficiais do rei que guardavam a entrada, estavam indignados e conspiravam para assassinar o rei Xerxes. Mardoqueu, porém, descobriu o plano e o contou à rainha Ester, que, por sua vez, passou a informação ao rei, em nome de Mardoqueu. Depois de investigada a informação e descobrindo-se que era verdadeira, os dois oficiais foram enforcados. Tudo isso foi escrito nos registros históricos, na presença do rei.

Hamã, um nobre da corte, não sabia das origens de Ester e da lealdade de Mardoqueu ao rei. Se soubesse, talvez não houvesse tramado tão explicitamente contra os judeus. Contudo, a tradição judaica o considera descendente de Agague, rei dos amalequitas, que foi inimigo de Israel durante o reinado de Saul. Os amalequitas eram adversários históricos dos judeus. Então talvez seu confronto com Mardoqueu e o consequente decreto contra o seu povo fossem inevitáveis.

Depois desses acontecimentos, o rei Xerxes honrou Hamã, filho de Hamedata, descendente de Agague, promovendo-o e dando-lhe uma posição mais elevada do que a de todos os demais nobres. Todos os oficiais do palácio real curvavam-se e prostravam-se diante de Hamã, conforme as ordens do rei. Mardoqueu, porém, não se curvava nem se prostrava diante dele. Então os oficiais do palácio real perguntaram a Mardoqueu: "Por que você desobedece à ordem do rei?" Dia após dia eles lhe falavam, mas ele não lhes dava atenção e dizia que era judeu. Então contaram tudo a Hamã para ver se o comportamento de Mardoqueu seria tolerado. Quando Hamã viu que Mardoqueu não se curvava nem se prostrava, ficou muito irado. Contudo, sabendo quem era o povo de Mardoqueu, achou que não bastava matá-lo. Em vez disso, Hamã procurou uma forma de exterminar todos os judeus, o povo de Mardoqueu, em todo o império de Xerxes.

O plano de Hamã para exterminar os judeus

No primeiro mês do décimo segundo ano do reinado do rei Xerxes, no mês de nisã, lançaram o pur, isto é, a sorte, na presença de Hamã, a fim de escolher um dia e um mês para executar o plano. E foi sorteado o décimo segundo mês, o mês de adar. Então Hamã disse ao rei Xerxes: "Existe certo povo disperso e espalhado entre os povos de todas as províncias do teu império, cujos costumes são diferentes dos de todos os outros povos e que não obedecem às leis do rei; não convém ao rei tolerá-los. Se for do agrado do rei, que se decrete a destruição deles, e eu colocarei trezentas e cinquenta toneladas de prata na tesouraria real à disposição para que se execute esse trabalho."

Em vista disso, o rei tirou seu anel-selo do dedo, deu-o a Hamã, o inimigo dos judeus, filho de Hamedata, descendente de Agague, e lhe disse: "Fique com a prata e faça com o povo o que você achar melhor."

Assim, no décimo terceiro dia do primeiro mês, os secretários do rei foram convocados. Hamã ordenou que escrevessem cartas na língua e na escrita de cada povo aos sátrapas do rei, aos governadores das várias províncias e aos chefes de cada povo. Tudo foi escrito em nome do rei Xerxes e selado com o seu anel. As cartas foram enviadas por mensageiros a todas as províncias do império com a ordem de exterminar e aniquilar completamente todos os judeus, jovens e idosos, mulheres e crianças, num único dia, o décimo terceiro dia do décimo segundo mês, o mês de adar, e de saquear os seus bens.

Uma cópia do decreto deveria ser publicada como lei em cada província e levada ao conhecimento do povo de cada nação, a fim de que estivessem prontos para aquele dia. Por ordem do rei, os mensageiros saíram às pressas, e o decreto foi publicado na cidadela de Susã. O rei e Hamã assentaram-se para beber, mas a cidade de Susã estava em confusão.

Quando Mardoqueu soube de tudo o que tinha acontecido, rasgou as vestes, vestiu-se de pano de saco, cobriu-se de cinza e saiu pela cidade, chorando amargamente em alta voz. Foi até a porta do palácio real, mas não entrou, porque ninguém vestido de pano de saco tinha permissão de entrar. Em cada província onde chegou o decreto com a ordem do rei, houve grande pranto entre os judeus, com jejum, choro e lamento. Muitos se deitavam em pano de saco e em cinza.

Quando as criadas de Ester e os oficiais responsáveis pelo harém lhe contaram o que se passava com Mardoqueu, ela ficou muito aflita e mandou-lhe roupas para que as vestisse e tirasse o pano de saco; mas ele não quis aceitá-las. Então Ester convocou Hatá, um dos oficiais do rei, nomeado para ajudá-la, e deu-lhe ordens para descobrir o que estava perturbando Mardoqueu e por que ele estava agindo assim.

Hatá foi falar com Mardoqueu na praça da cidade, em frente da porta do palácio real. Mardoqueu contou-lhe tudo o que lhe tinha acontecido e quanta prata Hamã tinha prometido depositar na tesouraria real para a destruição dos judeus. Deu-lhe também uma cópia do decreto que falava do extermínio e que tinha sido anunciado em Susã, para que ele o mostrasse a Ester e insistisse com ela para que fosse à presença do rei implorar misericórdia e interceder em favor do seu povo.

Hatá retornou e relatou a Ester tudo o que Mardoqueu lhe tinha dito. Então ela o instruiu que dissesse o seguinte a Mardoqueu: "Todos os oficiais do rei e o povo das províncias do império sabem que existe somente uma lei para qualquer homem ou mulher que se aproxime do rei no pátio interno sem por ele ser chamado: será morto, a não ser que o rei estenda o cetro de ouro para a pessoa e lhe poupe a vida. E eu não sou chamada à presença do rei há mais de trinta dias."

Quando Mardoqueu recebeu a resposta de Ester, mandou dizer-lhe: "Não pense que, pelo fato de estar no palácio do rei, você será a única entre os judeus que escapará, pois, se você ficar calada nesta hora, socorro e livramento surgirão de outra parte para os judeus, mas você e a família do seu pai morrerão. Quem sabe se não foi para um momento como este que você chegou à posição de rainha?"

Então Ester mandou esta resposta a Mardoqueu: "Vá reunir todos os judeus que estão em Susã, e jejuem em meu favor. Não comam nem bebam durante três dias e três noites. Eu e minhas criadas jejuaremos como vocês. Depois disso, irei ao rei, ainda que seja contra a lei. Se eu tiver que morrer, morrerei."

Antes, a rainha Vasti havia arriscado sua vida, recusando-se a se apresentar ao rei quando convocada. Como resultado, perdeu seu posto de rainha. Agora, Ester arrisca sua vida, apresentando-se diante do mesmo rei sem ser convidada.

Três dias depois, Ester vestiu seus trajes de rainha e colocou-se no pátio interno do palácio, em frente do salão do rei. O rei estava no trono, de frente para a entrada.

Quando viu a rainha Ester ali no pátio, teve misericórdia dela e estendeu-lhe o cetro de ouro que tinha na mão. Ester aproximou-se e tocou a ponta do cetro. E o rei lhe perguntou: "Que há, rainha Ester? Qual é o seu pedido? Mesmo que seja a metade do reino, será dado a você." Respondeu Ester: "Se for do agrado do rei, venha com Hamã a um banquete que lhe preparei." Disse o rei: "Tragam Hamã imediatamente, para que ele atenda ao pedido de Ester."

Então o rei e Hamã foram ao banquete que Ester havia preparado. Enquanto bebiam vinho, o rei tornou a perguntar a Ester: "Qual é o seu pedido? Você será atendida. Qual o seu desejo? Mesmo que seja a metade do reino, será concedido a você." E Ester respondeu: "Este é o meu pedido e o meu desejo: Se o rei tem consideração por mim e se lhe agrada atender e conceder o meu pedido, que o rei e Hamã venham amanhã ao banquete que lhes prepararei. Então responderei à pergunta do rei."

Naquele dia, Hamã saiu alegre e contente. Mas ficou furioso quando viu que Mardoqueu, que estava junto à porta do palácio real, não se levantou nem mostrou respeito em sua presença. Hamã, porém, controlou-se e foi para casa. Reunindo seus amigos e Zeres, sua mulher, Hamã vangloriou-se de sua grande riqueza, de seus muitos filhos e de como o rei o havia honrado e promovido acima de todos os outros nobres e oficiais. E acrescentou Hamã: "Além disso, sou o único que a rainha Ester convidou para acompanhar o rei ao banquete que ela lhe ofereceu. Ela me convidou para comparecer amanhã, com o rei. Mas tudo isso não me dará satisfação enquanto eu vir aquele judeu Mardoqueu sentado junto à porta do palácio real." Então Zeres, sua mulher, e todos os seus amigos lhe sugeriram: "Mande fazer uma forca, de mais de vinte metros de altura, e logo pela manhã peça ao rei que Mardoqueu seja enforcado nela. Assim você poderá acompanhar o rei ao jantar e alegrar-se." A sugestão agradou Hamã, e ele mandou fazer a forca.

Hamã é obrigado a honrar Mardoqueu

Naquela noite, o rei não conseguiu dormir; por isso ordenou que trouxessem o livro das crônicas do seu reinado e que o lessem para ele. E foi lido o registro de que Mardoqueu tinha denunciado Bigtã e Teres, dois dos oficiais do rei que guardavam a entrada do Palácio e que haviam conspirado para assassinar o rei Xerxes. "Que honra e reconhecimento Mardoqueu recebeu por isso?", perguntou o rei. Seus oficiais responderam: "Nada lhe foi feito." O rei perguntou: "Quem está no pátio?" Ora, Hamã havia acabado de entrar no pátio externo do palácio para pedir ao rei o enforcamento de Mardoqueu na forca que ele havia preparado. Os oficiais do rei responderam: "É Hamã que está no pátio." "Façam-no entrar", ordenou o rei. Entrando Hamã, o rei lhe perguntou: "O que se deve fazer ao homem que o rei tem o prazer de honrar?" E Hamã pensou consigo: "A quem o rei teria prazer de honrar, senão a mim?" Por isso, respondeu ao rei: "Ao homem que o rei tem prazer de honrar, ordena que tragam um manto do próprio rei e um cavalo que o rei montou, e que ele leve o brasão do rei na cabeça. Em seguida, sejam o manto e o cavalo confiados a alguns dos príncipes mais nobres do rei, e ponham eles o manto sobre o homem que o rei deseja honrar e o conduzam sobre o cavalo pelas ruas da cidade, proclamando diante dele: 'Isto é o que se faz ao homem que o rei tem o prazer de honrar!'" O rei ordenou então a Hamã: "Vá depressa apanhar o manto e o cavalo e faça ao judeu Mardoqueu o que você sugeriu. Ele está sentado junto à porta do palácio real. Não omita nada do que você recomendou."

Então Hamã apanhou o cavalo, vestiu Mardoqueu com o manto e o conduziu sobre o cavalo pelas ruas da cidade, proclamando à frente dele: "Isto é o que se faz ao homem que o rei tem o prazer de honrar!" Depois disso, Mardoqueu voltou para a porta do palácio real. Hamã, porém, correu para casa com o rosto coberto, muito aborrecido e contou a Zeres, sua mulher, e a todos os seus amigos tudo o que lhe havia acontecido. Tanto os seus conselheiros como Zeres, sua mulher, lhe disseram: "Visto que Mardoqueu, diante de quem começou a sua queda, é de origem judaica, você não terá condições de enfrentá-lo. Sem dúvida, você ficará arruinado!"

E, enquanto ainda conversavam, chegaram os oficiais do rei e, às pressas, levaram Hamã para o banquete que Ester havia preparado.

O rei e Hamã foram ao banquete com a rainha Ester, e, enquanto estavam bebendo vinho no segundo dia, o rei perguntou de novo: "Rainha Ester, qual é o seu pedido? Você será atendida. Qual o seu desejo? Mesmo que seja a metade do reino, isso será concedido a você." Então a rainha Ester respondeu: "Se posso contar com o favor do rei e se isto lhe agrada, poupe a minha vida e a vida do meu povo; este é o meu pedido e o meu desejo. Pois eu e meu povo fomos vendidos para destruição, morte e aniquilação. Se apenas tivéssemos sido vendidos como escravos e escravas, eu teria ficado em silêncio, porque nenhuma aflição como essa justificaria perturbar o rei." O rei Xerxes perguntou à rainha Ester: "Quem se atreveu a uma coisa dessas? Onde está ele?" Respondeu Ester: "O adversário e inimigo é Hamã, esse perverso." Diante disso, Hamã ficou apavorado na presença do rei e da rainha. Furioso, o rei levantou-se, deixou o vinho, saiu dali e foi para o jardim do palácio. E, percebendo Hamã que o rei já tinha decidido condená-lo, ficou ali para implorar por sua vida à rainha Ester.

E voltando o rei do jardim do palácio ao salão do banquete, viu Hamã caído sobre o assento onde Ester estava reclinada. E então exclamou: "Chegaria ele ao cúmulo de violentar a rainha na minha presença e em minha própria casa?" Mal o rei terminou de dizer isso, alguns oficiais cobriram o rosto de Hamã. E um deles, chamado Harbona, que estava a serviço do rei, disse: "Há uma forca de mais de vinte metros de altura junto à casa de Hamã, que ele fez para Mardoqueu, aquele que intercedeu pela vida do rei." Então o rei ordenou: "Enforquem-no nela!" Assim Hamã morreu na forca que tinha preparado para Mardoqueu; e a ira do rei se acalmou.

Naquele mesmo dia, o rei Xerxes deu à rainha Ester todos os bens de Hamã, o inimigo dos judeus. E Mardoqueu foi trazido à presença do rei, pois Ester lhe dissera que ele era seu parente. O rei tirou seu anel-selo, que havia tomado de Hamã, e o deu a Mardoqueu; e Ester o nomeou administrador dos bens de Hamã.

Ester e Mardoqueu estavam seguros, mas o decreto irrevogável ainda representava uma ameaça aos demais judeus. A queda de Hamã e a ascensão de Mardoqueu não serviriam de conforto a Ester enquanto a lei do primeiro contra seu povo estivesse em vigor.

Mas Ester tornou a implorar ao rei, chorando aos seus pés, que revogasse o plano maligno de Hamã, o agagita, contra os judeus. Então o rei estendeu o cetro de ouro para Ester, e ela se levantou diante dele e disse: "Se for do agrado do rei, se posso contar com o seu favor e se ele considerar justo, que se escreva uma ordem revogando as cartas que Hamã, filho do agagita Hamedata, escreveu para que os judeus fossem exterminados em todas as províncias do império. Pois, como suportarei ver a desgraça que cairá sobre o meu povo? Como suportarei a destruição da minha própria família?"

O rei Xerxes respondeu à rainha Ester e ao judeu Mardoqueu: "Mandei enforcar Hamã e dei os seus bens a Ester porque ele atentou contra os judeus. Escrevam agora outro decreto em nome do rei, em favor dos judeus, como melhor lhes parecer, e selem-no com o anel-selo do rei, pois nenhum documento escrito em nome do rei e selado com o seu anel pode ser revogado." Isso aconteceu no vigésimo terceiro dia do terceiro mês, o mês de sivã. Os secretários do rei foram imediatamente convocados e escreveram todas as ordens de Mardoqueu aos judeus, aos sátrapas, aos governadores e aos nobres das cento e vinte e sete províncias que se estendiam da Índia até a Etiópia. Essas ordens foram redigidas na língua e na escrita de cada província e de cada povo e também na língua e na escrita dos judeus. Mardoqueu escreveu em nome do rei Xerxes, selou as cartas com o anel-selo do rei e as enviou por meio de mensageiros montados em cavalos velozes, das estrebarias do próprio rei. O decreto do rei concedia aos judeus de cada cidade o direito de se reunirem e de se protegerem, de destruir, matar e aniquilar qualquer força armada de qualquer povo ou província que os ameaçasse, a eles, suas mulheres e seus filhos, e o direito de saquear os bens dos seus inimigos. O decreto entrou em vigor nas províncias do rei Xerxes no décimo terceiro dia do décimo segundo mês, o mês de adar.

Uma cópia do decreto foi publicada como lei em cada província e levada ao conhecimento do povo de cada nação, a fim de que naquele dia os judeus estivessem prontos para vingar-se dos seus inimigos. Os mensageiros, montando cavalos das estrebarias do rei, saíram a galope, por causa da ordem do rei. O decreto também foi publicado na cidadela de Susã. Mardoqueu saiu da presença do rei usando vestes reais em azul e branco, uma grande coroa de ouro e um manto púrpura de linho fino. E a cidadela de Susã exultava de alegria. Para os judeus, foi uma ocasião de felicidade, alegria, júbilo e honra. Em cada província e em cada cidade, onde quer que chegasse o decreto do rei, havia alegria e júbilo entre os judeus, com banquetes e festas. Muitos que pertenciam a outros povos do reino tornaram-se judeus, porque o temor dos judeus tinha se apoderado deles.

No décimo terceiro dia do décimo segundo mês, o mês de adar, entraria em vigor o decreto do rei. Naquele dia, os inimigos dos judeus esperavam vencê-los, mas aconteceu o contrário: os judeus dominaram aqueles que os odiavam, reunindo-se em suas cidades, em todas as províncias do rei Xerxes, para atacar os que buscavam a sua destruição. Ninguém conseguia resistir-lhes, porque todos os povos estavam com medo deles. E todos os nobres das províncias, os sátrapas, os governadores e os administradores do rei apoiaram os judeus, porque o medo que tinham de Mardoqueu havia se apoderado deles. Mardoqueu era influente no palácio; sua fama espalhou-se pelas províncias, e ele se tornava cada vez mais poderoso.

Os judeus feriram todos os seus inimigos à espada, matando-os e destruindo--os, e fizeram o que quiseram com eles. Na cidadela de Susã, os judeus mataram e destruíram 500 homens. Também mataram Parsandata, Dalfom, Aspata, Porata, Adalia, Aridata, Farmasta, Arisai, Aridai e Vaisata, os dez filhos de Hamã, filho de Hamedata, o inimigo dos judeus. Mas não se apossaram dos seus bens.

Naquele mesmo dia, o total de mortos na cidadela de Susã foi relatado ao rei, que disse à rainha Ester: "Os judeus mataram e destruíram quinhentos homens e os dez filhos de Hamã na cidadela de Susã. Que terão feito nas outras províncias do império? Agora, diga qual é o seu pedido, e você será atendida. Tem ainda algum desejo? Este será concedido a você."

Respondeu Ester: "Se for do agrado do rei, que os judeus de Susã tenham autorização para executar também amanhã o decreto de hoje, para que os corpos dos dez filhos de Hamã sejam pendurados na forca." Então o rei deu ordens para que assim fosse feito. O decreto foi publicado em Susã, e os corpos dos dez filhos de Hamã foram pendurados na forca. Os judeus de Susã ajuntaram-se no décimo quarto dia do mês de adar e mataram trezentos homens em Susã, mas não se apossaram dos seus bens.

Enquanto isso, o restante dos judeus que viviam nas províncias do império também se ajuntaram para se protegerem e se livrarem dos seus inimigos. Eles mataram setenta e cinco mil deles, mas não se apossaram dos seus bens. Isso aconteceu no décimo terceiro dia do mês de adar, e no décimo quarto dia descansaram e fizeram dessa data um dia de festa e de alegria.

A história de Ester e Mardoqueu é também a história de uma das celebrações anuais judaicas, o feriado do Purim. Ela também conserva a memória da grande libertação do povo judeu sob o reinado de Xerxes.

A comemoração do Purim

Mardoqueu registrou esses acontecimentos e enviou cartas a todos os judeus de todas as províncias do rei Xerxes, próximas e distantes, determinando que anualmente se comemorassem o décimo quarto e o décimo quinto dias do mês de adar, pois nesses dias os judeus livraram-se dos seus inimigos; nesse mês, a sua tristeza tornou-se alegria; e o seu pranto, um dia de festa. Escreveu-lhes dizendo que comemorassem aquelas datas como dias de festa e de alegria, de troca de presentes e de ofertas aos pobres.

E assim os judeus adotaram como costume aquela comemoração, conforme o que Mardoqueu lhes tinha ordenado por escrito. Pois Hamã, filho do agagita Hamedata, inimigo de todos os judeus, tinha tramado contra eles para destruí-los e tinha lançado o pur, isto é, a sorte para a ruína e destruição deles. Mas, quando isso chegou ao conhecimento do rei, ele deu ordens escritas para que o plano maligno de Hamã contra os judeus se voltasse contra a sua própria cabeça, e para que ele e seus filhos fossem enforcados. Por isso, aqueles dias foram chamados Purim, da palavra pur. Considerando tudo o que estava escrito nessa carta, o que tinham visto e o que tinha acontecido, os judeus decidiram estabelecer o costume de que eles e os seus descendentes e todos os que se tornassem judeus não deixariam de comemorar anualmente esses dois dias, na forma prescrita e na data certa. Esses dias seriam lembrados e comemorados em cada família de cada geração, em cada província e em cada cidade, e nunca deveriam deixar de ser comemorados pelos judeus. E os seus descendentes jamais deveriam esquecer-se de tais dias.

Capítulo 23

Reerguendo os muros

A história de Deus havia sofrido diversas reviravoltas miraculosas. Abraão e Sara, estéreis e sem filhos, tiveram uma criança. José, vendido como escravo, acabou se tornando líder do Egito. Rute, uma estrangeira desconhecida, uniu-se à linhagem de reis. Daniel, atirado à cova dos leões, saiu de lá ileso, alcançando um respeito ainda maior na corte. Ester, uma cidadã comum da Pérsia, tornou-se rainha. Quem disse que milagres não acontecem?

E, em uma outra reviravolta do mesmo tipo, um povo antes sem lar havia retornado a Judá. Zorobabel e os profetas estimularam os israelitas a concluir o templo, o centro de adoração dos judeus em Jerusalém. Entra em cena Esdras (meio século depois), um sacerdote respeitado e professor da Lei que vivia na Babilônia. Ele se empenhou em garantir que a Lei de Deus fosse ouvida e seguida novamente em Judá.

Este Esdras veio da Babilônia. Era um escriba que conhecia muito a Lei de Moisés dada pelo Senhor, o Deus de Israel. O rei lhe concedera tudo o que ele tinha pedido, pois a mão do Senhor, o seu Deus, estava sobre ele. Alguns dos israelitas, inclusive sacerdotes, levitas, cantores, porteiros e servidores do templo, também foram para Jerusalém no sétimo ano do reinado de Artaxerxes.

Esdras chegou a Jerusalém no quinto mês do sétimo ano desse reinado. No primeiro dia do primeiro mês, ele saiu da Babilônia e chegou a Jerusalém no primeiro dia do quinto mês, porque a boa mão de seu Deus estava sobre ele. Pois Esdras tinha decidido dedicar-se a estudar a Lei do Senhor e a praticá-la, e a ensinar os seus decretos e mandamentos aos israelitas.

Esdras

Era filho de Seraías,

filho de Azarias,

filho de Hilquias,

filho de Salum,

filho de Zadoque,

filho de Aitube,

filho de Amarias,

filho de Azarias,

filho de Meraiote,

filho de Zeraías,

filho de Uzi,

filho de Buqui,

filho de Abisua,

filho de Fineias,

filho de Eleazar,

filho do sumo sacerdote Arão.

Esta é uma cópia da carta que o rei Artaxerxes entregou ao sacerdote e escriba Esdras, conhecedor dos mandamentos e decretos do Senhor para Israel:

"Artaxerxes, rei dos reis. Ao sacerdote Esdras, escriba da Lei do Deus dos céus:

"Paz e prosperidade! Estou decretando que qualquer israelita em meu reino, inclusive entre os sacerdotes e levitas, que desejar ir a Jerusalém com você, poderá fazê-lo. Você está sendo enviado pelo rei e por seus sete conselheiros para fazer uma investigação em Judá e em Jerusalém com respeito à Lei do seu Deus, que está nas suas mãos. Além disso, você levará a prata e o ouro que o rei e seus conselheiros voluntariamente ofereceram ao Deus de Israel, cuja habitação está em Jerusalém, além de toda a prata e todo o ouro que você receber da província da Babilônia, como também as ofertas voluntárias do povo e dos sacerdotes para o templo do Deus deles em Jerusalém. Com esse dinheiro compre novilhos, carneiros, cordeiros e o que for necessário para as suas ofertas de cereal e de bebida, e sacrifique-os no altar do templo do seu Deus em Jerusalém. Você e seus irmãos poderão fazer o que acharem melhor com o restante da prata e do ouro, de acordo com a vontade do seu Deus. Entregue ao Deus de Jerusalém todos os utensílios que foram confiados a você para o culto no templo de seu Deus. E todas as demais despesas necessárias com relação ao templo de seu Deus serão pagas pelo tesouro real.

"Agora eu, o rei Artaxerxes, ordeno a todos os tesoureiros do território situado a oeste do Eufrates que forneçam tudo o que lhes solicitar o sacerdote Esdras, escriba da Lei do Deus dos céus, até três toneladas e meia de prata, cem tonéis de trigo, dez barris de vinho, dez barris de azeite de oliva e sal à vontade. Tudo o que o Deus dos céus tenha prescrito, que se faça com presteza para o templo do Deus dos céus, para que a sua ira não venha contra o império do rei e dos seus descendentes. Saibam também que vocês não têm autoridade para exigir impostos, tributos ou taxas de nenhum sacerdote, levita, cantor, porteiro, servidor do templo e de nenhum dos que trabalham nesse templo de Deus. E você, Esdras, com a sabedoria que o seu Deus deu a você, nomeie magistrados e juízes para ministrarem a justiça a todo o povo do território situado a oeste do Eufrates, a todos os que conhecem as leis do seu Deus. E, aos que não as conhecem, você deverá ensiná-las. Aquele que não obedecer à lei do Deus de vocês e à lei do rei seja punido com a morte, ou com o exílio, ou com o confisco de bens, ou com a prisão."

Bendito seja o Senhor, o Deus de nossos antepassados, que pôs no coração do rei o propósito de honrar desta maneira o templo do Senhor em Jerusalém, e que, por sua bondade, favoreceu-me perante o rei, seus conselheiros e todos os seus altos oficiais. Como a mão do Senhor, o meu Deus, esteve sobre mim, tomei coragem e reuni alguns líderes de Israel para me acompanharem.

De posse dos presentes do rei e de suprimentos, Esdras conduziu milhares de israelitas em uma viagem para Jerusalém. Ele encontrou o templo em bom estado, mas também descobriu que os israelitas casavam-se com pessoas de nações vizinhas que adoravam outros deuses. A Lei de Deus os alertava claramente contra esse tipo de atitude. Horrorizado, Esdras rasgou suas vestes e chorou enquanto rezava, confessando o pecado de seu povo e suplicando pela misericórdia de Deus.

Cerca de 13 anos depois, Neemias, copeiro do rei da Pérsia (um posto que exigia o mais alto nível de confiança dentro da corte), recebeu a visita do seu irmão, que vivia em Judá. Neemias estava ansioso por notícias da cidade de Jerusalém. Porém, conforme Esdras descobrira anteriormente, elas não eram muito boas.

A história de Neemias

Palavras de Neemias, filho de Hacalias: "No mês de quisleu, no vigésimo ano, enquanto eu estava na cidade de Susã, Hanani, um dos meus irmãos, veio de Judá com alguns outros homens, e eu lhes perguntei acerca dos judeus que restaram, os sobreviventes do cativeiro e também sobre Jerusalém. E eles me responderam: 'Aqueles que sobreviveram ao cativeiro e estão lá na província passam por grande sofrimento e humilhação. O muro de Jerusalém foi derrubado e suas portas foram destruídas pelo fogo.' Quando ouvi essas coisas, sentei-me e chorei. Passei dias lamentando-me, jejuando e orando ao Deus dos céus.

"Então eu disse: 'Senhor, Deus dos céus, Deus grande e temível, fiel à aliança e misericordioso com os que te amam e obedecem aos teus mandamentos, que os teus ouvidos estejam atentos e os teus olhos estejam abertos para a oração que o teu servo está fazendo diante de ti, dia e noite, em favor de teus servos, o povo de Israel. Confesso os pecados que nós, os israelitas, temos cometido contra ti. Sim, eu e o meu povo temos pecado.

"'Senhor, que os teus ouvidos estejam atentos à oração deste teu servo e à oração dos teus servos que têm prazer em temer o teu nome. Faze com que hoje este teu servo seja bem-sucedido, concedendo-lhe a benevolência deste homem.'"

O templo em Jerusalém estava concluído, porém a muralha da cidade ainda se encontrava em ruínas. Uma cidade sem muros? Seria melhor deixar logo as portas abertas para que os saqueadores entrassem. Neemias decidiu que levaria o povo a reconstruir os muros da cidade.

Uma missão deste porte necessitaria da permissão de Artaxerxes, rei da Pérsia. Após rezar pedindo a ajuda de Deus, Neemias abordou o rei, que forneceu, com prazer, cartas de salvo-conduto e suprimentos para que Neemias seguisse seu caminho. Trabalho duro o esperava, assim como dias longos e noites em claro. Não obstante, ele fez suas malas e conduziu sua caravana pelas dunas em direção a Jerusalém.

"Cheguei a Jerusalém e, depois de três dias de permanência ali, saí de noite com alguns dos meus amigos. Eu não havia contado a ninguém o que o meu Deus havia posto em meu coração que eu fizesse por Jerusalém. Não levava nenhum outro animal além daquele em que eu estava montado. De noite saí pela porta do Vale na direção da fonte do Dragão e da porta do Esterco, examinando o muro de Jerusalém, que havia sido derrubado, e suas portas, que haviam sido destruídas pelo fogo. Fui até a porta da Fonte e do tanque do Rei, mas ali não havia espaço para o meu animal passar; por isso subi o vale, ainda de noite, examinando o muro. Finalmente voltei e tornei a entrar pela porta do Vale. Os oficiais não sabiam aonde eu tinha ido ou o que eu estava fazendo, pois até então eu não tinha dito nada aos judeus, aos sacerdotes, aos nobres, aos oficiais e aos outros que iriam realizar a obra. Então eu lhes disse: 'Vejam a situação terrível em que estamos: Jerusalém está em ruínas, e suas portas foram destruídas pelo fogo. Venham, vamos reconstruir os muros de Jerusalém, para que não fiquemos mais nesta situação humilhante.' Também lhes contei como Deus tinha sido bondoso comigo e o que o rei me tinha dito. Eles responderam: 'Sim, vamos começar a reconstrução.' E se encheram de coragem para a realização desse bom projeto."

Da mesma forma que os judeus haviam enfrentado a oposição dos povos vizinhos quando trabalharam na reconstrução do templo no século anterior, eles foram atacados por tentarem reerguer os muros que protegiam Jerusalém. Sambalate, o governante da Samaria, e Tobias, um comandante militar (e, provavelmente, líder do lado leste do Jordão), viam-se ameaçados pelo fato de o rei Artaxerxes ter não só patrocinado a viagem de Neemias para Jerusalém como o nomeado governante de Judá.

"Quando Sambalate soube que estávamos reconstruindo o muro, ficou furioso. Ridicularizou os judeus e, na presença de seus compatriotas e dos poderosos de Samaria, disse: 'O que aqueles frágeis judeus estão fazendo? Será que vão restaurar o seu muro? Irão oferecer sacrifícios? Irão terminar a obra num só dia? Será que vão conseguir ressuscitar pedras de construção daqueles montes de entulho e de pedras queimadas?' Tobias, o amonita, que estava ao seu lado, completou: 'Pois que construam! Basta que uma raposa suba lá, para que esse muro de pedras desabe!' Ouve-nos, ó Deus, pois estamos sendo desprezados. Faze cair sobre eles a zombaria. E sejam eles levados prisioneiros como despojo para outra terra. Não perdoes os seus pecados nem apagues as suas maldades, pois provocaram a tua ira diante dos construtores.

"Nesse meio-tempo fomos reconstruindo o muro, até que em toda a sua extensão chegamos à metade da sua altura, pois o povo estava totalmente dedicado ao trabalho.

"Quando, porém, Sambalate, Tobias, os árabes, os amonitas e os homens de Asdode souberam que os reparos nos muros de Jerusalém tinham avançado e que as brechas estavam sendo fechadas, ficaram furiosos. Todos juntos planejaram atacar Jerusalém e causar confusão. Mas nós oramos ao nosso Deus e colocamos guardas de dia e de noite para proteger-nos deles. Enquanto isso, o povo de Judá começou a dizer: 'Os trabalhadores já não têm mais forças e ainda há muito entulho. Por nós mesmos não conseguiremos reconstruir o muro.' E os nossos inimigos diziam: 'Antes que descubram qualquer coisa ou nos vejam, estaremos bem ali no meio deles; vamos matá-los e acabar com o trabalho deles.' Os judeus que moravam perto deles dez vezes nos preveniram: 'Para onde quer que vocês se virarem, saibam que seremos atacados de todos os lados.' Por isso, posicionei alguns do povo atrás dos pontos mais baixos do muro, nos lugares abertos, divididos por famílias, armados de espadas, lanças e arcos. Fiz uma rápida inspeção e imediatamente disse aos nobres, aos oficiais e ao restante do povo: 'Não tenham medo deles. Lembrem-se de que o Senhor é grande e temível, e lutem por seus irmãos, por seus filhos e por suas filhas, por suas mulheres e por suas casas.' Quando os nossos inimigos descobriram que sabíamos de tudo e que Deus tinha frustrado a sua trama, todos nós voltamos para o muro, cada um para o seu trabalho.

"Daquele dia em diante, enquanto a metade dos meus homens fazia o trabalho, a outra metade permanecia armada de lanças, escudos, arcos e couraças. Os oficiais davam apoio a todo o povo de Judá que estava construindo o muro. Aqueles que transportavam material faziam o trabalho com uma das mãos e com a outra seguravam uma arma, e cada um dos construtores trazia na cintura uma espada enquanto trabalhava; e comigo ficava um homem pronto para tocar a trombeta. Então eu disse aos nobres, aos oficiais e ao restante do povo: 'A obra é grande e extensa, e estamos separados, distantes uns dos outros, ao longo do muro. Do lugar de onde ouvirem o som da trombeta, juntem-se a nós ali. Nosso Deus lutará por nós!' Dessa maneira prosseguimos o trabalho com metade dos homens empunhando espadas desde o raiar da alvorada até o cair da tarde. Naquela ocasião, eu também disse ao povo: 'Cada um de vocês e o seu ajudante devem ficar à noite em Jerusalém, para que possam servir de guarda à noite e trabalhar durante o dia.' Eu, os meus irmãos, os meus homens de confiança e os guardas que estavam comigo nem tirávamos a roupa, e cada um permanecia de arma na mão."

Pressionado, Neemias demonstrou perseverança e graça. Ele seguiu adiante, embora tudo indicasse que enfrentaria problemas. Seu hábito de orar, uma característica fundamental da sua personalidade, fez com que a orientação e o zelo de Deus servissem de base para o projeto. Suas estratégias defensivas mantiveram os trabalhadores nos trilhos. Ele também demonstrou ter uma grande compreensão da natureza humana, pois era capaz de farejar uma armadilha a mais de um quilômetro de distância.

"Quando Sambalate, Tobias, Gesém, o árabe, e o restante de nossos inimigos souberam que eu havia reconstruído o muro e que não havia ficado nenhuma brecha, embora até então eu ainda não tivesse colocado as portas nos seus lugares, Sambalate e Gesém mandaram-me a seguinte mensagem: 'Venha, vamos nos encontrar num dos povoados da planície de Ono.' Eles, contudo, estavam tramando fazer-me mal; por isso enviei-lhes mensageiros com esta resposta: 'Estou executando um grande projeto e não posso descer. Por que parar a obra para ir encontrar-me com vocês?' Eles me mandaram quatro vezes a mesma mensagem, e todas as vezes lhes dei a mesma resposta. Então, na quinta vez, Sambalate mandou-me um dos seus homens de confiança com a mesma mensagem; ele tinha na mão uma carta aberta em que estava escrito: 'Dizem entre as nações, e Gesém diz que é verdade, que você e os judeus estão tramando uma revolta e que, por isso, estão reconstruindo o muro. Além disso, conforme dizem, você está na iminência de se tornar o rei deles, e até nomeou profetas para fazerem em Jerusalém a seguinte proclamação a seu respeito: Há um rei em Judá! Ora, essa informação será levada ao rei; por isso, vamos conversar.' Eu lhe mandei esta resposta: 'Nada disso que você diz está acontecendo; é pura invenção sua.' Estavam todos tentando intimidar-nos, pensando: 'Eles serão enfraquecidos e não concluirão a obra.' Eu, porém, orei pedindo: Fortalece agora as minhas mãos!

"Um dia fui à casa de Semaías, filho de Delaías, neto de Meetabel, que estava trancado portas adentro. Ele disse: 'Vamos encontrar-nos na casa de Deus, no templo, a portas fechadas, pois estão querendo matá-lo; eles virão esta noite.'

"Todavia, eu lhe respondi: Acha que um homem como eu deveria fugir? Alguém como eu deveria entrar no templo para salvar a vida? Não, eu não irei!' Percebi que Deus não o tinha enviado e que ele tinha profetizado contra mim porque Tobias e Sambalate o tinham contratado. Ele tinha sido pago para me intimidar, a fim de que eu cometesse um pecado agindo daquela maneira, e então eles poderiam difamar-me e desacreditar-me. Lembra-te do que fizeram Tobias e Sambalate, meu Deus, lembra-te também da profetisa Noadia e do restante dos profetas que estão tentando me intimidar. O muro ficou pronto no vigésimo quinto dia de elul, em cinquenta e dois dias. Quando todos os nossos inimigos souberam disso, todas as nações vizinhas ficaram atemorizadas e com o orgulho ferido, pois perceberam que essa obra havia sido executada com a ajuda de nosso Deus."

Primeiro, o templo, e, agora, as muralhas da cidade estavam completas. Porém, qual o sentido de erguer templos e muros se os corações das pessoas ainda estavam sem rumo? Tanto Esdras quanto Neemias queriam garantir a existência de um sistema de adoração e o cumprimento das leis contra a união com nações profanas. O que seria melhor do que deixar a Palavra de Deus falar por si própria?

"Depois que o muro foi reconstruído e que eu coloquei as portas no lugar, foram nomeados os porteiros, os cantores e os levitas. Para governar Jerusalém, encarreguei o meu irmão Hanani e, com ele, Hananias, comandante da fortaleza, pois Hananias era íntegro e temia a Deus mais do que a maioria dos homens."

Todo o povo juntou-se como se fosse um só homem na praça, em frente à porta das Águas. Pediram ao escriba Esdras que trouxesse o Livro da Lei de Moisés, que o Senhor dera a Israel. Assim, no primeiro dia do sétimo mês, o sacerdote Esdras trouxe a Lei diante da assembleia, que era constituída de homens e mulheres e de todos os que podiam entender. Ele a leu em alta voz desde o raiar da manhã até o meio-dia, de frente para a praça, em frente à porta das Águas, na presença dos homens, mulheres e de outros que podiam entender. E todo o povo ouvia com atenção a leitura do Livro da Lei.

O escriba Esdras estava numa plataforma elevada, de madeira, construída para a ocasião. Ao seu lado, à direita, estavam Matitias, Sema, Anaías, Urias, Hilquias e Maaseias; e à esquerda estavam Pedaías, Misael, Malquias, Hasum, Hasbadana, Zacarias e Mesulão. Esdras abriu o Livro diante de todo o povo, e este podia vê-lo, pois ele estava num lugar mais alto. E, quando abriu o Livro, o povo todo se levantou. Esdras louvou o Senhor, o grande Deus, e todo o povo ergueu as mãos e respondeu: "Amém! Amém!" Então eles adoraram o Senhor, prostrados com o rosto em terra. Os levitas Jesua, Bani, Serebias, Jamim, Acube, Sabetai, Hodias, Maaseias, Quelita, Azarias, Jozabade, Hanã e Pelaías instruíram o povo na Lei, e todos permaneciam ali. Leram o Livro da Lei de Deus, interpretando-o e explicando-o, a fim de que o povo entendesse o que estava sendo lido.

Então Neemias, o governador, Esdras, o sacerdote e escriba, e os levitas que estavam instruindo o povo disseram a todos: "Este dia é consagrado ao Senhor, o nosso Deus. Nada de tristeza e de choro!" Pois todo o povo estava chorando enquanto ouvia as palavras da Lei. E Neemias acrescentou: "Podem sair, e comam e bebam do melhor que tiverem, e repartam com os que nada têm preparado. Este dia é consagrado ao nosso Senhor. Não se entristeçam, porque a alegria do Senhor os fortalecerá." Os levitas tranquilizaram todo o povo, dizendo: "Acalmem-se, porque este é um dia santo. Não fiquem tristes!" Então todo o povo saiu para comer, beber, repartir com os que nada tinham preparado e para celebrar com grande alegria, pois agora compreendiam as palavras que lhes foram explicadas.

No segundo dia do mês, os chefes de todas as famílias, os sacerdotes e os levitas reuniram-se com o escriba Esdras para estudarem as palavras da Lei. Descobriram na Lei que o Senhor tinha ordenado, por meio de Moisés, que os israelitas deveriam morar em tendas durante a festa do sétimo mês. Por isso anunciaram em todas as suas cidades e em Jerusalém: "Saiam às montanhas e tragam ramos de oliveiras cultivadas, de oliveiras silvestres, de murtas, de tamareiras e de árvores frondosas, para fazerem tendas, conforme está escrito." Então o povo saiu e trouxe os ramos, e eles mesmos construíram tendas nos seus terraços, nos seus pátios, nos pátios do templo de Deus e na praça junto à porta das Águas e na que fica junto à porta de Efraim. Todos os que tinham voltado do exílio construíram tendas e moraram nelas. Desde os dias de Josué, filho de Num, até aquele dia, os israelitas não tinham celebrado a festa dessa maneira. E grande foi a alegria deles.

Dia após dia, desde o primeiro até o último dia da festa, Esdras leu o Livro da Lei de Deus. Eles celebraram a festa durante sete dias, e no oitavo dia, conforme o ritual, houve uma reunião solene.

De fato, os israelitas haviam reconstruído o templo e adoravam a Deus novamente; contudo, muitos deles, incluindo sacerdotes, se afastavam da fé. Deus convocou Malaquias, o último dos profetas do Velho Testamento, para transmitir uma mensagem final ao povo. Malaquias foi provavelmente contemporâneo de Esdras e Neemias. Imagina-se que suas profecias tenham se dado após a morte de Esdras e durante a época em que Neemias foi chamado de volta pelo rei da Pérsia para servi-lo. Por intermédio de Malaquias, Deus transmitiu seu alerta contra a hipocrisia dos israelitas, embora também os tenha lembrado de sua promessa eterna de aliança.

Uma advertência: a palavra do Senhor contra Israel, por meio de Malaquias.

"O filho honra seu pai, e o servo, o seu senhor. Se eu sou pai, onde está a honra que me é devida? Se eu sou senhor, onde está o temor que me devem?", pergunta o Senhor dos Exércitos a vocês, sacerdotes. "São vocês que desprezam o meu nome! Mas vocês perguntam: 'De que maneira temos desprezado o teu nome?' Trazendo comida impura ao meu altar! E mesmo assim ainda perguntam: 'De que maneira te desonramos?'

"Ao dizerem que a mesa do Senhor é desprezível. Na hora de trazerem animais cegos para sacrificar, vocês não veem mal algum. Na hora de trazerem animais aleijados e doentes como oferta, também não veem mal algum. Tentem oferecê-los de presente ao governador! Será que ele se agradará de vocês? Será que os atenderá?", pergunta o Senhor dos Exércitos. "E agora, sacerdotes, tentem apaziguar Deus para que tenha compaixão de nós! Será que com esse tipo de oferta ele os atenderá?", pergunta o Senhor dos Exércitos. "Ah, se um de vocês fechasse as portas do templo! Assim ao menos não acenderiam o fogo do meu altar inutilmente. Não tenho prazer em vocês", diz o Senhor dos Exércitos, "e não aceitarei as suas ofertas. Pois, do oriente ao ocidente, grande é o meu nome entre as nações. Em toda parte incenso é queimado e ofertas puras são trazidas ao meu nome, porque grande é o meu nome entre as nações", diz o Senhor dos Exércitos. "Mas vocês o profanam ao dizerem que a mesa do Senhor é imunda e que a sua comida é desprezível. E ainda dizem: 'Que canseira!' e riem dela com desprezo", diz o Senhor dos Exércitos. "Quando vocês trazem animais roubados, aleijados e doentes e os oferecem em sacrifício, deveria eu aceitá-los de suas mãos?", pergunta o Senhor. "Maldito seja o enganador que, tendo no rebanho um macho sem defeito, promete oferecê-lo e depois sacrifica para mim um animal defeituoso", diz o Senhor dos Exércitos; "pois eu sou um grande rei, e o meu nome é temido entre as nações."

"E agora esta advertência é para vocês, ó sacerdotes. Se vocês não derem ouvidos e não se dispuserem a honrar o meu nome", diz o Senhor dos Exércitos, "lançarei maldição sobre vocês e até amaldiçoarei as suas bênçãos. Aliás, já as amaldiçoei, porque vocês não me honram de coração.

"Há outra coisa que vocês fazem: enchem de lágrimas o altar do Senhor; choram e gemem porque ele já não dá atenção às suas ofertas nem as aceita com prazer. E vocês ainda perguntam: 'Por quê?' É porque o Senhor é testemunha entre você e a mulher da sua mocidade, pois você não cumpriu a sua promessa de fidelidade, embora ela fosse a sua companheira, a mulher do seu acordo matrimonial. Não foi o Senhor que os fez um só? Em corpo e em espírito eles lhe pertencem. E por que um só? Porque ele desejava uma descendência consagrada. Portanto, tenham cuidado: Ninguém seja infiel à mulher da sua mocidade. 'Eu odeio o divórcio', diz o Senhor, o Deus de Israel, 'e também odeio homem que se cobre de violência como se cobre de roupas', diz o Senhor dos Exércitos. Por isso, tenham bom senso; não sejam infiéis.

"De fato, eu, o Senhor, não mudo. Por isso vocês, descendentes de Jacó, não foram destruídos. Desde o tempo dos seus antepassados vocês se desviaram dos meus decretos e não lhes obedeceram. Voltem para mim e eu voltarei para vocês", diz o Senhor dos Exércitos. "Mas vocês perguntam: 'Como voltaremos?' Pode um homem roubar de Deus? Contudo vocês estão me roubando. E ainda perguntam: 'Como é que te roubamos?' Nos dízimos e nas ofertas. Vocês estão debaixo de grande maldição porque estão me roubando; a nação toda está me roubando. Tragam o dízimo todo ao depósito do templo, para que haja alimento em minha casa. Ponham-me à prova", diz o Senhor dos Exércitos, "e vejam se não vou abrir as comportas dos céus e derramar sobre vocês tantas bênçãos que nem terão onde guardá-las. Impedirei que pragas devorem suas colheitas, e as videiras nos campos não perderão o seu fruto", diz o Senhor dos Exércitos. "Então todas as nações os chamarão felizes, porque a terra de vocês será maravilhosa", diz o Senhor dos Exércitos.

"Vocês têm dito palavras duras contra mim", diz o Senhor. "Ainda assim perguntam: 'O que temos falado contra ti?' Vocês dizem: 'É inútil servir a Deus. O que ganhamos quando obedecemos aos seus preceitos e ficamos nos lamentando diante do Senhor dos Exércitos? Por isso, agora consideramos felizes os arrogantes, pois tanto prosperam os que praticam o mal como escapam ilesos os que desafiam Deus!'"

Depois, aqueles que temiam o Senhor conversaram uns com os outros, e o Senhor os ouviu com atenção. Foi escrito um livro como memorial na sua presença acerca dos que temiam o Senhor e honravam o seu nome. "No dia em que eu agir", diz o Senhor dos Exércitos, "eles serão o meu tesouro pessoal. Eu terei compaixão deles como um pai tem compaixão do filho que lhe obedece. Então vocês verão novamente a diferença entre o justo e o ímpio, entre os que servem a Deus e os que não o servem. Pois certamente vem o dia, ardente como uma fornalha. Todos os arrogantes e todos os malfeitores serão como palha, e aquele dia, que está chegando, ateará fogo neles", diz o Senhor dos Exércitos. "Não sobrará raiz ou galho algum. Mas, para vocês que reverenciam o meu nome, o sol da justiça se levantará trazendo cura em suas asas. E vocês sairão e saltarão como bezerros soltos do curral. Depois esmagarão os ímpios, que serão como pó sob as solas dos seus pés, no dia em que eu agir", diz o Senhor dos Exércitos.

"Lembrem-se da Lei do meu servo Moisés, dos decretos e das ordenanças que lhe dei em Horebe para todo o povo de Israel.

"Vejam, eu enviarei a vocês o profeta Elias antes do grande e temível dia do Senhor. Ele fará com que os corações dos pais se voltem para seus filhos, e os corações dos filhos para seus pais; do contrário, eu virei e castigarei a terra com maldição."

Terra Santa na época de Jesus

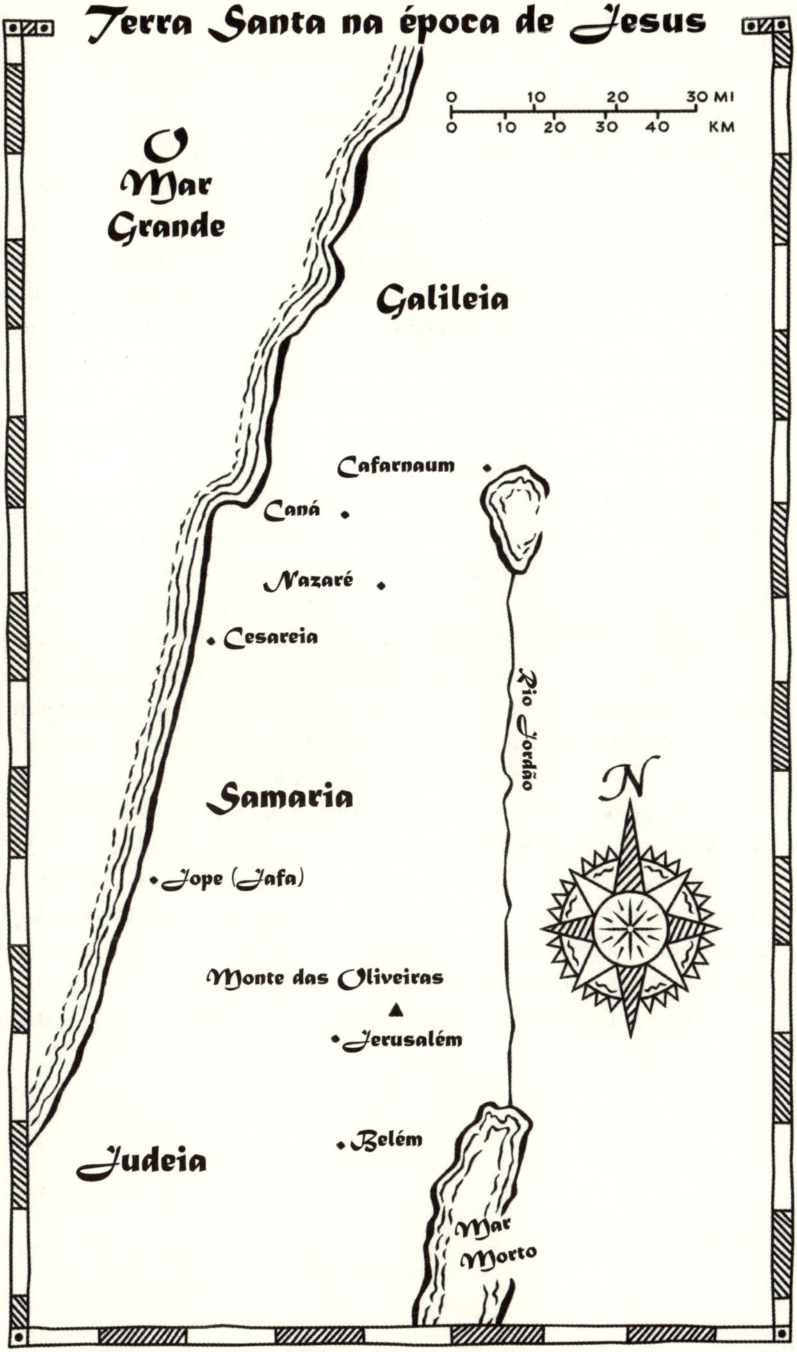

Quatrocentos anos se passaram desde Malaquias, e nenhum profeta ou líder digno de ser incluído nas Escrituras Sagradas surgiu. Por esse motivo, o período é às vezes chamado de "os anos de silêncio". Na realidade, esse período de turbulência social e política foi tudo, menos silencioso para o povo judeu.

O século II a.C., marcado pela revolta dos macabeus contra os selêucidas, foi uma das eras mais heroicas da história judaica. Durante esses 400 anos também foram produzidos diversos escritos importantes. A comunidade de Qumran copiou os livros de Isaías, os Salmos, o Deuteronômio e outras escrituras sagradas. Esses manuscritos antigos foram descobertos nos arredores do Mar Morto por um jovem pastor em 1947 d.C. e são conhecidos atualmente como "Os Pergaminhos do Mar Morto".

Os livros deuterocanônicos – ou apócrifos –, aceitos como Escrituras Sagradas pelas igrejas romana e oriental, foram escritos nos anos entre o Velho e o Novo Testamento. A Septuaginta – tradução grega do Velho Testamento – foi outro dos produtos importantes desse período. Ela se tornou a Bíblia para os judeus grecofalantes fora da Palestina e, posteriormente, para a Igreja antiga.

No entanto, a história de Deus não havia terminado. "Quando, porém, chegou a plenitude do tempo", nas palavras do apóstolo Paulo, o Senhor falou novamente – dessa vez na pessoa de Jesus Cristo, o Filho de Deus, cujo nascimento, vida, morte e ressurreição mudaram tudo.

Era chegada a hora de as velhas promessas dos profetas de um Servo-Rei e do reino de Deus, aguardadas por tantos anos, ganharem vida de uma forma nova e ousada. De todos verem personificados o amor gracioso, compassivo e inesgotável de Deus e Sua dedicação a reparar laços partidos através daquele carpinteiro e mestre itinerante chamado Jesus: o Messias[1] que veio para libertar seu povo. Toda a sabedoria e desígnios de Deus concentravam-se na missão de Jesus no planeta Terra. Ele era a palavra final do Senhor. E foi assim que aconteceu...

1. **Messias:** Um dos nomes de Jesus, que dá ênfase ao seu papel de Salvador escolhido por Deus.

Capítulo 24

O NASCIMENTO DO REI

No sexto mês, Deus enviou o anjo Gabriel a Nazaré, cidade da Galileia, a uma virgem prometida em casamento a certo homem chamado José, descendente de Davi. O nome da virgem era Maria. O anjo, aproximando-se dela, disse: "Alegre-se, agraciada! O Senhor está com você!" Maria ficou perturbada com essas palavras, pensando no que poderia significar esta saudação. Mas o anjo lhe disse: "Não tenha medo, Maria; você foi agraciada por Deus! Você ficará grávida e dará à luz um filho, e lhe porá o nome de Jesus. Ele será grande e será chamado Filho do Altíssimo. O Senhor Deus lhe dará o trono de seu pai Davi, e ele reinará para sempre sobre o povo de Jacó; seu Reino jamais terá fim." Perguntou Maria ao anjo: "Como acontecerá isso se sou virgem?" O anjo respondeu: "O Espírito Santo virá sobre você, e o poder do Altíssimo a cobrirá com a sua sombra. Assim, aquele que há de nascer será chamado Santo, Filho de Deus. Também Isabel, sua parenta, terá um filho na velhice; aquela que diziam ser estéril já está em seu sexto mês de gestação. Pois nada é impossível para Deus." Respondeu Maria: "Sou serva do Senhor; que aconteça comigo conforme a tua palavra." Então o anjo a deixou.

Então disse Maria:

"Minha alma engrandece ao Senhor,
e o meu espírito se alegra em Deus, meu Salvador,[1]
pois atentou para a humildade da sua serva.
De agora em diante, todas as gerações
me chamarão bem-aventurada,
pois o Poderoso fez grandes coisas
em meu favor;
santo é o seu nome.
A sua misericórdia estende-se aos que o temem,
de geração em geração.
Ele realizou poderosos feitos com seu braço;
dispersou os que são soberbos
no mais íntimo do coração.
Derrubou governantes dos seus tronos,

1. **Salvador:** Aquele que resgata ou cura. Jesus Cristo é mostrado como o Salvador que livra seu povo do pecado e da condenação eterna.

mas exaltou os humildes.
Encheu de coisas boas os famintos,
mas despediu de mãos vazias os ricos.
Ajudou a seu servo Israel,
lembrando-se da sua misericórdia para com Abraão
e seus descendentes
para sempre,
como dissera aos nossos antepassados."

A concepção de Maria se dá de forma misteriosa, pois ela e José eram noivos e não mantinham relações sexuais. Imagine os problemas que Maria enfrentou para explicar essa experiência incrível. Ela própria não conseguia compreendê-la, quanto mais explicá-la a seus amigos e família.

Naquela época, um noivado era considerado um compromisso tão sério quanto um casamento, de modo que José era chamado de "seu esposo", ainda que ele e Maria não fossem oficialmente casados. Embora provavelmente quisesse acreditar em Maria, José estava em uma situação difícil. Comprometido com uma mulher que sua família e amigos passariam a desprezar, ele decidiu que seria melhor romper o noivado... até que um visitante inesperado o fez mudar de ideia.

Por ser José, seu marido, um homem justo, e não querendo expô-la à desonra pública, pretendia anular o casamento secretamente. Mas, depois de ter pensado nisso, apareceu-lhe um anjo do Senhor em sonho e disse: "José, filho de Davi, não tema receber Maria como sua esposa, pois o que nela foi gerado procede do Espírito Santo. Ela dará à luz um filho, e você deverá dar-lhe o nome de Jesus, porque ele salvará o seu povo dos seus pecados." Tudo isso aconteceu para que se cumprisse o que o Senhor dissera pelo profeta: "A virgem ficará grávida e dará à luz um filho, e o chamarão Emanuel", que significa "Deus conosco". Ao acordar, José fez o que o anjo do Senhor lhe tinha ordenado e recebeu Maria como sua esposa.

O Nascimento de Jesus

Naqueles dias, César Augusto publicou um decreto ordenando o recenseamento de todo o império romano. Este foi o primeiro recenseamento feito quando Quirino era governador da Síria. E todos iam para a sua cidade natal, a fim de alistar-se. Assim, José também foi da cidade de Nazaré da Galileia para a Judeia, para Belém, cidade de Davi, porque pertencia à casa e à linhagem de Davi. Ele foi a fim de alistar-se, com Maria, que lhe estava prometida em casamento e esperava um filho. Enquanto estavam lá, chegou o tempo de nascer o bebê, e ela deu à luz o seu primogênito. Envolveu-o em panos e o colocou numa manjedoura, porque não havia lugar para eles na hospedaria.

Havia pastores que estavam nos campos próximos e durante a noite tomavam conta dos seus rebanhos. E aconteceu que um anjo do Senhor apareceu-lhes e a glória do Senhor resplandeceu ao redor deles; e ficaram aterrorizados. Mas o anjo lhes disse: "Não tenham medo. Estou trazendo boas-novas de grande alegria para vocês, que são para todo o povo: Hoje, na cidade de Davi, nasceu o Salvador, que é Cristo, o Senhor. Isto servirá de sinal para vocês: encontrarão o bebê envolto em panos e deitado numa manjedoura." De repente, uma grande multidão do exército celestial apareceu com o anjo, louvando a Deus e dizendo:

> "Glória a Deus nas alturas e paz na terra aos homens
> aos quais ele concede o seu favor."

Quando os anjos os deixaram e foram para os céus, os pastores disseram uns aos outros: "Vamos a Belém e vejamos isso que aconteceu, e que o Senhor nos deu a conhecer." Então correram para lá e encontraram Maria e José e o bebê deitado na manjedoura. Depois de o verem, contaram a todos o que lhes fora dito a respeito daquele menino, e todos os que ouviram o que os pastores diziam ficaram admirados. Maria, porém, guardava todas essas coisas e sobre elas refletia em seu coração. Os pastores voltaram glorificando e louvando a Deus por tudo o que tinham visto e ouvido, como lhes fora dito.

José e Maria decidiram continuar em Belém após o nascimento de Jesus. Fiéis à Lei de Moisés, eles circuncidaram o menino quando ele completou oito dias de vida e no seu 40º dia "o consagraram ao Senhor" no templo em Jerusalém. Lá, a nova família foi recebida por dois anciãos, Simão e Ana, a quem Deus concedeu a oportunidade de ver e reconhecer o Messias antes do fim de seus dias. E esses não seriam os últimos a compreender como era especial o menino Jesus.

Depois que Jesus nasceu em Belém da Judeia, nos dias do rei Herodes, magos[2] vindos do oriente chegaram a Jerusalém e perguntaram: "Onde está o recém-nascido rei dos judeus? Vimos a sua estrela no oriente e viemos adorá-lo."

Quando o rei Herodes ouviu isso, ficou perturbado, e com ele toda Jerusalém. Tendo reunido todos os chefes dos sacerdotes do povo e os mestres da lei, perguntou-lhes onde deveria nascer o Cristo. E eles responderam: "Em Belém da Judeia; pois assim escreveu o profeta:

---

2. **Magos:** Tradicionalmente, *sábios.*

"'Mas tu, Belém, da terra de Judá,
de forma alguma és a menor em meio às principais cidades de Judá;
pois de ti virá o líder
que, como pastor, conduzirá Israel, o meu povo.'"

Então Herodes chamou os magos secretamente e informou-se com eles a respeito do tempo exato em que a estrela tinha aparecido. Enviou-os a Belém e disse: "Vão informar-se com exatidão sobre o menino. Logo que o encontrarem, avisem-me, para que eu também vá adorá-lo." Depois de ouvirem o rei, eles seguiram o seu caminho, e a estrela que tinham visto no oriente foi adiante deles, até que finalmente parou sobre o lugar onde estava o menino. Quando tornaram a ver a estrela, encheram-se de júbilo. Ao entrarem na casa, viram o menino com Maria, sua mãe, e, prostrando-se, o adoraram. Então abriram os seus tesouros e lhe deram presentes: ouro, incenso e mirra. E, tendo sido advertidos em sonho para não voltarem a Herodes, retornaram a sua terra por outro caminho.

A fuga para o Egito

Depois que partiram, um anjo do Senhor apareceu a José em sonho e lhe disse: "Levante-se, tome o menino e sua mãe, e fuja para o Egito. Fique lá até que eu diga a você, pois Herodes vai procurar o menino para matá-lo." Então ele se levantou, tomou o menino e sua mãe durante a noite e partiu para o Egito, onde ficou até a morte de Herodes. E assim se cumpriu o que o Senhor tinha dito pelo profeta: "Do Egito chamei o meu filho."

Quando Herodes percebeu que havia sido enganado pelos magos, ficou furioso e ordenou que matassem todos os meninos de dois anos para baixo, em Belém e nas proximidades, de acordo com a informação que havia obtido dos magos. Então se cumpriu o que fora dito pelo profeta Jeremias:

"Ouviu-se uma voz em Ramá,
choro e grande lamentação;
é Raquel que chora por seus filhos
e recusa ser consolada,
porque já não existem."

A volta para Israel

Depois que Herodes morreu, um anjo do Senhor apareceu em sonho a José, no Egito, e disse: "Levante-se, tome o menino e sua mãe e vá para a terra de Israel, pois estão mortos os que procuravam tirar a vida do menino."

Ele se levantou, tomou o menino e sua mãe e foi para a terra de Israel. Mas, ao ouvir que Arquelau estava reinando na Judeia em lugar de seu pai Herodes, teve medo de ir para lá. Tendo sido avisado em sonho, retirou-se para a região da Galileia e foi viver numa cidade chamada Nazaré. Assim cumpriu-se o que fora dito pelos profetas: "Ele será chamado Nazareno."

Isso é tudo o que se sabe a respeito do menino Jesus até ele surgir em Jerusalém aos 12 anos de idade. O mais provável é que tenha aprendido com José o ofício da carpintaria e estudado na sinagoga. Sua mente se tornou forte, assim como seu corpo e alma. Embora ainda jovem, possuía uma agilidade mental que lhe permitia discutir com líderes da sinagoga. Certa vez, Jesus ficou tão absorto em seus questionamentos que perdeu a noção do tempo.

Todos os anos seus pais iam a Jerusalém para a festa da Páscoa. Quando ele completou doze anos de idade, eles subiram à festa, conforme o costume. Terminada a festa, voltando seus pais para casa, o menino Jesus ficou em Jerusalém, sem que eles percebessem. Pensando que ele estava entre os companheiros de viagem, caminharam o dia todo. Então começaram a procurá-lo entre seus parentes e conhecidos. Não o encontrando, voltaram a Jerusalém para procurá-lo.

Depois de três dias o encontraram no templo, sentado entre os mestres, ouvindo-os e fazendo-lhes perguntas. Todos os que o ouviam ficavam maravilhados com o seu entendimento e com as suas respostas. Quando seus pais o viram, ficaram perplexos. Sua mãe lhe disse: "Filho, por que você nos fez isto? Seu pai e eu estávamos aflitos, à sua procura." Ele perguntou: "Por que vocês estavam me procurando? Não sabiam que eu devia estar na casa de meu Pai?" Mas eles não compreenderam o que lhes dizia.

Então foi com eles para Nazaré e era-lhes obediente. Sua mãe, porém, guardava todas essas coisas em seu coração. Jesus ia crescendo em sabedoria, estatura e graça diante de Deus e dos homens.

Quem era este Jesus? Um novo profeta? Um sábio destinado a se tornar um grande rabino? Talvez um líder político com o carisma necessário para finalmente expulsar os exércitos romanos que oprimiam a Judeia? Nenhuma dessas características foi capaz de descrevê-lo. Jesus era uma mensagem de Deus – na verdade, era o próprio Deus. Quando, ao completar 30 anos, ele abandonou as ferramentas de carpinteiro e começou a convocar as pessoas, elas acharam que sua carreira tinha finalmente começado. Na realidade, Jesus – a Palavra de Deus – já estava em ação havia muito tempo: desde o início.

Jesus

Esta é a genealogia de Jesus Cristo, filho de Davi, filho de Abraão:

Abraão gerou Isaque,

Isaque gerou Jacó,

Jacó gerou Judá e seus irmãos,

Judá gerou Perez e Zerá, cuja mãe foi Tamar,

Perez gerou Esrom,

Esrom gerou Arão,

Arão gerou Aminadabe,

Aminadabe gerou Naassom,

Naassom gerou Salmom,

Salmom gerou Boaz, cuja mãe foi Raabe,

Boaz gerou Obede, cuja mãe foi Rute,

Obede gerou Jessé,

e Jessé gerou o rei Davi.

Davi gerou Salomão,

cuja mãe tinha sido mulher de Urias,

Salomão gerou Roboão,

Roboão gerou Abias,

Abias gerou Asa,

Asa gerou Josafá,

Josafá gerou Jorão,

Jesus

Jorão gerou Uzias,

Uzias gerou Jotão,

Jotão gerou Acaz,

Acaz gerou Ezequias,

Ezequias gerou Manassés,

Manassés gerou Amom,

Amom gerou Josias, e

Josias gerou Jeconias e seus irmãos

no tempo do exílio na Babilônia.

Depois do exílio na Babilônia,

Jeconias gerou Salatiel,

Salatiel gerou Zorobabel,

Zorobabel gerou Abiúde,

Abiúde gerou Eliaquim,

Eliaquim gerou Azor,

Azor gerou Sadoque,

Sadoque gerou Aquim,

Aquim gerou Eliúde,

Eliúde gerou Eleazar,

Eleazar gerou Matã,

Matã gerou Jacó,

Jacó gerou José, marido de Maria,

da qual nasceu Jesus,

que é chamado de Cristo.

Capítulo 25

Um homem incomum

No princípio era aquele que é a Palavra. Ele estava com Deus e era Deus. Ele estava com Deus no princípio. Todas as coisas foram feitas por intermédio dele; sem ele, nada do que existe teria sido feito. Nele estava a vida, e esta era a luz dos homens. A luz brilha nas trevas, e as trevas não a derrotaram.

Surgiu um homem enviado por Deus, chamado João. Ele veio como testemunha, para testificar acerca da luz, a fim de que por meio dele todos os homens cressem. Ele próprio não era a luz, mas veio como testemunha da luz.

Estava chegando ao mundo a verdadeira luz, que ilumina todos os homens. Aquele que é a Palavra estava no mundo, e o mundo foi feito por intermédio dele, mas o mundo não o reconheceu. Veio para o que era seu, mas os seus não o receberam. Contudo, aos que o receberam, aos que creram em seu nome, deu-lhes o direito de se tornarem filhos de Deus, os quais não nasceram por descendência natural, nem pela vontade da carne, nem pela vontade de algum homem, mas nasceram de Deus.

Aquele que é a Palavra tornou-se carne e viveu entre nós. Vimos a sua glória, glória como do Unigênito vindo do Pai, cheio de graça[1] e de verdade.

Pois a Lei foi dada por intermédio de Moisés; a graça e a verdade vieram por intermédio de Jesus Cristo. Ninguém jamais viu Deus, mas o Deus Unigênito, que está junto do Pai, o tornou conhecido.

Imagine que você estivesse apresentando o Salvador do mundo. Não transformaria a ocasião em um evento de gala? Convocaria a imprensa? Destacaria a presença das celebridades? Estenderia um tapete vermelho para ele? Chamaria a atenção das pessoas?

Deus não age dessa forma. Ele desejou que Seu Filho fosse apresentado por um profeta de aparência humilde chamado João Batista. De acordo com a profecia, João, filho de Isabel (que era parente de Maria), precederia o Messias "com o poder de Elias". João era um profeta incomum. Ele vivia à margem da cultura religiosa, mas sua mensagem veio em uma hora perfeitamente oportuna.

1. **Graça:** Dádiva ou bênção imerecida. No Novo Testamento, esse termo muitas vezes se refere ao perdão não merecido dos pecados alcançado pela morte de Jesus.

Naqueles dias, surgiu João Batista, pregando no deserto da Judeia. Ele dizia:

"Arrependam-se, pois o Reino dos céus está próximo."

As roupas de João eram feitas de pelo de camelo, e ele usava um cinto de couro na cintura. O seu alimento era gafanhotos e mel silvestre. A ele vinha gente de Jerusalém, de toda a Judeia e de toda a região ao redor do Jordão. Confessando os seus pecados, eram batizados[2] por ele no rio Jordão.

Então Jesus veio da Galileia ao Jordão para ser batizado por João. João, porém, tentou impedi-lo, dizendo: "Eu preciso ser batizado por ti, e tu vens a mim?" Respondeu Jesus: "Deixe assim por enquanto; convém que assim façamos, para cumprir toda a justiça." E João concordou.

Assim que Jesus foi batizado, saiu da água. Naquele momento, o céu se abriu, e ele viu o Espírito de Deus descendo como pomba e pousando sobre ele. Então uma voz dos céus disse: "Este é o meu Filho amado, de quem me agrado."

A tentação de Jesus

Então Jesus foi levado pelo Espírito ao deserto, para ser tentado pelo Diabo. Depois de jejuar quarenta dias e quarenta noites, teve fome. O tentador aproximou-se dele e disse: "Se és o Filho de Deus, manda que estas pedras se transformem em pães." Jesus respondeu: "Está escrito: 'Nem só de pão viverá o homem, mas de toda palavra que procede da boca de Deus.'"

Então o Diabo o levou à cidade santa, colocou-o na parte mais alta do templo e lhe disse: "Se és o Filho de Deus, joga-te daqui para baixo. Pois está escrito:

"'Ele dará ordens a seus anjos a seu respeito,
e com as mãos eles o segurarão,
para que você não tropece
em alguma pedra.'"

Jesus lhe respondeu: "Também está escrito: 'Não ponha à prova o Senhor, o seu Deus.'"

Depois, o Diabo o levou a um monte muito alto e mostrou-lhe todos os reinos do mundo e o seu esplendor. E disse-lhe: "Tudo isto te darei se te prostrares e me adorares." Jesus lhe disse: "Retire-se, Satanás! Pois está escrito: 'Adore o Senhor, o seu Deus, e só a ele preste culto.'"

---

2. **Batismo:** Ato simbólico demonstrando que os convertidos abandonaram seus velhos costumes para iniciarem uma nova vida.

Então o Diabo o deixou, e anjos vieram e o serviram.

Após o teste no deserto, Jesus começou a pregar publicamente. João Batista continuou a apresentar Jesus, afirmando que tudo o que Deus havia prometido estava concentrado naquele único homem. Esta era uma notícia chocante para a elite religiosa, que pediu explicações a João. Imagine os habilidosos advogados do clero sabatinando aquele homem excêntrico e rude, que não possuía credenciais ou qualquer autoridade. O interrogatório teve início.

Este foi o testemunho de João, quando os judeus de Jerusalém enviaram sacerdotes e levitas para lhe perguntarem quem ele era. Ele confessou e não negou; declarou abertamente: "Não sou o Cristo." Perguntaram-lhe: "E então, quem é você? É Elias?" Ele disse: "Não sou." "É o Profeta?" Ele respondeu: "Não." Finalmente perguntaram: "Quem é você? Dê-nos uma resposta, para que a levemos àqueles que nos enviaram. Que diz você acerca de si próprio?"

João respondeu com as palavras do profeta Isaías: "Eu sou a voz do que clama no deserto: 'Façam um caminho reto para o Senhor.'"

Alguns fariseus[3] que tinham sido enviados interrogaram-no: "Então, por que você batiza, se não é o Cristo, nem Elias, nem o Profeta?" Respondeu João: "Eu batizo com água, mas entre vocês está alguém que vocês não conhecem. Ele é aquele que vem depois de mim, e não sou digno de desamarrar as correias de suas sandálias." Tudo isso aconteceu em Betânia, do outro lado do Jordão, onde João estava batizando.

No dia seguinte, João viu Jesus aproximando-se e disse: "Vejam! É o Cordeiro de Deus,[4] que tira o pecado do mundo! Este é aquele a quem eu me referi, quando disse: Vem depois de mim um homem que é superior a mim, porque já existia antes de mim. Eu mesmo não o conhecia, mas por isso é que vim batizando com água: para que ele viesse a ser revelado a Israel." Então João deu o seguinte testemunho: "Eu vi o Espírito descer dos céus como pomba e permanecer sobre ele. Eu não o teria reconhecido se aquele que me enviou para batizar com água não me tivesse dito: 'Aquele sobre quem você vir o Espírito descer e permanecer, esse é o que batiza com o Espírito Santo.' Eu vi e testifico que este é o Filho de Deus."

---

3. **Fariseus:** O grupo mais poderoso de autoridades religiosas dentro do judaísmo. Os fariseus se concentravam intensamente na interpretação das leis de Deus e confrontaram muitas vezes Jesus em relação a esses preceitos.
4. **Cordeiro de Deus:** Um dos nomes de Jesus que demonstra a conexão entre o sacrifício dele e as oferendas do Velho Testamento.

Os primeiros discípulos de Jesus

No dia seguinte, João estava ali novamente com dois dos seus discípulos.[5] Quando viu Jesus passando, disse: "Vejam! É o Cordeiro de Deus!" Ouvindo-o dizer isso, os dois discípulos seguiram Jesus. Voltando-se e vendo Jesus que os dois o seguiam, perguntou-lhes: "O que vocês querem?" Eles disseram: "Rabi" (que significa "Mestre"), "onde estás hospedado?" Respondeu ele: "Venham e verão." Então foram, por volta das quatro horas da tarde, viram onde ele estava hospedado e passaram com ele aquele dia.

André, irmão de Simão Pedro, era um dos dois que tinham ouvido o que João dissera e que haviam seguido Jesus. O primeiro que ele encontrou foi Simão, seu irmão, e lhe disse: "Achamos o Messias" (isto é, o Cristo). E o levou a Jesus. Jesus olhou para ele e disse: "Você é Simão, filho de João. Será chamado Cefas" (que traduzido é "Pedro").

No dia seguinte, Jesus decidiu partir para a Galileia. Quando encontrou Filipe, disse-lhe: "Siga-me." Filipe, como André e Pedro, era da cidade de Betsaida. Filipe encontrou Natanael e lhe disse: "Achamos aquele sobre quem Moisés escreveu na Lei e a respeito de quem os profetas também escreveram: Jesus de Nazaré, filho de José." Perguntou Natanael: "Nazaré? Pode vir alguma coisa boa de lá?" Disse Filipe: "Venha e veja." Ao ver Natanael se aproximando, disse Jesus: "Aí está um verdadeiro israelita, em quem não há falsidade." Perguntou Natanael: "De onde me conheces?" Jesus respondeu: "Eu o vi quando você ainda estava debaixo da figueira, antes de Filipe o chamar." Então Natanael declarou: "Mestre, tu és o Filho de Deus, tu és o Rei de Israel!" Jesus disse: "Você crê porque eu disse que o vi debaixo da figueira. Você verá coisas maiores do que essa!" E então acrescentou: "Digo-lhes a verdade: Vocês verão o céu aberto e os anjos de Deus subindo e descendo sobre o Filho do homem."[6]

Jesus transforma água em vinho

No terceiro dia houve um casamento em Caná da Galileia. A mãe de Jesus estava ali; Jesus e seus discípulos também haviam sido convidados para o casamento. Tendo acabado o vinho, a mãe de Jesus lhe disse: "Eles não têm mais vinho." Respondeu Jesus: "Que temos nós em comum, mulher? A minha hora ainda não chegou." Sua mãe disse aos serviçais: "Façam tudo o que ele mandar."

Ali perto havia seis potes de pedra, do tipo usado pelos judeus para as purificações cerimoniais; em cada pote cabiam entre oitenta e cento e vinte litros.

5. **Discípulos:** Os seguidores de um mestre.
6. **Filho do Homem:** Esse nome de Jesus enfatiza sua natureza dupla, que lhe permitia ser ao mesmo tempo totalmente Deus e totalmente humano.

Disse Jesus aos serviçais: "Encham os potes com água." E os encheram até a borda. Então lhes disse: "Agora, levem um pouco ao encarregado da festa." Eles assim fizeram, e o encarregado da festa provou a água que fora transformada em vinho, sem saber de onde este viera, embora o soubessem os serviçais que haviam tirado a água. Então chamou o noivo e disse: "Todos servem primeiro o melhor vinho e, depois que os convidados já beberam bastante, o vinho inferior é servido; mas você guardou o melhor até agora." Este sinal milagroso, em Caná da Galileia, foi o primeiro que Jesus realizou. Revelou assim a sua glória, e os seus discípulos creram nele.

Jesus começou a revelar quem era de fato, e todos o achavam diferente de qualquer pessoa que haviam conhecido. Embora fosse totalmente humano, também era totalmente Deus. Tendo seus 12 discípulos como assistentes, Jesus deu início à sua missão itinerante de ensinamentos e cura. Logo viajou para Jerusalém a fim de celebrar o feriado da Páscoa. Era lá que decisões políticas e religiosas eram tomadas. Muitos ouviam os ensinamentos de Jesus e acreditavam que ele era o Messias. Outros o consideravam um agitador. Movido pela curiosidade, um líder religioso procurou Jesus na calada da noite. O Filho de Deus aproveitou a chance para resumir sua missão falando sobre nascer... de novo.

Havia um fariseu chamado Nicodemos, uma autoridade entre os judeus. Ele veio a Jesus, à noite, e disse: "Mestre, sabemos que ensinas da parte de Deus, pois ninguém pode realizar os sinais milagrosos que estás fazendo, se Deus não estiver com ele."

Em resposta, Jesus declarou: "Digo-lhe a verdade: Ninguém pode ver o Reino de Deus, se não nascer de novo."[7]

Perguntou Nicodemos: "Como alguém pode nascer, sendo velho? É claro que não pode entrar pela segunda vez no ventre de sua mãe e renascer!"

Respondeu Jesus: "Digo-lhe a verdade: Ninguém pode entrar no Reino de Deus se não nascer da água e do Espírito. O que nasce da carne é carne, mas o que nasce do Espírito é espírito. Não se surpreenda pelo fato de eu ter dito: É necessário que vocês nasçam de novo. O vento sopra onde quer. Você o escuta, mas não pode dizer de onde vem nem para onde vai. Assim acontece com todos os nascidos do Espírito."

Perguntou Nicodemos: "Como pode ser isso?"

Disse Jesus: "Você é mestre em Israel e não entende essas coisas? Asseguro que nós falamos do que conhecemos e testemunhamos do que vimos, mas mesmo

---

7. **Nascer de novo:** Expressão que significa a aquisição de uma nova vida espiritual mediante a crença em Jesus Cristo como o Filho de Deus e a aceitação de sua morte na cruz como uma "dádiva" que livra os homens do pecado.

assim vocês não aceitam o nosso testemunho. Eu falei de coisas terrenas e vocês não creram; como crerão, se eu falar de coisas celestiais? Ninguém jamais subiu ao céu, a não ser aquele que veio do céu: o Filho do homem. Da mesma forma como Moisés levantou a serpente no deserto, assim também é necessário que o Filho do homem seja levantado, para que todo o que nele crer tenha a vida eterna. Porque Deus tanto amou o mundo, que deu o seu Filho Unigênito para que todo o que nele crer não pereça, mas tenha a vida eterna. Pois Deus enviou o seu Filho ao mundo, não para condenar o mundo, mas para que este fosse salvo por meio dele. Quem nele crê não é condenado, mas quem não crê já está condenado, por não crer no nome do Filho Unigênito de Deus."

O tipo de afirmação que Jesus fazia não o tornava muito popular entre a elite religiosa. Porém Jesus tinha um propósito e passava boa parte de seu tempo entre pessoas comuns que possuíam necessidades humanas comuns. Uma delas era uma mulher que conheceu na região da Samaria. Mulheres eram cidadãs de segundo escalão na cultura daquela época. Além disso, a rivalidade implacável que havia entre os judeus e os samaritanos impedia que muitos dos primeiros se associassem aos últimos, principalmente em se tratando de uma mulher. Jesus, no entanto, foi mais uma vez contra a corrente.

Assim, chegou a uma cidade de Samaria, chamada Sicar, perto das terras que Jacó dera a seu filho José. Havia ali o poço de Jacó. Jesus, cansado da viagem, sentou-se à beira do poço. Isto se deu por volta do meio-dia.

Nisso veio uma mulher samaritana tirar água. Disse-lhe Jesus: "Dê-me um pouco de água." (Os seus discípulos tinham ido à cidade comprar comida.) A mulher samaritana lhe perguntou: "Como o senhor, sendo judeu, pede a mim, uma samaritana, água para beber?" (Pois os judeus não se davam bem com os samaritanos.)

Jesus lhe respondeu: "Se você conhecesse o dom de Deus e quem está pedindo água, lhe teria pedido e dele receberia água viva."

Disse a mulher: "O senhor não tem com que tirar água, e o poço é fundo. Onde pode conseguir essa água viva? Acaso o senhor é maior do que o nosso pai Jacó, que nos deu o poço, do qual ele mesmo bebeu, bem como seus filhos e seu gado?"

Jesus respondeu: "Quem beber desta água terá sede outra vez, mas quem beber da água que eu lhe der nunca mais terá sede. Ao contrário, a água que eu lhe der se tornará nele uma fonte de água a jorrar para a vida eterna."

A mulher lhe disse: "Senhor, dê-me dessa água, para que eu não tenha mais sede, nem precise voltar aqui para tirar água." Ele lhe disse: "Vá, chame o seu marido e volte." "Não tenho marido", respondeu ela. Disse-lhe Jesus: "Você falou corretamente, dizendo que não tem marido. O fato é que você já teve cinco; e o homem com quem agora vive não é seu marido. O que você acabou de dizer é verdade." Disse a mulher: "Senhor, vejo que é profeta. Nossos antepassados adoraram neste monte, mas vocês, judeus, dizem que Jerusalém é o lugar onde se deve adorar."

Jesus declarou: "Creia em mim, mulher: está próxima a hora em que vocês não adorarão o Pai nem neste monte, nem em Jerusalém. Vocês, samaritanos, adoram o que não conhecem; nós adoramos o que conhecemos, pois a salvação vem dos judeus. No entanto, está chegando a hora, e de fato já chegou, em que os verdadeiros adoradores adorarão o Pai em espírito e em verdade. São estes os adoradores que o Pai procura. Deus é espírito, e é necessário que os seus adoradores o adorem em espírito e em verdade."

Disse a mulher: "Eu sei que o Messias (chamado Cristo) está para vir. Quando ele vier, explicará tudo para nós." Então Jesus declarou: "Eu sou o Messias! Eu, que estou falando com você."

Naquele momento, os seus discípulos voltaram e ficaram surpresos ao encontrá-lo conversando com uma mulher. Mas ninguém perguntou: "Que queres saber?" ou "Por que estás conversando com ela?". Então, deixando o seu cântaro, a mulher voltou à cidade e disse ao povo: "Venham ver um homem que me disse tudo o que tenho feito. Será que ele não é o Cristo?" Então saíram da cidade e foram para onde ele estava.

Muitos samaritanos daquela cidade creram nele por causa do seguinte testemunho dado pela mulher: "Ele me disse tudo o que tenho feito." Assim, quando se aproximaram dele, os samaritanos insistiram em que ficasse com eles, e ele ficou dois dias. E, por causa da sua palavra, muitos outros creram. E disseram à mulher: "Agora cremos não somente por causa do que você disse, pois nós mesmos o ouvimos e sabemos que este é realmente o Salvador do mundo."

Depois daqueles dois dias, ele partiu para a Galileia.

Jesus expulsa um espírito imundo

Eles foram para Cafarnaum e, logo que chegou o sábado, Jesus entrou na sinagoga e começou a ensinar. Todos ficavam maravilhados com o seu ensino, porque lhes ensinava como alguém que tem autoridade e não como os mestres da lei.

Justo naquele momento, na sinagoga, um homem possesso de um espírito imundo gritou: "O que queres conosco, Jesus de Nazaré? Vieste para nos destruir? Sei quem tu és: o Santo de Deus!" "Cale-se e saia dele!", repreendeu-o Jesus. O espírito imundo sacudiu o homem violentamente e saiu dele gritando. Todos ficaram tão admirados que perguntavam uns aos outros: "O que é isto? Um novo ensino — e com autoridade! Até aos espíritos imundos ele dá ordens, e eles lhe obedecem!" As notícias a seu respeito se espalharam rapidamente por toda a região da Galileia.

Logo que saíram da sinagoga, foram com Tiago e João à casa de Simão e André. A sogra de Simão estava de cama, com febre, e falaram a respeito dela a Jesus. Então ele se aproximou dela, tomou-a pela mão e ajudou-a a levantar-se. A febre a deixou, e ela começou a servi-los.

Ao anoitecer, depois do pôr do sol, o povo levou a Jesus todos os doentes e os endemoninhados. Toda a cidade se reuniu à porta da casa, e Jesus curou muitos que sofriam de várias doenças. Também expulsou muitos demônios; não permitia, porém, que estes falassem, porque sabiam quem ele era.

De madrugada, quando ainda estava escuro, Jesus levantou-se, saiu de casa e foi para um lugar deserto, onde ficou orando. Simão e seus companheiros foram procurá-lo e, ao encontrá-lo, disseram: "Todos estão te procurando!" Jesus respondeu: "Vamos para outro lugar, para os povoados vizinhos, para que também lá eu pregue. Foi para isso que eu vim." Então ele percorreu toda a Galileia, pregando nas sinagogas e expulsando os demônios.

Um leproso aproximou-se dele e suplicou-lhe de joelhos: "Se quiseres, podes purificar-me!" Cheio de compaixão, Jesus estendeu a mão, tocou nele e disse: "Quero. Seja purificado!" Imediatamente a lepra o deixou, e ele foi purificado. Em seguida, Jesus o despediu com uma severa advertência: "Olhe, não conte isso a ninguém. Mas vá mostrar-se ao sacerdote e ofereça pela sua purificação os sacrifícios que Moisés ordenou, para que sirva de testemunho." Ele, porém, saiu e começou a tornar público o fato, espalhando a notícia. Por isso, Jesus não podia mais entrar publicamente em nenhuma cidade, mas ficava fora, em lugares solitários. Todavia, assim mesmo vinha a ele gente de toda parte.

Poucos dias depois, tendo Jesus entrado novamente em Cafarnaum, o povo ouviu falar que ele estava em casa. Então muita gente se reuniu ali, de forma que não havia lugar nem junto à porta; e ele lhes pregava a palavra. Vieram alguns homens trazendo um paralítico, carregado por quatro deles. Não podendo levá-lo até Jesus, por causa da multidão, removeram parte da cobertura do lugar onde Jesus estava e, pela abertura no teto, baixaram a maca em que estava deitado o paralítico. Vendo a fé que eles tinham, Jesus disse ao paralítico: "Filho, os seus pecados estão perdoados."

Estavam sentados ali alguns mestres da lei, raciocinando em seu íntimo: "Por que esse homem fala assim? Está blasfemando! Quem pode perdoar pecados, a não ser somente Deus?" Jesus percebeu logo em seu espírito que era isso que eles estavam pensando e lhes disse: "Por que vocês estão remoendo essas coisas em seu coração? Que é mais fácil dizer ao paralítico: Os seus pecados estão perdoados, ou: Levante-se, pegue a sua maca e ande? Mas, para que vocês saibam que o Filho do homem tem na terra autoridade para perdoar pecados" – disse ao paralítico – "eu digo a você: Levante-se, pegue a sua maca e vá para casa." Ele se levantou, pegou a maca e saiu à vista de todos, que, atônitos, glorificaram a Deus, dizendo: "Nunca vimos nada igual!"

Jesus saiu outra vez para beira-mar. Uma grande multidão aproximou-se, e ele começou a ensiná-los. Passando por ali, viu Levi, filho de Alfeu, sentado na coletoria, e disse-lhe: "Siga-me." Levi levantou-se e o seguiu.

Durante uma refeição na casa de Levi, muitos publicanos e pecadores estavam comendo com Jesus e seus discípulos, pois havia muitos que o seguiam. Quando os mestres da lei, que eram fariseus, o viram comendo com pecadores e publicanos, perguntaram aos discípulos de Jesus: "Por que ele come com publicanos e pecadores?" Ouvindo isso, Jesus lhes disse: "Não são os que têm saúde que precisam de médico, mas sim os doentes. Eu não vim para chamar justos, mas pecadores."

Jesus parecia ser, desde o início, um tipo diferente de rabino. Aparentemente desprezava os muitos costumes que definiam as regras de conduta do povo judeu. Colocava as pessoas antes das leis. Seu "novo estilo" era clemente e amoroso. Jesus não dava a impressão de ser um agitador, mas sim um amigo dos marginalizados, dos suspeitos de impureza, das pessoas de que a maioria dos líderes religiosos não gostava.

Noutra ocasião, ele entrou na sinagoga, e estava ali um homem com uma das mãos atrofiada. Alguns deles estavam procurando um motivo para acusar Jesus; por isso, o observavam atentamente!, para ver se ele iria curá-lo no sábado. Jesus disse ao homem da mão atrofiada: "Levante-se e venha para o meio." Depois Jesus lhes perguntou: "O que é permitido fazer no sábado: o bem ou o mal, salvar a vida ou matar?" Mas eles permaneceram em silêncio. Irado, olhou para os que estavam à sua volta e, profundamente entristecido por causa do coração endurecido deles, disse ao homem: "Estenda a mão." Ele a estendeu, e ela foi restaurada. Então os fariseus saíram e começaram a conspirar com os herodianos[8] contra Jesus, sobre como poderiam matá-lo.

Jesus percorreu a Galileia ensinando nas sinagogas deles, pregando as boas-novas do Reino e curando as enfermidades e doenças entre o povo. Notícias sobre ele se espalharam por toda a Síria, e o povo lhe trouxe aqueles que sofriam de vários males e tormentos: endemoninhados, loucos e paralíticos; e ele os curou. Grandes multidões o seguiam, vindas da Galileia, Decápolis, Jerusalém, Judeia e da região do outro lado do Jordão.

---

8. **Herodianos:** Membros de uma seita judaica que se uniu com os fariseus contra Jesus.

Por causa da multidão, ele disse aos discípulos que lhe preparassem um pequeno barco, para evitar que o comprimissem, pois ele havia curado a muitos, de modo que os que sofriam de doenças ficavam se empurrando para conseguir tocar nele. Sempre que os espíritos imundos o viam, prostravam-se diante dele e gritavam: "Tu és o Filho de Deus." Mas ele lhes dava ordens severas para que não dissessem quem ele era.

Os judeus estavam convencidos de que quando o tão esperado Messias (chamado Cristo) chegasse ele libertaria o povo da opressão política, livrando-o do domínio do Império Romano. Estavam em busca de um rei que levasse sua nação ao poder. Porém o desígnio de Jesus era muito mais profundo; suas intenções, muito mais importantes; e seu reinado, infinitamente mais glorioso do que o que o povo esperava. Os judeus precisavam aprender o verdadeiro significado da palavra "Messias": O Ungido. Precisavam descobrir quem Jesus era de fato. Somente então eles teriam sua permissão para espalhar as boas-novas.

Jesus subiu a um monte e chamou a si aqueles que ele quis, os quais vieram para junto dele. Escolheu Doze, designando-os apóstolos, para que estivessem com ele, os enviasse a pregar e tivessem autoridade para expulsar demônios. Estes são os Doze que ele escolheu: Simão, a quem deu o nome de Pedro; Tiago, filho de Zebedeu, e João, seu irmão, aos quais deu o nome de Boanerges, que significa "filhos do trovão"; André; Filipe; Bartolomeu; Mateus; Tomé; Tiago, filho de Alfeu; Tadeu; Simão, o zelote; e Judas Iscariotes, que o traiu.

Depois disso, Jesus ia passando pelas cidades e povoados proclamando as boas-novas do Reino de Deus. Os Doze estavam com ele, e também algumas mulheres que haviam sido curadas de espíritos malignos e doenças: Maria, chamada Madalena, de quem haviam saído sete demônios; Joana, mulher de Cuza, administrador da casa de Herodes; Susana e muitas outras. Essas mulheres ajudavam a sustentá-los com os seus bens.

Aparentemente, nem mesmo João Batista compreendia de fato quem era Jesus. João o anunciara como o Messias prometido, mas a obra do Filho de Deus não havia trazido os resultados que ele obviamente aguardava. Acrescente-se à decepção de João o fato de ele estar há algum tempo apodrecendo na prisão por ter criticado publicamente Herodes Antipas.

Herodes Antipas era um dos filhos de Herodes, o Grande, que governava na época do nascimento de Jesus. Comandando a Galileia como testa de ferro de Roma, Herodes Antipas convencera a mulher do irmão a abandoná-lo para se

casar com ele, uma violação da lei judaica. João havia sido preso por apontar o pecado do governante.

João, ao ouvir na prisão o que Cristo estava fazendo, enviou seus discípulos para lhe perguntarem: "És tu aquele que haveria de vir, ou devemos esperar algum outro?"

Jesus respondeu: "Voltem e anunciem a João o que vocês estão ouvindo e vendo: os cegos veem, os aleijados andam, os leprosos são purificados, os surdos ouvem, os mortos são ressuscitados e as boas-novas são pregadas aos pobres; e feliz é aquele que não se escandaliza por minha causa."

Enquanto saíam os discípulos de João, Jesus começou a falar à multidão a respeito de João: "O que vocês foram ver no deserto? Um caniço agitado pelo vento? Ou, o que foram ver? Um homem vestido de roupas finas? Ora, os que usam roupas finas estão nos palácios reais. Afinal, o que foram ver? Um profeta? Sim, eu digo a vocês, e mais que profeta. Este é aquele a respeito de quem está escrito:

"'Enviarei o meu mensageiro à tua frente;
ele preparará o teu caminho diante de ti.'

"Digo a verdade a vocês: Do meio dos nascidos de mulher não surgiu ninguém maior do que João Batista; todavia, o menor no Reino dos céus é maior do que ele. Desde os dias de João Batista até agora, o Reino dos céus é tomado à força, e os que usam de força se apoderam dele. Pois todos os Profetas e a Lei profetizaram até João. E se vocês quiserem aceitar, este é o Elias que havia de vir."

A parábola do semeador

Novamente Jesus começou a ensinar à beira-mar. Reuniu-se ao seu redor uma multidão tão grande que ele teve que entrar num barco e assentar-se nele. O barco estava no mar, enquanto todo o povo ficava na beira da praia. Ele lhes ensinava muitas coisas por parábolas, dizendo em seu ensino: "Ouçam! O semeador saiu a semear. Enquanto lançava a semente, parte dela caiu à beira do caminho, e as aves vieram e a comeram. Parte dela caiu em terreno pedregoso, onde não havia muita terra, e logo brotou, porque a terra não era profunda; mas, quando saiu o sol, as plantas se queimaram e secaram, porque não tinham raiz. Outra parte caiu entre espinhos, que cresceram e sufocaram as plantas, de forma que elas não deram fruto. Outra ainda caiu em boa terra, germinou, cresceu e deu boa colheita, a trinta, sessenta e até cem por um." E acrescentou: "Aquele que tem ouvidos para ouvir, ouça!"

Quando ele ficou sozinho, os Doze e os outros que estavam ao seu redor lhe fizeram perguntas acerca das parábolas. Ele lhes disse: "A vocês foi dado o mistério do Reino de Deus, mas aos que estão fora tudo é dito por parábolas, a fim de que,

> ainda que vejam,
> não percebam;
> ainda que ouçam,
> não entendam;
> de outro modo,
> poderiam converter-se
> e ser perdoados!"

Então Jesus lhes perguntou: "Vocês não entendem esta parábola? Como, então, compreenderão todas as outras? O semeador semeia a palavra. Algumas pessoas são como a semente à beira do caminho, onde a palavra é semeada. Logo que a ouvem, Satanás vem e retira a palavra nelas semeada. Outras, como a semente lançada em terreno pedregoso, ouvem a palavra e logo a recebem com alegria. Todavia, visto que não têm raiz em si mesmas, permanecem por pouco tempo. Quando surge alguma tribulação ou perseguição por causa da palavra, logo a abandonam. Outras ainda, como a semente lançada entre espinhos, ouvem a palavra; mas, quando chegam as preocupações desta vida, o engano das riquezas e os anseios por outras coisas, sufocam a palavra, tornando-a infrutífera. Outras pessoas são como a semente lançada em boa terra: ouvem a palavra, aceitam-na e dão uma colheita de trinta, sessenta e até cem por um."

Ele lhes disse: "Quem traz uma candeia para ser colocada debaixo de uma vasilha ou de uma cama? Acaso não a coloca num lugar apropriado? Porque não há nada oculto, senão para ser revelado, e nada escondido, senão para ser trazido à luz. Se alguém tem ouvidos para ouvir, ouça!

"Considerem atentamente o que vocês estão ouvindo", continuou ele. "Com a medida com que medirem, vocês serão medidos; e ainda mais acrescentarão para vocês. A quem tiver, mais lhe será dado; de quem não tiver, até o que tem lhe será tirado."

Ele prosseguiu dizendo: "O Reino de Deus é semelhante a um homem que lança a semente sobre a terra. Noite e dia, estando ele dormindo ou acordado, a semente germina e cresce, embora ele não saiba como. A terra por si própria produz o grão: primeiro o talo, depois a espiga e, então, o grão cheio na espiga. Logo que o grão fica maduro, o homem lhe passa a foice, porque chegou a colheita."

Novamente ele disse: "Com que compararemos o Reino de Deus? Que parábola usaremos para descrevê-lo? É como um grão de mostarda, que é a menor semente que se planta na terra. No entanto, uma vez plantado, cresce e se torna uma das maiores plantas, com ramos tão grandes que as aves do céu podem abrigar-se à sua sombra."

Com muitas parábolas semelhantes, Jesus lhes anunciava a palavra, tanto quanto podiam receber. Não lhes dizia nada sem usar alguma parábola. Quando, porém, estava a sós com os seus discípulos, explicava-lhes tudo.

Jesus muitas vezes utilizava parábolas para ensinar as pessoas. Essas histórias, geralmente retiradas da natureza ou da vida cotidiana, continham a verdade que ele queria compartilhar. Certa vez Jesus contou três parábolas em resposta às reclamações dos fariseus hipócritas sobre os companheiros que ele escolhia.

Todos os publicanos e pecadores estavam se reunindo para ouvi-lo. Mas os fariseus e os mestres da lei o criticavam: "Este homem recebe pecadores e come com eles." Então Jesus lhes contou esta parábola:

"Qual de vocês que, possuindo cem ovelhas, e perdendo uma, não deixa as noventa e nove no campo e vai atrás da ovelha perdida, até encontrá-la? E, quando a encontra, coloca-a alegremente nos ombros e vai para casa. Ao chegar, reúne seus amigos e vizinhos e diz: 'Alegrem-se comigo, pois encontrei minha ovelha perdida.' Eu digo que, da mesma forma, haverá mais alegria no céu por um pecador que se arrepende do que por noventa e nove justos que não precisam arrepender-se.

"Ou, qual é a mulher que, possuindo dez dracmas e, perdendo uma delas, não acende uma candeia, varre a casa e procura atentamente, até encontrá-la? E, quando a encontra, reúne suas amigas e vizinhas e diz: 'Alegrem-se comigo, pois encontrei minha moeda perdida.' Eu digo que, da mesma forma, há alegria na presença dos anjos de Deus por um pecador que se arrepende."

Jesus continuou: "Um homem tinha dois filhos. O mais novo disse ao seu pai: 'Pai, quero a minha parte da herança.' Assim, ele repartiu sua propriedade entre eles. Não muito tempo depois, o filho mais novo reuniu tudo o que tinha e foi para uma região distante; e lá desperdiçou os seus bens, vivendo irresponsavelmente. Depois de ter gasto tudo, houve uma grande fome em toda aquela região, e ele começou a passar necessidade. Por isso, foi empregar-se com um dos cidadãos daquela região, que o mandou para o seu campo a fim de cuidar de porcos. Ele desejava encher o estômago com as vagens de alfarrobeira que os porcos comiam, mas ninguém lhe dava nada.

"Caindo em si, ele disse: 'Quantos empregados de meu pai têm comida de sobra, e eu aqui, morrendo de fome! Eu me porei a caminho e voltarei para meu pai e lhe direi: Pai, pequei contra o céu e contra ti. Não sou mais digno de ser chamado teu filho; trata-me como um dos teus empregados.' A seguir, levantou-se e foi para seu pai.

"Estando ainda longe, seu pai o viu e, cheio de compaixão, correu para seu filho e o abraçou e beijou. O filho lhe disse: 'Pai, pequei contra o céu e contra ti. Não sou mais digno de ser chamado teu filho.' Mas o pai disse aos seus servos: 'Depressa! Tragam a melhor roupa e vistam nele. Coloquem um anel em seu dedo e calçados em seus pés. Tragam o novilho gordo e matem-no. Vamos fazer uma festa e alegrar-nos. Pois este meu filho estava morto e voltou à vida; estava perdido e foi achado.' E começaram a festejar o seu regresso.

"Enquanto isso, o filho mais velho estava no campo. Quando se aproximou da casa, ouviu a música e a dança. Então chamou um dos servos e perguntou-lhe o que estava acontecendo. Este lhe respondeu: 'Seu irmão voltou, e seu pai matou o novilho gordo, porque o recebeu de volta são e salvo.' O filho mais velho encheu-se de ira e não quis entrar. Então seu pai saiu e insistiu com ele. Mas ele respondeu ao seu pai: 'Olha! todos esses anos tenho trabalhado como um escravo ao teu serviço e nunca desobedeci às tuas ordens. Mas tu nunca me deste nem um cabrito para eu festejar com os meus amigos. Mas, quando volta para casa esse teu filho, que esbanjou os teus bens com as prostitutas, matas o novilho gordo para ele!'

"Disse o pai: 'Meu filho, você está sempre comigo, e tudo o que tenho é seu. Mas nós tínhamos que celebrar a volta deste seu irmão e alegrar-nos, porque ele estava morto e voltou à vida, estava perdido e foi achado.'"

Em outra ocasião Jesus utilizou uma parábola quando foi questionado por um líder religioso.

Certa ocasião, um perito na lei levantou-se para pôr Jesus à prova e lhe perguntou: "Mestre, o que preciso fazer para herdar a vida eterna?" "O que está escrito na Lei?", respondeu Jesus. "Como você a lê?" Ele respondeu: "'Ame o Senhor, o seu Deus, de todo o seu coração, de toda a sua alma, de todas as suas forças e de todo o seu entendimento' e 'Ame o seu próximo como a si mesmo.'" Disse Jesus: "Você respondeu corretamente. Faça isso e viverá."

Mas ele, querendo justificar-se, perguntou a Jesus: "E quem é o meu próximo?"

Em resposta, disse Jesus: "Um homem descia de Jerusalém para Jericó, quando caiu nas mãos de assaltantes. Estes lhe tiraram as roupas, espancaram-no e se foram, deixando-o quase morto. Aconteceu estar descendo pela mesma estrada um sacerdote. Quando viu o homem, passou pelo outro lado. E assim também um levita; quando chegou ao lugar e o viu, passou pelo outro lado. Mas um samaritano, estando de viagem, chegou onde se encontrava o homem e, quando o viu, teve piedade dele. Aproximou-se, enfaixou-lhe as feridas, derramando nelas vinho e óleo. Depois colocou-o sobre o seu próprio animal, levou-o para uma hospedaria e cuidou dele. No dia seguinte, deu dois denários[9] ao hospedeiro e lhe disse: 'Cuide dele. Quando eu voltar, pagarei todas as despesas que você tiver.' Qual destes três você acha que foi o próximo do homem que caiu nas mãos dos assaltantes?" "Aquele que teve misericórdia dele", respondeu o perito na lei. Jesus lhe disse: "Vá e faça o mesmo".

Além de ensinar por meio de parábolas, Jesus também transmitia sua mensagem de uma forma mais direta, como no que ficou conhecido como o "Sermão da Montanha".

Vendo as multidões, Jesus subiu ao monte e se assentou. Seus discípulos aproximaram-se dele, e ele começou a ensiná-los, dizendo:

"Bem-aventurados os pobres em espírito,
pois deles é o Reino dos céus.
Bem-aventurados
os que choram,
pois serão consolados.
Bem-aventurados os humildes,
pois eles receberão a terra por herança.
Bem-aventurados os que têm fome e sede de justiça,
pois serão satisfeitos.
Bem-aventurados
os misericordiosos,
pois obterão misericórdia.
Bem-aventurados
os puros de coração,
pois verão a Deus.
Bem-aventurados
os pacificadores,
pois serão chamados
filhos de Deus.
Bem-aventurados
os perseguidos
por causa da justiça,
pois deles é o Reino dos céus.

"Bem-aventurados serão vocês quando, por minha causa, os insultarem, os perseguirem e levantarem todo tipo de calúnia contra vocês. Alegrem-se e re-

9. **Denários:** Um denário era a remuneração diária de um trabalhador.

gozijem-se, porque grande é a sua recompensa nos céus, pois da mesma forma perseguiram os profetas que viveram antes de vocês.

O sal da terra e a luz do mundo

"Vocês são o sal da terra. Mas, se o sal perder o seu sabor, como restaurá-lo? Não servirá para nada, exceto para ser jogado fora e pisado pelos homens.

"Vocês são a luz do mundo. Não se pode esconder uma cidade construída sobre um monte. E, também, ninguém acende uma candeia e a coloca debaixo de uma vasilha. Ao contrário, coloca-a no lugar apropriado, e assim ilumina a todos os que estão na casa. Assim brilhe a luz de vocês diante dos homens, para que vejam as suas boas obras e glorifiquem ao Pai de vocês, que está nos céus.

"E, quando vocês orarem, não sejam como os hipócritas. Eles gostam de ficar orando em pé nas sinagogas e nas esquinas, a fim de serem vistos pelos outros. Eu asseguro que eles já receberam sua plena recompensa. Mas, quando você orar, vá para seu quarto, feche a porta e ore a seu Pai, que está em secreto. Então seu Pai, que vê em secreto, o recompensará. E, quando orarem, não fiquem sempre repetindo a mesma coisa, como fazem os pagãos. Eles pensam que por muito falarem serão ouvidos. Não sejam iguais a eles, porque o seu Pai sabe do que vocês precisam antes mesmo de o pedirem. Vocês, orem assim:

> "'Pai nosso, que estás nos céus!
> Santificado seja o teu nome.
> Venha o teu Reino;
> seja feita a tua vontade,
> assim na terra como no céu.
> Dá-nos hoje o nosso
> pão de cada dia.
> Perdoa as nossas dívidas,
> assim como perdoamos
> aos nossos devedores.
> E não nos deixes cair
> em tentação,
> mas livra-nos do mal.'

"Pois, se perdoarem as ofensas uns dos outros, o Pai celestial também perdoará vocês. Mas, se não perdoarem uns aos outros, o Pai celestial não perdoará as ofensas de vocês.

"Não acumulem para vocês tesouros na terra, onde a traça e a ferrugem destroem e onde os ladrões arrombam e furtam. Mas acumulem para vocês tesouros nos céus, onde a traça e a ferrugem não destroem e onde os ladrões não arrombam nem furtam. Pois onde estiver o seu tesouro, aí também estará o seu coração.

"Os olhos são a candeia do corpo. Se os seus olhos forem bons, todo o seu corpo será cheio de luz. Mas, se os seus olhos forem maus, todo o seu corpo será cheio de trevas. Portanto, se a luz que está dentro de você são trevas, que tremendas trevas são!

"Ninguém pode servir a dois senhores; pois odiará um e amará o outro, ou se dedicará a um e desprezará o outro. Vocês não podem servir a Deus e ao Dinheiro.

"Portanto, eu digo: Não se preocupem com sua própria vida, quanto ao que comer ou beber; nem com seu próprio corpo, quanto ao que vestir. Não é a vida mais importante que a comida, e o corpo mais importante que a roupa? Observem as aves do céu: não semeiam, nem colhem, nem armazenam em celeiros; contudo, o Pai celestial as alimenta. Não têm vocês muito mais valor do que elas? Quem de vocês, por mais que se preocupe, pode acrescentar uma hora que seja à sua vida?

"Por que vocês se preocupam com roupas? Vejam como crescem os lírios do campo. Eles não trabalham nem tecem. Contudo, eu digo que nem Salomão, em todo o seu esplendor, vestiu-se como um deles. Se Deus veste assim a erva do campo, que hoje existe e amanhã é lançada ao fogo, não vestirá muito mais a vocês, homens de pequena fé? Portanto, não se preocupem, dizendo: 'Que vamos comer?' ou 'Que vamos beber?' ou 'Que vamos vestir?'. Pois os pagãos é que correm atrás dessas coisas; mas o Pai celestial sabe que vocês precisam delas. Busquem, pois, em primeiro lugar, o Reino de Deus e a sua justiça, e todas essas coisas serão acrescentadas a vocês. Portanto, não se preocupem com o amanhã, pois o amanhã trará as suas próprias preocupações. Basta a cada dia o seu próprio mal.

"Portanto, quem ouve estas minhas palavras e as pratica é como um homem prudente que construiu a sua casa sobre a rocha. Caiu a chuva, transbordaram os rios, sopraram os ventos e deram contra aquela casa, e ela não caiu, porque tinha seus alicerces na rocha. Mas quem ouve estas minhas palavras e não as pratica é como um insensato que construiu a sua casa sobre a areia. Caiu a chuva, transbordaram os rios, sopraram os ventos e deram contra aquela casa, e ela caiu. E foi grande a sua queda."

Os ensinamentos de Jesus comoveram muitas pessoas e modificaram suas vidas. No entanto, os que ouviam suas palavras e sermões com mais frequência eram seus discípulos. Em um determinado momento de suas viagens juntos, a confiança deles no Filho de Deus foi testada quando uma tempestade violenta atacou o barco em que estavam.

Naquele dia, ao anoitecer, disse ele aos seus discípulos: "Vamos para o outro lado." Deixando a multidão, eles o levaram no barco assim como estava. Outros barcos também o acompanhavam. Levantou-se um forte vendaval, e as ondas se lançavam sobre o barco, de forma que este ia se enchendo de água. Jesus estava na popa, dormindo com a cabeça sobre um travesseiro. Os discípulos o acordaram e clamaram: "Mestre, não te importas que morramos?" Ele se levantou, repreendeu o vento e disse ao mar: "Aquiete-se! Acalme-se!" O vento se aquietou e fez-se completa bonança. Então perguntou aos seus discípulos: "Por que vocês estão com tanto medo? Ainda não têm fé?" Eles estavam apavorados e perguntavam uns aos outros: "Quem é este que até o vento e o mar lhe obedecem?"

Eles atravessaram o mar e foram para a região dos gerasenos. Quando Jesus desembarcou, um homem com um espírito imundo veio dos sepulcros ao seu encontro. Esse homem vivia nos sepulcros, e ninguém conseguia prendê-lo, nem mesmo com correntes; pois muitas vezes lhe haviam sido acorrentados pés e mãos, mas ele arrebentara as correntes e quebrara os ferros de seus pés. Ninguém era suficientemente forte para dominá-lo. Noite e dia ele andava gritando e cortando-se com pedras entre os sepulcros e nas colinas. Quando ele viu Jesus de longe, correu e prostrou-se diante dele e gritou em alta voz: "Que queres comigo, Jesus, Filho do Deus Altíssimo? Rogo-te por Deus que não me atormentes!" Pois Jesus lhe tinha dito: "Saia deste homem, espírito imundo!" Então Jesus lhe perguntou: "Qual é o seu nome?" "Meu nome é Legião", respondeu ele, "porque somos muitos." E implorava a Jesus, com insistência, que não os mandasse sair daquela região.

Uma grande manada de porcos estava pastando numa colina próxima. Os demônios imploraram a Jesus: "Manda-nos para os porcos, para que entremos neles." Ele lhes deu permissão, e os espíritos imundos saíram e entraram nos porcos. A manada de cerca de dois mil porcos atirou-se precipício abaixo, em direção ao mar, e nele se afogou. Os que cuidavam dos porcos fugiram e contaram esses fatos na cidade e nos campos, e o povo foi ver o que havia acontecido. Quando se aproximaram de Jesus, viram ali o homem que fora possesso da legião de demônios, assentado, vestido e em perfeito juízo; e ficaram com medo. Os que estavam presentes contaram ao povo o que acontecera ao endemoninhado e falaram também sobre os porcos. Então o povo começou a suplicar a Jesus que saísse do território deles.

Quando Jesus estava entrando no barco, o homem que estivera endemoninhado suplicava-lhe que o deixasse ir com ele. Jesus não o permitiu, mas disse: "Vá para casa, para a sua família e anuncie-lhes quanto o Senhor fez por você e como teve misericórdia de você." Então, aquele homem se foi e começou a anunciar em Decápolis o quanto Jesus tinha feito por ele. Todos ficavam admirados.

O poder de Jesus sobre a doença e a morte

Tendo Jesus voltado de barco para a outra margem, uma grande multidão se reuniu ao seu redor, enquanto ele estava à beira do mar. Então chegou ali um dos dirigentes da sinagoga, chamado Jairo. Vendo Jesus, prostrou-se aos seus pés e lhe implorou insistentemente: "Minha filhinha está morrendo! Vem, por favor, e impõe as mãos sobre ela, para que seja curada e que viva." Jesus foi com ele. Uma grande multidão o seguia e o comprimia.

E estava ali certa mulher que havia doze anos vinha sofrendo de hemorragia. Ela padecera muito sob o cuidado de vários médicos e gastara tudo o que tinha, mas, em vez de melhorar, piorava. Quando ouviu falar de Jesus, chegou por trás dele, no meio da multidão, e tocou em seu manto, porque pensava: "Se eu tão somente tocar em seu manto, ficarei curada." Imediatamente cessou sua hemorragia e ela sentiu em seu corpo que estava livre do seu sofrimento. No mesmo instante, Jesus percebeu que dele havia saído poder, virou-se para a multidão e perguntou: "Quem tocou em meu manto?" Responderam os seus discípulos: "Vês a multidão aglomerada ao teu redor e ainda perguntas 'Quem tocou em mim?'." Mas Jesus continuou olhando ao seu redor para ver quem tinha feito aquilo. Então a mulher, sabendo o que lhe tinha acontecido, aproximou-se, prostrou-se aos seus pés e, tremendo de medo, contou-lhe toda a verdade. Então ele lhe disse: "Filha, a sua fé a curou! Vá em paz e fique livre do seu sofrimento."

Enquanto Jesus ainda estava falando, chegaram algumas pessoas da casa de Jairo, o dirigente da sinagoga. "Sua filha morreu", disseram eles. "Não precisa mais incomodar o mestre!" Não fazendo caso do que eles disseram, Jesus disse ao dirigente da sinagoga: "Não tenha medo; tão somente creia." E não deixou ninguém segui-lo, senão Pedro, Tiago e João, irmão de Tiago. Quando chegaram à casa do dirigente da sinagoga, Jesus viu um alvoroço, com gente chorando e se lamentando em alta voz. Então entrou e lhes disse: "Por que todo este alvoroço e lamento? A criança não está morta, mas dorme." Mas todos começaram a rir de Jesus. Ele, porém, ordenou que eles saíssem, tomou consigo o pai e a mãe da criança e os discípulos que estavam com ele e entrou onde se encontrava a criança. Tomou-a pela mão e lhe disse: "*Talita cumi*!", que significa "menina, eu ordeno a você, levante-se!". Imediatamente a menina, que tinha doze anos de idade, levantou-se e começou a andar. Isso os deixou atônitos. Ele deu ordens expressas para que não dissessem nada a ninguém e mandou que dessem a ela alguma coisa para comer.

A cura de dois cegos e de um mudo

Saindo Jesus dali, dois cegos o seguiram, clamando: "Filho de Davi, tem misericórdia de nós!" Entrando ele em casa, os cegos se aproximaram, e ele lhes perguntou: "Vocês creem que eu sou capaz de fazer isso?" Eles responderam: "Sim, Senhor!" E ele, tocando nos olhos deles, disse: "Que seja feito segundo a fé que vocês têm!" E a visão deles foi restaurada. Então Jesus os advertiu severamente: "Cuidem para que ninguém saiba disso." Eles, porém, saíram e espalharam a notícia por toda aquela região. Enquanto eles se retiravam, foi levado a Jesus um homem endemoninhado que não podia falar. Quando o demônio foi expulso, o mudo começou a falar. A multidão ficou admirada e disse: "Nunca se viu nada parecido em Israel!" Mas os fariseus diziam: "É pelo príncipe dos demônios que ele expulsa demônios."

Jesus encarregou seus seguidores mais próximos de se espalharem e contarem ao povo que o Reino de Deus havia chegado. Ele também lhes deu autoridade espiritual para curar os doentes e os possuídos por demônios.

O primeiro grupo de pregadores foi enviado quase sem suprimentos para que aprendessem sobre a fé e o poder da oração. Deus operou diversos milagres por intermédio deles, alimentando o entusiasmo cada vez maior das massas. Um alto oficial do reino também ouviu as notícias... filtradas por sua consciência culpada.

O rei Herodes ouviu falar dessas coisas, pois o nome de Jesus havia se tornado bem conhecido. Algumas pessoas estavam dizendo: "João Batista ressuscitou dos mortos! Por isso estão operando nele poderes milagrosos." Outros diziam: "Ele é Elias." E ainda outros afirmavam: "Ele é um profeta, como um dos antigos profetas." Mas, quando Herodes ouviu essas coisas, disse: "João, o homem a quem decapitei, ressuscitou dos mortos!"

Pois o próprio Herodes tinha dado ordens para que prendessem João, o amarrassem e o colocassem na prisão, por causa de Herodias, mulher de Filipe, seu irmão, com a qual se casara. Porquanto João dizia a Herodes: "Não te é permitido viver com a mulher do teu irmão." Assim, Herodias o odiava e queria matá-lo. Mas não podia fazê-lo, porque Herodes temia João e o protegia, sabendo que ele era um homem justo e santo; e, quando o ouvia, ficava perplexo. Mesmo assim gostava de ouvi-lo.

Finalmente, Herodias teve uma ocasião oportuna. No seu aniversário, Herodes ofereceu um banquete aos seus líderes mais importantes, aos comandantes militares e às principais personalidades da Galileia. Quando a filha de Herodias entrou e dançou, agradou a Herodes e aos convidados. O rei disse à jovem: "Peça-me qualquer coisa que você quiser, e eu darei." E prometeu-lhe sob juramento: "Seja o que for que me pedir, eu darei, até a metade do meu reino." Ela saiu e disse à sua mãe: "Que pedirei?" "A cabeça de João Batista", respondeu ela. Imediatamente a jovem apressou-se em apresentar-se ao rei com o pedido: "Desejo que me dês agora mesmo a cabeça de João Batista num prato." O rei ficou aflito, mas, por causa do seu juramento e dos convidados, não quis negar o pedido à jovem. Enviou, pois, imediatamente um carrasco com ordens para trazer a cabeça de João. O homem foi, decapitou João na prisão e trouxe sua cabeça num prato. Ele a entregou à jovem, e esta a deu à sua mãe. Tendo ouvido isso, os discípulos de João vieram, levaram o seu corpo e o colocaram num túmulo.

A primeira multiplicação dos pães

Os apóstolos reuniram-se a Jesus e lhe relataram tudo o que tinham feito e ensinado. Havia muita gente indo e vindo, ao ponto de eles não terem tempo para comer. Jesus lhes disse: "Venham comigo para um lugar deserto e descansem um pouco." Então eles se afastaram num barco para um lugar deserto. Mas muitos dos que os viram retirar-se, tendo-os reconhecido, correram a pé de todas as cidades e chegaram lá antes deles. Quando Jesus saiu do barco e viu uma grande multidão, teve compaixão deles, porque eram como ovelhas sem pastor. Então começou a ensinar-lhes muitas coisas.

Já era tarde e, por isso, os seus discípulos aproximaram-se dele e disseram: "Este é um lugar deserto, e já é tarde. Manda embora o povo para que possa ir aos campos e povoados vizinhos comprar algo para comer." Ele, porém, respondeu: "Deem-lhes vocês algo para comer." Eles lhe disseram: "Isto exigiria duzentos denários! Devemos gastar tanto dinheiro em pão e dar-lhes de comer?" Perguntou ele: "Quantos pães vocês têm? Verifiquem." Quando ficaram sabendo, disseram: "Cinco pães e dois peixes." Então Jesus ordenou que fizessem todo o povo assentar-se em grupos na grama verde. Assim, eles se assentaram em grupos de cem e de cinquenta. Tomando os cinco pães e os dois peixes e, olhando para o céu, deu graças e partiu os pães. Em seguida, entregou-os aos seus discípulos para que os servissem ao povo. E também dividiu os dois peixes entre todos eles. Todos comeram e ficaram satisfeitos, e os discípulos recolheram doze cestos cheios de pedaços de pão e de peixe. Os que comeram foram cinco mil homens.

Jesus anda sobre as águas

Logo em seguida, Jesus insistiu com os discípulos para que entrassem no barco e fossem adiante dele para Betsaida, enquanto ele despedia a multidão. Tendo-a despedido, subiu a um monte para orar. Ao anoitecer, o barco estava no meio do mar, e Jesus se achava sozinho em terra. Ele viu os discípulos remando com dificuldade, porque o vento soprava contra eles. Alta madrugada, Jesus dirigiu-se a eles, andando sobre o mar; e estava já a ponto de passar por eles.

Quando o viram andando sobre o mar, pensaram que fosse um fantasma.

Então gritaram, pois todos o tinham visto e ficaram aterrorizados. Mas Jesus imediatamente lhes disse: "Coragem! Sou eu! Não tenham medo!" "Senhor", disse Pedro, "se és tu, manda-me ir ao teu encontro por sobre as águas." "Venha", respondeu ele. Então Pedro saiu do barco, andou sobre as águas e foi na direção de Jesus. Mas, quando reparou no vento, ficou com medo e, começando a afundar, gritou: "Senhor, salva-me!" Imediatamente Jesus estendeu a mão e o segurou. E disse: "Homem de pequena fé, por que você duvidou?" Quando entraram no barco, o vento cessou. Então os que estavam no barco o adoraram, dizendo: "Verdadeiramente tu és o Filho de Deus."

Depois de atravessarem o mar, chegaram a Genesaré. Quando os homens daquele lugar reconheceram Jesus, espalharam a notícia em toda aquela região e lhe trouxeram os seus doentes. Suplicavam-lhe que apenas pudessem tocar na borda do seu manto; e todos os que nele tocaram foram curados.

No dia seguinte, a multidão que tinha ficado no outro lado do mar percebeu que apenas um barco estivera ali e que Jesus não havia entrado nele com os seus discípulos, mas que eles tinham partido sozinhos. Então alguns barcos de Tiberíades aproximaram-se do lugar onde o povo tinha comido o pão após o Senhor ter dado graças. Quando a multidão percebeu que nem Jesus nem os discípulos estavam ali, entrou nos barcos e foi para Cafarnaum em busca de Jesus. Quando o encontraram do outro lado do mar, perguntaram-lhe: "Mestre, quando chegaste aqui?"

Jesus respondeu: "A verdade é que vocês estão me procurando, não porque viram os sinais milagrosos, mas porque comeram os pães e ficaram satisfeitos. Não trabalhem pela comida que se estraga, mas pela comida que permanece para a vida eterna, a qual o Filho do homem dará a vocês. Deus, o Pai, nele colocou o seu selo de aprovação."

Então perguntaram-lhe: "O que precisamos fazer para realizar as obras que Deus requer?"

Jesus respondeu: "A obra de Deus é esta: crer naquele que ele enviou."

Então perguntaram-lhe: "Que sinal milagroso mostrarás para que o vejamos e creiamos em ti? Que farás? Os nossos antepassados comeram o maná no deserto; como está escrito: 'Ele lhes deu a comer pão dos céus.'"

Declarou-lhes Jesus: "Digo-lhes a verdade: Não foi Moisés quem deu a vocês pão do céu, mas é meu Pai quem dá a vocês o verdadeiro pão do céu. Pois o pão de Deus é aquele que desceu do céu e dá vida ao mundo."

Disseram eles: "Senhor, dá-nos sempre desse pão!"

Então Jesus declarou: "Eu sou o pão da vida.[10] Aquele que vem a mim nunca terá fome; aquele que crê em mim nunca terá sede.

---

10. **Pão da vida:** Ao dizer essas palavras, Jesus afirmava ser ele a fonte da verdadeira saciedade e satisfação.

"Asseguro a vocês que aquele que crê tem a vida eterna. Eu sou o pão da vida. Os seus antepassados comeram o maná no deserto, mas morreram. Todavia, aqui está o pão que desce do céu, para que não morra quem dele comer. Eu sou o pão vivo que desceu do céu. Se alguém comer deste pão, viverá para sempre. Este pão é a minha carne, que eu darei pela vida do mundo."

Então os judeus começaram a discutir exaltadamente entre si: "Como pode este homem nos oferecer a sua carne para comermos?"

Jesus lhes disse: "Eu lhes digo a verdade: Se vocês não comerem a carne do Filho do homem e não beberem o seu sangue, não terão vida em si mesmos. Todo aquele que come a minha carne e bebe o meu sangue tem a vida eterna, e eu o ressuscitarei no último dia. Pois a minha carne é verdadeira comida e o meu sangue é verdadeira bebida. Todo aquele que come a minha carne e bebe o meu sangue permanece em mim e eu nele. Da mesma forma como o Pai que vive me enviou e eu vivo por causa do Pai, assim aquele que se alimenta de mim viverá por minha causa. Este é o pão que desceu dos céus. Os antepassados de vocês comeram o maná e morreram, mas aquele que se alimenta deste pão viverá para sempre."

Daquela hora em diante, muitos dos seus discípulos voltaram atrás e deixaram de segui-lo.

Jesus perguntou aos Doze: "Vocês também não querem ir?" Simão Pedro lhe respondeu: "Senhor, para quem iremos? Tu tens as palavras de vida eterna. Nós cremos e sabemos que és o Santo de Deus." Então Jesus respondeu: "Não fui eu que os escolhi, os Doze? Todavia, um de vocês é um diabo!" (Ele se referia a Judas, filho de Simão Iscariotes, que, embora fosse um dos Doze, mais tarde haveria de traí-lo.)

Apesar das aparências, Jesus podia assumir um tom bastante pessoal e direto. Ele tinha uma noção muito clara de quem era e queria que seus seguidores conhecessem seu íntimo. Ouvir seus ensinamentos e admirar seu caráter não era suficiente. Para acompanhar aquele rabino, os discípulos deveriam conhecê-lo de uma forma mais profunda, que transformaria seus corações, seus anseios, suas vidas. Ele queria ser o centro, a alegria, o "pão" e o sustento de suas existências. À medida que continuava sua pregação, o Filho de Deus começou a revelar mais sobre quem era e por que tinha vindo.

Capítulo 26

Jesus, o Filho de Deus

Jesus e os seus discípulos dirigiram-se para os povoados nas proximidades de Cesareia de Filipe. No caminho, ele lhes perguntou: "Quem o povo diz que eu sou?" Eles responderam: "Alguns dizem que és João Batista; outros, Elias; e, ainda outros, um dos profetas."

"E vocês?", perguntou ele. "Quem vocês dizem que eu sou?"

Pedro respondeu: "Tu és o Cristo."

Jesus os advertiu que não falassem a ninguém a seu respeito.

Então ele começou a ensinar-lhes que era necessário que o Filho do homem sofresse muitas coisas e fosse rejeitado pelos líderes religiosos, pelos chefes dos sacerdotes e pelos mestres da lei, fosse morto e três dias depois ressuscitasse. Ele falou claramente a esse respeito. Então Pedro, chamando-o à parte, começou a censurá-lo. Jesus, porém, voltou-se, olhou para os seus discípulos e repreendeu Pedro, dizendo: "Para trás de mim, Satanás! Você não pensa nas coisas de Deus, mas nas dos homens."

Então ele chamou a multidão e os discípulos e disse: "Se alguém quiser acompanhar-me, negue-se a si mesmo, tome a sua cruz e siga-me. Pois quem quiser salvar a sua vida a perderá; mas quem perder a sua vida por minha causa e pelo evangelho[1] a salvará. Pois, que adianta ao homem ganhar o mundo inteiro e perder a sua alma? Ou, o que o homem poderia dar em troca de sua alma? Se alguém se envergonhar de mim e das minhas palavras nesta geração adúltera e pecadora, o Filho do homem se envergonhará dele quando vier na glória de seu Pai com os santos anjos."

A transfiguração

Seis dias depois, Jesus tomou consigo Pedro, Tiago e João e os levou a um alto monte, onde ficaram a sós. Ali ele foi transfigurado diante deles. Suas roupas se tornaram brancas, de um branco resplandecente, como nenhum lavandeiro no mundo seria capaz de branqueá-las. E apareceram diante deles Elias e Moisés, os quais conversavam com Jesus. Então Pedro disse a Jesus: "Mestre, é bom estarmos aqui. Façamos três tendas: uma para ti, uma para Moisés e uma para Elias." Ele não sabia o que dizer, pois estavam apavorados. A seguir apareceu uma nu-

1. **Evangelho:** A mensagem de que Jesus chegara para reconciliar a humanidade com Deus e que cada indivíduo pode aceitar esta dádiva imerecida e iniciar um relacionamento com Ele; sinônimo de *Boa-Nova*.

vem e os envolveu, e dela saiu uma voz, que disse: "Este é o meu Filho amado. Ouçam-no!" Repentinamente, quando olharam ao redor, não viram mais ninguém, a não ser Jesus.

Enquanto desciam do monte, Jesus lhes ordenou que não contassem a ninguém o que tinham visto, até que o Filho do homem tivesse ressuscitado dos mortos. Eles guardaram o assunto apenas entre si, discutindo o que significaria "ressuscitar dos mortos".

Quando chegaram aonde estavam os outros discípulos, viram uma grande multidão ao redor deles e os mestres da lei discutindo com eles. Logo que viu Jesus, o povo ficou muito surpreso e correu para saudá-lo.

Eles saíram daquele lugar e atravessaram a Galileia. Jesus não queria que ninguém soubesse onde eles estavam, porque estava ensinando os seus discípulos. E lhes dizia: "O Filho do homem está para ser entregue nas mãos dos homens. Eles o matarão, e três dias depois ele ressuscitará." Mas eles não entendiam o que ele queria dizer e tinham receio de perguntar-lhe.

Lembra-se dos reis Davi e Salomão? Todos os grandes líderes do passado de Israel haviam sido guerreiros, construtores e diplomatas. Não é de surpreender que a maioria das pessoas imaginasse que o novo rei – o Messias – seria o maior guerreiro, construtor e libertador de todos. Imagine como era estranho que Jesus parecesse indiferente a uma mudança de regime. Sua mensagem era "Abre teu coração a Deus". Ele não armazenou armas ou treinou um pelotão de soldados para derrubar o governo romano. Essa atitude inesperada – aliada ao desprezo de Jesus pelas regras religiosas e à sua insistência em um arrependimento pessoal sincero – ofendia muitos dos membros da elite religiosa de Jerusalém. Os fariseus eruditos consideravam que ele ensinava uma filosofia perigosa e ilusória. Em meio à oposição crescente por parte dos judeus e à popularidade entre os cidadãos comuns, Jesus foi para Jerusalém a fim de celebrar um dos mais importantes feriados judaicos: a Festa dos Tabernáculos. Ele utilizou a ocasião para revelar seu poder, sua identidade e sua missão.

Na festa, os judeus o estavam esperando e perguntavam: "Onde está aquele homem?" Entre a multidão havia muitos boatos a respeito dele. Alguns diziam: "É um bom homem." Outros respondiam: "Não, ele está enganando o povo." Mas ninguém falava dele em público, por medo dos judeus.

Quando a festa estava na metade, Jesus subiu ao templo e começou a ensinar. Os judeus ficaram admirados e perguntaram: "Como foi que este homem adquiriu tanta instrução sem ter estudado?"

Então alguns habitantes de Jerusalém começaram a perguntar: "Não é este o homem que estão procurando matar? Aqui está ele, falando publicamente, e não lhe dizem uma palavra. Será que as autoridades chegaram à conclusão de que ele é realmente o Cristo? Mas nós sabemos de onde é este homem; quando o Cristo vier, ninguém saberá de onde ele é."

Enquanto ensinava no pátio do templo, Jesus exclamou: "Sim, vocês me conhecem e sabem de onde sou. Eu não estou aqui por mim mesmo, mas aquele que me enviou é verdadeiro. Vocês não o conhecem, mas eu o conheço porque venho da parte dele, e ele me enviou."

Então tentaram prendê-lo, mas ninguém lhe pôs as mãos, porque a sua hora ainda não havia chegado. Assim mesmo, muitos no meio da multidão creram nele e diziam: "Quando o Cristo vier, fará mais sinais milagrosos do que este homem fez?"

No último e mais importante dia da festa, Jesus levantou-se e disse em alta voz: "Se alguém tem sede, venha a mim e beba. Quem crer em mim, como diz a Escritura, do seu interior fluirão rios de água viva." Ele estava se referindo ao Espírito, que mais tarde receberiam os que nele cressem. Até então o Espírito ainda não tinha sido dado, pois Jesus ainda não fora glorificado.

Ouvindo as suas palavras, alguns no meio do povo disseram: "Certamente este homem é o Profeta." Outros disseram: "Ele é o Cristo." Ainda outros perguntaram: "Como pode o Cristo vir da Galileia? A Escritura não diz que o Cristo virá da descendência de Davi, da cidade de Belém, onde viveu Davi?" Assim o povo ficou dividido por causa de Jesus. Alguns queriam prendê-lo, mas ninguém lhe pôs as mãos.

Quando Jesus pregava, fazia muitas afirmações que mexiam com os brios das pessoas. Ele dizia ser a luz – porém apenas o próprio Deus é a fonte da luz! Dizia vir das alturas – porém apenas Deus pode habitar o Céu! Jesus oferecia uma escolha clara e decisiva: creia em mim e conheça o poder de Deus em sua vida ou continue na escuridão espiritual. Essa mensagem modificaria tudo.

Falando novamente ao povo, Jesus disse: "Eu sou a luz do mundo. Quem me segue nunca andará em trevas, mas terá a luz da vida."

Os fariseus lhe disseram: "Você está testemunhando a respeito de si próprio. O seu testemunho não é válido!"

Respondeu Jesus: "Ainda que eu mesmo testemunhe em meu favor, o meu testemunho é válido, pois sei de onde vim e para onde vou."

Mais uma vez, Jesus lhes disse: "Eu vou embora, e vocês procurarão por mim, e morrerão em seus pecados. Para onde vou, vocês não podem ir."

Isso levou os judeus a perguntarem: "Será que ele irá matar-se? Será por isso que ele diz: 'Para onde vou, vocês não podem ir'?"

Mas ele continuou: "Vocês são daqui de baixo; eu sou lá de cima. Vocês são deste mundo; eu não sou deste mundo. Eu disse que vocês morrerão em seus pecados. Se vocês não crerem que Eu Sou, de fato morrerão em seus pecados."

Tendo dito essas coisas, muitos creram nele.

Disse Jesus aos judeus que haviam crido nele:

"Se vocês permanecerem firmes na minha palavra, verdadeiramente serão meus discípulos. E conhecerão a verdade, e a verdade os libertará."

Asseguro que, se alguém obedecer à minha palavra, jamais verá a morte."

Diante disso, os judeus exclamaram: "Agora sabemos que você está endemoninhado! Abraão morreu, bem como os profetas, mas você diz que, se alguém obedecer à sua palavra, nunca experimentará a morte. Você é maior do que o nosso pai Abraão? Ele morreu, bem como os profetas. Quem você pensa que é?"

Respondeu Jesus: "Se glorifico a mim mesmo, a minha glória nada significa. Meu Pai, que vocês dizem ser o seu Deus, é quem me glorifica. Vocês não o conhecem, mas eu o conheço. Se eu dissesse que não o conheço, seria mentiroso como vocês, mas eu de fato o conheço e obedeço à sua palavra. Abraão, pai de vocês, regozijou-se porque veria o meu dia; ele o viu e alegrou-se."

Disseram-lhe os judeus: "Você ainda não tem cinquenta anos, e viu Abraão?"

Respondeu Jesus: "Eu afirmo que, antes de Abraão nascer, Eu Sou!" Então eles apanharam pedras para apedrejá-lo, mas Jesus escondeu-se e saiu do templo.

O dano estava feito. Jesus falou à multidão que já existia antes mesmo de Abraão nascer. Falou a todos que sua vida não tivera começo. Falou que era Deus! A multidão se transformou em uma horda de linchadores. Os conselheiros de Jesus talvez tenham lhe pedido que desse aos líderes religiosos um tempo para eles se acalmarem, porém o Filho de Deus não podia ser refreado. A paixão por mostrar às pessoas a glória do Senhor o impulsionava, e, mesmo quando um amigo morreu, ele utilizou essa experiência como mais um exemplo do poder do Altíssimo.

Havia um homem chamado Lázaro. Ele era de Betânia, do povoado de Maria e de sua irmã Marta. E aconteceu que Lázaro ficou doente. Maria, sua irmã, era a mesma que derramara perfume sobre o Senhor e lhe enxugara os pés com os cabelos. Então as irmãs de Lázaro mandaram dizer a Jesus: "Senhor, aquele a quem amas está doente." Ao ouvir isso, Jesus disse: "Essa doença não acabará em morte; é para a glória de Deus, para que o Filho de Deus seja glorificado por meio dela."

Jesus amava Marta, a irmã dela e Lázaro.

No entanto, quando ouviu falar que Lázaro estava doente, ficou mais dois dias onde estava. Depois disse aos seus discípulos: "Vamos voltar para a Judeia." Estes disseram: "Mestre, há pouco os judeus tentaram apedrejar-te, e assim mesmo vais voltar para lá?"

Jesus respondeu: "O dia não tem doze horas? Quem anda de dia não tropeça, pois vê a luz deste mundo. Quando anda de noite, tropeça, pois nele não há luz."

Depois de dizer isso, prosseguiu, dizendo-lhes: "Nosso amigo Lázaro adormeceu, mas vou até lá para acordá-lo." Seus discípulos responderam: "Senhor, se ele dorme, vai melhorar." Jesus tinha falado de sua morte, mas os seus discípulos pensaram que ele estava falando simplesmente do sono. Então lhes disse claramente: "Lázaro morreu, e, para o bem de vocês, estou contente por não ter estado lá, para que vocês creiam. Mas vamos até ele." Então Tomé, chamado Dídimo, disse aos outros discípulos: "Vamos também para morrermos com ele."

Ao chegar, Jesus verificou que Lázaro já estava no sepulcro havia quatro dias. Betânia distava cerca de três quilômetros de Jerusalém, e muitos judeus tinham ido visitar Marta e Maria para confortá-las pela perda do irmão. Quando Marta ouviu que Jesus estava chegando, foi encontrá-lo, mas Maria ficou em casa. Disse Marta a Jesus: "Senhor, se estivesses aqui meu irmão não teria morrido. Mas sei que, mesmo agora, Deus te dará tudo o que pedires." Disse-lhe Jesus: "O seu irmão vai ressuscitar."

Marta respondeu: "Eu sei que ele vai ressuscitar na ressurreição, no último dia." Disse-lhe Jesus:

> "Eu sou a ressurreição e a vida.
> Aquele que crê em mim, ainda que morra, viverá;
> e quem vive e crê em mim
> não morrerá eternamente. Você crê nisso?"

Ela lhe respondeu: "Sim, Senhor, eu tenho crido que tu és o Cristo, o Filho de Deus que devia vir ao mundo."

E, depois de dizer isso, foi para casa e, chamando à parte Maria, disse-lhe: "O Mestre está aqui e está chamando você." Ao ouvir isso, Maria levantou-se depressa e foi ao encontro dele. Jesus ainda não tinha entrado no povoado, mas estava no lugar onde Marta o encontrara. Quando notaram que ela se levantou depressa e saiu, os judeus, que a estavam confortando em casa, seguiram-na, supondo que ela ia ao sepulcro, para ali chorar.

Chegando ao lugar onde Jesus estava e vendo-o, Maria prostrou-se aos seus pés e disse: "Senhor, se estivesses aqui meu irmão não teria morrido." Ao ver chorando Maria e os judeus que a acompanhavam, Jesus agitou-se no espírito e perturbou-se. "Onde o colocaram?", perguntou ele. "Vem e vê, Senhor", responderam eles. Jesus chorou. Então os judeus disseram: "Vejam como ele o amava!" Mas alguns deles disseram: "Ele, que abriu os olhos do cego, não poderia ter impedido que este homem morresse?" Jesus, outra vez profundamente comovido, foi até o sepulcro. Era uma gruta com uma pedra colocada à entrada. "Tirem a pedra", disse ele. Disse Marta, irmã do morto: "Senhor, ele já cheira mal, pois já faz quatro dias." Disse-lhe Jesus: "Não falei que, se você cresse, veria a glória de Deus?" Então tiraram a pedra. Jesus olhou para cima e disse:

"Pai, eu te agradeço porque me ouviste. Eu sei que sempre me ouves, mas disse isso por causa do povo que está aqui, para que creia que tu me enviaste."

Depois de dizer isso, Jesus bradou em alta voz: "Lázaro, venha para fora!" O morto saiu, com as mãos e os pés envolvidos em faixas de linho e o rosto envolto num pano. Disse-lhes Jesus: "Tirem as faixas dele e deixem-no ir."

A conspiração para matar Jesus

Muitos dos judeus que tinham vindo visitar Maria, vendo o que Jesus fizera, creram nele. Mas alguns deles foram contar aos fariseus o que Jesus tinha feito. Então os chefes dos sacerdotes e os fariseus convocaram uma reunião do Sinédrio. "O que estamos fazendo?", perguntaram eles. "Aí está esse homem realizando muitos sinais milagrosos. Se o deixarmos, todos crerão nele, e então os romanos virão e tirarão tanto o nosso lugar como a nossa nação." Então um deles, chamado Caifás, que naquele ano era o sumo sacerdote, tomou a palavra e disse: "Nada sabeis! Não percebeis que vos é melhor que morra um homem pelo povo e que não pereça toda a nação." Ele não disse isso de si mesmo, mas, sendo o sumo sacerdote naquele ano, profetizou que Jesus morreria pela nação judaica, e não somente por aquela nação, mas também pelos filhos de Deus que estão espalhados, para reuni-los num povo.

E, daquele dia em diante, resolveram tirar-lhe a vida.

Normalmente, um "homem procurado" fugiria para longe! Jesus, no entanto, foi direto até aqueles que planejavam matá-lo. Era em Jerusalém que se celebrava a Páscoa. O povo precisava ouvir sua mensagem. O tempo era curto. Logo, Jesus entraria em Jerusalém pela última vez.

Depois trouxeram crianças a Jesus, para que lhes impusesse as mãos e orasse por elas. Mas os discípulos os repreendiam. Então disse Jesus: "Deixem vir a mim as crianças e não as impeçam; pois o Reino dos céus pertence aos que são semelhantes a elas." Depois de lhes impor as mãos, partiu dali.

Eis que alguém se aproximou de Jesus e lhe perguntou: "Mestre, que farei de bom para ter a vida eterna?" Respondeu-lhe Jesus: "Por que você me pergunta sobre o que é bom? Há somente um que é bom. Se você quer entrar na vida, obedeça aos mandamentos." "Quais?", perguntou ele. Jesus respondeu: "'Não matarás, não adulterarás, não furtarás, não darás falso testemunho, honra teu pai e tua mãe' e 'Amarás o teu próximo como a ti mesmo.'" Disse-lhe o jovem: "A tudo isso tenho obedecido. O que me falta ainda?" Jesus respondeu: "Se você quer ser perfeito, vá, venda os seus bens e dê o dinheiro aos pobres, e você terá um tesouro nos céus. Depois, venha e siga-me." Ouvindo isso, o jovem afastou-se triste, porque tinha muitas riquezas.

Então Jesus disse aos discípulos: "Digo-lhes a verdade: Dificilmente um rico entrará no Reino dos céus. E digo ainda: É mais fácil passar um camelo pelo fundo de uma agulha do que um rico entrar no Reino de Deus." Ao ouvirem isso, os discípulos ficaram perplexos e perguntaram: "Neste caso, quem pode ser salvo?" Jesus olhou para eles e respondeu: "Para o homem é impossível, mas para Deus todas as coisas são possíveis."

Então Pedro lhe respondeu: "Nós deixamos tudo para seguir-te! Que será de nós?" Jesus lhes disse: "Digo-lhes a verdade: Por ocasião da regeneração de todas as coisas, quando o Filho do homem se assentar em seu trono glorioso, vocês que me seguiram também se assentarão em doze tronos para julgar as doze tribos de Israel. E todos os que tiverem deixado casas, irmãos, irmãs, pai, mãe, filhos ou campos por minha causa receberão cem vezes mais e herdarão a vida eterna. Contudo, muitos primeiros serão últimos e muitos últimos serão primeiros."

Enquanto estava subindo para Jerusalém, Jesus chamou em particular os doze discípulos e lhes disse: "Estamos subindo para Jerusalém, e o Filho do homem será entregue aos chefes dos sacerdotes e aos mestres da lei. Eles o condenarão à morte e o entregarão aos gentios para que zombem dele, o açoitem e o crucifiquem. No terceiro dia ele ressuscitará!"

Ao se aproximar a Páscoa judaica, muitos daquela região foram para Jerusalém a fim de participarem das purificações cerimoniais antes da Páscoa. Continuavam procurando Jesus e, no templo, perguntavam uns aos outros: "O que vocês acham? Será que ele virá à festa?" Mas os chefes dos sacerdotes e os fariseus tinham ordenado que, se alguém soubesse onde Jesus estava, o denunciasse, para que o pudessem prender.

Quantas vezes Jesus pedira a seus seguidores que se contivessem e não revelassem quem ele era, que esperassem? E eles tinham esperado. Agora a espera havia chegado ao fim. Quando Jesus entrou em Jerusalém, deixou que as mul-

tidões se regozijassem. Apesar de saber o que aquela semana lhe reservava, por ora queria que aqueles que o amavam se alegrassem e comemorassem.

Quando se aproximaram de Jerusalém e chegaram a Betfagé e Betânia, perto do monte das Oliveiras, Jesus enviou dois de seus discípulos, dizendo-lhes: "Vão ao povoado que está adiante de vocês; logo que entrarem, encontrarão um jumentinho amarrado, no qual ninguém jamais montou. Desamarrem-no e tragam-no aqui. Se alguém perguntar: 'Por que vocês estão fazendo isso?', digam-lhe: 'O Senhor precisa dele e logo o devolverá.'" Eles foram e encontraram um jumentinho na rua, amarrado a um portão. Enquanto o desamarravam, alguns dos que ali estavam lhes perguntaram: "O que vocês estão fazendo, desamarrando esse jumentinho?" Os discípulos responderam como Jesus lhes tinha dito, e eles os deixaram ir. Trouxeram o jumentinho a Jesus, puseram sobre ele os seus mantos; e Jesus montou. Muitos estenderam seus mantos pelo caminho, outros espalharam ramos que haviam cortado nos campos. Os que iam adiante dele e os que o seguiam gritavam: "Hosana![2] Bendito é o que vem em nome do Senhor! Bendito é o Reino vindouro de nosso pai Davi! Hosana nas alturas!"

Quando Jesus entrou em Jerusalém, toda a cidade ficou agitada e perguntava: "Quem é este?" A multidão respondia: "Este é Jesus, o profeta de Nazaré da Galileia."

Jesus purifica o templo

Jesus entrou no templo e expulsou todos os que ali estavam comprando e vendendo. Derrubou as mesas dos cambistas e as cadeiras dos que vendiam pombas, e lhes disse: "Está escrito: 'A minha casa será chamada casa de oração'; mas vocês estão fazendo dela um 'covil de ladrões'." Os cegos e os mancos aproximaram-se dele no templo, e ele os curou. Mas, quando os chefes dos sacerdotes e os mestres da lei viram as coisas maravilhosas que Jesus fazia e as crianças gritando no templo "Hosana ao Filho de Davi", ficaram indignados e lhe perguntaram: "Não estás ouvindo o que estas crianças estão dizendo?" Respondeu Jesus: "Sim, vocês nunca leram:

> "'Dos lábios das crianças e dos recém-nascidos
> suscitaste louvor'?"

E, deixando-os, saiu da cidade para Betânia, onde passou a noite.

---

2. **Hosana:** Termo hebraico que significa *Salve!* e que se tornou uma expressão exclamativa de louvor.

Jesus passou boa parte da sua última semana ensinando no templo. Rabinos geralmente faziam seus sermões no templo ou nas sinagogas. Aquele rabino, no entanto, era diferente. Ele subvertia todas as crenças ao sugerir que o Messias – que era maior até mesmo que o rei Davi – lhes dirigia a palavra. Ninguém jamais havia falado daquela forma. Ninguém tivera essa audácia.

Ensinando no templo, Jesus perguntou: "Como os mestres da lei dizem que o Cristo é filho de Davi? O próprio Davi, falando pelo Espírito Santo, disse:

"'O Senhor disse ao meu Senhor:
Senta-te à minha direita
até que eu ponha os teus inimigos
debaixo de teus pés.'

"O próprio Davi o chama 'Senhor'. Como pode, então, ser ele seu filho?"
E a grande multidão o ouvia com prazer.

As massas gostavam de Jesus, mas o ódio dos líderes religiosos ia se intensificando. Jesus era de tal forma humano que, quando a situação se agravou, sentiu angústia em seu coração. Porém o Filho de Deus enfrentou o medo e recusou-se a permitir que ele o impedisse de fazer a vontade de seu Pai.

"Agora meu coração está perturbado, e o que direi? Pai, salva-me desta hora? Não; eu vim exatamente para isto, para esta hora. Pai, glorifica o teu nome!"

Então veio uma voz dos céus: "Eu já o glorifiquei e o glorificarei novamente."

A multidão que ali estava e a ouviu disse que tinha trovejado; outros disseram que um anjo lhe tinha falado. Jesus disse: "Esta voz veio por causa de vocês e não por minha causa. Chegou a hora de ser julgado este mundo; agora será expulso o príncipe deste mundo. Mas eu, quando for levantado da terra, atrairei todos a mim." Ele disse isso para indicar o tipo de morte que haveria de sofrer.

Mesmo depois que Jesus fez todos aqueles sinais milagrosos, não creram nele.

Ainda assim, muitos líderes dos judeus creram nele. Mas, por causa dos fariseus, não confessavam a sua fé, com medo de serem expulsos da sinagoga, pois preferiam a aprovação dos homens do que a aprovação de Deus. Então Jesus disse em alta voz:

"Quem crê em mim, não crê apenas em mim, mas naquele que me enviou. Quem me vê, vê aquele que me enviou. Eu vim ao mundo como luz, para que todo aquele que crê em mim não permaneça nas trevas.

"Se alguém ouve as minhas palavras e não lhes obedece, eu não o julgo. Pois não vim para julgar o mundo, mas para salvá-lo. Há um juiz para quem me rejeita e não aceita as minhas palavras; a própria palavra que proferi o condenará no último dia. Pois não falei por mim mesmo, mas o Pai que me enviou me ordenou o que dizer e o que falar. Sei que o seu mandamento é a vida eterna. Portanto, o que eu digo é exatamente o que o Pai me mandou dizer."

Faltavam apenas dois dias para a Páscoa e para a festa dos pães sem fermento. Os chefes dos sacerdotes e os mestres da lei estavam procurando um meio de flagrar Jesus em algum erro e matá-lo. Mas diziam: "Não durante a festa, para que não haja tumulto entre o povo."

Sorrateiramente, um poder sinistro tramava e aguardava. Essa força do mal encontrou uma porta de entrada em meio aos seguidores mais próximos de Jesus. Tudo que ela precisava para acelerar sua conspiração era de um pouco de ganância.

Então Satanás entrou em Judas, chamado Iscariotes, um dos Doze. Judas dirigiu-se aos chefes dos sacerdotes e aos oficiais da guarda do templo e tratou com eles como lhes poderia entregar Jesus. A proposta muito os alegrou, e lhe prometeram dinheiro. Ele consentiu e ficou esperando uma oportunidade para lhes entregar Jesus quando a multidão não estivesse presente.

Capítulo 27

A HORA SOMBRIA

No primeiro dia da festa dos pães sem fermento, quando se costumava sacrificar o cordeiro pascal, os discípulos de Jesus lhe perguntaram: "Aonde queres que vamos e te preparemos a refeição da Páscoa?" Então ele enviou dois de seus discípulos, dizendo-lhes: "Entrem na cidade, e um homem carregando um pote de água virá ao encontro de vocês. Sigam-no e digam ao dono da casa em que ele entrar: 'O Mestre pergunta: Onde é o meu salão de hóspedes, no qual poderei comer a Páscoa com meus discípulos?' Ele mostrará uma ampla sala no andar superior, mobiliada e pronta. Façam ali os preparativos para nós." Os discípulos se retiraram, entraram na cidade e encontraram tudo como Jesus lhes tinha dito. E prepararam a Páscoa. Ao anoitecer, Jesus chegou com os Doze.

Um pouco antes da festa da Páscoa, sabendo Jesus que havia chegado o tempo em que deixaria este mundo e iria para o Pai, tendo amado os seus que estavam no mundo, amou-os até o fim.

Estava sendo servido o jantar, e o Diabo já havia induzido Judas Iscariotes, filho de Simão, a trair Jesus. Jesus sabia que o Pai havia colocado todas as coisas debaixo do seu poder e que viera de Deus e estava voltando para Deus; assim, levantou-se da mesa, tirou sua capa e colocou uma toalha em volta da cintura. Depois disso, derramou água numa bacia e começou a lavar os pés dos seus discípulos, enxugando-os com a toalha que estava em sua cintura.

Chegou-se a Simão Pedro, que lhe disse: "Senhor, vais lavar os meus pés?"

Respondeu Jesus: "Você não compreende agora o que estou fazendo a você; mais tarde, porém, entenderá." Disse Pedro: "Não; nunca lavarás os meus pés!" Jesus respondeu: "Se eu não os lavar, você não terá parte comigo." Respondeu Simão Pedro: "Então, Senhor, não apenas os meus pés, mas também as minhas mãos e a minha cabeça!" Respondeu Jesus: "Quem já se banhou precisa apenas lavar os pés; todo o seu corpo está limpo. Vocês estão limpos, mas nem todos." Pois ele sabia quem iria traí-lo e, por isso, disse que nem todos estavam limpos.

Quando terminou de lavar-lhes os pés, Jesus tornou a vestir sua capa e voltou ao seu lugar. Então lhes perguntou: "Vocês entendem o que fiz a vocês? Vocês me chamam 'Mestre' e 'Senhor', e com razão, pois eu o sou. Pois bem, se eu, sendo Senhor e Mestre de vocês, lavei os seus pés, vocês também devem lavar os pés uns dos outros. Eu dei o exemplo, para que vocês façam como lhes fiz.

"Digo-lhes verdadeiramente que nenhum escravo é maior do que o seu senhor, como também nenhum mensageiro é maior do que aquele que o enviou. Agora que vocês sabem estas coisas, felizes serão se as praticarem."

Depois de dizer isso, Jesus perturbou-se em espírito e declarou: "Digo-lhes que certamente um de vocês me trairá."

Seus discípulos olharam uns para os outros, sem saber a quem ele se referia. Um deles, o discípulo a quem Jesus amava,[1] estava reclinado ao lado dele. Simão Pedro fez sinais para esse discípulo, como a dizer: "Pergunte-lhe a quem ele está se referindo." Inclinando-se esse discípulo para Jesus, perguntou-lhe: "Senhor, quem é?" Respondeu Jesus: "Aquele a quem eu der este pedaço de pão molhado no prato." Então, molhando o pedaço de pão, deu-o a Judas Iscariotes, filho de Simão. Tão logo Judas comeu o pão, Satanás entrou nele. "O que você está para fazer, faça depressa", disse-lhe Jesus. Mas ninguém à mesa entendeu por que Jesus lhe disse isso. Visto que Judas era o encarregado do dinheiro, alguns pensa-

1. Aquele que Jesus amava: Provavelmente o discípulo João.

ram que Jesus estava lhe dizendo que comprasse o necessário para a festa, ou que desse algo aos pobres. Assim que comeu o pão, Judas saiu. E era noite.

Depois que Judas partiu, Jesus ofereceu aos discípulos um vislumbre do que estava por vir. Ele prenunciou o fato de que seria "subjugado" e "oferecido" – iria receber a punição pelos pecados da humanidade.

Enquanto comiam, Jesus tomou o pão, deu graças, partiu-o, e o deu aos discípulos, dizendo: "Tomem; isto é o meu corpo." Em seguida tomou o cálice, deu graças, ofereceu-o aos discípulos, e todos beberam. E disse-lhes: "Isto é o meu sangue da aliança, que é derramado em favor de muitos. Eu afirmo que não beberei outra vez do fruto da videira, até aquele dia em que beberei o vinho novo no Reino de Deus."

Jesus alertou seus discípulos dizendo que dali a pouco já não estaria junto deles. Em seguida, confortou seus seguidores confusos.

"Não se perturbe o coração de vocês. Creiam em Deus; creiam também em mim. Na casa de meu Pai há muitos aposentos; se não fosse assim, eu teria dito a vocês. Vou preparar lugar para vocês. E, quando eu for e preparar lugar, voltarei e os levarei para mim, para que vocês estejam onde eu estiver. Vocês conhecem o caminho para onde vou."

Disse-lhe Tomé: "Senhor, não sabemos para onde vais; como então podemos saber o caminho?"

Respondeu Jesus: "Eu sou o caminho, a verdade e a vida. Ninguém vem ao Pai, a não ser por mim. Se vocês realmente me conhecessem, conheceriam também o meu Pai. Já agora vocês o conhecem e o têm visto."

Disse Filipe: "Senhor, mostra-nos o Pai, e isso nos basta."

Jesus respondeu: "Você não me conhece, Filipe, mesmo depois de eu ter estado com vocês durante tanto tempo? Quem me vê, vê o Pai. Como você pode dizer: 'Mostra-nos o Pai'? Você não crê que eu estou no Pai e que o Pai está em mim? As palavras que eu digo não são apenas minhas. Ao contrário, o Pai, que vive em mim, está realizando a sua obra. Creiam em mim quando digo que estou no Pai e que o Pai está em mim; ou pelo menos creiam por causa das mesmas obras. Digo a verdade: Aquele que crê em mim fará também as obras que tenho realizado. Fará coisas ainda maiores do que estas, porque eu estou indo para o Pai. E eu farei o que vocês pedirem em meu nome, para que o Pai seja glorificado no Filho. O que vocês pedirem em meu nome, eu farei. Se vocês me amam, obedecerão aos meus mandamentos. E eu pedirei ao Pai, e ele dará a vocês outro Conselheiro para estar com vocês para sempre, o Espírito da verdade. O mundo não pode recebê-lo, porque não o vê nem o conhece. Mas vocês o conhecem, pois ele vive com vocês e estará em vocês.

"Tenho ainda muito que dizer, mas vocês não o podem suportar agora. Mas, quando o Espírito da verdade vier, ele os guiará a toda a verdade. Não falará de si mesmo; falará apenas o que ouvir e anunciará a vocês o que está por vir.

"Aproxima-se a hora, e já chegou, quando vocês serão espalhados cada um para a sua casa. Vocês me deixarão sozinho. Mas eu não estou sozinho, pois meu Pai está comigo.

"Eu disse essas coisas para que em mim vocês tenham paz. Neste mundo vocês terão aflições; contudo, tenham ânimo! Eu venci o mundo."

Depois de dizer isso, Jesus olhou para o céu e orou:

"Pai, chegou a hora. Glorifica o teu Filho, para que o teu Filho te glorifique. Pois lhe deste autoridade sobre toda a humanidade, para que conceda a vida eterna a todos os que lhe deste. Esta é a vida eterna: que te conheçam, o único Deus verdadeiro, e a Jesus Cristo, a quem enviaste. Eu te glorifiquei na terra, completando a obra que me deste para fazer. E agora, Pai, glorifica-me junto a ti, com a glória que eu tinha contigo antes que o mundo existisse.

"Pai, quero que os que me deste estejam comigo onde eu estou e vejam a minha glória, a glória que me deste porque me amaste antes da criação do mundo.

"Pai justo, embora o mundo não te conheça, eu te conheço, e estes sabem que me enviaste. Eu os fiz conhecer o teu nome e continuarei a fazê-lo, a fim de que o amor que tens por mim esteja neles, e eu neles esteja."

Depois de terem cantado um hino, saíram para o monte das Oliveiras.

Talvez eles tenham cantado um hino dos Salmos 115-118, que eram entoados tradicionalmente como parte da ceia de Páscoa. "O Senhor é misericordioso e justo; o nosso Deus é compassivo... Deem graças ao Senhor porque ele é bom; o seu amor dura para sempre... Bendito é o que vem em nome do Senhor." No que estavam pensando os discípulos e o que sentiam ao seguirem Jesus até o monte das Oliveiras? Eles provavelmente já o haviam acompanhado àquele lugar várias vezes para orar e conversar. Porém, agora, sombras tão escuras que lhes escapavam à compreensão começavam a cair sobre suas esperanças e sonhos.

Então Jesus lhes disse: "Ainda esta noite todos vocês me abandonarão. Pois está escrito: 'Ferirei o pastor, e as ovelhas do rebanho serão dispersas.' Mas, depois de ressuscitar, irei adiante de vocês para a Galileia."

Pedro respondeu: "Ainda que todos te abandonem, eu nunca te abandonarei!" Respondeu Jesus: "Asseguro que ainda esta noite, antes que o galo cante, três vezes você me negará." Mas Pedro declarou: "Mesmo que seja preciso que eu morra contigo, nunca te negarei." E todos os outros discípulos disseram o mesmo.

Então Jesus foi com seus discípulos para um lugar chamado Getsêmani e lhes disse: "Sentem-se aqui enquanto vou ali orar." Levando consigo Pedro e os dois filhos de Zebedeu, começou a entristecer-se e a angustiar-se. Disse-lhes então: "A minha alma está profundamente triste, numa tristeza mortal. Fiquem aqui e vigiem comigo." Indo um pouco mais adiante, prostrou-se com o rosto em terra e orou: "Meu Pai, se for possível, afasta de mim este cálice; contudo, não seja como eu quero, mas sim como tu queres." Depois, voltou aos seus discípulos e os encontrou dormindo. "Vocês não puderam vigiar comigo nem por uma hora?", perguntou ele a Pedro. "Vigiem e orem para que não caiam em tentação. O espírito está pronto, mas a carne é fraca." E retirou-se outra vez para orar: "Meu Pai, se não for possível afastar de mim este cálice sem que eu o beba, faça-se a tua vontade."

Apareceu-lhe então um anjo do céu que o fortalecia. Estando angustiado, ele orou ainda mais intensamente; e o seu suor era como gotas de sangue que caíam no chão.

Quando voltou, de novo os encontrou dormindo, porque seus olhos estavam pesados. Então os deixou novamente e orou pela terceira vez, dizendo as mesmas palavras. Depois voltou aos discípulos e lhes disse: "Vocês ainda dormem e descansam? Chegou a hora! Eis que o Filho do homem está sendo entregue nas mãos de pecadores. Levantem-se e vamos! Aí vem aquele que me trai!"

Enquanto ele ainda falava, chegou Judas, um dos Doze. Com ele estava uma grande multidão armada de espadas e varas, enviada pelos chefes dos sacerdotes e líderes religiosos do povo.

Jesus, sabendo tudo o que lhe ia acontecer, saiu e lhes perguntou: "A quem vocês estão procurando?" "A Jesus de Nazaré", responderam eles. "Sou eu", disse Jesus. (E Judas, o traidor, estava com eles.) Quando Jesus disse: "Sou eu", eles recuaram e caíram por terra. Novamente lhes perguntou: "A quem procuram?" E eles disseram: "A Jesus de Nazaré." Respondeu Jesus: "Já disse a vocês que sou eu. Se vocês estão me procurando, deixem ir embora estes homens." Isso aconteceu para que se cumprissem as palavras que ele dissera: "Não perdi nenhum dos que me deste."

Simão Pedro, que trazia uma espada, tirou-a e feriu o servo do sumo sacerdote, decepando-lhe a orelha direita. (O nome daquele servo era Malco.) Jesus, porém, ordenou a Pedro: "Guarde a espada! Acaso não haverei de beber o cálice que o Pai me deu?" E, tocando na orelha do homem, ele o curou.

Então Jesus disse aos chefes dos sacerdotes, aos oficiais da guarda do templo e aos líderes religiosos que tinham vindo procurá-lo: "Estou eu chefiando alguma rebelião, para que vocês tenham vindo com espadas e varas? Todos os dias eu estive com vocês no templo e vocês não levantaram a mão contra mim. Mas esta é a hora de vocês — quando as trevas reinam."

Soldados da elite religiosa judaica tinham vindo prender Jesus, que se entregou. Ele poderia ter derrubado seus inimigos com uma palavra. Tinha o poder de convocar grandes exércitos de anjos para resgatá-lo, mas, em vez disso, se rendeu. Os discípulos sabiam que algo muito grave estava acontecendo e fugiram para salvar a própria pele. Jesus ficou sozinho com seus captores.

Os que prenderam Jesus o levaram a Caifás, o sumo sacerdote, em cuja casa se haviam reunido os mestres da lei e os líderes religiosos. E Pedro o seguiu de longe até o pátio do sumo sacerdote, entrou e sentou-se com os guardas, para ver o que aconteceria.

Os chefes dos sacerdotes e todo o Sinédrio estavam procurando um depoimento falso contra Jesus, para que pudessem condená-lo à morte. Mas nada encontraram, embora se apresentassem muitas falsas testemunhas. Finalmente se apresentaram duas que declararam: "Este homem disse: 'Sou capaz de destruir o santuário de Deus e reconstruí-lo em três dias.'" Então o sumo sacerdote levantou-se e disse a Jesus: "Você não vai responder à acusação que estes fazem?" Mas Jesus permaneceu em silêncio. O sumo sacerdote lhe disse: "Exijo que você jure pelo Deus vivo: se você é o Cristo, o Filho de Deus, diga-nos". "Tu mesmo o disseste", respondeu Jesus. "Mas eu digo a todos vós: Chegará o dia em que vereis o Filho do homem assentado à direita do Poderoso e vindo sobre as nuvens do céu." Foi quando o sumo sacerdote rasgou as próprias vestes e disse: "Blasfemou! Por que precisamos de mais testemunhas? Vocês acabaram de ouvir a blasfêmia. O que acham?" "É réu de morte!", responderam eles. Então alguns lhe cuspiram no rosto e lhe deram murros. Outros lhe davam tapas e diziam: "Profetize-nos, Cristo. Quem foi que bateu em você?"

Pedro não era medroso. Sua reação normal diante dos problemas era enfrentá-los, e não fugir deles. Então era natural que ele seguisse os soldados até a casa do sumo sacerdote para ver o que resultaria daquilo. No entanto, o que Jesus anunciara aconteceu.

Pedro estava sentado no pátio, e uma criada, aproximando-se dele, disse: "Você também estava com Jesus, o galileu." Mas ele o negou diante de todos, dizendo: "Não sei do que você está falando." Depois, saiu em direção à porta, onde outra criada o viu e disse aos que estavam ali: "Este homem estava com Jesus, o Nazareno." E ele, jurando, o negou outra vez: "Não conheço esse homem!" Pouco tempo depois, os que estavam por ali chegaram a Pedro e disseram: "Certamente você é um deles! O seu modo de falar o denuncia." Aí ele começou a lançar maldições e a jurar: "Não conheço esse homem!" Imediatamente um galo cantou. Então Pedro se lembrou da palavra que Jesus tinha dito: "Antes que o galo cante, você me negará três vezes." E, saindo dali, chorou amargamente.

De manhã cedo, todos os chefes dos sacerdotes e líderes religiosos do povo tomaram a decisão de condenar Jesus à morte. E, amarrando-o, levaram-no e o entregaram a Pilatos, o governador.

Quando Judas, que o havia traído, viu que Jesus fora condenado, foi tomado de remorso e devolveu aos chefes dos sacerdotes e aos líderes religiosos as trinta moedas de prata. E disse: "Pequei, pois traí sangue inocente." E eles retrucaram: "Que nos importa? A responsabilidade é sua." Então Judas jogou o dinheiro dentro do templo e, saindo, foi e enforcou-se.

Os líderes judaicos levaram Jesus a Pilatos, que governara a região da Judeia para Roma durante quatro anos. Registros históricos revelam que ele não era amigo dos judeus. Ordenava frequentemente que os soldados espancassem e matassem manifestantes de origem judaica e ofendia seus líderes sem demonstrar remorso, espalhando símbolos de cultos pagãos romanos por Jerusalém. Na manhã da sexta-feira de Páscoa, os líderes judaicos pediram-lhe que julgasse Jesus como um perigoso subversivo. Pilatos se viu diante de um dilema. Caso se recusasse a condenar Jesus, os judeus que o acusavam diriam que ele não era amigo de César (uma imagem pública muito perigosa). Por outro lado, se concordasse em crucificar Jesus, estaria agindo contra seu próprio senso de justiça e, pior ainda, cedendo àqueles que desprezava. Antes ele precisava interrogar o prisioneiro.

Pilatos então voltou para o Pretório, chamou Jesus e lhe perguntou: "Você é o rei dos judeus?" Perguntou-lhe Jesus: "Essa pergunta é tua, ou outros te falaram a meu respeito?" Respondeu Pilatos: "Acaso sou judeu? Foram o seu povo e os chefes dos sacerdotes que o entregaram a mim. Que foi que você fez?"

Disse Jesus: "O meu Reino não é deste mundo. Se fosse, os meus servos lutariam para impedir que os judeus me prendessem. Mas agora o meu Reino não é daqui."

"Então, você é rei!", disse Pilatos.

Jesus respondeu: "Tu dizes que sou rei. De fato, por esta razão nasci e para isto vim ao mundo: para testemunhar da verdade. Todos os que são da verdade me ouvem."

"Que é a verdade?", perguntou Pilatos. Ele disse isso e saiu novamente para onde estavam os judeus, e disse: "Não acho nele motivo algum de acusação. Contudo, segundo o costume de vocês, devo libertar um prisioneiro por ocasião da

Páscoa. Querem que eu solte 'o rei dos judeus'?" Eles, em resposta, gritaram: "Não, ele não! Queremos Barrabás!" Ora, Barrabás era um bandido.

Então Pilatos mandou açoitar Jesus. Os soldados teceram uma coroa de espinhos e a puseram na cabeça dele. Vestiram-no com uma capa de púrpura e, chegando-se a ele, diziam: "Salve, rei dos judeus!" E batiam-lhe no rosto.

Mais uma vez, Pilatos saiu e disse aos judeus: "Vejam, eu o estou trazendo a vocês para que saibam que não acho nele motivo algum de acusação." Quando Jesus veio para fora, usando a coroa de espinhos e a capa de púrpura, disse-lhes Pilatos: "Eis o homem!" Ao vê-lo, os chefes dos sacerdotes e os guardas gritaram: "Crucifica-o! Crucifica-o!" Mas Pilatos respondeu: "Levem-no vocês e crucifiquem-no. Quanto a mim, não encontro base para acusá-lo." Os judeus insistiram: "Temos uma lei e, de acordo com essa lei, ele deve morrer, porque se declarou Filho de Deus."

Ao ouvir isso, Pilatos ficou ainda mais amedrontado e voltou para dentro do palácio. Então perguntou a Jesus: "De onde você vem?", mas Jesus não lhe deu resposta. "Você se nega a falar comigo?", disse Pilatos. "Não sabe que eu tenho autoridade para libertá-lo e para crucificá-lo?" Jesus respondeu: "Não terias nenhuma autoridade sobre mim se esta não te fosse dada de cima. Por isso, aquele que me entregou a ti é culpado de um pecado maior."

Daí em diante Pilatos procurou libertar Jesus, mas os judeus gritavam: "Se deixares esse homem livre, não és amigo de César. Quem se diz rei opõe-se a César." Ao ouvir isso, Pilatos trouxe Jesus para fora e sentou-se na cadeira de juiz, num lugar conhecido como Pavimento de Pedra (que em aramaico é Gábata). Era o Dia da Preparação na semana da Páscoa, por volta das seis horas da manhã. "Eis o rei de vocês", disse Pilatos aos judeus. Mas eles gritaram: "Mata! Mata! Crucifica-o!" "Devo crucificar o rei de vocês?", perguntou Pilatos. "Não temos rei, senão César", responderam os chefes dos sacerdotes. Finalmente Pilatos entregou Jesus a eles para ser crucificado.

Então os soldados encarregaram-se dele.

Ao saírem, encontraram um homem de Cirene, chamado Simão, e o forçaram a carregar a cruz.

A crucificação romana era uma punição cruel. Pregava-se o condenado a uma cruz de madeira pelas mãos e pelos pés, o que resultava em uma maneira lancinante, lenta e muito pública de morte. Os gemidos da vítima tornavam-se a diversão matinal dos espectadores. Assistir aos horrores da crucificação era uma ferramenta de dissuasão eficaz contra os transgressores. Jesus não merecia uma morte tão abominável. Ao sacrificar sua vida, ele soube olhar para além dela e ver a história maior de salvação que estava sendo encenada através do seu martírio.

Os que passavam lançavam-lhe insultos, balançando a cabeça e dizendo: "Você que destrói o templo e o reedifica em três dias, salve-se! Desça da cruz se é Filho de Deus!" Da mesma forma, os chefes dos sacerdotes, os mestres da lei e os líderes religiosos zombavam dele, dizendo: "Salvou os outros, mas não é capaz de salvar a si mesmo! E é o rei de Israel! Desça agora da cruz, e creremos nele."

Dois outros homens, ambos criminosos, também foram levados com ele, para serem executados. Quando chegaram ao lugar chamado Caveira, ali o crucificaram com os criminosos, um à sua direita e o outro à sua esquerda. Jesus disse: "Pai, perdoa-lhes, pois não sabem o que estão fazendo." Então eles dividiram as roupas dele, tirando sortes.

O povo ficou observando, enquanto as autoridades o ridicularizavam. "Salvou os outros", diziam; "salve-se a si mesmo, se é o Cristo de Deus, o Escolhido." Os soldados, aproximando-se, também zombavam dele. Oferecendo-lhe vinagre, diziam: "Se você é o rei dos judeus, salve-se a si mesmo." Havia uma inscrição acima dele, que dizia:

"Este É o Rei dos Judeus."

Um dos criminosos que ali estavam dependurados lançava-lhe insultos: "Você não é o Cristo? Salve-se a si mesmo e a nós!" Mas o outro criminoso o repreendeu, dizendo: "Você não teme a Deus, nem estando sob a mesma sentença? Nós estamos sendo punidos com justiça, porque estamos recebendo o que os nossos atos merecem. Mas este homem não cometeu nenhum mal." Então ele disse: "Jesus, lembra-te de mim quando entrares no teu Reino." Jesus lhe respondeu: "Eu garanto: Hoje você estará comigo no paraíso."

Perto da cruz de Jesus estavam sua mãe, a irmã dela, Maria, mulher de Clopas, e Maria Madalena. Quando Jesus viu sua mãe ali e, perto dela, o discípulo a quem ele amava, disse à sua mãe: "Aí está o seu filho"; e ao discípulo: "Aí está a sua mãe." Daquela hora em diante, o discípulo a recebeu em sua família.

Para os condenados à crucificação, a morte era a única saída. Assim, Jesus esperou por todo aquele dia – juntamente com as duas outras vítimas e uma multidão de espectadores – que ela o vencesse. Antes disso, no entanto, uma dor mais intensa estava por vir. Uma dor que ia muito além da causada pelos pregos nos seus pés e nas suas mãos, pela sufocação ou pela "coroa" de espinhos que perfurava sua testa. Deus flagelou seu Filho com a punição que a humanidade merecia por seus pecados. E até os elementos da natureza tremeram.

E houve trevas sobre toda a terra, do meio-dia às três horas da tarde.

Por volta das três horas da tarde, Jesus bradou em alta voz: "*Eloí, Eloí, lamá sabactâni*?", que significa "Meu Deus! Meu Deus! Por que me abandonaste?".

Quando alguns dos que estavam ali ouviram isso, disseram: "Ele está chamando Elias." Imediatamente, um deles correu em busca de uma esponja, embebeu-a em vinagre, colocou-a na ponta de uma vara e deu-a a Jesus para beber. Mas os outros disseram: "Deixem-no. Vejamos se Elias vem salvá-lo." Depois de ter bradado novamente em alta voz, Jesus entregou o espírito.

Naquele momento, o véu do santuário rasgou-se em duas partes, de alto a baixo. A terra tremeu, e as rochas se partiram. Os sepulcros se abriram, e os corpos de muitos santos que tinham morrido foram ressuscitados. E, saindo dos sepulcros depois da ressurreição de Jesus, entraram na cidade santa e apareceram a muitos. Quando o centurião e os que com ele vigiavam Jesus viram o terremoto e tudo o que havia acontecido, ficaram aterrorizados e exclamaram: "Verdadeiramente este era o Filho de Deus!"

E todo o povo que se havia juntado para presenciar o que estava acontecendo, ao ver isso, começou a bater no peito e a afastar-se.

Mas aqueles que o conheciam, inclusive as mulheres que o haviam seguido desde a Galileia, ficaram de longe, observando tudo.

Capítulo 28

A RESSURREIÇÃO

Era o Dia da Preparação, e o dia seguinte seria um sábado especialmente sagrado. Como não queriam que os corpos permanecessem na cruz durante o sábado, os judeus pediram a Pilatos que mandasse quebrar as pernas dos crucificados e retirar os corpos. Vieram, então, os soldados e quebraram as pernas do primeiro homem que fora crucificado com Jesus e, em seguida, as do outro. Mas, quando chegaram a Jesus, constatando que já estava morto, não lhe quebraram as pernas. Em vez disso, um dos soldados perfurou o lado de Jesus com uma lança, e logo saiu sangue e água. Aquele que o viu, disso deu testemunho, e o seu testemunho é verdadeiro. Ele sabe que está dizendo a verdade e dela testemunha para que vocês também creiam. Estas coisas aconteceram para que se cumprisse a Escritura:

Nenhum dos seus ossos será quebrado.

E, como diz a Escritura noutro lugar:

Olharão para aquele que traspassaram.

Depois disso, José de Arimateia pediu a Pilatos o corpo de Jesus. José era discípulo de Jesus, mas o era secretamente, porque tinha medo dos judeus. Com a permissão de Pilatos, veio e levou embora o corpo. Ele estava acompanhado de Nicodemos, aquele que antes tinha visitado Jesus à noite. Nicodemos levou cerca de trinta e quatro quilos de uma mistura de mirra e aloé. Tomando o corpo de Jesus, os dois o envolveram em faixas de linho, com as especiarias, de acordo com os costumes judaicos de sepultamento. No lugar onde Jesus foi crucificado havia um jardim; e no jardim, um sepulcro novo, onde ninguém jamais fora colocado. Por ser o Dia da Preparação dos judeus, e visto que o sepulcro ficava perto, colocaram Jesus ali.

No dia seguinte, isto é, no sábado, os chefes dos sacerdotes e os fariseus dirigiram-se a Pilatos e disseram: "Senhor, lembramos que, enquanto ainda estava vivo, aquele impostor disse: 'Depois de três dias ressuscitarei.' Ordena, pois, que o sepulcro dele seja guardado até o terceiro dia, para que não venham seus discípulos e, roubando o corpo, digam ao povo que ele ressuscitou dentre os mortos. Este último engano será pior do que o primeiro." "Levem um destacamento", respondeu Pilatos. "Podem ir e mantenham o sepulcro em segurança como acharem melhor." Eles foram e armaram um esquema de segurança no sepulcro; e, além de deixarem um destacamento montando guarda, lacraram a pedra.

Jesus morreu e foi enterrado na sexta-feira. O dia seguinte era o sabá judeu e um guarda foi colocado diante do sepulcro para que ninguém violasse o cadáver. Então, no primeiro dia daquela semana, domingo, aqueles que lamentaram Jesus vieram reverenciá-lo.

Quando terminou o sábado, Maria Madalena, Salomé e Maria, mãe de Tiago, compraram especiarias aromáticas para ungir o corpo de Jesus. No primeiro dia da semana, bem cedo, ao nascer do sol, elas se dirigiram ao sepulcro, perguntando umas às outras: "Quem removerá para nós a pedra da entrada do sepulcro?"

E eis que sobreveio um grande terremoto, pois um anjo do Senhor desceu dos céus e, chegando ao sepulcro, rolou a pedra da entrada e assentou-se sobre ela. Sua aparência era como um relâmpago, e suas vestes eram brancas como a neve. Os guardas tremeram de medo e ficaram como mortos. O anjo disse às mulheres: "Não tenham medo! Sei que vocês estão procurando Jesus, que foi crucificado. Ele não está aqui; ressuscitou, como tinha dito. Venham ver o lugar onde ele jazia. Vão depressa e digam aos discípulos dele: Ele ressuscitou dentre os mortos e está indo adiante de vocês para a Galileia. Lá vocês o verão. Notem que eu já os avisei." As mulheres saíram depressa do sepulcro, amedrontadas e cheias de alegria, e foram correndo anunciá-lo aos discípulos de Jesus.

Pedro e o outro discípulo[1] saíram e foram para o sepulcro. Os dois corriam, mas o outro discípulo foi mais rápido que Pedro e chegou primeiro ao sepulcro. Ele se curvou e olhou para dentro, viu as faixas de linho ali, mas não entrou. A seguir, Simão Pedro, que vinha atrás dele, chegou, entrou no sepulcro e viu as faixas de linho, bem como o lenço que estivera sobre a cabeça de Jesus. Ele estava dobrado à parte, separado das faixas de linho. Depois o outro discípulo, que chegara primeiro ao sepulcro, também entrou. Ele viu e creu. (Eles ainda não haviam compreendido que, conforme a Escritura, era necessário que Jesus ressuscitasse dos mortos.)

Maria,[2] porém, ficou à entrada do sepulcro, chorando. Enquanto chorava, curvou-se para olhar dentro do sepulcro e viu dois anjos vestidos de branco, sentados onde estivera o corpo de Jesus, um à cabeceira e o outro aos pés. Eles lhe perguntaram: "Mulher, por que você está chorando?" "Levaram embora o meu Senhor", respondeu ela, "e não sei onde o puseram." Nisso, ela se voltou e viu Jesus ali, em pé, mas não o reconheceu. Disse ele: "Mulher, por que está chorando? Quem você está procurando?" Pensando que fosse o jardineiro, ela disse: "Se o senhor o levou embora, diga-me onde o colocou, e eu o levarei." Jesus lhe disse: "Maria!" Então, voltando-se para ele, Maria exclamou em aramaico: "Rabôni!" (que significa "Mestre!"). Jesus disse: "Não me segure, pois ainda não voltei para o Pai. Vá, porém, a meus irmãos e diga-lhes: Estou voltando para meu Pai e Pai de vocês, para meu Deus e Deus de vocês." Maria Madalena foi e anunciou aos discípulos: "Eu vi o Senhor!" E contou o que ele lhe dissera.

Naquele mesmo dia, dois deles estavam indo para um povoado chamado Emaús, a onze quilômetros de Jerusalém. No caminho, conversavam a respeito de tudo o que havia acontecido. Enquanto conversavam e discutiam, o próprio Jesus se aproximou e começou a caminhar com eles; mas os olhos deles foram impedidos de reconhecê-lo. Ele lhes perguntou: "Sobre o que vocês estão discutindo enquanto caminham?" Eles pararam, com os rostos entristecidos.

Um deles, chamado Cleopas, perguntou-lhe: "Você é o único visitante em Jerusalém que não sabe das coisas que ali aconteceram nestes dias?" "Que coisas?", perguntou ele. "O que aconteceu com Jesus de Nazaré", responderam eles. "Ele era um profeta, poderoso em palavras e em obras diante de Deus e de todo o povo. Os chefes dos sacerdotes e as nossas autoridades o entregaram para ser condenado à morte e o crucificaram; e nós esperávamos que era ele que ia trazer a redenção

1. **O outro discípulo:** Provavelmente João.
2. **Maria:** Trata-se de Maria Madalena.

a Israel. E hoje é o terceiro dia desde que tudo isso aconteceu. Algumas das mulheres entre nós nos deram um susto hoje. Foram de manhã bem cedo ao sepulcro e não acharam o corpo dele. Voltaram e nos contaram ter tido uma visão de anjos, que disseram que ele está vivo. Alguns dos nossos companheiros foram ao sepulcro e encontraram tudo exatamente como as mulheres tinham dito, mas não o viram."

Ele lhes disse: "Como vocês custam a entender e como demoram a crer em tudo o que os profetas falaram! Não devia o Cristo sofrer estas coisas, para entrar na sua glória?" E, começando por Moisés e todos os profetas, explicou-lhes o que constava a respeito dele em todas as Escrituras.

Ao se aproximarem do povoado para o qual estavam indo, Jesus fez menção de que ia mais adiante. Mas eles insistiram muito com ele: "Fique conosco, pois a noite já vem; o dia já está quase findando." Então ele entrou no povoado para ficar com eles. Quando estavam à mesa, Jesus tomou o pão, deu graças, partiu-o e o deu a eles. Nesse momento os olhos deles foram abertos e o reconheceram, e ele desapareceu da vista deles. Perguntaram-se um ao outro: "Não estava queimando o nosso coração enquanto ele nos falava no caminho e nos expunha as Escrituras?"

Levantaram-se e voltaram imediatamente para Jerusalém. Ali encontraram os Onze e os que estavam com eles reunidos, que diziam: "É verdade! O Senhor ressuscitou e apareceu a Simão!" Então os dois contaram o que tinha acontecido no caminho e como Jesus fora reconhecido por eles quando partia o pão.

Enquanto falavam sobre isso, o próprio Jesus apresentou-se entre eles e lhes disse: "Paz seja com vocês!" Eles ficaram assustados e com medo, pensando que estavam vendo um espírito. Ele lhes disse: "Por que vocês estão perturbados e por que se levantam dúvidas no coração de vocês? Vejam as minhas mãos e os meus pés. Sou eu mesmo! Toquem-me e vejam; um espírito não tem carne nem ossos, como vocês estão vendo que eu tenho." Tendo dito isso, mostrou-lhes as mãos e os pés. E por não crerem ainda, tão cheios estavam de alegria e de espanto, ele lhes perguntou: "Vocês têm aqui algo para comer?" Deram-lhe um pedaço de peixe assado, e ele o comeu na presença deles.

E disse-lhes: "Foi isso que eu falei enquanto ainda estava com vocês: Era necessário que se cumprisse tudo o que a meu respeito está escrito na Lei de Moisés, nos Profetas e nos Salmos." Então lhes abriu o entendimento, para que pudessem compreender as Escrituras. E lhes disse: "Está escrito que o Cristo haveria de sofrer e ressuscitar dos mortos no terceiro dia, e que em seu nome seria pregado o arrependimento para perdão de pecados a todas as nações, começando por Jerusalém. Vocês são testemunhas destas coisas.

"Eu envio a vocês a promessa de meu Pai; mas fiquem na cidade até serem revestidos do poder do alto."

Tomé, chamado Dídimo, um dos Doze, não estava com os discípulos quando Jesus apareceu. Os outros discípulos lhe disseram: "Vimos o Senhor!" Mas ele lhes disse: "Se eu não vir as marcas dos pregos nas suas mãos, não colocar o meu dedo onde estavam os pregos e não puser a minha mão no seu lado, não crerei." Uma semana mais tarde, os discípulos estavam outra vez ali, e Tomé com eles. Apesar de estarem trancadas as portas, Jesus entrou, pôs-se no meio deles e disse: "Paz seja com vocês!" E Jesus disse a Tomé: "Coloque o seu dedo aqui; veja as minhas mãos. Estenda a mão e coloque-a no meu lado. Pare de duvidar e creia." Disse-lhe Tomé: "Senhor meu e Deus meu!"

Então Jesus lhe disse: "Porque me viu, você creu? Felizes os que não viram e creram."

Depois disso Jesus apareceu novamente aos seus discípulos na margem do mar de Tiberíades. Foi assim: Estavam juntos Simão Pedro; Tomé, chamado Dídimo; Natanael, de Caná da Galileia; os filhos de Zebedeu; e dois outros discípulos. "Vou pescar", disse-lhes Simão Pedro. E eles disseram: "Nós vamos com você". Eles foram e entraram no barco, mas naquela noite não pegaram nada.

Ao amanhecer, Jesus estava na praia, mas os discípulos não o reconheceram. Ele lhes perguntou: "Filhos, vocês têm algo para comer?" Eles responderam que não. Ele disse: "Lancem a rede do lado direito do barco e vocês encontrarão." Eles a lançaram e não conseguiam recolher a rede, tal era a quantidade de peixes. O discípulo a quem Jesus amava[3] disse a Pedro: "É o Senhor!" Simão Pedro, ouvindo-o dizer isso, vestiu a capa, pois a havia tirado, e lançou-se ao mar. Os outros discípulos vieram no barco, arrastando a rede cheia de peixes, pois estavam apenas a cerca de noventa metros da praia.

Quando desembarcaram, viram ali uma fogueira, peixe sobre brasas e um pouco de pão. Disse-lhes Jesus: "Tragam alguns dos peixes que acabaram de pescar." Simão Pedro entrou no barco e arrastou a rede para a praia. Ela estava cheia: tinha cento e cinquenta e três grandes peixes. Embora houvesse tantos peixes, a rede não se rompeu. Jesus lhes disse: "Venham comer." Nenhum dos discípulos tinha coragem de lhe perguntar: "Quem és tu?" Sabiam que era o Senhor. Jesus aproximou-se, tomou o pão e o deu a eles, fazendo o mesmo com o peixe. Esta foi a terceira vez que Jesus apareceu aos seus discípulos depois que ressuscitou dos mortos.

Depois de comerem, Jesus perguntou a Simão Pedro: "Simão, filho de João, você me ama mais do que estes?" Respondeu Simão: "Sim, Senhor, tu sabes que te amo." Disse Jesus: "Cuide dos meus cordeiros." Novamente Jesus disse: "Simão, filho de João, você me ama?" Ele respondeu: "Sim, Senhor, tu sabes que te amo." Disse Jesus: "Pastoreie as minhas ovelhas." Pela terceira vez, ele lhe disse: "Simão, filho de João, você me ama?" Pedro ficou magoado por Jesus lhe ter perguntado pela terceira vez "Você me ama?" e lhe disse: "Senhor, tu sabes todas as coisas e sabes que te amo."

---

3. O discípulo a quem Jesus amava era provavelmente João.

Disse-lhe Jesus: "Cuide das minhas ovelhas. Digo-lhes a verdade: Quando você era mais jovem, vestia-se e ia para onde queria; mas, quando for velho, estenderá as mãos e outra pessoa o vestirá e o levará para onde você não deseja ir."

Jesus disse isso para indicar o tipo de morte com a qual Pedro iria glorificar a Deus. E então lhe disse: "Siga-me!"

Os onze discípulos foram para a Galileia, para o monte que Jesus lhes indicara. Quando o viram, o adoraram; mas alguns duvidaram. Então Jesus aproximou-se deles e disse: "Foi-me dada toda a autoridade nos céus e na terra. Portanto, vão e façam discípulos de todas as nações, batizando-os em nome do Pai e do Filho e do Espírito Santo, ensinando-os a obedecer a tudo o que eu ordenei a vocês. E eu estarei sempre com vocês, até o fim dos tempos."

Jesus fez também muitas outras coisas. Se cada uma delas fosse escrita, penso que nem mesmo no mundo inteiro haveria espaço suficiente para os livros que seriam escritos.

Mas estes foram escritos para que vocês creiam que Jesus é o Cristo, o Filho de Deus e, crendo, tenham vida em seu nome.

Desde a época do Velho Testamento, Deus prometera redimir e reerguer Seu povo. Ele enviou Seu Filho, o Salvador, que morreu e foi ressuscitado para que as pessoas pudessem ser perdoadas e conduzidas a um relacionamento de paz e comunhão com o Senhor. Que história magnífica! Porém, terá sido a ressurreição de Jesus o fim desta saga? O que mais poderia ter acontecido? Lucas, um dos autores dos evangelhos, responde a essa pergunta na sua segunda obra, os "Atos dos Apóstolos", mais conhecida simplesmente como "Atos". Parte do conteúdo dos próximos capítulos é retirada do relato de Lucas.

Capítulo 29

Recomeço

Em meu livro anterior, Teófilo, escrevi a respeito de tudo o que Jesus começou a fazer e a ensinar, até o dia em que foi elevado aos céus, depois de ter dado instruções por meio do Espírito Santo aos apóstolos que havia escolhido. Depois do seu sofrimento, Jesus apresentou-se a eles e deu-lhes muitas provas indiscutíveis de que estava vivo. Apareceu-lhes por um período de quarenta dias falando-lhes acerca do Reino de Deus. Certa ocasião, enquanto comia com eles, deu-lhes esta ordem: "Não saiam de Jerusalém, mas esperem pela promessa de meu Pai, da qual falei a vocês. Pois João batizou com água, mas dentro de poucos dias vocês serão batizados com o Espírito Santo."

Então os que estavam reunidos lhe perguntaram: "Senhor, é neste tempo que vais restaurar o reino a Israel?" Ele lhes respondeu: "Não compete a vocês saber os tempos ou as datas que o Pai estabeleceu pela sua própria autoridade. Mas receberão poder quando o Espírito Santo descer sobre vocês e serão minhas testemunhas em Jerusalém, em toda a Judeia e Samaria, e até os confins da terra."

Tendo dito isso, foi elevado às alturas enquanto eles olhavam, e uma nuvem o encobriu da vista deles. E eles ficaram com os olhos fixos no céu enquanto ele subia. De repente surgiram diante deles dois homens vestidos de branco, que lhes disseram: "Galileus, por que vocês estão olhando para o céu? Este mesmo Jesus, que dentre vocês foi elevado aos céus, voltará da mesma forma como o viram subir."

A ascensão de Jesus se deu 40 dias depois da sua ressurreição. No calendário judaico, a festa das colheitas chamada Pentecostes[1] ocorre 50 dias após o sabá da semana de Páscoa – quando Jesus foi crucificado e ressuscitou. No dia de Pentecostes, o Espírito Santo surgiu na forma de fogo e investiu os seguidores de Jesus de uma nova energia e confiança, de uma nova sensação da presença de Deus. Durante os dez dias entre a ascensão de Jesus ao céu e a celebração de Pentecostes, os 11 discípulos escolheram um substituto para Judas e então passaram a maior parte do tempo rezando e esperando pela chegada do Espírito Santo, conforme prometido pelo filho de Deus. Quando ele chegou, a casa tremeu.

Chegando o dia de Pentecostes, estavam todos reunidos num só lugar. De repente veio do céu um som, como de um vento muito forte, e encheu toda a casa na qual estavam assentados. E viram o que parecia línguas de fogo, que se separaram e pousaram sobre cada um deles. Todos ficaram cheios do Espírito Santo e começaram a falar noutras línguas, conforme o Espírito os capacitava.

Havia em Jerusalém judeus, devotos a Deus, vindos de todas as nações do mundo. Ouvindo-se o som, ajuntou-se uma multidão que ficou perplexa, pois cada um os ouvia falar em sua própria língua. Atônitos e maravilhados, eles perguntavam: "Acaso não são galileus todos estes homens que estão falando? Então, como os ouvimos, cada um de nós, em nossa própria língua materna? Partos,

1. **Pentecostes:** Data judaica celebrada no 50º dia após a Páscoa. Os discípulos de Jesus estavam celebrando esse dia em Jerusalém quando Deus enviou Seu Espírito Santo para lhes dar uma nova vida e lhes conceder Sua graça.

medos e elamitas; habitantes da Mesopotâmia, Judeia e Capadócia, do Ponto e da província da Ásia, Frígia e Panfília, Egito e das partes da Líbia próximas a Cirene; visitantes vindos de Roma, tanto judeus como convertidos ao judaísmo; cretenses e árabes. Nós os ouvimos declarar as maravilhas de Deus em nossa própria língua!" Atônitos e perplexos, todos perguntavam uns aos outros: "Que significa isto?" Alguns outros, todavia, zombavam e diziam: "Eles beberam vinho demais."

A pregação de Pedro

Então Pedro levantou-se com os Onze e, em alta voz, dirigiu-se à multidão: "Homens da Judeia e todos os que vivem em Jerusalém, deixem-me explicar isto! Ouçam com atenção: estes homens não estão bêbados, como vocês supõem. Ainda são nove horas da manhã! Ao contrário, isto é o que foi predito pelo profeta Joel:

'Nos últimos dias, diz Deus,
derramarei do meu Espírito sobre todos os povos.
Os seus filhos e as suas filhas profetizarão,
os jovens terão visões,
os velhos terão sonhos.
Sobre os meus servos
e as minhas servas
derramarei do meu Espírito naqueles dias,
e eles profetizarão.
Mostrarei maravilhas
em cima, no céu,
e sinais embaixo, na terra:
sangue, fogo
e nuvens de fumaça.
O sol se tornará em trevas
e a lua em sangue,
antes que venha o grande
e glorioso dia do Senhor.
E todo aquele que invocar
o nome do Senhor
será salvo!'

"Israelitas, ouçam estas palavras: Jesus de Nazaré foi aprovado por Deus diante de vocês por meio de milagres, maravilhas e sinais que Deus fez entre vocês por intermédio dele, como vocês mesmos sabem. Este homem foi entregue por propósito determinado e pré-conhecimento de Deus; e vocês, com a ajuda de homens perversos, o mataram, pregando-o na cruz. Mas Deus o ressuscitou dos mortos, rompendo os laços da morte, porque era impossível que a morte o retivesse."

"Deus ressuscitou este Jesus, e todos nós somos testemunhas desse fato. Exaltado à direita de Deus, ele recebeu do Pai o Espírito Santo prometido e derramou o que vocês agora veem e ouvem.

"Portanto, que todo o Israel fique certo disto: Este Jesus, a quem vocês crucificaram, Deus o fez Senhor e Cristo."

Quando ouviram isso, ficaram aflitos em seu coração e perguntaram a Pedro e aos outros apóstolos: "Irmãos, que faremos?" Pedro respondeu: "Arrependam-se, e cada um de vocês seja batizado em nome de Jesus Cristo para perdão dos seus pecados, e receberão o dom do Espírito Santo. Pois a promessa é para vocês, para os seus filhos e para todos os que estão longe, para todos quantos o Senhor, o nosso Deus, chamar." Com muitas outras palavras os advertia e insistia com eles: "Salvem-se desta geração corrompida!" Os que aceitaram a mensagem foram batizados, e naquele dia houve um acréscimo de cerca de três mil pessoas.

A comunhão dos cristãos

Eles se dedicavam ao ensino dos apóstolos e à comunhão, ao partir do pão e às orações. Todos estavam cheios de temor, e muitas maravilhas e sinais eram feitos pelos apóstolos. Os que criam mantinham-se unidos e tinham tudo em comum. Vendendo suas propriedades e bens, distribuíam a cada um conforme a sua necessidade. Todos os dias, continuavam a reunir-se no pátio do templo. Partiam o pão em casa e juntos participavam das refeições, com alegria e sinceridade de coração, louvando a Deus e tendo a simpatia de todo o povo. E o Senhor lhes acrescentava diariamente os que iam sendo salvos.

Certo dia, Pedro e João estavam subindo ao templo na hora da oração, às três horas da tarde. Estava sendo levado para a porta do templo chamada Formosa um aleijado de nascença, que ali era colocado todos os dias para pedir esmolas aos que entravam no templo. Vendo que Pedro e João iam entrar no pátio do templo, pediu-lhes esmola. Pedro e João olharam bem para ele e então Pedro disse: "Olhe para nós!" O homem olhou para eles com atenção, esperando receber deles alguma coisa. Disse Pedro: "Não tenho prata nem ouro, mas o que tenho, isto lhe dou. Em nome de Jesus Cristo, o Nazareno, ande." Segurando-o pela mão direita, ajudou-o a levantar-se, e imediatamente os pés e os tornozelos do homem ficaram firmes. E de um salto pôs-se em pé e começou a andar. Depois entrou com eles no pátio do templo, andando, saltando e louvando a Deus. Quando todo o povo o viu andando e louvando a Deus, reconheceu que era ele o mesmo homem que costumava mendigar sentado à porta do templo chamada Formosa. Todos ficaram perplexos e muito admirados com o que lhe tinha acontecido.

A pregação de Pedro no templo

Apegando-se o mendigo a Pedro e João, todo o povo ficou maravilhado e correu até eles, ao lugar chamado Pórtico de Salomão. Vendo isso, Pedro lhes disse: “Israelitas, por que isto os surpreende? Por que vocês estão olhando para nós, como se tivéssemos feito este homem andar por nosso próprio poder ou piedade? O Deus de Abraão, de Isaque e de Jacó, o Deus dos nossos antepassados, glorificou seu servo Jesus, a quem vocês entregaram para ser morto e negaram perante Pilatos, embora ele tivesse decidido soltá-lo. Vocês negaram publicamente o Santo e Justo e pediram que fosse libertado um assassino. Vocês mataram o autor da vida, mas Deus o ressuscitou dos mortos. E nós somos testemunhas disso. Pela fé no nome de Jesus, o Nome curou este homem que vocês veem e conhecem. A fé que vem por meio dele lhe deu esta saúde perfeita, como todos podem ver.

“Agora, irmãos, eu sei que vocês agiram por ignorância, bem como os seus líderes. Mas foi assim que Deus cumpriu o que tinha predito por todos os profetas, dizendo que o seu Cristo haveria de sofrer. Arrependam-se, pois, e voltem-se para Deus, para que os seus pecados sejam cancelados, para que venham tempos de descanso da parte do Senhor, e ele mande o Cristo, o qual lhes foi designado, Jesus. É necessário que ele permaneça no céu até que chegue o tempo em que Deus restaurará todas as coisas, como falou há muito tempo, por meio dos seus santos profetas. Pois disse Moisés: ‘O Senhor Deus levantará dentre seus irmãos um profeta como eu; ouçam-no em tudo o que ele disser. Quem não ouvir esse profeta será eliminado do meio do seu povo.’

“De fato, todos os profetas, de Samuel em diante, um por um, falaram e predisseram estes dias. E vocês são herdeiros dos profetas e da aliança que Deus fez com os seus antepassados. Ele disse a Abraão: ‘Por meio da sua descendência, todos os povos da terra serão abençoados.’ Tendo Deus ressuscitado o seu Servo, enviou-o primeiramente a vocês, para abençoá-los, convertendo cada um de vocês das suas maldades.”

Pedro e João perante o Sinédrio

Enquanto Pedro e João falavam ao povo, chegaram os sacerdotes, o capitão da guarda do templo e os saduceus.[2] Eles estavam muito perturbados porque os

---

2. **Saduceus:** Líderes judaicos de classe alta que supervisionavam a administração do templo.

apóstolos estavam ensinando o povo e proclamando em Jesus a ressurreição dos mortos. Agarraram Pedro e João e, como já estava anoitecendo, os colocaram na prisão até o dia seguinte. Mas muitos dos que tinham ouvido a mensagem creram, chegando o número dos homens que creram a perto de cinco mil.

No dia seguinte, as autoridades, os líderes religiosos e os mestres da lei reuniram-se em Jerusalém. Estavam ali Anás, o sumo sacerdote, bem como Caifás, João, Alexandre e todos os que eram da família do sumo sacerdote. Mandaram trazer Pedro e João diante deles e começaram a interrogá-los: "Com que poder ou em nome de quem vocês fizeram isso?" Então Pedro, cheio do Espírito Santo, disse-lhes: "Autoridades e líderes do povo! Visto que hoje somos chamados para prestar contas de um ato de bondade em favor de um aleijado, sendo interrogados acerca de como ele foi curado, saibam os senhores e todo o povo de Israel que por meio do nome de Jesus Cristo, o Nazareno, a quem os senhores crucificaram, mas a quem Deus ressuscitou dos mortos, este homem está aí curado diante dos senhores. Este Jesus é 'a pedra que vocês, construtores, rejeitaram e que se tornou a pedra angular'. Não há salvação em nenhum outro, pois, debaixo do céu não há nenhum outro nome dado aos homens pelo qual devamos ser salvos."[3]

Vendo a coragem de Pedro e de João e percebendo que eram homens comuns e sem instrução, ficaram admirados e reconheceram que eles haviam estado com Jesus. E, como podiam ver ali com eles o homem que fora curado, nada podiam dizer contra eles. Assim, ordenaram que se retirassem do Sinédrio e começaram a discutir, perguntando: "Que faremos com esses homens? Todos os que moram em Jerusalém sabem que eles realizaram um milagre notório que não podemos negar. Todavia, para impedir que isso se espalhe ainda mais no meio do povo, precisamos adverti-los de que não falem com mais ninguém sobre esse nome."

Então, chamando-os novamente, ordenaram-lhes que não falassem nem ensinassem em nome de Jesus. Mas Pedro e João responderam: "Julguem os senhores mesmos se é justo aos olhos de Deus obedecer aos senhores e não a Deus. Pois não podemos deixar de falar do que vimos e ouvimos." Depois de mais ameaças, eles os deixaram ir. Não tinham como castigá-los, porque todo o povo estava louvando a Deus pelo que acontecera, pois o homem que fora curado milagrosamente tinha mais de quarenta anos de idade.

---

3. **Salvos, salvação:** No sentido bíblico, o termo salvação expressa a libertação da dívida de pecado perante Deus e a experiência da vida eterna ao Seu lado no céu. Também pertinente à vida terrena, a salvação pode se referir à transformação do cotidiano de uma pessoa quando ela crê em Jesus.

Os discípulos repartem seus bens

Da multidão dos que creram, uma era a mente e um o coração. Ninguém considerava unicamente sua coisa alguma que possuísse, mas compartilhavam tudo o que tinham. Com grande poder os apóstolos continuavam a testemunhar da ressurreição do Senhor Jesus, e grandiosa graça estava sobre todos eles. Não havia pessoas necessitadas entre eles, pois os que possuíam terras ou casas as vendiam, traziam o dinheiro da venda e o colocavam aos pés dos apóstolos, que o distribuíam segundo a necessidade de cada um.

Os apóstolos realizavam muitos sinais e maravilhas no meio do povo.

Todos os que creram costumavam reunir-se no Pórtico de Salomão. Dos demais, ninguém ousava juntar-se a eles, embora o povo os tivesse em alto conceito. Em número cada vez maior, homens e mulheres criam no Senhor e lhes eram acrescentados, de modo que o povo também levava os doentes às ruas e os colocava em camas e macas, para que pelo menos a sombra de Pedro se projetasse sobre alguns, enquanto ele passava. Afluíam também multidões das cidades próximas a Jerusalém, trazendo seus doentes e os que eram atormentados por espíritos imundos; e todos eram curados.

Então o sumo sacerdote e todos os seus companheiros, membros do partido dos saduceus, ficaram cheios de inveja. Por isso, mandaram prender os apóstolos, colocando-os numa prisão pública. Mas durante a noite um anjo do Senhor abriu as portas do cárcere, levou-os para fora e disse: "Dirijam-se ao templo e relatem ao povo toda a mensagem desta Vida." Ao amanhecer, eles entraram no pátio do templo, como haviam sido instruídos, e começaram a ensinar o povo.

Quando chegaram o sumo sacerdote e os seus companheiros, convocaram o Sinédrio – toda a assembleia dos líderes religiosos de Israel – e mandaram buscar os apóstolos na prisão. Todavia, ao chegarem à prisão, os guardas não os encontraram ali. Então, voltaram e relataram: "Encontramos a prisão trancada com toda a segurança, com os guardas diante das portas; mas quando as abrimos não havia ninguém." Diante desse relato, o capitão da guarda do templo e os chefes dos sacerdotes ficaram perplexos, imaginando o que teria acontecido. Nesse momento chegou alguém e disse: "Os homens que os senhores puseram na prisão estão no pátio do templo, ensinando o povo." Então, indo para lá com os guardas, o capitão trouxe os apóstolos, mas sem o uso de força, pois temiam que o povo os apedrejasse.

Tendo levado os apóstolos, apresentaram-nos ao Sinédrio para serem interrogados pelo sumo sacerdote, que lhes disse: "Demos ordens expressas a vocês para que não ensinassem neste nome. Todavia, vocês encheram Jerusalém com sua doutrina e nos querem tornar culpados do sangue desse homem." Pedro e os outros apóstolos responderam: "É preciso obedecer antes a Deus do que aos homens! O Deus dos nossos antepassados ressuscitou Jesus, a quem os senhores mataram, suspendendo-o num madeiro. Deus o exaltou, elevando-o à sua direita como Príncipe e Salvador, para dar a Israel arrependimento e perdão de pecados. Nós somos testemunhas destas coisas, bem como o Espírito Santo, que Deus concedeu aos que lhe obedecem." Ouvindo isso, eles ficaram furiosos e queriam matá-los.

Mas um fariseu chamado Gamaliel, mestre da lei, respeitado por todo o povo, levantou-se no Sinédrio e pediu que os homens fossem retirados por um momento. Então disse: "Israelitas, considerem cuidadosamente o que pretendem fazer a esses homens. Há algum tempo, apareceu Teudas, reivindicando ser alguém, e cerca de quatrocentos homens se juntaram a ele. Ele foi morto, todos os seus seguidores se dispersaram e acabaram em nada. Depois dele, nos dias do recenseamento, apareceu Judas, o galileu, que liderou um grupo em rebelião. Ele também foi morto, e todos os seus seguidores foram dispersos. Portanto, neste caso eu os aconselho: deixem esses homens em paz e soltem-nos. Se o propósito ou atividade deles for de origem humana, fracassará; se proceder de Deus, vocês não serão capazes de impedi-los, pois se acharão lutando contra Deus."

Eles foram convencidos pelo discurso de Gamaliel. Chamaram os apóstolos e mandaram açoitá-los. Depois, ordenaram-lhes que não falassem no nome de Jesus e os deixaram sair em liberdade.

Os apóstolos saíram do Sinédrio, alegres por terem sido considerados dignos de serem humilhados por causa do Nome.

Movimentos sociais em expansão geram pesadelos ameaçadores. À medida que centenas e, logo, milhares de pessoas diziam sim às boas-novas da morte e ressurreição de Jesus, elas se aglomeravam cheias de alegria e necessidades. Quem então cuidaria das tarefas, distribuiria comida, lavaria os pratos e garantiria a manutenção de todos os serviços? Para esses serviços importantes, os 12 apóstolos escolheram um pequeno grupo de funcionários, que alguns consideram os primeiros "diáconos". Entre eles havia um homem descrito como "cheio de fé e do Espírito Santo". Seu nome era Estêvão.

Estêvão, homem cheio da graça e do poder de Deus, realizava grandes maravilhas e sinais no meio do povo. Contudo, levantou-se oposição dos membros da chamada sinagoga dos Libertos, dos judeus de Cirene e de Alexandria, bem como das províncias da Cilícia e da Ásia. Esses homens começaram a discutir com Estêvão, mas não podiam resistir à sabedoria e ao Espírito com que ele falava. Então subornaram alguns homens para dizerem: "Ouvimos Estêvão falar palavras blasfemas contra Moisés e contra Deus." Com isso agitaram o povo, os líderes religiosos e os mestres da lei. E, prendendo Estêvão, levaram-no ao

Sinédrio. Ali apresentaram falsas testemunhas, que diziam: "Este homem não para de falar contra este lugar santo e contra a Lei. Pois o ouvimos dizer que esse Jesus, o Nazareno, destruirá este lugar e mudará os costumes que Moisés nos deixou." Olhando para ele, todos os que estavam sentados no Sinédrio viram que o seu rosto parecia o rosto de um anjo.

Então o sumo sacerdote perguntou a Estêvão: "São verdadeiras estas acusações?"

A resposta de Estêvão a essa pergunta veio na forma de uma aula de história judaica sobre a lealdade de Deus com Seu povo. Ele contou a grande história de redenção do Senhor, que se inicia com Abraão, o primeiro dos patriarcas do Velho Testamento, passa por José no Egito, Moisés e o êxodo, e chega até os reis Davi e Salomão. Então Estêvão falou sobre "O Justo", Jesus Cristo. Suas acusações, no entanto, não renderam frutos.

"Povo rebelde, obstinado de coração e de ouvidos! Vocês são iguais aos seus antepassados: sempre resistem ao Espírito Santo! Qual dos profetas os seus antepassados não perseguiram? Eles mataram aqueles que prediziam a vinda do Justo, de quem agora vocês se tornaram traidores e assassinos – vocês, que receberam a Lei por intermédio de anjos, mas não lhe obedeceram."

Ouvindo isso, ficaram furiosos e rangeram os dentes contra ele.

O apedrejamento de Estêvão

Mas Estêvão, cheio do Espírito Santo, levantou os olhos para o céu e viu a glória de Deus e Jesus em pé, à direita de Deus, e disse: "Vejo os céus abertos e o Filho do homem em pé, à direita de Deus." Mas eles taparam os ouvidos e, dando fortes gritos, lançaram-se todos juntos contra ele, arrastaram-no para fora da cidade e começaram a apedrejá-lo. As testemunhas deixaram seus mantos aos pés de um jovem chamado Saulo. Enquanto apedrejavam Estêvão, este orava: "Senhor Jesus, recebe o meu espírito." Então caiu de joelhos e bradou: "Senhor, não os consideres culpados deste pecado." E, tendo dito isso, adormeceu.

E Saulo estava ali, consentindo na morte de Estêvão. Naquela ocasião, desencadeou-se grande perseguição contra a igreja em Jerusalém. Todos, exceto os apóstolos, foram dispersos pelas regiões da Judeia e de Samaria.

Alguns homens piedosos sepultaram Estêvão e fizeram por causa dele grande lamentação.

Saulo, por sua vez, devastava a igreja. Indo de casa em casa, arrastava homens e mulheres e os lançava na prisão.

Os que haviam sido dispersos pregavam a palavra por onde quer que fossem.

Indo Filipe para uma cidade de Samaria, ali lhes anunciava o Cristo. Quando a multidão ouviu Filipe e viu os sinais milagrosos que ele realizava, deu unânime atenção ao que ele dizia. Os espíritos imundos saíam de muitos, dando gritos, e muitos paralíticos e mancos foram curados. Assim, houve grande alegria naquela cidade.

Como é possível a perseguição e a alegria andarem juntas? Só a presença de Deus é capaz de fazer isso. Esses novos fiéis possuíam uma coragem sobrenatural, mesmo diante do sofrimento. E Deus estava prestes a fazer algo extraordinário com a mais improvável das pessoas.

Enquanto isso, Saulo ainda respirava ameaças de morte contra os discípulos do Senhor. Dirigindo-se ao sumo sacerdote, pediu-lhe cartas para as sinagogas de Damasco, de maneira que, caso encontrasse ali homens ou mulheres que pertencessem ao Caminho, pudesse levá-los presos para Jerusalém. Em sua viagem, quando se aproximava de Damasco, de repente brilhou ao seu redor uma luz vinda do céu. Ele caiu por terra e ouviu uma voz que lhe dizia: "Saulo, Saulo, por que você me persegue?" Saulo perguntou: "Quem és tu, Senhor?" Ele respondeu: "Eu sou Jesus, a quem você persegue. Levante-se, entre na cidade; alguém dirá o que você deve fazer."

Os homens que viajavam com Saulo pararam emudecidos; ouviam a voz, mas não viam ninguém. Saulo levantou-se do chão e, abrindo os olhos, não conseguia ver nada. E os homens o levaram pela mão até Damasco. Por três dias ele esteve cego, não comeu nem bebeu.

Em Damasco havia um discípulo chamado Ananias. O Senhor o chamou numa visão: "Ananias!" "Eis-me aqui, Senhor", respondeu ele. O Senhor lhe disse: "Vá à casa de Judas, na rua chamada Direita, e pergunte por um homem de Tarso chamado Saulo. Ele está orando; numa visão viu um homem chamado Ananias chegar e impor-lhe as mãos para que voltasse a ver." Respondeu Ananias: "Senhor, tenho ouvido muita coisa a respeito desse homem e de todo o mal que ele tem feito aos teus santos em Jerusalém. Ele chegou aqui com autorização dos chefes dos sacerdotes para prender todos os que invocam o teu nome." Mas o Senhor disse a Ananias: "Vá! Este homem é meu instrumento escolhido para levar o meu nome perante os gentios e seus reis, e perante o povo de Israel. Mostrarei a ele quanto deve sofrer pelo meu nome." Então Ananias foi, entrou na casa, pôs as mãos sobre Saulo e disse: "Irmão Saulo, o Senhor Jesus, que apareceu no caminho por onde você vinha, enviou-me para que você volte a ver e seja cheio do Espírito Santo." Imediatamente, algo como escamas caiu dos olhos de Saulo e ele passou a ver novamente. Levantando-se, foi batizado e, depois de comer, recuperou as forças.

Saulo em Damasco e em Jerusalém

Saulo passou vários dias com os discípulos em Damasco. Logo começou a pregar nas sinagogas que Jesus é o Filho de Deus. Todos os que o ouviam ficavam perplexos e perguntavam: "Não é ele o homem que procurava destruir em Jerusalém aqueles que invocam este nome? E não veio para cá justamente para levá-los presos aos chefes dos sacerdotes?" Todavia, Saulo se fortalecia cada vez mais e confundia os judeus que viviam em Damasco, demonstrando que Jesus é o Cristo.

Decorridos muitos dias, os judeus decidiram de comum acordo matá-lo, mas Saulo ficou sabendo do plano deles. Dia e noite eles vigiavam as portas da cidade a fim de matá-lo. Mas os seus discípulos o levaram de noite e o fizeram descer num cesto por uma abertura na muralha.

Quando chegou a Jerusalém, tentou reunir-se aos discípulos, mas todos estavam com medo dele, não acreditando que fosse realmente um discípulo. Então Barnabé o levou aos apóstolos e lhes contou como, no caminho, Saulo vira o Senhor, que lhe falara, e como em Damasco ele havia pregado corajosamente em nome de Jesus. Assim, Saulo ficou com eles e andava com liberdade em Jerusalém, pregando corajosamente em nome do Senhor. Falava e discutia com os judeus de fala grega, mas estes tentavam matá-lo. Sabendo disso, os irmãos o levaram para Cesareia e o enviaram para Tarso.

A igreja passava por um período de paz em toda a Judeia, Galileia e Samaria. Ela se edificava e, encorajada pelo Espírito Santo, crescia em número, vivendo no temor do Senhor.

Barreiras étnicas e tradições religiosas mantiveram esses novos cristãos dentro de seus próprios guetos judeus. Porém, como as boas-novas de Deus eram para todos, era necessária uma mudança. A verdade venceu o preconceito. Eis como aconteceu.

Havia em Cesareia um homem chamado Cornélio, centurião do regimento conhecido como Italiano. Ele e toda a sua família eram religiosos e tementes a Deus; dava muitas esmolas ao povo e orava continuamente a Deus.

Certo dia, por volta das três horas da tarde, ele teve uma visão. Viu claramente um anjo de Deus que se aproximava dele e dizia: "Cornélio!" Atemorizado, Cornélio olhou para ele e perguntou: "Que é, Senhor?" O anjo respondeu: "Suas orações e esmolas subiram como oferta memorial diante de Deus. Agora, mande alguns homens a Jope para trazerem um certo Simão, também conhecido como Pedro, que está hospedado na casa de Simão, o curtidor de couro, que fica perto do mar." Depois que o anjo que lhe falou se foi, Cornélio chamou dois dos seus servos e um soldado religioso dentre os seus auxiliares e, contando-lhes tudo o que tinha acontecido, enviou-os a Jope.

No dia seguinte, por volta do meio-dia, enquanto eles viajavam e se aproximavam da cidade, Pedro subiu ao terraço para orar. Tendo fome, queria comer; enquanto a refeição estava sendo preparada, caiu em êxtase. Viu o céu aberto e algo semelhante a um grande lençol que descia à terra, preso pelas quatro pontas, contendo toda espécie de quadrúpedes, bem como de répteis da terra e aves do céu. Então uma voz lhe disse: "Levante-se, Pedro; mate e coma." Mas Pedro respondeu: "De modo nenhum, Senhor! Jamais comi algo impuro ou imundo!" A voz lhe falou segunda vez: "Não chame impuro ao que Deus purificou." Isso aconteceu três vezes, e em seguida o lençol foi recolhido ao céu.

Enquanto Pedro estava refletindo no significado da visão, os homens enviados por Cornélio descobriram onde era a casa de Simão e chegaram à porta. Chamando, perguntaram se ali estava hospedado Simão, conhecido como Pedro. Enquanto Pedro ainda estava pensando na visão, o Espírito lhe disse: "Simão, três homens estão procurando por você. Portanto, levante-se e desça. Não hesite em ir com eles, pois eu os enviei." Pedro desceu e disse aos homens: "Eu sou quem vocês estão procurando. Por que motivo vieram?" Os homens responderam: "Viemos da parte do centurião Cornélio. Ele é um homem justo e temente a Deus, respeitado por todo o povo judeu. Um santo anjo lhe disse que o chamasse à sua casa, para que ele ouça o que você tem para dizer." Pedro os convidou a entrar e os hospedou.

No dia seguinte, Pedro partiu com eles, e alguns dos irmãos de Jope o acompanharam. No outro dia chegaram a Cesareia. Cornélio os esperava com seus parentes e amigos mais íntimos que tinha convidado. Quando Pedro ia entrando na casa, Cornélio dirigiu-se a ele e prostrou-se aos seus pés, adorando-o. Mas Pedro o fez levantar-se, dizendo: "Levante-se, eu sou homem como você." Conversando com ele, Pedro entrou e encontrou ali reunidas muitas pessoas e lhes disse: "Vocês sabem muito bem que é contra a nossa lei um judeu associar-se a um gentio ou mesmo visitá-lo. Mas Deus me mostrou que eu não deveria chamar impuro ou imundo a homem nenhum."

Pedro prosseguiu dizendo ter percebido que Deus não demonstra favoritismo, mas convida pessoas de todos os grupos étnicos e nações para aceitar o evangelho por intermédio de Jesus Cristo. Enquanto explicava a mensagem do evangelho, a primeira plateia de estrangeiros de todos os tempos reagiu com fé e arrependimento. Então algo extraordinário aconteceu: a dádiva do Espírito Santo lhes foi concedida da mesma forma que fora aos fiéis judeus no dia de Pentecostes. Ciente de que não tinha direito de se opor a Deus, Pedro batizou Cornélio, sua família e seus amigos. Mais tarde incentivou os demais líderes

cristãos a compartilhar as boas-novas de Deus com todos – pois, de fato, o Senhor desejava que sua nova família incluísse pessoas de todo tipo.

Deus continuava a impressionar o povo com seu incrível poder. Então a Igreja começou a ser perseguida por Herodes Agripa I, neto de Herodes, o Grande (que reinava quando Jesus nasceu), e sobrinho de Herodes Antipas (que ordenou a decapitação de João Batista).

Nessa ocasião, o rei Herodes prendeu alguns que pertenciam à igreja, com a intenção de maltratá-los, e mandou matar à espada Tiago, irmão de João. Vendo que isso agradava aos judeus, prosseguiu, prendendo também Pedro durante a festa dos pães sem fermento. Tendo-o prendido, lançou-o no cárcere, entregando-o para ser guardado por quatro escoltas de quatro soldados cada uma. Herodes pretendia submetê-lo a julgamento público depois da Páscoa. Pedro, então, ficou detido na prisão, mas a igreja orava intensamente a Deus por ele.

Na noite anterior ao dia em que Herodes iria submetê-lo a julgamento, Pedro estava dormindo entre dois soldados, preso com duas algemas, e sentinelas montavam guarda à entrada do cárcere. Repentinamente apareceu um anjo do Senhor, e uma luz brilhou na cela. O anjo tocou no lado de Pedro e o acordou. "Depressa, levante-se!", disse ele. Então as algemas caíram dos punhos de Pedro. O anjo lhe disse: "Vista-se e calce as sandálias." E Pedro assim fez. Disse-lhe ainda o anjo: "Ponha a capa e siga-me." E Pedro o seguiu, não sabendo que era real o que se fazia por meio do anjo; tudo lhe parecia uma visão. Passaram a primeira e a segunda guarda e chegaram ao portão de ferro que dava para a cidade. Este se abriu por si mesmo para eles, e passaram. Tendo saído, caminharam ao longo de uma rua e, de repente, o anjo o deixou. Então Pedro caiu em si e disse: "Agora sei, sem nenhuma dúvida, que o Senhor enviou o seu anjo e me libertou das mãos de Herodes e de tudo o que o povo judeu esperava."

Percebendo isso, ele se dirigiu à casa de Maria, mãe de João, também chamado Marcos, onde muita gente se havia reunido e estava orando. Pedro bateu à porta do alpendre, e uma serva chamada Rode veio atender. Ao reconhecer a voz de Pedro, tomada de alegria, ela correu de volta, sem abrir a porta, e exclamou: "Pedro está à porta!" Eles porém lhe disseram: "Você está fora de si!" Insistindo ela em afirmar que era Pedro, disseram-lhe: "Deve ser o anjo dele." Mas Pedro continuou batendo e, quando abriram a porta e o viram, ficaram perplexos. Mas ele, fazendo-lhes sinal para que se calassem, descreveu como o Senhor o havia tirado da prisão e disse: "Contem isso a Tiago e aos irmãos." Então saiu e foi para outro lugar.

De manhã, não foi pequeno o alvoroço entre os soldados quanto ao que tinha acontecido a Pedro. Fazendo uma busca completa e não o encontrando, Herodes fez uma investigação entre os guardas e ordenou que fossem executados. Depois Herodes foi da Judeia para Cesareia, onde permaneceu durante algum tempo.

Ele estava cheio de ira contra os habitantes de Tiro e Sidom; contudo, eles haviam se reunido e procuravam ter uma audiência com ele. Tendo conseguido o apoio de Blasto, homem de confiança do rei, pediram paz, porque dependiam das terras do rei para obter alimento. No dia marcado, Herodes, vestindo seus trajes reais, sentou-se em seu trono e fez um discurso ao povo. Eles começaram a gritar: "É voz de deus, e não de homem." Visto que Herodes não glorificou a Deus, imediatamente um anjo do Senhor o feriu; e ele morreu comido por vermes.

Entretanto, a palavra de Deus continuava a crescer e a espalhar-se.

Por mais severa que fosse a perseguição, as boas-novas continuavam se espalhando – não por sorte ou pela eloquência daqueles que a transmitiam, mas por intermédio do Espírito Santo de Deus, que passara a fortalecer cada seguidor de Jesus.

Saulo e seu mentor Barnabé passaram um ano pregando na primeira igreja predominantemente estrangeira da Antioquia, onde os fiéis foram chamados pela primeira vez de "cristãos". De lá, o Senhor os convocou para o serviço missionário. Saulo e Barnabé, a princípio acompanhados por João Marcos – que era primo de Barnabé e posteriormente escreveria o Evangelho de São Marcos –, começaram a viajar, proclamando a palavra de Jesus através da Ásia Menor. Foi também nessa época que o nome de Saulo foi mudado para "Paulo". Uma vez que o Espírito de Deus os conduzia e a esperança que tinham na vida eterna era sólida, Saulo (Paulo) e seus companheiros falavam com coragem sobre Jesus em todos os lugares aonde chegavam. Mal sabiam o preço que teriam que pagar por anunciar as boas-novas.

Capítulo 30

A missão de Paulo

Na igreja de Antioquia havia profetas e mestres: Barnabé, Simeão, chamado Níger, Lúcio de Cirene, Manaém, que fora criado com Herodes, o tetrarca, e Saulo. Enquanto adoravam o Senhor e jejuavam, disse o Espírito Santo: "Separem-me Barnabé e Saulo para a obra a que os tenho chamado." Assim, depois de jejuar e orar, impuseram-lhes as mãos e os enviaram.

Enviados pelo Espírito Santo, desceram a Selêucia e dali navegaram para Chipre. Chegando a Salamina, proclamaram a palavra de Deus nas sinagogas judaicas. João estava com eles como auxiliar.

Viajaram por toda a ilha, até que chegaram a Pafos. Ali encontraram um judeu, chamado Barjesus, que praticava magia e era falso profeta. Ele era assessor do procônsul Sérgio Paulo. O procônsul, sendo homem culto, mandou chamar Barnabé e Saulo, porque queria ouvir a palavra de Deus. Mas Elimas, o mágico (esse é o significado do seu nome), opôs-se a eles e tentava desviar da fé o procônsul. Então Saulo, também chamado Paulo, cheio do Espírito Santo, olhou firmemente para Elimas e disse: "Filho do Diabo e inimigo de tudo o que é justo! Você está cheio de toda espécie de engano e maldade. Quando é que vai parar de perverter os retos caminhos do Senhor? Saiba agora que a mão do Senhor está contra você, e você ficará cego e incapaz de ver a luz do sol durante algum tempo." Imediatamente vieram sobre ele névoa e escuridão, e ele, tateando, procurava quem o guiasse pela mão. O procônsul, vendo o que havia acontecido, creu, profundamente impressionado com o ensino do Senhor.

De Pafos, Paulo e seus companheiros navegaram para Perge, na Panfília. João os deixou ali e voltou para Jerusalém. De Perge prosseguiram até Antioquia da Pisídia. No sábado, entraram na sinagoga e se assentaram. Depois da leitura da Lei e dos Profetas, os chefes da sinagoga lhes mandaram dizer: "Irmãos, se vocês têm uma mensagem de encorajamento para o povo, falem." Pondo-se em pé, Paulo fez sinal com a mão e disse:

"O povo de Jerusalém e seus governantes não reconheceram Jesus, mas, ao condená-lo, cumpriram as palavras dos profetas, que são lidas todos os sábados. Mesmo não achando motivo legal para uma sentença de morte, pediram a Pilatos que o mandasse executar. Tendo cumprido tudo o que estava escrito a respeito dele, tiraram-no do madeiro e o colocaram num sepulcro. Mas Deus o ressuscitou dos mortos, e, por muitos dias, foi visto por aqueles que tinham ido com ele da Galileia para Jerusalém. Estes agora são testemunhas de Jesus para o povo.

"Nós lhes anunciamos as boas-novas: o que Deus prometeu a nossos antepassados, ele cumpriu para nós, seus filhos, ressuscitando Jesus."

"Portanto, meus irmãos, quero que saibam que mediante Jesus é proclamado o perdão dos pecados a vocês. Por meio dele, todo aquele que crê é justificado de todas as coisas das quais não podiam ser justificados pela Lei de Moisés."

Quando Paulo e Barnabé estavam saindo da sinagoga, o povo os convidou a falar mais a respeito dessas coisas no sábado seguinte. Despedida a congregação, muitos dos judeus e estrangeiros piedosos convertidos ao judaísmo seguiram Paulo e Barnabé. Estes conversavam com eles, recomendando-lhes que continuassem na graça de Deus.

No sábado seguinte, quase toda a cidade se reuniu para ouvir a palavra do Senhor. Quando os judeus viram a multidão, ficaram cheios de inveja e, blasfemando, contradiziam o que Paulo estava dizendo. Então Paulo e Barnabé lhes responderam corajosamente: "Era necessário anunciar primeiro a vocês a palavra de Deus; uma vez que a rejeitam e não se julgam dignos da vida eterna, agora nos voltamos para os gentios. Pois assim o Senhor nos ordenou:

> 'Eu fiz de você luz para os gentios, para que você leve a salvação
> até aos confins da terra.'"

Ouvindo isso, os gentios alegraram-se e bendisseram a palavra do Senhor; e creram todos os que haviam sido designados para a vida eterna.

A palavra do Senhor se espalhava por toda a região. Mas os judeus incitaram as mulheres religiosas de elevada posição e os principais da cidade. E, provocando perseguição contra Paulo e Barnabé, os expulsaram do seu território. Estes sacudiram o pó dos seus pés em protesto contra eles e foram para Icônio. Os discípulos continuavam cheios de alegria e do Espírito Santo.

Ao visitar uma nova cidade, Paulo geralmente ia primeiro à sinagoga judaica. Não o fazia apenas por acreditar que essa era a prioridade estipulada por Deus, mas também porque assim tinha local e hora marcados para proclamar o evangelho. As boas-novas eram muitas vezes encaradas de formas diferentes entre os judeus: alguns abraçavam de bom grado a mensagem, enquanto outros a rejeitavam por descrença.

Dentro da elite da comunidade estrangeira, parte da resistência às boas-novas de Deus se dava por razões puramente econômicas: um novo seguidor de Jesus era um comprador a menos de mercadorias como talismãs e ídolos, que constituíam um grande negócio em muitas cidades. Parte da oposição era política, pois cada convertido reduzia a congregação e a influência dos principais grupos religiosos. Em sua maioria, a resistência era pessoal, já que crer em Jesus modificava as pessoas e ameaçava a ordem estabelecida.

Em Icônio, Paulo e Barnabé, como de costume, foram à sinagoga judaica. Ali falaram de tal modo que uma grande multidão de judeus e gentios veio a crer. Mas os judeus que se recusavam a crer irritaram os gentios e incitaram-lhes o ânimo contra os irmãos.

Paulo e Barnabé passaram bastante tempo ali, falando corajosamente do Senhor, que confirmava a mensagem de sua graça realizando sinais e maravilhas pelas mãos deles.

O povo da cidade ficou dividido: alguns estavam a favor dos judeus, outros a favor dos apóstolos. Formou-se uma conspiração de gentios e judeus, com os seus líderes, para maltratar e apedrejar Paulo e Barnabé. Quando souberam disso, eles fugiram para as cidades licaônicas de Listra e Derbe e seus arredores, onde continuaram a pregar as boas-novas.

Em Listra havia um homem paralítico dos pés, aleijado desde o nascimento, que vivia ali sentado e nunca tinha andado. Ele ouvira Paulo falar. Quando Paulo olhou diretamente para ele e viu que o homem tinha fé para ser curado, disse em alta voz: "Levante-se! Fique em pé!" Com isso, o homem deu um salto e começou a andar.

Ao ver o que Paulo fizera, a multidão começou a gritar em língua licaônica: "Os deuses desceram até nós em forma humana!" A Barnabé chamavam Zeus, e a Paulo chamavam Hermes, porque era este quem trazia a palavra. O sacerdote de Zeus, cujo templo ficava diante da cidade, trouxe bois e coroas de flores à porta da cidade, porque ele e a multidão queriam oferecer-lhes sacrifícios. Ouvindo isso, os apóstolos Barnabé e Paulo rasgaram as roupas e correram para o meio da multidão, gritando: "Homens, por que vocês estão fazendo isso? Nós também somos humanos como vocês. Estamos trazendo boas-novas para vocês, dizendo que se afastem dessas coisas vãs e se voltem para o Deus vivo, que fez o céu, a terra, o mar e tudo o que neles há. No passado, ele permitiu que todas as nações seguissem os seus próprios caminhos. Contudo, Deus não ficou sem testemunho: mostrou sua bondade, dando-lhes chuva do céu e colheitas no tempo certo, concedendo-lhes sustento com fartura e um coração cheio de alegria." Apesar dessas palavras, eles tiveram dificuldade para impedir que a multidão lhes oferecesse sacrifícios.

Paulo sentiu toda a força da oposição ao desafiar os gentios e os judeus a reconhecerem Jesus como o tão prometido Messias e Filho do próprio Deus. Pouco depois de Paulo ser confundido pela multidão de gentios em Listra com um "deus", alguns judeus conseguiram voltar a opinião pública contra os dois apóstolos. Paulo foi atacado por uma horda que o apedrejou, deixando-o à beira da morte. Cristãos se reuniram ao seu redor e oraram. A força de Paulo foi restaurada e ele andou de volta até a cidade!

No dia seguinte, Paulo e Barnabé partiram para Derbe, a última cidade que visitariam nessa primeira viagem missionária. Após refazerem seus passos, incentivando as novas igrejas que haviam encontrado antes, eles voltaram para sua base na Antioquia. Cerca de um ano depois o movimento cristão em desenvolvimento enfrentou uma questão crucial. Alguns dos fiéis judeus insistiram que os fiéis gentios seguissem a Lei de Moisés, principalmente no que dizia respeito à circuncisão – o sinal físico da promessa do Senhor ao povo judeu. Um conselho de líderes cristãos se reuniu em Jerusalém. Paulo argumentou que os gentios não precisavam se tornar judeus para serem salvos, e por fim convenceu os demais.

Em seguida, Paulo e Barnabé tiveram um desentendimento grave, pois Barnabé queria reintegrar João Marcos ao grupo. Paulo, no entanto, não achava aquilo prudente, pois o jovem primo de Barnabé os havia abandonado no passado. Paulo e Barnabé decidiram se separar. Então Silas e Timóteo se juntaram a Paulo em uma viagem através da Ásia Menor. Foi aparentemente em Trôade, na costa oeste da Ásia Menor, que Lucas – autor do Evangelho segundo São Lucas e do livro dos Atos – se uniu aos missionários itinerantes. Foi também em Trôade que Paulo teve uma visão de um homem vindo da Macedônia que lhes implorava: "Venham, ajudem-nos!" Acreditando que aquela visão viesse de Deus, Paulo e seus companheiros seguiram para noroeste, atravessando o mar Egeu em direção a Filipos, colônia romana e uma das principais cidades da Macedônia. Logo se viram novamente em apuros.

"No sábado saímos da cidade e fomos para a beira do rio, onde esperávamos encontrar um lugar de oração. Sentamo-nos e começamos a conversar com as mulheres que haviam se reunido ali. Uma das que ouviam era uma mulher temente a Deus chamada Lídia, vendedora de tecido de púrpura, da cidade de Tiatira. O Senhor abriu seu coração para atender à mensagem de Paulo. Tendo sido batizada, bem como os de sua casa, ela nos convidou, dizendo: 'Se os senhores me consideram uma crente no Senhor, venham ficar em minha casa.' E nos convenceu."

Paulo e Silas na prisão

"Certo dia, indo nós para o lugar de oração, encontramos uma escrava que tinha um espírito pelo qual predizia o futuro. Ela ganhava muito dinheiro para os seus senhores com adivinhações. Essa moça seguia Paulo e a nós, gritando: "Estes homens são servos do Deus Altíssimo e anunciam o caminho da salvação." Ela continuou fazendo isso por muitos dias. Finalmente, Paulo ficou indignado, voltou-se e disse ao espírito: 'Em nome de Jesus Cristo eu ordeno que saia dela!' No mesmo instante o espírito a deixou."

Percebendo que a sua esperança de lucro tinha se acabado, os donos da escrava agarraram Paulo e Silas e os arrastaram para a praça principal, diante das autoridades. E, levando-os aos magistrados, disseram: "Estes homens são judeus e estão perturbando a nossa cidade, propagando costumes que a nós, romanos, não é permitido aceitar nem praticar." A multidão ajuntou-se contra Paulo e Silas, e os magistrados ordenaram que se lhes tirassem as roupas e fossem açoitados. Depois de serem severamente açoitados, foram lançados na prisão. O carcereiro recebeu instrução para vigiá-los com cuidado. Tendo recebido tais ordens, ele os lançou no cárcere interior e lhes prendeu os pés no tronco.

Por volta da meia-noite, Paulo e Silas estavam orando e cantando hinos a Deus; os outros presos os ouviam. De repente, houve um terremoto tão violento que os alicerces da prisão foram abalados. Imediatamente todas as portas se abriram e as correntes de todos se soltaram. O carcereiro acordou e, vendo abertas as portas da prisão, desembainhou sua espada para se matar, porque pensava que os presos tivessem fugido. Mas Paulo gritou: "Não faça isso! Estamos todos aqui!"

O carcereiro pediu luz, entrou correndo e, trêmulo, prostrou-se diante de Paulo e Silas. Então levou-os para fora e perguntou: "Senhores, que devo fazer para ser salvo?" Eles responderam: "Creia no Senhor Jesus, e serão salvos, você e os de sua casa." E pregaram a palavra de Deus, a ele e a todos os de sua casa. Naquela mesma hora da noite o carcereiro lavou as feridas deles; em seguida, ele e todos os seus foram batizados. Então os levou para a sua casa, serviu-lhes uma refeição e com todos os de sua casa alegrou-se muito por haver crido em Deus.

Quando amanheceu, os magistrados mandaram os seus soldados ao carcereiro com esta ordem: "Solte esses homens." O carcereiro disse a Paulo: "Os magistrados deram ordens para que você e Silas sejam libertados. Agora podem sair. Vão em paz." Mas Paulo disse aos soldados: "Sendo nós cidadãos romanos, eles nos açoitaram publicamente sem processo formal e nos lançaram na prisão. E agora querem livrar-se de nós secretamente? Não! Venham eles mesmos e nos libertem."

Os soldados relataram isso aos magistrados, os quais, ouvindo que Paulo e Silas eram romanos, ficaram atemorizados. Vieram para se desculpar diante deles e, conduzindo-os para fora da prisão, pediram-lhes que saíssem da cidade. Depois de saírem da prisão, Paulo e Silas foram à casa de Lídia, onde se encontraram com os irmãos e os encorajaram. E então partiram.

Se as boas-novas sobre Jesus eram de fato a resposta às maiores questões da humanidade, algumas pessoas não estavam fazendo as perguntas certas. Obstáculos surgiam a cada esquina. O trunfo legal de Paulo – sua cidadania romana – sem dúvida ajudava em algumas ocasiões. Porém ainda era preciso enfrentar (ou evitar) as hordas de agressores, combater o ódio e pagar fianças quando acusavam Paulo de "perturbar a ordem". Mas o apóstolo encarava as dificuldades como uma oportunidade para confiar em Deus e nunca olhar para trás.

Tendo passado por Anfípolis e Apolônia, chegaram a Tessalônica, onde havia uma sinagoga judaica. Segundo o seu costume, Paulo foi à sinagoga e por três sábados discutiu com eles com base nas Escrituras, explicando e provando que o Cristo deveria sofrer e ressuscitar dentre os mortos. E dizia: "Este Jesus que proclamo é o Cristo." Alguns dos judeus foram persuadidos e se uniram a Paulo e Silas, bem como muitos gregos tementes a Deus e não poucas mulheres de alta posição.

Mas os judeus ficaram com inveja. Reuniram alguns homens perversos dentre os desocupados e, com a multidão, iniciaram um tumulto na cidade. Invadiram a casa de Jasom, em busca de Paulo e Silas, a fim de trazê-los para o meio da multidão. Contudo, não os achando, arrastaram Jasom e alguns outros irmãos para diante dos oficiais da cidade, gritando: "Esses homens, que têm causado alvoroço por todo o mundo, agora chegaram aqui, e Jasom os recebeu em sua casa. Todos eles estão agindo contra os decretos de César, dizendo que existe um outro rei, chamado Jesus." Ouvindo isso, a multidão e os oficiais da cidade ficaram agitados. Então receberam de Jasom e dos outros a fiança estipulada e os soltaram.

Logo que anoiteceu, os irmãos enviaram Paulo e Silas para Bereia. Chegando ali, eles foram à sinagoga judaica.

Em Bereia, Paulo encontrou uma plateia interessada e receptiva, embora os oponentes judeus tenham levantado as multidões contra ele novamente. Assim, o apóstolo viajou para Atenas, onde deparou com um grupo pouco receptivo – os filósofos da época. Vendo um altar dedicado "a um deus desconhecido", Paulo desafiou seu público a aceitar o Deus e Criador vivo que havia se revelado com eloquência no decorrer da vida do Cristo redivivo. Houve quem assentisse educadamente; outros riram e alguns poucos acreditaram em Jesus Cristo. A missão de Paulo era encontrar em cada cidade pessoas-chave que pudessem conduzir uma nova comunidade de fiéis, uma "igreja", e ajudar os necessitados praticando atos de misericórdia e amor. Ele foi até Corinto, e logo uma nova comunidade cristã nasceu.

Depois disso, Paulo saiu de Atenas e foi para Corinto. Ali, encontrou um judeu chamado Áquila, natural do Ponto, que havia chegado recentemente da Itália com Priscila, sua mulher, pois Cláudio[1] havia ordenado que todos os judeus saíssem de Roma. Paulo foi vê-los e, uma vez que tinham a mesma profissão, ficou morando e trabalhando com eles, pois eram fabricantes de tendas. Todos os sábados ele debatia na sinagoga e convencia judeus e gregos.

Depois que Silas e Timóteo chegaram da Macedônia, Paulo se dedicou exclusivamente à pregação, testemunhando aos judeus que Jesus era o Cristo. Opondo-se eles e lançando maldições, Paulo sacudiu a roupa e lhes disse: "Caia sobre a cabeça de vocês o seu próprio sangue! Estou livre da minha responsabilidade. De agora em diante irei para os gentios." Então Paulo saiu da sinagoga e foi para a casa de Tício Justo, que era temente a Deus e que morava ao lado da sinagoga. Crispo, chefe da sinagoga, creu no Senhor, ele e toda a sua casa; e, dos coríntios que o ouviam, muitos criam e eram batizados. Certa noite o Senhor falou a Paulo em visão: "Não tenha medo, continue falando e não fique calado, pois

---

1. **Cláudio:** O imperador de Roma.

estou com você, e ninguém vai lhe fazer mal ou feri-lo, porque tenho muita gente nesta cidade." Assim, Paulo ficou ali durante um ano e meio, ensinando-lhes a palavra de Deus.

Valendo-se do meio de comunicação mais comum naquela época, Paulo escreveu cartas em pergaminhos para as igrejas que havia fundado. Hoje essas "epístolas" estão reunidas na Bíblia como parte do Novo Testamento. Cristãos ainda veem essas palavras como instruções inspiradas e confiáveis de como se viver para Deus.

Enquanto estava em Corinto, Paulo escreveu para os fiéis de Tessalônica, provavelmente por volta de 51 d.C. Tessalônica era uma agitada cidade portuária de 200 mil habitantes (a maior população da Macedônia). Com muita emoção, Paulo recordou a reação dos fiéis em favor dele e da mensagem do evangelho durante sua visita recente à cidade, comunicando sua vontade de revê-los e dizendo como se sentiu encorajado ao receber boas notícias deles por Timóteo. Então, para encorajá-los em meio às agruras e perseguições que enfrentavam, o apóstolo deu-lhes uma notícia surpreendente: um dia o Cristo vivo retornaria ao mundo.

Paulo, Silvano e Timóteo, à igreja dos tessalonicenses, em Deus Pai e no Senhor Jesus Cristo: A vocês, graça e paz da parte de Deus e de nosso Senhor Jesus Cristo.

Sempre damos graças a Deus por todos vocês, mencionando-os em nossas orações. Lembramos continuamente, diante de nosso Deus e Pai, o que vocês têm demonstrado: o trabalho que resulta da fé, o esforço motivado pelo amor e a perseverança proveniente da esperança em nosso Senhor Jesus Cristo.

Sabemos, irmãos, amados de Deus, que ele os escolheu porque o nosso evangelho não chegou a vocês somente em palavra, mas também em poder, no Espírito Santo e em plena convicção. Vocês sabem como procedemos entre vocês, em seu favor. De fato, vocês se tornaram nossos imitadores e do Senhor, pois, apesar de muito sofrimento, receberam a palavra com alegria que vem do Espírito Santo. Assim, tornaram-se modelo para todos os crentes que estão na Macedônia e na Acaia. Porque, partindo de vocês, propagou-se a mensagem do Senhor na Macedônia e na Acaia. Não somente isso, mas também por toda parte tornou-se conhecida a fé que vocês têm em Deus. O resultado é que não temos necessidade de dizer mais nada sobre isso, pois eles mesmos relatam de que maneira vocês nos receberam e como se voltaram para Deus, deixando os ídolos a fim de servir ao Deus vivo e verdadeiro e esperar dos céus seu Filho, a quem ressuscitou dos mortos: Jesus, que nos livra da ira que há de vir.

Irmãos, vocês mesmos sabem que a visita que fizemos a vocês não foi inútil.

Apesar de termos sido maltratados e insultados em Filipos, como vocês sabem, com a ajuda de nosso Deus tivemos coragem de anunciar o evangelho de Deus a vocês em meio a muita luta. Pois nossa exortação não tem origem no erro nem em motivos impuros, nem temos intenção de enganá-los; ao contrário, como homens aprovados por Deus para nos confiar o evangelho, não falamos para agradar pessoas, mas a Deus, que prova o nosso coração. Vocês bem sabem que a nossa palavra nunca foi de bajulação nem de pretexto para ganância; Deus é testemunha. Nem buscamos reconhecimento humano, quer de vocês quer de outros. Embora, como apóstolos de Cristo, pudéssemos ter sido um peso, fomos bondosos quando estávamos entre vocês, como uma mãe que cuida dos próprios filhos. Sentindo, assim, tanta afeição, decidimos dar a vocês não somente o evangelho de Deus, mas também a nossa própria vida, porque vocês se tornaram muito amados por nós.

Nós, porém, irmãos, privados da companhia de vocês por breve tempo, em pessoa, mas não no coração, esforçamo-nos ainda mais para vê-los pessoalmente, pela saudade que temos de vocês. Quisemos visitá-los. Eu mesmo, Paulo, o quis, e não apenas uma vez, mas duas; Satanás, porém, nos impediu. Pois quem é a nossa esperança, alegria ou coroa em que nos gloriamos perante o Senhor Jesus na sua vinda? Não são vocês? De fato, vocês são a nossa glória e a nossa alegria.

Por isso, quando não pudemos mais suportar, achamos por bem permanecer sozinhos em Atenas e, assim, enviamos Timóteo, nosso irmão e cooperador de Deus no evangelho de Cristo, para fortalecê-los e dar a vocês ânimo na fé, para que ninguém seja abalado por essas tribulações. Vocês sabem muito bem que fomos designados para isso. Quando estávamos com vocês, já dizíamos que seríamos perseguidos, o que realmente aconteceu, como vocês sabem. Por essa razão, não suportando mais, enviei Timóteo para saber a respeito da fé que vocês têm, a fim de que o tentador não os seduzisse, tornando inútil o nosso esforço.

Agora, porém, Timóteo acaba de chegar da parte de vocês, dando-nos boas notícias a respeito da fé e do amor que vocês têm. Ele nos falou que vocês sempre guardam boas recordações de nós, desejando ver-nos, assim como nós queremos vê-los. Por isso, irmãos, em toda a nossa necessidade e tribulação ficamos animados quando soubemos da sua fé; pois agora vivemos, visto que vocês estão firmes no Senhor. Como podemos ser suficientemente gratos a Deus por vocês, por toda a alegria que temos diante dele por causa de vocês? Noite e dia insistimos em orar para que possamos vê-los pessoalmente e suprir o que falta à sua fé.

Que o próprio Deus, nosso Pai, e nosso Senhor Jesus preparem o nosso caminho até vocês. Que o Senhor faça crescer e transbordar o amor que vocês têm uns para com os outros e para com todos, a exemplo do nosso amor por vocês. Que ele fortaleça o coração de vocês para serem irrepreensíveis em santidade diante de nosso Deus e Pai, na vinda de nosso Senhor Jesus com todos os seus santos.

Pois, dada a ordem, com a voz do arcanjo e o ressoar da trombeta de Deus, o próprio Senhor descerá dos céus, e os mortos em Cristo ressuscitarão primeiro. Depois nós, os que estivermos vivos, seremos arrebatados com eles nas nuvens, para o encontro com o Senhor nos ares. E assim estaremos com o Senhor para sempre. Consolem-se uns aos outros com essas palavras.

Alegrem-se sempre. Orem continuamente. Deem graças em todas as circunstâncias, pois esta é a vontade de Deus para vocês em Cristo Jesus.

Não extingais o Espírito; não desprezeis as profecias. Discerni tudo e ficai com o que é bom. Guardai-vos de toda espécie de mal.

Que o próprio Deus da paz os santifique inteiramente. Que todo o espírito, a alma e o corpo de vocês sejam preservados irrepreensíveis na vinda de nosso Senhor Jesus Cristo. Aquele que os chama é fiel e fará isso. Irmãos, orem por nós. Saúdem todos os irmãos com beijo santo. Diante do Senhor, encarrego vocês de lerem esta carta a todos os irmãos.

A graça de nosso Senhor Jesus Cristo seja com vocês.

Corinto foi o lugar mais hostil ao caminho da santidade, da fé e da alegria de Jesus. O paganismo dominava a cidade cosmopolita com sua vida noturna desregrada e mercados luxuosos. Ainda assim, a palavra de Paulo era firme e convicta: toda a sabedoria humana reunida pelas maiores mentes da Grécia era incapaz de responder a perguntas para as quais só Jesus Cristo tinha as respostas. A retórica de Paulo e seu conhecimento enciclopédico das leis romanas e religiosas o ajudavam a vencer as acusações mesquinhas que os líderes judaicos faziam contra ele. Tanto na sinagoga quanto na praça pública, Paulo falava sua verdade: Jesus, que morreu e foi ressuscitado, é a chave para as alegrias celestiais; apenas ele preenche o vazio que existe em cada coração.

Sendo Gálio procônsul da Acaia, os judeus fizeram em conjunto um levante contra Paulo e o levaram ao tribunal, fazendo a seguinte acusação: "Este homem está persuadindo o povo a adorar a Deus de maneira contrária à lei." Quando Paulo ia começar a falar, Gálio disse aos judeus: "Se vocês, judeus, estivessem apresentando queixa de algum delito ou crime grave, seria razoável que eu os ouvisse. Mas, visto que se trata de uma questão de palavras e nomes de sua própria lei, resolvam o problema vocês mesmos. Não serei juiz dessas coisas." E mandou expulsá-los do tribunal. Então todos se voltaram contra Sóstenes, o chefe da sinagoga, e o espancaram diante do tribunal. Mas Gálio não demonstrou nenhuma preocupação com isso.

Paulo permaneceu em Corinto por algum tempo. Depois despediu-se dos irmãos e navegou para a Síria, acompanhado de Priscila e Áquila. Antes de embarcar, rapou a cabeça em Cencreia, devido a um voto que havia feito. Chegaram a Éfeso, onde Paulo deixou Priscila e Áquila. Ele, porém, entrando na sinagoga, começou a debater com os judeus. Pedindo eles que ficasse mais tempo, não cedeu. Mas, ao partir, prometeu: "Voltarei, se for da vontade de Deus." Então, embarcando, partiu de Éfeso.

Ao chegar a Cesareia, subiu até a igreja para saudá-la e depois desceu para Antioquia.

Depois de passar algum tempo em Antioquia, Paulo partiu dali e viajou por toda a região da Galácia e da Frígia, fortalecendo todos os discípulos.

Enquanto isso, um judeu chamado Apolo, natural de Alexandria, chegou a Éfeso. Ele era homem culto e tinha grande conhecimento das Escrituras. Fora instruído no caminho do Senhor e com grande fervor falava e ensinava com exatidão acerca de Jesus, embora conhecesse apenas o batismo de João. Logo começou a falar corajosamente na sinagoga. Quando Priscila e Áquila o ouviram, convidaram-no para ir à sua casa e lhe explicaram com mais exatidão o caminho de Deus.

Querendo ele ir para a Acaia, os irmãos o encorajaram e escreveram aos discípulos que o recebessem. Ao chegar, ele auxiliou muito os que pela graça haviam crido, pois refutava vigorosamente os judeus em debate público, provando pelas Escrituras que Jesus é o Cristo.

Em toda parte que suas viagens o levavam, Paulo via o poder de Deus agindo na vida das pessoas. Em alguns lugares testemunhou revoluções espirituais que provocavam inúmeras conversões; em outros era perseguido ou espancado. Contudo, sempre confiou que Deus tiraria bons frutos de tudo. Embora fosse um missionário itinerante incansável, ele se estabeleceu, durante períodos de pregação mais longos, em algumas grandes cidades estratégicas, como Antioquia e Corinto. E agora o apóstolo estava prestes a passar mais de dois anos em Éfeso – o mais importante centro comercial da Ásia Menor, que guardava o templo de Ártemis (nome grego da deusa romana Diana), uma das sete maravilhas do mundo antigo.

Enquanto Apolo estava em Corinto, Paulo, atravessando as regiões altas, chegou a Éfeso.

Paulo entrou na sinagoga e ali falou com liberdade durante três meses, argumentando convincentemente acerca do Reino de Deus. Mas alguns deles se endureceram e se recusaram a crer, e começaram a falar mal do Caminho diante da multidão. Paulo, então, afastou-se deles. Tomando consigo os discípulos, passou a ensinar diariamente na escola de Tirano. Isso continuou por dois anos, de forma que todos os judeus e os gregos que viviam na província da Ásia ouviram a palavra do Senhor.

Deus fazia milagres extraordinários por meio de Paulo, de modo que até lenços e aventais que Paulo usava eram levados e colocados sobre os enfermos. Estes eram curados de suas doenças, e os espíritos malignos saíam deles.

Alguns judeus que andavam expulsando espíritos malignos tentaram invocar o nome do Senhor Jesus sobre os endemoninhados, dizendo: "Em nome de Jesus, a quem Paulo prega, eu ordeno que saiam!" Os que estavam fazendo isso eram os sete filhos de Ceva, um dos chefes dos sacerdotes dos judeus. Um dia, o espírito maligno lhes respondeu: "Jesus, eu conheço, Paulo, eu sei quem é; mas vocês, quem são?" Então o endemoninhado saltou sobre eles e os dominou, espancando-os com tamanha violência que eles fugiram da casa nus e feridos.

Quando isso se tornou conhecido pelos judeus e gregos que viviam em Éfeso, todos eles foram tomados de temor; e o nome do Senhor Jesus era engrandecido. Muitos dos que creram vinham, confessavam e declaravam abertamente suas más obras. Grande número dos que tinham praticado ocultismo reuniram seus livros e os queimaram publicamente. Calculado o valor total, este chegou a cinquenta mil dracmas. Dessa maneira a palavra do Senhor muito se difundia e se fortalecia.

Naquele tempo houve um grande tumulto por causa do Caminho. Um ourives chamado Demétrio, que fazia miniaturas de prata do templo de Ártemis e que dava muito lucro aos artífices, reuniu-se com os trabalhadores dessa profissão e disse: "Senhores, vocês sabem que temos uma boa fonte de lucro nesta atividade e estão vendo e ouvindo como este indivíduo, Paulo, está convencendo e desviando grande número de pessoas aqui em Éfeso e em quase toda a província da Ásia. Diz ele que deuses feitos por mãos humanas não são deuses. Não somente há o perigo de nossa profissão perder sua reputação, mas também de o templo da grande deusa Ártemis cair em descrédito e de a própria deusa, adorada em toda a província da Ásia e em todo o mundo, ser destituída de sua majestade divina." Ao ouvirem isso, eles ficaram furiosos e começaram a gritar: "Grande é a Ártemis dos efésios!" Em pouco tempo a cidade toda estava em tumulto. O povo foi às pressas para o teatro, arrastando os companheiros de viagem de Paulo, os macedônios Gaio e Aristarco. Paulo queria apresentar-se à multidão, mas os discípulos não o permitiram. Alguns amigos de Paulo dentre as autoridades da província chegaram a mandar-lhe um recado, pedindo-lhe que não se arriscasse a ir ao teatro.

A assembleia estava em confusão: uns gritavam uma coisa, outros gritavam outra. A maior parte do povo nem sabia por que estava ali. Alguns da multidão julgaram que Alexandre era a causa do tumulto, quando os judeus o empurraram para a frente. Ele fez sinal pedindo silêncio, com a intenção de fazer sua defesa diante do povo. Mas, quando ficaram sabendo que ele era judeu, todos gritaram a uma só voz durante cerca de duas horas: "Grande é a Ártemis dos efésios!" O escrivão da cidade acalmou a multidão e disse: "Efésios, quem não sabe que a cidade de Éfeso é a guardiã do templo da grande Ártemis e da sua imagem que caiu do céu? Portanto, visto que estes fatos são inegáveis, acalmem-se e não façam nada precipitadamente. Vocês trouxeram estes homens aqui, embora eles não tenham roubado templos nem blasfemado contra a nossa deusa. Se Demétrio e seus companheiros de profissão têm alguma queixa contra alguém, os tribunais estão abertos, e há procônsules. Eles que apresentem suas queixas ali. Se há mais alguma coisa que vocês desejam apresentar, isso será decidido em assembleia, conforme a lei. Da maneira como está, corremos o perigo de sermos acusados de perturbar a ordem pública por causa dos acontecimentos de hoje. Nesse caso, não seríamos capazes de justificar este tumulto, visto que não há razão para tal." E, tendo dito isso, encerrou a assembleia.

Cessado o tumulto, Paulo mandou chamar os discípulos e, depois de encorajá-los, despediu-se e partiu para a Macedônia.

Perto do fim do tempo que passou em Éfeso, Paulo escreveu uma carta muito direta aos cristãos de Corinto, conhecida como "Primeira Epístola aos Coríntios". Em Corinto, os seguidores de Jesus tinham que trabalhar duro para manter a fé. A adoração de ídolos era generalizada, pois a cidade abrigava pelo menos 12 templos pagãos. Em uma determinada época, mais de mil prostitutas sagradas "oficiavam" somente no templo de Afrodite. E, infelizmente, em vez de se unirem, os fiéis de Corinto dividiam-se em facções. Os vários trechos da carta de Paulo abordam de forma eloquente os problemas enfrentados, lembrando que Cristo triunfou sobre a morte.

Paulo, chamado para ser apóstolo de Cristo Jesus pela vontade de Deus, e o irmão Sóstenes, à igreja de Deus que está em Corinto, aos santificados em Cristo Jesus e chamados para serem santos, com todos os que, em toda parte, invocam o nome de nosso Senhor Jesus Cristo, Senhor deles e nosso: A vocês, graça e paz da parte de Deus, nosso Pai, e do Senhor Jesus Cristo.

Irmãos, em nome de nosso Senhor Jesus Cristo suplico a todos vocês que concordem uns com os outros no que falam, para que não haja divisões entre vocês; antes, que todos estejam unidos num só pensamento e num só parecer. Meus irmãos, fui informado por alguns da casa de Cloe de que há divisões entre vocês. Com isso quero dizer que algum de vocês afirma: "Eu sou de Paulo"; ou "Eu sou de Apolo"; ou "Eu sou de Pedro"; ou ainda "Eu sou de Cristo". Acaso Cristo está dividido? Foi Paulo crucificado em favor de vocês? Foram vocês batizados em nome de Paulo?

Irmãos, não pude falar a vocês como a espirituais, mas como a carnais, como a crianças em Cristo. Dei a vocês leite, e não alimento sólido, pois vocês não estavam em condições de recebê-lo. De fato, vocês ainda não estão em condições, porque ainda são carnais. Porque, visto que há inveja e divisão entre vocês, não estão sendo carnais e agindo como mundanos? Pois, quando alguém diz: "Eu sou de Paulo" e outro: "Eu sou de Apolo", não estão sendo mundanos?

Afinal de contas, quem é Apolo? Quem é Paulo? Apenas servos por meio dos quais vocês vieram a crer, conforme o ministério que o Senhor atribuiu a cada um. Eu plantei, Apolo regou, mas Deus é quem fez crescer; de modo que nem o que planta nem o que rega são alguma coisa, mas unicamente Deus, que efetua o crescimento. O que planta e o que rega têm um só propósito, e cada um será recompensado de acordo com o seu próprio trabalho. Pois nós somos cooperadores de Deus; vocês são lavoura de Deus e edifício de Deus.

Conforme a graça de Deus que me foi concedida, eu, como sábio construtor, lancei o alicerce, e outro está construindo sobre ele. Contudo, veja cada um como constrói. Porque ninguém pode colocar outro alicerce além do que já está posto, que é Jesus Cristo.

Portanto, ninguém se glorie em homens; porque todas as coisas são de vocês, seja Paulo, seja Apolo, seja Pedro, sejam o mundo, a vida, a morte, o presente ou o futuro; tudo é de vocês, e vocês são de Cristo, e Cristo de Deus.

Já disse por carta que vocês não devem associar-se com pessoas imorais. Com isso não me refiro aos imorais deste mundo nem aos avarentos, aos ladrões ou aos idólatras. Se assim fosse, vocês precisariam sair deste mundo. Mas agora estou escrevendo que não devem associar-se com qualquer que, dizendo-se irmão, seja imoral, avarento, idólatra, caluniador, alcoólatra ou ladrão. Com tais pessoas vocês nem devem comer. Pois como haveria eu de julgar os de fora da igreja? Não devem vocês julgar os que estão dentro? Deus julgará os de fora.

Fujam da imoralidade sexual. Todos os outros pecados que alguém comete, fora do corpo os comete; mas, quem peca sexualmente, peca contra o seu próprio corpo.

Acaso não sabem que o corpo de vocês é santuário do Espírito Santo que habita em vocês, que lhes foi dado por Deus, e que vocês não são de vocês mesmos? Vocês foram comprados por alto preço. Portanto, glorifiquem a Deus com o seu próprio corpo.

Por isso, meus amados irmãos, fujam da idolatria. Estou falando a pessoas sensatas; julguem vocês mesmos o que estou dizendo. Não é verdade que o cálice da bênção que abençoamos é a participação no sangue de Cristo e que o pão que partimos é a participação no corpo de Cristo? Como há somente um pão, nós, que somos muitos, somos um só corpo, pois todos participamos de um único pão. Considerem o povo de Israel: os que comem dos sacrifícios não participam do altar? Portanto, que estou querendo dizer? Será que o sacrifício oferecido a um ídolo é alguma coisa? Ou o ídolo é alguma coisa? Não! Quero dizer que o que os pagãos sacrificam é oferecido aos demônios e não a Deus, e não quero que vocês tenham comunhão com os demônios.

Irmãos, quanto aos dons espirituais, não quero que vocês sejam ignorantes.

Há diferentes tipos de dons, mas o Espírito é o mesmo. Há diferentes tipos de ministérios, mas o Senhor é o mesmo. Há diferentes formas de atuação, mas é o mesmo Deus quem efetua tudo em todos.

Ora, assim como o corpo é uma unidade, embora tenha muitos membros, e todos os membros, mesmo sendo muitos, formam um só corpo, assim também é com respeito a Cristo. Pois em um só corpo todos nós fomos batizados em um único Espírito: quer judeus, quer gregos, quer escravos, quer livres. E a todos nós foi dado beber de um único Espírito.

O corpo não é feito de um só membro, mas de muitos. Se o pé disser: "Porque não sou mão, não pertenço ao corpo", nem por isso deixa de fazer parte do corpo. E se o ouvido disser: "Porque não sou olho, não pertenço ao corpo", nem por isso deixa de fazer parte do corpo. Se todo o corpo fosse olho, onde estaria a audição? Se todo o corpo fosse ouvido, onde estaria o olfato? De fato, Deus dispôs cada um dos membros no corpo, segundo a sua vontade.

Ora, vocês são o corpo de Cristo, e cada um de vocês, individualmente, é membro desse corpo.

Ainda que eu fale as línguas dos homens e dos anjos, se não tiver amor, serei como o sino que ressoa ou como o prato que retine. Ainda que eu tenha o dom de profecia, saiba todos os mistérios e todo o conhecimento e tenha uma fé capaz de mover montanhas, se não tiver amor, nada serei. Ainda que eu dê aos pobres tudo o que possuo e entregue o meu corpo para ser queimado, se não tiver amor, nada disso me valerá.

O amor é paciente, o amor é bondoso. Não inveja, não se vangloria, não se orgulha. Não maltrata, não procura seus interesses, não se ira facilmente, não guarda rancor. O amor não se alegra com a injustiça, mas se alegra com a verdade. Tudo sofre, tudo crê, tudo espera, tudo suporta.

Irmãos, quero lembrá-los do evangelho que preguei a vocês, o qual vocês receberam e no qual estão firmes. Por meio deste evangelho vocês são salvos, desde que se apeguem firmemente à palavra que preguei; caso contrário, vocês têm crido em vão.

Pois o que primeiramente lhes transmiti foi o que recebi: que Cristo morreu pelos nossos pecados, segundo as Escrituras, foi sepultado e ressuscitou no terceiro dia, segundo as Escrituras, e apareceu a Pedro e depois aos Doze. Depois disso, apareceu a mais de quinhentos irmãos de uma só vez, a maioria dos quais ainda vive, embora alguns já tenham adormecido. Depois apareceu a Tiago e, então, a todos os apóstolos; depois destes, apareceu também a mim, como a um que nasceu fora de tempo.

Pois sou o menor dos apóstolos e nem sequer mereço ser chamado apóstolo, porque persegui a igreja de Deus. Mas, pela graça de Deus, sou o que sou, e sua graça para comigo não foi inútil; antes, trabalhei mais do que todos eles; contudo, não eu, mas a graça de Deus comigo.

Portanto, quer tenha sido eu, quer tenham sido eles, é isso que pregamos, e é nisso que vocês creram. Ora, se está sendo pregado que Cristo ressuscitou dentre os mortos, como alguns de vocês estão dizendo que não existe ressurreição dos mortos? Se não há ressurreição dos mortos, nem Cristo ressuscitou; e, se Cristo não ressuscitou, é inútil a nossa pregação, como também é inútil a fé que vocês têm. Mais que isso, seremos considerados falsas testemunhas de Deus, pois contra ele testemunhamos que ressuscitou a Cristo dentre os mortos. Mas, se de fato os mortos não ressuscitam, ele também não ressuscitou a Cristo. Pois, se os mortos não ressuscitam, nem mesmo Cristo ressuscitou. E, se Cristo não ressuscitou, inútil é a fé que vocês têm, e ainda estão em seus pecados. Neste caso, também os que dormiram em Cristo estão perdidos. Se é somente para esta vida que temos esperança em Cristo, somos, de todos os homens, os mais dignos de compaixão.

Mas de fato Cristo ressuscitou dentre os mortos, sendo ele as primícias entre aqueles que dormiram. Visto que a morte veio por meio de um só homem, também a ressurreição dos mortos veio por meio de um só homem. Pois, da mesma forma que em Adão todos morrem, em Cristo todos serão vivificados. Mas cada um por sua vez: Cristo, o primeiro; depois, quando ele vier, os que lhe pertencem. Então virá o fim, quando ele entregar o Reino a Deus, o Pai, depois de ter destruído todo domínio, toda autoridade e todo poder. Pois é necessário que ele reine até que todos os seus inimigos sejam postos debaixo de seus pés.

Eis que eu lhes digo um mistério: Nem todos dormiremos, mas todos seremos transformados, num momento, num abrir e fechar de olhos, ao som da última trombeta. Pois a trombeta soará, os mortos ressuscitarão incorruptíveis e nós seremos transformados.

Pois é necessário que aquilo que é corruptível se revista de incorruptibilidade, e aquilo que é mortal se revista de imortalidade. Quando, porém, o que é corruptível se revestir de incorruptibilidade e o que é mortal de imortalidade, então se cumprirá a palavra que está escrita: "A morte foi destruída pela vitória."

"Onde está, ó morte,
a sua vitória?
Onde está, ó morte,
o seu aguilhão?"

O aguilhão da morte é o pecado, e a força do pecado é a Lei. Mas graças a Deus, que nos dá a vitória por meio de nosso Senhor Jesus Cristo.

Portanto, meus amados irmãos, mantenham-se firmes, e que nada os abale. Sejam sempre dedicados à obra do Senhor, pois vocês sabem que, no Senhor, o trabalho de vocês não será inútil.

As igrejas da província da Ásia enviam saudações. Áquila e Priscila os saúdam afetuosamente no Senhor, e também a igreja que se reúne na casa deles. Todos os irmãos daqui enviam saudações. Saúdem uns aos outros com beijo santo.

Eu, Paulo, escrevi esta saudação de próprio punho.

Se alguém não ama o Senhor, seja amaldiçoado. Vem, Senhor!

A graça do Senhor Jesus seja com vocês.

Recebam o amor que tenho por todos vocês em Cristo Jesus. Amém.

Como podemos agradar ao Senhor? Muitas religiões ensinam que é preciso aplacar a ira dos deuses com oferendas e rituais. A História de Deus, no entanto, elimina essas práticas religiosas. A fé em Jesus Cristo é o nosso caminho para o Todo-poderoso, e Ele nos pede apenas que sigamos Seu Filho por meio de nossos atos. Ao se tornarem seguidores de Cristo, os fiéis são libertados do pecado e da obrigação dos rituais.

Os cristãos da Galácia estavam sofrendo a influência dos cristãos judeus que acreditavam na obrigatoriedade de uma série de práticas e cerimônias do judaísmo. Paulo escreveu às igrejas dessa região da Ásia Menor alertando para o fato de seus adeptos estarem abandonando Deus e abraçando um falso evangelho. Ele proclamou que precisamos conquistar a confiança de Deus através de Jesus. Só assim alcançaremos a liberdade.

Paulo, apóstolo enviado, não da parte de homens nem por meio de pessoa alguma, mas por Jesus Cristo e por Deus Pai, que o ressuscitou dos mortos, e todos os irmãos que estão comigo, às igrejas da Galácia:

A vocês, graça e paz da parte de Deus nosso Pai e do Senhor Jesus Cristo, que se entregou a si mesmo por nossos pecados a fim de nos resgatar desta presente era perversa, segundo a vontade de nosso Deus e Pai, a quem seja a glória para todo o sempre. Amém.

Admiro-me de que vocês estejam abandonando tão rapidamente aquele que os chamou pela graça de Cristo, para seguirem outro evangelho que, na realidade, não é o evangelho. O que ocorre é que algumas pessoas os estão perturbando, querendo perverter o evangelho de Cristo. Mas, ainda que nós ou um anjo dos céus pregue um evangelho diferente daquele que pregamos a vocês, que seja amaldiçoado! Como já dissemos, agora repito: Se alguém anuncia a vocês um evangelho diferente daquele que já receberam, que seja amaldiçoado!

Ó gálatas insensatos! Quem os enfeitiçou? Não foi diante dos seus olhos que Jesus Cristo foi exposto como crucificado? Gostaria de saber apenas uma coisa: foi pela prática da Lei que vocês receberam o Espírito, ou pela fé naquilo que ouviram? Será que vocês são tão insensatos que, tendo começado pelo Espírito, querem agora se aperfeiçoar pelo esforço próprio? Será que foi inútil sofrerem tantas coisas? Se é que foi inútil! Aquele que dá o seu Espírito e opera milagres entre vocês realiza essas coisas pela prática da Lei ou pela fé com a qual receberam a palavra?

Já os que se apoiam na prática da Lei estão debaixo de maldição, pois está escrito: "Maldito todo aquele que não persiste em praticar todas as coisas escritas no livro da Lei." É evidente que diante de Deus ninguém é justificado pela Lei, pois "o justo viverá pela fé".

Antes que viesse essa fé, estávamos sob a custódia da Lei, nela encerrados, até que a fé que haveria de vir fosse revelada. Assim, a Lei foi o nosso tutor até Cristo, para que fôssemos justificados pela fé. Agora, porém, tendo chegado a fé, já não estamos mais sob o controle do tutor. Todos vocês são filhos de Deus mediante a fé em Cristo Jesus, pois, os que em Cristo foram batizados, de Cristo se revestiram. Não há judeu nem grego, escravo nem livre, homem nem mulher; pois todos são um em Cristo Jesus.

Foi para a liberdade que Cristo nos libertou.

Irmãos, vocês foram chamados para a liberdade. Mas não usem a liberdade para dar ocasião à vontade da carne; ao contrário, sirvam uns aos outros mediante o amor.

Ora, as obras da carne são manifestas: imoralidade sexual, impureza e libertinagem; idolatria e feitiçaria; ódio, discórdia, ciúmes, ira, egoísmo, dissensões, facções e inveja; embriaguez, orgias e coisas semelhantes. Eu os advirto, como antes já os adverti: Aqueles que praticam essas coisas não herdarão o Reino de Deus. Mas o fruto do Espírito é amor, alegria, paz, paciência, amabilidade, bondade, fidelidade, mansidão e domínio próprio. Contra essas coisas não há lei. Os que pertencem a Cristo Jesus crucificaram a carne, com as suas paixões e os seus desejos. Se vivemos pelo Espírito, andemos também pelo Espírito. Não sejamos presunçosos, provocando uns aos outros e tendo inveja uns dos outros.

Irmãos, que a graça de nosso Senhor Jesus Cristo seja com o espírito de vocês. Amém.

Paulo nunca havia visitado a igreja de Roma, que era composta de cristãos judeus e de uma maioria de cristãos gentios. Por volta de 57 d.C., o apóstolo lhes escreveu uma carta extraordinária para consolidar a maneira como viam a história de Deus sobre Jesus, o Messias, e lhes dar coragem em tempos difíceis. Essa correspondência brilhante traçou as verdades fundamentais do cristianismo e respondeu a questões complexas sobre o pecado, a graça, a lei judaica e o poder eterno do amor de Deus.

Paulo, servo de Cristo Jesus, chamado para ser apóstolo, separado para o evangelho de Deus, o qual foi prometido por ele de antemão por meio dos seus profetas nas Escrituras Sagradas, acerca de seu Filho, que, como homem, era descendente de Davi, e que mediante o Espírito de santidade foi declarado Filho de Deus com poder, pela sua ressurreição dentre os mortos: Jesus Cristo, nosso Senhor.

A todos os que em Roma são amados de Deus e chamados para serem santos: a vocês, graça e paz da parte de Deus nosso Pai e do Senhor Jesus Cristo.

Não me envergonho do evangelho, porque é o poder de Deus para a salvação de todo aquele que crê: primeiro do judeu, depois do grego. Porque no evangelho é revelada a justiça de Deus, uma justiça que do princípio ao fim é pela fé, como está escrito: "O justo viverá pela fé."

Sabemos que tudo o que a Lei diz, o diz àqueles que estão debaixo dela, para que toda boca se cale e o mundo todo esteja sob o juízo de Deus. Portanto, ninguém será declarado justo diante dele baseando-se na obediência à Lei, pois é mediante a Lei que nos tornamos plenamente conscientes do pecado.

Mas agora se manifestou uma justiça que provém de Deus, independente da Lei, da qual testemunham a Lei e os Profetas, justiça de Deus mediante a fé em Jesus Cristo para todos os que creem. Não há distinção, pois todos pecaram e estão destituídos da glória de Deus, sendo justificados gratuitamente por sua graça, por meio da redenção[2] que há em Cristo Jesus. Deus o ofereceu como sacrifício para propiciação[3] mediante a fé, pelo seu sangue, demonstrando a sua justiça. Em sua tolerância, havia deixado impunes os pecados anteriormente

2. **Redenção:** A libertação da dívida da humanidade para com Deus por tê-Lo desobedecido e o consequente restabelecimento de um vínculo com Ele.
3. **Propiciação:** Redimir-se aos olhos de Deus por uma transgressão (pecado) por meio de um sacrifício. No Velho Testamento, o produto das colheitas ou o gado eram oferecidos ou sacrificados com esse intuito; no Novo Testamento, a morte de Jesus foi o sacrifício que Ele pagou pelos pecados do Seu povo.

cometidos; mas, no presente, demonstrou a sua justiça, a fim de ser justo e justificador daquele que tem fé em Jesus.

Onde está, então, o motivo de vanglória? É excluído. Baseado em que princípio? No da obediência à Lei? Não, mas no princípio da fé. Pois sustentamos que o homem é justificado pela fé, independente da obediência à Lei.

Portanto, que diremos do nosso antepassado Abraão? Se de fato Abraão foi justificado pelas obras, ele tem do que se gloriar, mas não diante de Deus. Que diz a Escritura? "Abraão creu em Deus, e isso lhe foi creditado como justiça." Ora, o salário do homem que trabalha não é considerado como favor, mas como dívida. Todavia, àquele que não trabalha, mas confia em Deus, que justifica o ímpio, sua fé lhe é creditada como justiça. Davi diz a mesma coisa quando fala da felicidade do homem a quem Deus credita justiça independente de obras:

> "Como são felizes aqueles
>   que têm suas transgressões
>   perdoadas,
>   cujos pecados são apagados!
> Como é feliz aquele
>   a quem o Senhor não atribui culpa!"

Tendo sido, pois, justificados pela fé, temos paz com Deus, por nosso Senhor Jesus Cristo, por meio de quem obtivemos acesso pela fé a esta graça na qual agora estamos firmes; e nos gloriamos na esperança da glória de Deus. Não só isso, mas também nos gloriamos nas tribulações, porque sabemos que a tribulação produz perseverança; a perseverança, um caráter aprovado; e o caráter aprovado, esperança. E a esperança não nos decepciona, porque Deus derramou seu amor em nossos corações, por meio do Espírito Santo que ele nos concedeu. De fato, no devido tempo, quando ainda éramos fracos, Cristo morreu pelos ímpios. Dificilmente haverá alguém que morra por um justo, embora pelo homem bom talvez alguém tenha coragem de morrer. Mas Deus demonstra seu amor por nós: Cristo morreu em nosso favor quando ainda éramos pecadores. Como agora fomos justificados por seu sangue, muito mais ainda, por meio dele, seremos salvos da ira de Deus! Se quando éramos inimigos de Deus fomos reconciliados com ele mediante a morte de seu Filho, quanto mais agora, tendo sido reconciliados, seremos salvos por sua vida! Não apenas isso, mas também nos gloriamos em Deus, por meio de nosso Senhor Jesus Cristo, mediante quem recebemos agora a reconciliação.

Portanto, agora já não há condenação para os que estão em Cristo Jesus, porque por meio de Cristo Jesus a lei do Espírito de vida me libertou da lei do pecado e da morte. Porque, aquilo que a Lei fora incapaz de fazer por estar enfraquecida pela carne, Deus o fez, enviando seu próprio Filho, à semelhança do homem pecador, como oferta pelo pecado. E assim condenou o pecado na carne, a fim de que as justas exigências da Lei fossem plenamente satisfeitas em nós, que não vivemos segundo a carne, mas segundo o Espírito.

Portanto, irmãos, estamos em dívida, não para com a carne, para vivermos sujeitos a ela. Pois, se vocês viverem de acordo com a carne, morrerão; mas, se pelo Espírito fizerem morrer os atos do corpo, viverão, porque todos os que são guiados pelo Espírito de Deus são filhos de Deus.

Pois vocês não receberam um espírito que os escravize para novamente temerem, mas receberam o Espírito que os torna filhos por adoção, por meio do qual clamamos: "Aba, Pai". O próprio Espírito testemunha ao nosso espírito que somos filhos de Deus. Se somos filhos, então somos herdeiros; herdeiros de Deus e co-herdeiros com Cristo, se de fato participamos dos seus sofrimentos, para que também participemos da sua glória.

Considero que os nossos sofrimentos atuais não podem ser comparados com a glória que em nós será revelada.

Sabemos que Deus age em todas as coisas para o bem daqueles que o amam, dos que foram chamados de acordo com o seu propósito.

Que diremos, pois, diante dessas coisas? Se Deus é por nós, quem será contra nós? Aquele que não poupou seu próprio Filho, mas o entregou por todos nós, como não nos dará com ele, e de graça, todas as coisas? Quem fará alguma acusação contra os escolhidos de Deus? É Deus quem os justifica. Quem os condenará? Foi Cristo Jesus que morreu; e mais, que ressuscitou e está à direita de Deus, e também intercede por nós.

Quem nos separará do amor de Cristo? Será tribulação, ou angústia, ou perseguição, ou fome, ou nudez, ou perigo, ou espada? Como está escrito:

> "Por amor de ti enfrentamos
> a morte todos os dias;
> somos considerados
> como ovelhas
> destinadas ao matadouro."

Mas em todas estas coisas somos mais que vencedores, por meio daquele que nos amou. Pois estou convencido de que nem morte nem vida, nem anjos nem demônios, nem o presente nem o futuro, nem quaisquer poderes, nem altura nem profundidade, nem qualquer outra coisa na criação será capaz de nos separar do amor de Deus que está em Cristo Jesus, nosso Senhor.

Portanto, irmãos, rogo pelas misericórdias de Deus que se ofereçam em sacrifício vivo, santo e agradável a Deus; este é o culto racional de vocês. Não se amoldem ao padrão deste mundo, mas transformem-se pela renovação da sua mente, para que sejam capazes de experimentar e comprovar a boa, agradável e perfeita vontade de Deus.

Por isso, pela graça que me foi dada, digo a todos vocês: Ninguém tenha de si mesmo um conceito mais elevado do que deve ter; mas, ao contrário, tenha um conceito equilibrado, de acordo com a medida da fé que Deus lhe concedeu. Assim como cada um de nós tem um corpo com muitos membros, e esses membros não exercem todos a mesma função, assim também em Cristo nós, que somos muitos, formamos um corpo, e cada membro está ligado a todos os outros. Temos diferentes dons, de acordo com a graça que nos foi dada. Se alguém tem o dom de profetizar, use-o na proporção da sua fé. Se o seu dom é servir, sirva; se é ensinar, ensine; se é dar ânimo, que assim faça; se é contribuir, que contribua generosamente; se é exercer liderança, que a exerça com zelo; se é mostrar misericórdia, que o faça com alegria.

É por isso que muitas vezes fui impedido de chegar até vocês. Mas agora, não havendo nestas regiões nenhum lugar em que precise trabalhar e visto que há muitos anos anseio vê-los, planejo fazê-lo quando for à Espanha. Espero visitá-los de passagem e dar a vocês a oportunidade de me ajudarem em minha viagem para lá, depois de ter desfrutado um pouco da companhia de vocês. Agora, porém, estou de partida para Jerusalém, a serviço dos santos. Pois a Macedônia e a Acaia tiveram a alegria de contribuir para os pobres que estão entre os santos de Jerusalém. Tiveram prazer nisso e de fato são devedores aos santos de Jerusalém. Pois, se os gentios participaram das bênçãos espirituais dos judeus, devem também servir aos judeus com seus bens materiais. Assim, depois de completar essa tarefa e de ter a certeza de que eles receberam esse fruto, irei à Espanha e visitarei vocês de passagem. Sei que, quando for visitá-los, irei na plenitude da bênção de Cristo.

Recomendo, irmãos, por nosso Senhor Jesus Cristo e pelo amor do Espírito, que se unam a mim em minha luta, orando a Deus em meu favor. Orem para que eu esteja livre dos descrentes da Judeia e que o meu serviço em Jerusalém seja aceitável aos santos, de forma que, pela vontade de Deus, eu os visite com alegria e com vocês desfrute de um período de refrigério. O Deus da paz seja com todos vocês. Amém.

Após viajar por toda a Macedônia e incentivar muitos naquela região, Paulo voltou os olhos para Jerusalém. Ele sentia que Deus o compelia a retornar para lá com urgência, embora suspeitasse que enfrentaria dificuldades na Cidade Santa. Lucas, o médico, viajava com ele nessa época e registrou no livro dos Atos um espetacular relato de suas últimas experiências juntos.

Capítulo 31

Os últimos dias de Paulo

Quanto a nós, fomos até o navio e embarcamos para Assôs, onde iríamos receber Paulo a bordo. Assim ele tinha determinado, tendo preferido ir a pé. Quando nos encontrou em Assôs, nós o recebemos a bordo e prosseguimos até Mitilene. No dia seguinte navegamos dali e chegamos defronte de Quio; no outro dia atravessamos para Samos e, um dia depois, chegamos a Mileto. Paulo tinha decidido não aportar em Éfeso, para não se demorar na província da Ásia, pois estava com pressa de chegar a Jerusalém, se possível antes do dia de Pentecostes.

De Mileto, Paulo mandou chamar os presbíteros da igreja de Éfeso. Quando chegaram, ele lhes disse:

"Vocês sabem como vivi todo o tempo em que estive com vocês, desde o primeiro dia em que cheguei à província da Ásia. Servi ao Senhor com toda a humildade e com lágrimas, sendo severamente provado pelas conspirações dos judeus. Vocês sabem que não deixei de pregar a vocês nada que fosse proveitoso, mas ensinei tudo publicamente e de casa em casa. Testifiquei, tanto a judeus como a gregos, que eles precisam converter-se a Deus com arrependimento e fé em nosso Senhor Jesus.

"Agora, compelido pelo Espírito, estou indo para Jerusalém, sem saber o que me acontecerá ali. Só sei que, em todas as cidades, o Espírito Santo me avisa que prisões e sofrimentos me esperam. Todavia, não me importo, nem considero a minha vida de valor algum para mim mesmo, se tão somente puder terminar a corrida e completar o ministério que o Senhor Jesus me confiou, de testemunhar do evangelho da graça de Deus.

"Agora sei que nenhum de vocês, entre os quais passei pregando o Reino, verá novamente a minha face. Portanto, eu declaro hoje que estou inocente do sangue de todos. Pois não deixei de proclamar a vocês toda a vontade de Deus.

"Cuidem de vocês mesmos e de todo o rebanho sobre o qual o Espírito Santo os designou como bispos, para pastorearem a igreja de Deus, que ele comprou com o seu próprio sangue."

Tendo dito isso, ajoelhou-se com todos eles e orou. Todos choraram muito e, abraçando-o, o beijavam. O que mais os entristeceu foi a declaração de que nunca mais veriam a sua face. Então o acompanharam até o navio.

Demos prosseguimento à nossa viagem partindo de Tiro e aportamos em Ptolemaida, onde saudamos os irmãos e passamos um dia com eles. Partindo no dia seguinte, chegamos a Cesareia e ficamos na casa de Filipe, o evangelista, um dos sete. Ele tinha quatro filhas virgens, que profetizavam. Depois de passarmos ali vários dias, desceu da Judeia um profeta chamado Ágabo. Vindo ao nosso encontro, tomou o cinto de Paulo e, amarrando as suas próprias mãos e pés, disse: "Assim diz o Espírito Santo: 'Desta maneira os judeus amarrarão o dono deste cinto em Jerusalém e o entregarão aos gentios.'" Quando ouvimos isso, nós e o povo dali rogamos a Paulo que não subisse para Jerusalém. Então Paulo respondeu: "Por que vocês estão chorando e partindo o meu coração? Estou pronto não apenas para ser amarrado, mas também para morrer em Jerusalém pelo nome do Senhor Jesus." Como não pudemos dissuadi-lo, desistimos e dissemos: "Seja feita a vontade do Senhor."

Depois disso, preparamo-nos e subimos para Jerusalém.

Diante de um alerta tão poderoso quanto a mensagem profética de Ágabo, a maioria das pessoas buscaria proteção longe do perigo anunciado. Paulo, no entanto, tinha uma missão e não recuaria. Seu senso de autopreservação baseava-se em Deus somente. Chegando a Jerusalém, foi recebido calorosamente pelos fiéis da região, que ficaram entusiasmados ao ouvirem o que o Senhor havia feito entre os gentios através do seu ministério. Quando ele foi ao templo, seus inimigos reconheceram uma oportunidade. Paulo aproveitou aquela chance para recontar sua história: a de que Jesus estava vivo e havia aparecido para ele em uma visão miraculosa na estrada de Damasco.

Quando já estavam para terminar os sete dias, alguns judeus da província da Ásia, vendo Paulo no templo, agitaram toda a multidão e o agarraram, gritando: "Israelitas, ajudem-nos! Este é o homem que ensina a todos em toda parte contra o nosso povo, contra a nossa lei e contra este lugar. Além disso, ele fez entrar gregos no templo e profanou este santo lugar." Anteriormente eles haviam visto o efésio Trófimo na cidade com Paulo e julgaram que Paulo o tinha introduzido no templo.

Toda a cidade ficou alvoroçada, e juntou-se uma multidão. Agarrando Paulo, arrastaram-no para fora do templo, e imediatamente as portas foram fechadas. Tentando eles matá-lo, chegaram notícias ao comandante das tropas romanas de que toda a cidade de Jerusalém estava em tumulto. Ele reuniu imediatamente alguns oficiais e soldados e com eles correu para o meio da multidão. Quando viram o comandante e os seus soldados, pararam de espancar Paulo. O comandante chegou, prendeu-o e ordenou que ele fosse amarrado com duas correntes. Então perguntou quem era ele e o que tinha feito. Alguns da multidão gritavam uma coisa, outros gritavam outra; não conseguindo saber ao certo o que havia acontecido, por causa do tumulto, o comandante ordenou que Paulo fosse levado para a fortaleza. Quando chegou às escadas, a violência do povo era tão grande que ele precisou ser carregado pelos soldados. A multidão que o seguia continuava gritando: "Acaba com ele!"

Quando os soldados estavam para introduzir Paulo na fortaleza, ele perguntou ao comandante: "Posso dizer-te algo?" "Você fala grego?", perguntou ele. "Não é você o egípcio que iniciou uma revolta e há algum tempo levou quatro mil assassinos para o deserto?" Paulo respondeu: "Sou judeu, cidadão de Tarso, cidade importante da Cilícia. Permite-me falar ao povo." Tendo recebido permissão do comandante, Paulo levantou-se na escadaria e fez sinal à multidão. Quando todos fizeram silêncio, dirigiu-se a eles em aramaico:

"Irmãos e pais, ouçam agora a minha defesa." Quando ouviram que lhes falava em aramaico, ficaram em absoluto silêncio. Então Paulo disse: "Sou judeu, nascido em Tarso da Cilícia, mas criado nesta cidade. Fui instruído rigorosamente por Gamaliel na lei de nossos antepassados, sendo tão zeloso por Deus quanto qualquer de vocês hoje. Persegui os seguidores deste Caminho até a morte, prendendo tanto homens como mulheres e lançando-os na prisão, como o podem testemunhar o sumo sacerdote e todo o Sinédrio; deles cheguei a obter cartas para seus irmãos em Damasco e fui até lá, a fim de trazer essas pessoas a Jerusalém como prisioneiras, para serem punidas.

"Por volta do meio-dia, eu me aproximava de Damasco, quando de repente uma forte luz vinda do céu brilhou ao meu redor. Caí por terra e ouvi uma voz que me dizia: 'Saulo, Saulo, por que você está me perseguindo?' Então perguntei: Quem és tu, Senhor? E ele respondeu: 'Eu sou Jesus, o Nazareno, a quem você persegue.' Os que me acompanhavam viram a luz, mas não entenderam a voz daquele que falava comigo. Assim perguntei: Que devo fazer, Senhor? Disse o Senhor: 'Levante-se, entre em Damasco, onde lhe será dito o que você deve fazer.' Os que estavam comigo me levaram pela mão até Damasco, porque o resplendor da luz me deixara cego.

"Um homem chamado Ananias, fiel seguidor da lei e muito respeitado por todos os judeus que ali viviam, veio ver-me e, pondo-se junto a mim, disse: 'Irmão Saulo, recupere a visão.' Naquele mesmo instante pude vê-lo. Então ele disse: 'O Deus dos nossos antepassados o escolheu para conhecer a sua vontade, ver o Justo e ouvir as palavras de sua boca. Você será testemunha dele a todos os homens daquilo que viu e ouviu. E, agora, que está esperando? Levante-se, seja batizado e lave os seus pecados, invocando o nome dele.'

"Quando voltei a Jerusalém, estando eu a orar no templo, caí em êxtase e vi o Senhor, que me dizia: 'Depressa! Saia de Jerusalém imediatamente, pois não aceitarão seu testemunho a meu respeito.' Eu respondi: 'Senhor, estes homens sabem que eu ia de uma sinagoga a outra, a fim de prender e açoitar os que creem em ti. E, quando foi derramado o sangue de tua testemunha Estêvão, eu estava lá, dando minha aprovação e cuidando das roupas dos que o matavam.' Então o Senhor me disse: 'Vá, eu o enviarei para longe, aos gentios.'"

A multidão ouvia Paulo até que ele disse isso. Então todos levantaram a voz e gritaram: "Tira esse homem da face da terra! Ele não merece viver!" Estando eles gritando, tirando suas capas e lançando poeira para o ar, o comandante ordenou que Paulo fosse levado à fortaleza e fosse açoitado e interrogado, para saber por que o povo gritava daquela forma contra ele.

Enquanto o amarravam a fim de açoitá-lo, Paulo disse ao centurião que ali estava: "Vocês têm o direito de açoitar um cidadão romano sem que ele tenha sido condenado?" Ao ouvir isso, o centurião foi prevenir o comandante: "Que vais fazer? Este homem é cidadão romano." O comandante dirigiu-se a Paulo e perguntou: "Diga-me, você é cidadão romano?" Ele respondeu: "Sim, sou." Então o comandante disse: "Eu precisei pagar um elevado preço por minha cidadania." Respondeu Paulo: "Eu a tenho por direito de nascimento." Os que iam interrogá-lo retiraram-se imediatamente. O próprio comandante ficou alarmado ao saber que havia prendido um cidadão romano.

No dia seguinte, visto que o comandante queria descobrir exatamente por que Paulo estava sendo acusado pelos judeus, libertou-o e ordenou que se reunissem os chefes dos sacerdotes e todo o Sinédrio. Então, trazendo Paulo, apresentou-o a eles.

Paulo, fixando os olhos no Sinédrio, disse: "Meus irmãos, tenho cumprido meu dever para com Deus com toda a boa consciência até o dia de hoje." Diante disso, o sumo sacerdote Ananias deu ordens aos que estavam perto de Paulo para que lhe batessem na boca. Então Paulo lhe disse: "Deus te ferirá, parede branqueada! Estás aí sentado para me julgar conforme a lei, mas contra a lei me mandas ferir?" Os que estavam perto de Paulo disseram: "Você ousa insultar o sumo sacerdote de Deus?" Paulo respondeu: "Irmãos, eu não sabia que ele era o sumo sacerdote, pois está escrito: 'Não fale mal de uma autoridade do seu povo'".

Então Paulo, sabendo que alguns deles eram saduceus e outros fariseus, bradou no Sinédrio: "Irmãos, sou fariseu, filho de fariseu. Estou sendo julgado por causa da minha esperança na ressurreição dos mortos!" Dizendo isso, surgiu uma violenta discussão entre os fariseus e os saduceus, e a assembleia ficou dividida. (Os saduceus dizem que não há ressurreição, nem anjos, nem espíritos, mas os fariseus admitem todas essas coisas.) Houve um grande alvoroço, e alguns dos mestres da lei que eram fariseus se levantaram e começaram a discutir intensamente, dizendo: "Não encontramos nada de errado neste homem. Quem sabe se algum espírito ou anjo falou com ele?" A discussão tornou-se tão violenta que o comandante teve medo de que Paulo fosse despedaçado por eles. Então ordenou que as tropas descessem e o retirassem à força do meio deles, levando-o para a fortaleza.

Na noite seguinte o Senhor, pondo-se ao lado dele, disse: "Coragem! Assim como você testemunhou a meu respeito em Jerusalém, deverá testemunhar também em Roma."

Na manhã seguinte os judeus tramaram uma conspiração e juraram solenemente que não comeriam nem beberiam enquanto não matassem Paulo. Mais de quarenta homens estavam envolvidos nessa conspiração. E, dirigindo-se aos chefes dos sacerdotes e aos líderes dos judeus, disseram: "Juramos solenemente, sob maldição, que não comeremos nada enquanto não matarmos Paulo. Agora, portanto, vocês e o Sinédrio peçam ao comandante que o faça comparecer diante de vocês com o pretexto de obter informações mais exatas sobre o seu caso. Estaremos prontos para matá-lo antes que ele chegue aqui." Entretanto, o sobrinho de Paulo, filho de sua irmã, teve conhecimento dessa conspiração, foi à fortaleza e contou tudo a Paulo, que, chamando um dos centuriões, disse: "Leve este rapaz ao comandante; ele tem algo para lhe dizer." Assim, ele o levou ao comandante. Então disse o centurião: "Paulo, o prisioneiro, chamou-me, pediu-me que te trouxesse este rapaz, pois ele tem algo para te falar." O comandante tomou o rapaz pela mão, levou-o à parte e perguntou: "O que você tem para me dizer?" Ele respondeu: "Os judeus planejaram pedir-te que apresentes Paulo ao Sinédrio amanhã, sob pretexto de buscar informações mais exatas a respeito dele. Não te deixes convencer, pois mais de quarenta deles estão preparando uma emboscada contra Paulo. Eles juraram solenemente não comer nem beber enquanto não o matarem. Estão preparados agora, esperando que prometas atender-lhes o pedido."

O comandante despediu o rapaz e recomendou-lhe: "Não diga a ninguém que você me contou isso." Então ele chamou dois de seus centuriões e ordenou-lhes: "Preparem um destacamento de duzentos soldados, setenta cavaleiros e duzentos lanceiros a fim de irem para Cesareia esta noite, às nove horas. Providenciem montarias para Paulo e levem-no em segurança ao governador Félix."

O comandante escreveu uma carta nestes termos: "Cláudio Lísias, ao Excelentíssimo Governador Félix, Saudações. Este homem foi preso pelos judeus, que estavam prestes a matá-lo quando eu, chegando com minhas tropas, o resgatei, pois soube que ele é cidadão romano. Querendo saber por que o estavam acusando, levei-o ao Sinédrio deles. Descobri que ele estava sendo acusado em questões acerca da lei deles, mas não havia contra ele nenhuma acusação que merecesse morte ou prisão. Quando fui informado de que estava sendo preparada uma cilada contra ele, enviei-o imediatamente a Vossa Excelência. Também ordenei que os seus acusadores apresentassem a Vossa Excelência aquilo que têm contra ele."

Os soldados, cumprindo o seu dever, levaram Paulo durante a noite e chegaram a Antipátride. No dia seguinte deixaram a cavalaria prosseguir com ele e voltaram para a fortaleza. Quando a cavalaria chegou a Cesareia, deu a carta ao governador e lhe entregou Paulo. O governador leu a carta e perguntou de que província era ele. Informado de que era da Cilícia, disse: "Ouvirei seu caso quando os seus acusadores chegarem aqui." Então ordenou que Paulo fosse mantido sob custódia no palácio de Herodes.

A prisão de Paulo pode ter sido causada por qualquer coisa, menos por um comportamento criminoso, e os anos que ele passou aguardando a justiça romana

teriam vergado a maioria dos homens. Nenhum dos oficiais que ele enfrentou conseguia encontrar um crime no qual enquadrá-lo (Paulo estava sendo acusado de sedição), mas tampouco o libertaria, por medo das repercussões políticas. Félix, o governante de Roma, manteve Paulo em custódia por dois anos, mandando chamá-lo à sua presença com frequência, na esperança de que o apóstolo lhe oferecesse um suborno. Finalmente, Félix foi convocado de volta a Roma por ter fracassado, entre outras coisas, em controlar uma insurreição regional.

Imediatamente os líderes judaicos pediram a Festo, o novo governante, que transferisse Paulo de Cesareia para Jerusalém. O apóstolo – um cidadão romano – foi obrigado a exercer seu direito de apelar a César no intuito de evitar o grande perigo de ser enviado para a Cidade Santa. Em seguida, Paulo se apresentou diante do rei Herodes Agripa II. Agripa e Festo concordaram que ele não era culpado de crime algum. No entanto, Paulo já havia apelado a César, de modo que a corte imperial romana poderia finalmente ter o privilégio de conduzir o caso.

A defesa de Paulo perante essas autoridades foi mais uma continuação do trabalho de sua vida do que um pedido de justiça por parte de um réu. O apóstolo tentou lhes mostrar como a fé em Jesus era importante – para eles e para todos! Eles se recusaram a aceitar seus argumentos e o colocaram em um navio que partia para Roma.

Quando ficou decidido que navegaríamos para a Itália, Paulo e alguns outros presos foram entregues a um centurião chamado Júlio, que pertencia ao Regimento Imperial. Embarcamos num navio de Adramítio, que estava de partida para alguns lugares da província da Ásia, e saímos ao mar, estando conosco Aristarco, um macedônio de Tessalônica. No dia seguinte, ancoramos em Sidom; e Júlio, num gesto de bondade para com Paulo, permitiu-lhe que fosse ao encontro dos seus amigos, para que estes suprissem as suas necessidades. Quando partimos de lá, passamos ao norte de Chipre, porque os ventos nos eram contrários. Tendo atravessado o mar aberto ao longo da Cilícia e da Panfília, ancoramos em Mirra, na Lícia. Ali, o centurião encontrou um navio alexandrino que estava de partida para a Itália e nele nos fez embarcar.

Navegamos vagarosamente por muitos dias e tivemos dificuldade para chegar a Cnido. Não sendo possível prosseguir em nossa rota, devido aos ventos contrários, navegamos ao sul de Creta, defronte de Salmona. Costeamos a ilha com dificuldade e chegamos a um lugar chamado Bons Portos, perto da cidade de Laseia.

Tínhamos perdido muito tempo, e agora a navegação se tornara perigosa, pois já havia passado o Jejum. Por isso, Paulo os advertiu: "Senhores, vejo que a nossa viagem será desastrosa e acarretará grande prejuízo para o navio, para a carga e também para a nossa vida." Mas o centurião, em vez de ouvir o que Paulo falava, seguiu o conselho do piloto e do dono do navio. Visto que o porto não era próprio para passar o inverno, a maioria decidiu que deveríamos continuar navegando, com a esperança de alcançar Fenice e ali passar o inverno. Este era um porto de Creta, que dava para sudoeste e noroeste.

Começando a soprar suavemente o vento sul, eles pensaram que haviam obtido o que desejavam; por isso levantaram âncoras e foram navegando ao longo da costa de Creta. Pouco tempo depois, desencadeou-se da ilha um vento muito forte, chamado Nordeste. O navio foi arrastado pela tempestade, sem poder resistir ao vento; assim, cessamos as manobras e ficamos à deriva. Passando ao sul de uma pequena ilha chamada Clauda, foi com dificuldade que conseguimos recolher o barco salva-vidas. Levantando-o, lançaram mão de todos os meios para reforçar o navio com cordas; e, temendo que ele encalhasse nos bancos de areia de Sirte, baixaram as velas e deixaram o navio à deriva. No dia seguinte, sendo violentamente castigados pela tempestade, começaram a lançar fora a carga. No terceiro dia, lançaram fora, com as próprias mãos, a armação do navio. Não aparecendo nem sol nem estrelas por muitos dias e continuando a abater-se sobre nós grande tempestade, finalmente perdemos toda a esperança de salvamento.

Visto que os homens tinham passado muito tempo sem comer, Paulo levantou-se diante deles e disse: "Os senhores deviam ter aceitado o meu conselho de não partir de Creta, pois assim teriam evitado este dano e prejuízo. Mas agora recomendo que tenham coragem, pois nenhum de vocês perderá a vida; apenas o navio será destruído. Pois ontem à noite apareceu-me um anjo do Deus a quem pertenço e a quem adoro, dizendo-me: 'Paulo, não tenha medo. É preciso que você compareça perante César; Deus, por sua graça, deu-lhe a vida de todos os que estão navegando com você.' Assim, tenham ânimo, senhores! Creio em Deus que acontecerá conforme me foi dito. Devemos ser arrastados para alguma ilha."

Na décima quarta noite, ainda estávamos sendo levados de um lado para outro no mar Adriático,[1] quando, por volta da meia-noite, os marinheiros imaginaram que estávamos próximos da terra. Lançando a sonda, verificaram que a profundidade era de trinta e sete metros; pouco tempo depois, lançaram novamente a sonda e encontraram vinte e sete metros. Temendo que fôssemos jogados contra as pedras, lançaram quatro âncoras da popa e faziam preces para que amanhecesse o dia. Tentando escapar do navio, os marinheiros baixaram o barco salva-vidas ao mar, a pretexto de lançar âncoras da proa. Então Paulo disse ao centurião e aos soldados: "Se estes homens não ficarem no navio, vocês não poderão salvar-se." Com isso, os soldados cortaram as cordas que prendiam o barco salva-vidas e o deixaram cair.

---

1. **Adriático:** Na Antiguidade, o nome se referia a uma área que se estendia bem ao sul da Itália.

Pouco antes do amanhecer, Paulo insistia que todos se alimentassem, dizendo: "Hoje faz catorze dias que vocês têm estado em vigília constante, sem nada comer. Agora eu os aconselho a comer algo, pois só assim poderão sobreviver. Nenhum de vocês perderá um fio de cabelo sequer." Tendo dito isso, tomou pão e deu graças a Deus diante de todos. Então o partiu e começou a comer. Todos se reanimaram e também comeram algo. Estavam a bordo duzentas e setenta e seis pessoas. Depois de terem comido até ficarem satisfeitos, aliviaram o peso do navio, atirando todo o trigo ao mar.

Quando amanheceu, não reconheceram a terra, mas viram uma enseada com uma praia, para onde decidiram conduzir o navio, se fosse possível. Cortando as âncoras, deixaram-nas no mar, desatando ao mesmo tempo as cordas que prendiam os lemes. Então, alçando a vela da proa ao vento, dirigiram-se para a praia. Mas o navio encalhou num banco de areia, onde tocou o fundo. A proa encravou-se e ficou imóvel, e a popa foi quebrada pela violência das ondas.

Os soldados resolveram matar os presos para impedir que algum deles fugisse jogando-se ao mar. Mas o centurião queria poupar a vida de Paulo e os impediu de executar o plano. Então ordenou aos que sabiam nadar que se lançassem primeiro ao mar em direção à terra. Os outros teriam que salvar-se em tábuas ou em pedaços do navio. Dessa forma, todos chegaram a salvo em terra.

Uma vez em terra, descobrimos que a ilha se chamava Malta. Os habitantes da ilha mostraram extraordinária bondade para conosco. Fizeram uma fogueira e receberam bem a todos nós, pois estava chovendo e fazia frio. Paulo ajuntou um monte de gravetos; quando os colocava no fogo, uma víbora, fugindo do calor, prendeu-se à sua mão. Quando os habitantes da ilha viram a cobra agarrada na mão de Paulo, disseram uns aos outros: "Certamente este homem é assassino, pois, tendo escapado do mar, a Justiça não lhe permite viver." Mas Paulo, sacudindo a cobra no fogo, não sofreu mal nenhum. Eles, porém, esperavam que ele começasse a inchar ou que caísse morto de repente; mas, tendo esperado muito tempo e vendo que nada de estranho lhe sucedia, mudaram de ideia e passaram a dizer que ele era um deus.

Próximo dali havia uma propriedade pertencente a Públio, o homem principal da ilha. Ele nos convidou a ficar em sua casa e, por três dias, bondosamente nos recebeu e nos hospedou. Seu pai estava doente, acamado, sofrendo de febre e disenteria. Paulo entrou para vê-lo e, depois de orar, impôs-lhe as mãos e o curou. Tendo acontecido isso, os outros doentes da ilha vieram e foram curados. Eles nos prestaram muitas honras e, quando estávamos para embarcar, forneceram-nos os suprimentos de que necessitávamos.

Passados três meses, embarcamos num navio que tinha passado o inverno na ilha; era um navio alexandrino, que tinha por emblema os deuses gêmeos Cástor e Pólux. Aportando em Siracusa, ficamos ali três dias. Dali partimos e chegamos a Régio. No dia seguinte, soprando o vento sul, prosseguimos, chegando a Potéoli no segundo dia. Ali encontramos alguns irmãos que nos convidaram a passar uma semana com eles. E depois fomos para Roma.

Os irmãos dali tinham ouvido falar que estávamos chegando e vieram até a praça de Ápio e às Três Vendas para nos encontrar. Vendo-os, Paulo deu graças a Deus e sentiu-se encorajado. Quando chegamos a Roma, Paulo recebeu permissão para morar por conta própria, sob a custódia de um soldado.

Três dias depois, ele convocou os líderes dos judeus. Quando estes se reuniram, Paulo lhes disse: "Meus irmãos, embora eu não tenha feito nada contra o nosso povo, nem contra os costumes dos nossos antepassados, fui preso em Jerusalém e entregue aos romanos. Eles me interrogaram e queriam me soltar, porque eu não era culpado de crime algum que merecesse pena de morte. Todavia, tendo os judeus feito objeção, fui obrigado a apelar para César, não, porém, por ter alguma acusação contra o meu próprio povo. Por essa razão pedi para vê-los e conversar com vocês. Por causa da esperança de Israel é que estou preso com estas algemas."

Eles responderam: "Não recebemos nenhuma carta da Judeia a seu respeito, e nenhum dos irmãos que vieram de lá relatou ou disse qualquer coisa de mal contra você. Todavia, queremos ouvir de sua parte o que você pensa, pois sabemos que por todo lugar há gente falando contra esta seita."

Assim combinaram encontrar-se com Paulo em dia determinado, indo em grupo ainda mais numeroso ao lugar onde ele estava. Desde a manhã até a tarde ele lhes deu explicações e lhes testemunhou do Reino de Deus, procurando convencê-los a respeito de Jesus, com base na Lei de Moisés e nos Profetas. Alguns foram convencidos pelo que ele dizia, mas outros não creram. Discordaram entre si mesmos e começaram a ir embora, depois de Paulo ter feito esta declaração final: "Bem que o Espírito Santo falou aos seus antepassados por meio do profeta Isaías:

"'Vá a este povo e diga:
Ainda que estejam sempre ouvindo,
vocês nunca entenderão;
ainda que estejam sempre vendo,
jamais perceberão.
Pois o coração deste povo
se tornou insensível;
de má vontade
ouviram com os ouvidos
e fecharam os olhos.
Se assim não fosse,
poderiam ver com os olhos,
ouvir com os ouvidos,
entender com o coração

e converter-se,
e eu os curaria.'

"Portanto, quero que saibam que esta salvação de Deus é enviada aos gentios; eles a ouvirão!" Depois que ele disse isto, os judeus se retiraram, discutindo intensamente entre si.

Por dois anos inteiros Paulo permaneceu na casa que havia alugado e recebia a todos os que iam vê-lo. Pregava o Reino de Deus e ensinava a respeito do Senhor Jesus Cristo, abertamente, sem impedimento algum.

Enquanto Paulo se encontrava em prisão domiciliar em Roma, aguardando seu julgamento perante César, ele escreveu uma carta aos seus caros amigos de Éfeso. Provavelmente sua intenção era que a correspondência circulasse e fosse lida em diversas igrejas, além da que havia na cidade. Tratava-se de uma análise apaixonada do amor de Deus através de Jesus Cristo e um convite para que todos os fiéis se unissem. À medida que a vida de Paulo chegava ao fim, seu coração transbordava de alegria e louvor à maravilhosa história divina de redenção de Jesus, o Messias.

Paulo, apóstolo de Cristo Jesus pela vontade de Deus, aos santos e fiéis em Cristo Jesus que estão em Éfeso: a vocês, graça e paz da parte de Deus nosso Pai e do Senhor Jesus Cristo.

Bendito seja o Deus e Pai de nosso Senhor Jesus Cristo, que nos abençoou com todas as bênçãos espirituais nas regiões celestiais em Cristo. Porque Deus nos escolheu nele antes da criação do mundo, para sermos santos e irrepreensíveis em sua presença. Em amor nos predestinou para sermos adotados como filhos, por meio de Jesus Cristo, conforme o bom propósito da sua vontade, para o louvor da sua gloriosa graça, a qual nos deu gratuitamente no Amado. Nele temos a redenção por meio de seu sangue, o perdão dos pecados, de acordo com as riquezas da graça de Deus, a qual ele derramou sobre nós com toda a sabedoria e entendimento. E nos revelou o mistério da sua vontade, de acordo com o seu bom propósito que ele estabeleceu em Cristo, isto é, de fazer convergir em Cristo todas as coisas, celestiais ou terrenas, na dispensação da plenitude dos tempos.

Por essa razão, desde que ouvi falar da fé que vocês têm no Senhor Jesus e do amor que demonstram para com todos os santos, não deixo de dar graças por vocês, mencionando-os em minhas orações. Peço que o Deus de nosso Senhor Jesus Cristo, o glorioso Pai, dê a vocês espírito de sabedoria e de revelação, no pleno conhecimento dele. Oro também para que os olhos do coração de vocês sejam iluminados, a fim de que vocês conheçam a esperança para a qual ele os chamou, as riquezas da gloriosa herança dele nos santos e a incomparável grandeza do seu poder para conosco, os que cremos, conforme a atuação da sua poderosa força. Esse poder ele exerceu em Cristo, ressuscitando-o dos mortos e fazendo-o assentar-se à sua direita, nas regiões celestiais, muito acima de todo governo e autoridade, poder e domínio, e de todo nome que se possa mencionar, não apenas nesta era, mas também na que há de vir. Deus colocou todas as coisas debaixo de seus pés e o designou cabeça de todas as coisas para a igreja, que é o seu corpo, a plenitude daquele que enche todas as coisas, em toda e qualquer circunstância.

Vocês estavam mortos em suas transgressões e pecados, nos quais costumavam viver, quando seguiam a presente ordem deste mundo e o príncipe do poder do ar, o espírito que agora está atuando nos que vivem na desobediência. Anteriormente, todos nós também vivíamos entre eles, satisfazendo as vontades da nossa carne, seguindo os seus desejos e pensamentos. Como os outros, éramos por natureza merecedores da ira. Todavia, Deus, que é rico em misericórdia, pelo grande amor com que nos amou, deu-nos vida com Cristo quando ainda estávamos mortos em transgressões — pela graça vocês são salvos. Deus nos ressuscitou com Cristo e com ele nos fez assentar nas regiões celestiais em Cristo Jesus, para mostrar, nas eras que hão de vir, a incomparável riqueza de sua graça, demonstrada em sua bondade para conosco em Cristo Jesus. Pois vocês são salvos pela graça, por meio da fé, e isto não vem de vocês, é dom de Deus; não por obras, para que ninguém se glorie. Porque somos criação de Deus realizada em Cristo Jesus para fazermos boas obras, as quais Deus preparou antes para nós as praticarmos.

Portanto, lembrem-se de que anteriormente vocês eram gentios por nascimento e chamados incircuncisão pelos que se chamam circuncisão, feita no corpo por mãos humanas, e que, naquela época, vocês estavam sem Cristo, separados da comunidade de Israel, sendo estrangeiros quanto às alianças da promessa, sem esperança e sem Deus no mundo. Mas agora, em Cristo Jesus, vocês, que antes estavam longe, foram aproximados mediante o sangue de Cristo.

Pois ele é a nossa paz, o qual de ambos fez um e destruiu a barreira, o muro de inimizade, anulando em seu corpo a Lei dos mandamentos expressa em ordenanças. O objetivo dele era criar em si mesmo, dos dois, um novo homem, fazendo a paz, e reconciliar com Deus os dois em um corpo, por meio da cruz, pela qual ele destruiu a inimizade. Ele veio e anunciou paz a vocês que estavam longe e paz aos que estavam perto, pois por meio dele tanto nós como vocês temos acesso ao Pai por um só Espírito.

Portanto, vocês já não são estrangeiros nem forasteiros, mas concidadãos dos santos e membros da família de Deus, edificados sobre o fundamento dos apóstolos e dos profetas, tendo Jesus Cristo como pedra angular, no qual todo o edifício é ajustado e cresce para tornar-se um santuário santo no Senhor. Nele vocês também estão sendo edificados juntos, para se tornarem morada de Deus por seu Espírito.

Por essa razão, ajoelho-me diante do Pai, do qual recebe o nome toda a família nos céus e na terra. Oro para que, com as suas gloriosas riquezas, ele os fortaleça no íntimo do seu ser com poder, por meio do seu Espírito, para que Cristo habite no coração de vocês mediante a fé; e oro para que, estando arraigados e alicerçados em amor, vocês possam, juntamente com todos os santos, compreender a largura, o comprimento, a altura e a profundidade, e conhecer o amor de Cristo que excede todo conhecimento, para que vocês sejam cheios de toda a plenitude de Deus.

Àquele que é capaz de fazer infinitamente mais do que tudo o que pedimos ou pensamos, de acordo com o seu poder que atua em nós, a ele seja a glória na igreja e em Cristo Jesus, por todas as gerações, para todo o sempre! Amém!

Como prisioneiro no Senhor, rogo-lhes que vivam de maneira digna da vocação que receberam. Sejam completamente humildes e dóceis, e sejam pacientes, suportando uns aos outros com amor. Façam todo o esforço para conservar a unidade do Espírito pelo vínculo da paz. Há um só corpo e um só Espírito, assim como a esperança para a qual vocês foram chamados é uma só; há um só Senhor, uma só fé, um só batismo, um só Deus e Pai de todos, que é sobre todos, por meio de todos e em todos.

Sujeitem-se uns aos outros, por temor a Cristo. Mulheres, sujeite-se cada uma a seu marido, como ao Senhor, pois o marido é o cabeça da mulher, como também Cristo é o cabeça da igreja, que é o seu corpo, do qual ele é o Salvador. Assim como a igreja está sujeita a Cristo, também as mulheres estejam em tudo sujeitas a seus maridos.

Maridos, ame cada um a sua mulher, assim como Cristo amou a igreja e entregou-se por ela para santificá-la, tendo-a purificado pelo lavar da água mediante a palavra, e para apresentá-la a si mesmo como igreja gloriosa, sem mancha nem ruga ou coisa semelhante, mas santa e inculpável. Da mesma forma, os maridos devem amar cada um a sua mulher como a seu próprio corpo. Quem ama sua mulher, ama a si mesmo. Além do mais, ninguém jamais odiou o seu próprio corpo, antes o alimenta e dele cuida, como também Cristo faz com a igreja, pois somos membros do seu corpo. "Por essa razão, o homem deixará pai e mãe e se unirá à sua mulher, e os dois se tornarão uma só carne." Este é um mistério profundo; refiro-me, porém, a Cristo e à igreja. Portanto, cada um de vocês também ame a sua mulher como a você mesmo, e a mulher trate o marido com todo o respeito.

Filhos, obedeçam a seus pais no Senhor, pois isso é justo. "Honra teu pai e tua mãe" – este é o primeiro mandamento com promessa – "para que tudo te corra bem e tenhas longa vida sobre a terra." Pais, não irritem seus filhos; antes criem-nos segundo a instrução e o conselho do Senhor.

Paz seja com os irmãos e amor com fé da parte de Deus Pai e do Senhor Jesus Cristo. A graça seja com todos os que amam a nosso Senhor Jesus Cristo com amor incorruptível.

Aparentemente, Paulo foi libertado de sua prisão domiciliar em Roma em 62 d.C. e embarcou em uma última viagem missionária à Ásia Menor, incluindo também Creta, Grécia e, talvez, Espanha. Foi novamente encarcerado em Roma, porém desta vez definhou em uma masmorra fria, acorrentado como um criminoso comum. Paulo foi martirizado durante o reinado do imperador Nero em 67 ou 68 d.C. Nos seus dias finais, escreveu uma última correspondência – uma carta pessoal para Timóteo, seu colega de trabalho e "filho na fé". Para diferenciá-la da sua missiva anterior ao amigo, esta é conhecida como a "Segunda Epístola a Timóteo" no Novo Testamento. Nela, o apóstolo querido por todos derrama seu coração numa mistura de solidão, fé tenaz e preocupação com seus companheiros de fé durante o período de perseguição na Roma de Nero.

Paulo, apóstolo de Cristo Jesus pela vontade de Deus, segundo a promessa da vida que está em Cristo Jesus, a Timóteo, meu amado filho: graça, misericórdia e paz da parte de Deus Pai e de Cristo Jesus, nosso Senhor.

Dou graças a Deus, a quem sirvo com a consciência limpa, como o serviram os meus antepassados, ao lembrar-me constantemente de você, noite e dia, em minhas orações. Lembro-me das suas lágrimas e desejo muito vê-lo, para que a minha alegria seja completa. Recordo-me da sua fé não fingida, que primeiro habitou em sua avó Loide e em sua mãe, Eunice, e estou convencido de que também habita em você.

Portanto, não se envergonhe de testemunhar do Senhor, nem de mim, que sou prisioneiro dele, mas suporte comigo os meus sofrimentos pelo evangelho, segundo o poder de Deus, que nos salvou e nos chamou com uma santa vocação, não em virtude das nossas obras, mas por causa da sua própria determinação e graça. Essa graça nos foi dada em Cristo Jesus desde os tempos eternos, sendo agora revelada pela manifestação de nosso Salvador, Cristo Jesus. Ele tornou inoperante a morte e trouxe à luz a vida e a imortalidade por meio do evangelho. Desse evangelho fui constituído pregador, apóstolo e mestre.

Por essa causa também sofro, mas não me envergonho, porque sei em quem tenho crido e estou bem certo de que ele é poderoso para guardar o que lhe confiei até aquele dia.

Portanto, você, meu filho, fortifique-se na graça que há em Cristo Jesus. E as palavras que me ouviu dizer na presença de muitas testemunhas, confie-as a homens fiéis que sejam também capazes de ensiná-las a outros.

Suporte comigo os meus sofrimentos, como bom soldado de Cristo Jesus. Nenhum soldado se deixa envolver pelos negócios da vida civil, já que deseja agradar àquele que o alistou. Semelhantemente, nenhum atleta é coroado como vencedor, se não competir de acordo com as regras. O lavrador que trabalha arduamente deve ser o primeiro a participar dos frutos da colheita. Reflita no que estou dizendo, pois o Senhor dará a você entendimento em tudo.

Lembre-se de Jesus Cristo, ressuscitado dos mortos, descendente de Davi, conforme o meu evangelho, pelo qual sofro e até estou preso como criminoso; contudo a palavra de Deus não está presa.

Mas você tem seguido de perto o meu ensino, a minha conduta, o meu propósito, a minha fé, a minha paciência, o meu amor, a minha perseverança, as perseguições e os sofrimentos que enfrentei, coisas que me aconteceram em Antioquia, Icônio e Listra. Quanta perseguição suportei! Mas, de todas essas coisas o Senhor me livrou! De fato, todos os que desejam viver piedosamente em Cristo Jesus serão perseguidos. Contudo, os perversos e impostores irão de mal a pior, enganando e sendo enganados.

Quanto a você, porém, permaneça nas coisas que aprendeu e das quais tem convicção, pois você sabe de quem o aprendeu. Porque desde criança você conhece as Sagradas Letras, que são capazes de torná-lo sábio para a salvação mediante a fé em Cristo Jesus. Toda a Escritura é inspirada por Deus e útil para o ensino, para a repreensão, para a correção e para a instrução na justiça, para que o homem de Deus seja apto e plenamente preparado para toda boa obra.

Eu já estou sendo derramado como oferta de bebida. Está próximo o tempo da minha partida. Combati o bom combate, terminei a corrida, guardei a fé. Agora me está reservada a coroa da justiça, que o Senhor, justo Juiz, me dará naquele dia; e não somente a mim, mas também a todos os que amam a sua vinda.

Procure vir logo ao meu encontro, pois Demas, amando este mundo, abandonou-me e foi para Tessalônica. Crescente foi para a Galácia e Tito para a Dalmácia. Só Lucas está comigo. Traga Marcos com você, porque ele me é útil para o ministério. Enviei Tíquico a Éfeso. Quando você vier, traga a capa que deixei na casa de Carpo, em Trôade, e os meus livros, especialmente os pergaminhos.

Paulo não foi o único apóstolo a ser martirizado. Segundo a tradição, João, o autor da visão sublime e misteriosa chamada "Apocalipse", foi o mais velho e o último sobrevivente dos discípulos originais de Jesus. É provável que, quando escreveu o Apocalipse, os demais já tivessem sido assassinados (a tradição

afirma que Pedro foi crucificado de cabeça para baixo) ou partido para regiões distantes, onde as notícias a respeito deles se perderam. João foi exilado para a ilha de Patmos, onde colocou no papel sua visão e a revelação que recebeu.

Capítulo 32

Apocalipse

Revelação de Jesus Cristo, que Deus lhe deu para mostrar aos seus servos o que em breve há de acontecer. Ele enviou o seu anjo para torná-la conhecida ao seu servo João, que dá testemunho de tudo o que viu, isto é, a palavra de Deus e o testemunho de Jesus Cristo. Feliz aquele que lê as palavras desta profecia e felizes aqueles que ouvem e guardam o que nela está escrito, porque o tempo está próximo.

João às sete igrejas da província da Ásia: a vocês, graça e paz da parte daquele que é, que era e que há de vir, dos sete espíritos que estão diante do seu trono e de Jesus Cristo, que é a testemunha fiel, o primogênito dentre os mortos e o soberano dos reis da terra. Ele nos ama e nos libertou dos nossos pecados por meio do seu sangue, e nos constituiu reino e sacerdotes para servir a seu Deus e Pai. A ele sejam glória e poder para todo o sempre! Amém.

Eis que ele vem
com as nuvens,
e todo olho o verá,
até mesmo aqueles
que o traspassaram;
e todos os povos da terra
se lamentarão por causa dele.
Assim será! Amém.

"Eu sou o Alfa e o Ômega", diz o Senhor Deus, "o que é, o que era e o que há de vir, o Todo-poderoso."

Eu, João, irmão e companheiro de vocês no sofrimento, no Reino e na perseverança em Jesus, estava na ilha de Patmos por causa da palavra de Deus e do testemunho de Jesus. No dia do Senhor achei-me no Espírito e ouvi por trás de mim uma voz forte, como de trombeta, que dizia: "Escreva num livro o que você vê e envie a estas sete igrejas: Éfeso, Esmirna, Pérgamo, Tiatira, Sardes, Filadélfia e Laodiceia." Voltei-me para ver quem falava comigo. Voltando-me, vi sete candelabros de ouro e entre os candelabros alguém "semelhante a um filho de homem", com uma veste que chegava aos seus pés e um cinturão de ouro ao redor do peito. Sua cabeça e seus cabelos eram brancos como a lã, tão brancos quanto a neve, e seus olhos eram como chama de fogo. Seus pés eram como o bronze numa fornalha ardente e sua voz como o som de muitas águas. Tinha em sua mão direita sete estrelas, e da sua boca saía uma espada afiada de dois gumes. Sua face era como o sol quando brilha em todo o seu fulgor.

Quando o vi, caí aos seus pés como morto. Então ele colocou sua mão direita sobre mim e disse: "Não tenha medo. Eu sou o Primeiro e o Último. Sou Aquele que Vive. Estive morto, mas agora estou vivo para todo o sempre! E tenho as chaves da morte e do Hades. Escreva, pois, as coisas que você viu, tanto as presentes como as que acontecerão. Este é o mistério das sete estrelas que você viu em minha mão direita e dos sete candelabros: as sete estrelas são os anjos das sete igrejas, e os sete candelabros são as sete igrejas."

Então esse Vivente radiante, o Senhor Jesus redivivo, ditou as cartas para as sete igrejas espalhadas pela Ásia Menor, alertando sobre as falhas e armadilhas na fé de seus adeptos. As cartas sugerem que vivemos em um universo onde há uma contabilidade moral em andamento e que no fim dos tempos será necessária uma "prestação de contas". Deus, que possui controle absoluto sobre a Sua História, estabeleceu um dia em que a paciência dará lugar a um julgamento final.

"Ao anjo da igreja em Éfeso, escreva: 'Estas são as palavras daquele que tem as sete estrelas em sua mão direita e anda entre os sete candelabros de ouro. Conheço as suas obras, o seu trabalho árduo e a sua perseverança. Sei que você não pode tolerar homens maus, que pôs à prova os que dizem ser apóstolos mas não são, e descobriu que eles eram impostores. Você tem perseverado e suportado sofrimentos por causa do meu nome e não tem desfalecido. Contra você, porém, tenho isto: você abandonou o seu primeiro amor. Lembre-se de onde caiu! Arrependa-se e pratique as obras que praticava no princípio. Se não se arrepender, virei a você e tirarei o seu candelabro do lugar dele. Mas há uma coisa a seu favor: você odeia as práticas dos nicolaítas, como eu também as odeio. Aquele que tem ouvidos ouça o que o Espírito diz às igrejas. Ao vencedor darei o direito de comer da árvore da vida, que está no paraíso de Deus.'"

"Ao anjo da igreja em Sardes, escreva: 'Estas são as palavras daquele que tem os sete espíritos de Deus e as sete estrelas. Conheço as suas obras; você tem fama de estar vivo, mas está morto. Esteja atento! Fortaleça o que resta e que estava para morrer, pois não achei suas obras perfeitas aos olhos do meu Deus. Lembre-se, portanto, do que você recebeu e ouviu; obedeça e arrependa-se. Mas, se você não estiver atento, virei como um ladrão e você não saberá a que hora virei contra você. No entanto, você tem aí em Sardes uns poucos que não contaminaram as suas vestes. Eles andarão comigo, vestidos de branco, pois são dignos. O vencedor será igualmente vestido de branco. Jamais apagarei o seu nome do livro da vida, mas o reconhecerei diante do meu Pai e dos seus anjos. Aquele que tem ouvidos ouça o que o Espírito diz às igrejas.'"

"Ao anjo da igreja em Laodiceia, escreva: 'Estas são as palavras do Amém, a testemunha fiel e verdadeira, o soberano da criação de Deus. Conheço as suas obras, sei que você não é frio nem quente. Melhor seria que você fosse frio ou quente! Assim, porque você é morno, não é frio nem quente, estou a ponto de vomitá-lo da minha boca. Você diz: 'Estou rico, adquiri riquezas e não preciso de nada.' Não reconhece, porém, que é miserável, digno de compaixão, pobre, cego, e que está nu. Dou este conselho: Compre de mim ouro refinado no fogo, e você se tornará rico; compre roupas brancas e vista-se para cobrir a sua vergonhosa nudez; e compre colírio para ungir os seus olhos e poder enxergar. Repreendo e disciplino aqueles que eu amo. Por isso, seja diligente e arrependa-se. Eis que estou à porta e bato. Se alguém ouvir a minha voz e abrir a porta, entrarei e cearei com ele, e ele comigo. Ao vencedor darei o direito de sentar-se comigo em meu trono, assim como eu também venci e sentei-me com meu Pai em seu trono. Aquele que tem ouvidos ouça o que o Espírito diz às igrejas.'"

Em seguida, o Apocalipse de João passa da exortação às sete igrejas para uma série de cenas misteriosas e simbólicas. As cortinas do céu são abertas e João vislumbra as realidades espirituais - entre elas, os últimos dias da História, quando a espantosa glória de Deus e seu plano para o mundo serão revelados.

Depois dessas coisas olhei, e diante de mim estava uma porta aberta no céu. A voz que eu tinha ouvido no princípio, falando comigo como trombeta, disse: "Suba para cá, e mostrarei a você o que deve acontecer depois dessas coisas." Imediatamente me vi tomado pelo Espírito, e diante de mim estava um trono no céu e nele estava assentado alguém. Aquele que estava assentado era de aspecto semelhante a jaspe e sardônio. Um arco-íris, parecendo uma esmeralda, circundava o trono, ao redor do qual estavam outros vinte e quatro tronos, e assentados neles havia vinte e quatro anciãos. Eles estavam vestidos de branco e na cabeça tinham coroas de ouro. Do trono saíam relâmpagos, vozes e trovões. Diante dele estavam acesas sete lâmpadas de fogo, que são os sete espíritos de Deus. E diante do trono havia algo parecido com um mar de vidro, claro como cristal. No centro, ao redor do trono, havia quatro seres viventes cobertos de olhos, tanto na frente como atrás. O primeiro ser parecia um leão, o segundo parecia um boi, o terceiro tinha rosto como de homem, o quarto parecia uma águia em voo. Cada um deles tinha seis asas e era cheio de olhos, tanto ao redor como por baixo das asas. Dia e noite repetem sem cessar:

"Santo, santo, santo
é o Senhor, o Deus todo-poderoso,
que era, que é e que há de vir."

Toda vez que os seres viventes dão glória, honra e graças àquele que está assentado no trono e que vive para todo o sempre, os vinte e quatro anciãos se prostram diante daquele que está assentado no trono e adoram aquele que vive para todo o sempre. Eles lançam as suas coroas diante do trono e dizem:

"Tu, Senhor e Deus nosso,
és digno de receber
a glória, a honra e o poder,
porque criaste todas as coisas,
e por tua vontade elas existem
e foram criadas."

Então vi na mão direita daquele que está assentado no trono um livro em forma de rolo, escrito de ambos os lados e selado com sete selos. Vi um anjo poderoso proclamando em alta voz: "Quem é digno de romper os selos e de abrir o livro?" Mas não havia ninguém, nem no céu, nem na terra, nem debaixo da terra, que pudesse abrir o livro ou sequer olhar para ele. Eu chorava muito, porque não havia ninguém que fosse digno de abrir o livro e de olhar para ele. Então um dos anciãos me disse: "Não chore! Eis que o Leão da tribo de Judá, a Raiz de Davi, venceu para abrir o livro e os seus sete selos."

Depois vi um Cordeiro, que parecia ter estado morto, em pé, no centro do trono, cercado pelos quatro seres viventes e pelos anciãos. Ele tinha sete chifres e sete olhos, que são os sete espíritos de Deus enviados a toda a terra. Ele se aproximou e recebeu o livro da mão direita daquele que estava assentado no trono. Ao recebê-lo, os quatro seres viventes e os vinte e quatro anciãos prostraram-se diante do Cordeiro. Cada um deles tinha uma harpa e taças de ouro cheias de incenso, que são as orações dos santos; e eles cantavam um cântico novo:

"Tu és digno de receber o livro
e de abrir os seus selos,
pois foste morto

e com teu sangue compraste para Deus
gente de toda tribo, língua, povo e nação.
Tu os constituíste reino
e sacerdotes
para o nosso Deus,
e eles reinarão sobre a terra."

Então olhei e ouvi a voz de muitos anjos, milhares de milhares e milhões de milhões. Eles rodeavam o trono, bem como os seres viventes e os anciãos, e cantavam em alta voz:

"Digno é o Cordeiro
que foi morto
de receber poder, riqueza, sabedoria, força,
honra, glória e louvor!"

Depois ouvi todas as criaturas existentes no céu, na terra, debaixo da terra e no mar, e tudo o que neles há, que diziam:

"Àquele que está assentado
no trono
e ao Cordeiro
sejam o louvor, a honra,
a glória e o poder,
para todo o sempre!"

Os quatro seres viventes disseram "Amém", e os anciãos prostraram-se e o adoraram.

Então veio do trono uma voz, conclamando:

"Louvem o nosso Deus,
todos vocês, seus servos,
vocês que o temem,
tanto pequenos como grandes!"

Então ouvi algo semelhante ao som de uma grande multidão, como o estrondo de muitas águas e fortes trovões, que bradava:

"Aleluia!,
pois reina
o Senhor, o nosso Deus,
o Todo-poderoso.

Regozijemo-nos! Vamos alegrar-nos
e dar-lhe glória!
Pois chegou a hora
do casamento do Cordeiro,
e a sua noiva já se aprontou.
Para vestir-se, foi-lhe dado
linho fino, brilhante e puro."

O linho fino são os atos justos dos santos.

E o anjo me disse: "Escreva: Felizes os convidados para o banquete do casamento do Cordeiro!" E acrescentou: "Estas são as palavras verdadeiras de Deus." Então caí aos seus pés para adorá-lo, mas ele me disse: "Não faça isso! Sou servo como você e como os seus irmãos que se mantêm fiéis ao testemunho de Jesus. Adore a Deus! O testemunho de Jesus é o espírito de profecia."

Vi os céus abertos e diante de mim um cavalo branco, cujo cavaleiro se chama Fiel e Verdadeiro. Ele julga e guerreia com justiça. Seus olhos são como chamas de fogo, e em sua cabeça há muitas coroas e um nome que só ele conhece, e ninguém mais. Está vestido com um manto tingido de sangue, e o seu nome é Palavra de Deus. Os exércitos dos céus o seguiam, vestidos de linho fino, branco e puro, e montados em cavalos brancos. De sua boca sai uma espada afiada, com a qual ferirá as nações. "Ele as governará com cetro de ferro." Ele pisa o lagar do vinho do furor da ira do Deus todo-poderoso. Em seu manto e em sua coxa está escrito este nome: *Rei dos Reis e Senhor dos Senhores.*

No começo desta história, no Gênesis, tem início a luta de Deus contra o mal no Jardim do Éden. Aqui, no final dela, a batalha decisiva será travada. E toda a opressão, injustiça e sofrimento causados por Satanás serão despachados para um lugar distante da casa de Deus. Toda a destruição e toda a ruína do mundo darão lugar à promessa de Jesus de uma nova criação, um novo ambiente, uma nova cidade de paz e liberdade. É nela que os cristãos gozarão para sempre da glória e santidade do Senhor. Esta é uma boa-nova para os filhos de Deus, porém será um horror inenarrável para quem der as costas a Ele.

Depois vi um grande trono branco e aquele que nele estava assentado. A terra e o céu fugiram da sua presença, e não se encontrou lugar para eles. Vi também os mortos, grandes e pequenos, em pé diante do trono, e livros foram abertos. Outro livro foi aberto, o livro da vida. Os mortos foram julgados de acordo com o que tinham feito, segundo o que estava registrado nos livros.

O mar entregou os mortos que nele havia, e a morte e o Hades entregaram os mortos que neles havia; e cada um foi julgado de acordo com o que tinha feito. Então a morte e o Hades foram lançados no lago de fogo. O lago de fogo é a segunda morte. Aqueles cujos nomes não foram encontrados no livro da vida foram lançados no lago de fogo.

Então vi novos céus e nova terra, pois o primeiro céu e a primeira terra tinham passado; e o mar já não existia. Vi a Cidade Santa, a nova Jerusalém, que descia dos céus, da parte de Deus, preparada como uma noiva adornada para o seu marido. Ouvi uma forte voz que vinha do trono e dizia: "Agora o tabernáculo de Deus está com os homens, com os quais ele viverá. Eles serão os seus povos; o próprio Deus estará com eles e será o seu Deus. Ele enxugará dos seus olhos toda lágrima. Não haverá mais morte, nem tristeza, nem choro, nem dor, pois a antiga ordem já passou."

Aquele que estava assentado no trono disse: "Estou fazendo novas todas as coisas!" E acrescentou: "Escreva isto, pois estas palavras são verdadeiras e dignas de confiança."

Disse-me ainda: "Está feito. Eu sou o Alfa e o Ômega, o Princípio e o Fim. A quem tiver sede, darei de beber gratuitamente da fonte da água da vida. O vencedor herdará tudo isto, e eu serei seu Deus, e ele será meu filho. Mas os covardes, os incrédulos, os depravados, os assassinos, os que cometem imoralidade sexual, os que praticam feitiçaria, os idólatras e todos os mentirosos – o lugar deles será no lago de fogo que arde com enxofre. Esta é a segunda morte."

Um dos sete anjos que tinham as sete taças cheias das últimas sete pragas aproximou-se e me disse: "Venha, eu mostrarei a você a noiva, a esposa do Cordeiro." Ele me levou no Espírito a um grande e alto monte e mostrou-me a Cidade Santa, Jerusalém, que descia dos céus, da parte de Deus. Ela resplandecia com a glória de Deus, e o seu brilho era como o de uma joia muito preciosa, como jaspe, clara como cristal. Tinha um grande e alto muro com doze portas e doze anjos junto às portas. Nas portas estavam escritos os nomes das doze tribos de Israel. Havia três portas ao oriente, três ao norte, três ao sul e três ao ocidente. O muro da cidade tinha doze fundamentos, e neles estavam os nomes dos doze apóstolos do Cordeiro.

O anjo que falava comigo tinha como medida uma vara de ouro, para medir a cidade, suas portas e seus muros. A cidade era quadrangular, de comprimento e largura iguais. Ele a mediu com a vara; tinha dois mil e duzentos quilômetros de comprimento; a largura e a altura eram iguais ao comprimento. Ele mediu o muro, e deu sessenta e cinco metros de espessura, segundo a medida humana que o anjo estava usando. O muro era feito de jaspe e a cidade era de ouro puro, semelhante ao vidro puro. Os fundamentos dos muros da cidade eram ornamentados com toda a sorte de pedras preciosas. O primeiro era ornamentado com jaspe; o segundo com safira; o terceiro com calcedônia; o quarto com esmeralda;

o quinto com sardônio; o sexto com sárdio; o sétimo com crisólito; o oitavo com berilo; o nono com topázio; o décimo com crisópraso; o décimo primeiro com jacinto; e o décimo segundo com ametista. As doze portas eram doze pérolas, cada porta feita de uma única pérola. A rua principal era de ouro puro. Não vi templo algum na cidade, pois o Senhor Deus todo-poderoso e o Cordeiro são o seu templo. A cidade não precisa de sol nem de lua para brilharem sobre ela, pois a glória de Deus a ilumina, e o Cordeiro é a sua candeia.

As nações andarão em sua luz, e os reis da terra lhe trarão a sua glória. Suas portas jamais se fecharão de dia, pois ali não haverá noite. A glória e a honra das nações lhe serão trazidas. Nela jamais entrará algo impuro, nem ninguém que pratique o que é vergonhoso ou enganoso, mas unicamente aqueles cujos nomes estão escritos no livro da vida do Cordeiro.

Então o anjo me mostrou o rio da água da vida que, claro como cristal, fluía do trono de Deus e do Cordeiro, no meio da rua principal da cidade. De cada lado do rio estava a árvore da vida, que frutifica doze vezes por ano, uma por mês. As folhas da árvore servem para a cura das nações.

Já não haverá maldição nenhuma. O trono de Deus e do Cordeiro estará na cidade, e os seus servos o servirão. Eles verão a sua face, e o seu nome estará na testa deles. Não haverá mais noite. Eles não precisarão de luz de candeia nem da luz do sol, pois o Senhor Deus os iluminará; e eles reinarão para todo o sempre.

O anjo me disse: "Estas palavras são dignas de confiança e verdadeiras. O Senhor, o Deus dos espíritos dos profetas, enviou o seu anjo para mostrar aos seus servos as coisas que em breve hão de acontecer. Eis que venho em breve! Feliz é aquele que guarda as palavras da profecia deste livro."

Eu, João, sou aquele que ouviu e viu estas coisas. Tendo-as ouvido e visto, caí aos pés do anjo que me mostrou tudo aquilo, para adorá-lo. Mas ele me disse: "Não faça isso! Sou servo como você e seus irmãos, os profetas, e como os que guardam as palavras deste livro. Adore a Deus!"

Então me disse: "Não sele as palavras da profecia deste livro, pois o tempo está próximo. Continue o injusto a praticar injustiça; continue o imundo na imundícia; continue o justo a praticar justiça; e continue o santo a santificar-se. Eis que venho em breve! A minha recompensa está comigo, e eu retribuirei a cada um de acordo com o que fez. Eu sou o Alfa e o Ômega, o Primeiro e o Último, o Princípio e o Fim. Felizes os que lavam as suas vestes, e assim têm direito à árvore da vida e podem entrar na cidade pelas portas. Fora ficam os cães, os que praticam feitiçaria, os que cometem imoralidades sexuais, os assassinos, os idólatras e todos os que amam e praticam a mentira.

"Eu, Jesus, enviei o meu anjo para dar a vocês este testemunho concernente às igrejas. Eu sou a Raiz e o Descendente de Davi, e a resplandecente Estrela da Manhã."

O Espírito e a noiva dizem: "Vem!" E todo aquele que ouvir diga: "Vem!" Quem tiver sede venha; e quem quiser beba de graça da água da vida.

Declaro a todos os que ouvem as palavras da profecia deste livro: Se alguém lhe acrescentar algo, Deus lhe acrescentará as pragas descritas neste livro. Se alguém tirar alguma palavra deste livro de profecia, Deus tirará dele a sua parte na árvore da vida e na cidade santa, que são descritas neste livro.

Aquele que dá testemunho destas coisas diz: "Sim, venho em breve!"

Amém. Vem, Senhor Jesus!

A graça do Senhor Jesus seja com todos. Amém.

EPÍLOGO

A *HISTÓRIA* CHEGOU AO FIM e a mensagem de Deus ecoa alto e bom som: *Eu abri a porta; desvendei um caminho – venha a mim e viva!*

As boas-novas se espalharam pelo mundo. Jesus veio para salvar todos nós! Toda a história de Deus conduziu até esta derradeira notícia, que podemos usufruir e compartilhar com quem nos cerca. Ela sobreviveu por milhares de anos, avançando em direção a todas as culturas e povos, deixando atrás de si um rastro incrível de transformações e mudanças. Muitos tentaram apagar sua chama, mas as palavras de Deus se provaram verdadeiras: "A palavra que sai da minha boca não volta a mim sem ter realizado o objetivo de sua missão."

E agora a Palavra transformadora de Deus o alcançou. Você leu *A História*. Escutou a verdade. Recebeu a mensagem mais importante que ouvirá na vida: Jesus, o Filho de Deus, veio, viveu, transmitiu sua mensagem de amor com atos e palavras, morreu e ressuscitou.

Então, a pergunta é...

O que *você* irá fazer com essa mensagem?

Vai descartá-la, encarando este livro como se fosse apenas uma leitura interessante? Bloqueará essa luz que brilha tão forte? Ou dará um passo adiante, procurando trilhar o caminho que conduz à plena realização do ser humano? Jesus nos diz: "Entrai pela porta estreita... estreita é a porta e apertado o caminho que conduz à vida. E poucos são os que encontram." Você será um desses poucos?

O capítulo com o seu nome vai começar a ser escrito.

Perguntas para reflexão

1. Criação: tudo começou muito bem

1. Por que Deus criou o mundo?
2. O que Deus ordenou a Adão e Eva? Por quê?
3. Deus viu que a criação era "boa"? Ela ainda é? Por quê?
4. Quais as diferenças entre a vida na época da criação e a que vivemos hoje?

2. O paraíso perdido

1. Qual foi a principal causa do pecado de Adão e Eva contra Deus?
2. Em que áreas da sua vida você percebe uma desobediência aos desígnios de Deus?
3. Por que Deus colocou a árvore do conhecimento do bem e do mal no jardim?
4. Quais foram as consequências do pecado de Adão e Eva?
5. Quais são os efeitos dessas consequências na sua vida atual?
6. De que forma você percebe a compaixão de Deus neste capítulo?

3. A arca de Noé

1. Por que Deus lançou o dilúvio sobre a Terra?
2. Por que Noé e sua família foram poupados do dilúvio?
3. Qual foi o resultado da confiança de Noé em Deus?
4. O que você pode fazer para conquistar uma confiança mais profunda em Deus?

4. Jó é posto à prova

1. O que havia de errado com o conselho que os amigos de Jó lhe deram?
2. Jó sofria por causa dos seus pecados?
3. Que resposta Jó recebeu ao questionar o motivo do seu sofrimento?
4. Por que Deus permite que haja sofrimento?
5. Por que Deus às vezes parece se calar diante do sofrimento dos homens?
6. Que lição você pode tirar da atitude de Jó?

5. A jornada de Abraão

1. Abraão deixou sua terra natal e sua família para seguir Deus. Qual seria a recompensa prometida pelo Senhor?

2. O que Deus poderia pedir que você abandonasse para segui-Lo?
3. O que tornou Abraão justo aos olhos de Deus? Qual a importância deste fato para a sua vida?
4. Por que Deus pediu que Abraão sacrificasse seu filho Isaque? O que Abraão e Isaque aprenderam com a experiência?

6. Esaú e Jacó

1. Jacó adquiriu de forma ardilosa o direito de primogenitura de Esaú, roubando-lhe a bênção do pai, e por isso temia a vingança do irmão. Como Jacó se preparou para seu reencontro com Esaú?
2. Como agiu Jacó ao lutar com o "homem" que ele depois descobriu ser, na verdade, Deus?
3. O que resultou da luta de Jacó com Deus?
4. De que maneira você tem "lutado" com Deus ultimamente?
5. O que a reação de Esaú perante seu irmão (que o havia traído e injuriado) revela sobre ele?

7. José: de escravo a ministro do faraó

1. Por que os irmãos de José queriam livrar-se dele?
2. Por que Deus permite que coisas ruins aconteçam com as pessoas?
3. Quais foram os efeitos positivos do fato de José ter sido vendido como escravo?
4. Como é que você entende a afirmação de José a seus irmãos – "Vocês planejaram o mal contra mim, mas Deus o tornou em bem"?
5. Você já passou por situações em que uma crise dolorosa resultou em um bem maior?
6. Por que podemos confiar em Deus em todos os momentos?

8. Libertação

1. O que houve de importante no nascimento de Moisés?
2. Como Deus demonstrou a preocupação e o amor que sentia pelo Seu povo após escutar seus clamores e lamentações?
3. De que maneira Moisés era qualificado a liderar o povo? De que maneira ele não se sentia dessa forma?
4. Você já sentiu que não era qualificado ou capaz de fazer algo, assim como Moisés? Como lidou como isso?
5. A História registra diversos milagres extraordinários durante a libertação dos israelitas do Egito. Você acredita que Deus opere milagres hoje? Por quê?

9. Novos mandamentos e uma nova aliança

1. Como as pessoas se preparavam para se encontrar com Deus?
2. Qual era o propósito dos Dez Mandamentos?
3. Como Deus pode, ao mesmo tempo, ser capaz de perdoar misericordiosamente os pecadores e punir os culpados?
4. Os israelitas se impacientaram e, por fim, fizeram um ídolo de ouro na forma de um bezerro. Quais são alguns dos falsos deuses ou ídolos cultuados hoje em dia pela nossa sociedade?
5. O Senhor falou a Moisés "como um homem fala com seu amigo". Que passos você pode dar para aprofundar sua relação de amizade com Deus?

10. Nômades

1. Na sua opinião, qual foi a principal causa da maior parte dos problemas dos israelitas? Por quê?
2. Como Deus reagiu à falta de fé do Seu povo?
3. Por que Deus se opunha de forma tão radical ao pecado?
4. Que lição você pode tirar da liderança de Moisés durante esse período conturbado? Como ele demonstrou sua frustração e sua fé?
5. Você já se sentiu como se estivesse "vagando em um deserto" - espiritual ou emocionalmente? Explique.
6. Como ter fé nas promessas de que Deus o ajuda nos momentos difíceis?

11. Começa a batalha

1. Como Josué pôde ser "firme e corajoso" diante de situações tão intimidadoras?
2. O que você pode aprender sobre Deus a partir da história da salvação de Raabe, a prostituta?
3. Como Josué confrontou o povo no seu discurso final?
4. Na sua opinião, por que Deus abençoou Josué e todos os israelitas que, como ele, confiavam no Senhor?
5. Que atitudes concretas você pode tomar para conquistar uma fé mais profunda em Deus?

12. Alguns homens bons... e algumas mulheres boas

1. Deus escolheu Débora como juíza nesse período. O que isso revela sobre a maneira como Ele vê as mulheres?

2. Por que muitas vezes Deus utiliza homens fracos e inseguros como Gideão para realizar Seu trabalho?
3. Como a história de Gideão pode incentivá-lo e fortalecê-lo quando você se sente inseguro quanto aos seus talentos e habilidades?
4. Qual foi a principal causa da queda de Sansão? O que resultou dela?
5. Quais são as suas tentações mais fortes? Como você as enfrenta?

13. A fé de uma estrangeira

1. O que a história de Rute revela sobre o amor de Deus?
2. Tanto Rute quanto Noemi sofreram perdas terríveis. Por que Deus permite que tragédias recaiam sobre aqueles que O amam?
3. Quando surgem as dificuldades, o que faz você continuar confiando em Deus?
4. Rute abandonou seu lar para seguir Noemi e Deus. Como o Senhor está lhe pedindo que você O siga?
5. De que maneira as atitudes e reações de Rute afetam você? Elas o incentivam de alguma forma?
6. Que passos você pode dar para se tornar uma pessoa mais altruísta e amorosa?

14. Quanto mais alto, mais dura a queda

1. O que você pode aprender sobre o poder da oração com Ana, a mãe de Samuel?
2. Como Samuel demonstrou sua fé em Deus?
3. Que fatores levaram à queda do rei Saul?
4. Como Saul reagiu ao ser confrontado com seu pecado? Como você reage quando é confrontado com suas próprias falhas?
5. Quais exemplos da graça de Deus você consegue encontrar neste capítulo?

15. De pastor a rei

1. Por que Davi foi escolhido para ser o próximo rei de Israel?
2. Que obstáculos Davi teve que enfrentar para assumir o trono para o qual foi ungido?
3. Por que Davi poupou Saul quando teve a chance de se ver livre das suas tentativas de matá-lo? O que você teria feito?
4. Davi tinha um único objetivo (que Deus fosse glorificado), pois tinha apenas um amor (o Deus de Israel). O que você pode fazer para cultivar um coração como o de Davi?

5. Saul e Davi pecaram contra Deus, mas tiveram atitudes diferentes a respeito disso. Qual foi o resultado delas?
6. Você, como Davi, credita a Deus seus sucessos e conquistas?

16. O rei que tinha tudo

1. Por que o fato de Salomão ter pedido sabedoria e bom senso agradou tanto a Deus?
2. Qual a diferença entre ter sabedoria e ter apenas conhecimento e inteligência?
3. Por que é tão essencial alcançar a sabedoria?
4. O que você pode fazer para se tornar mais sábio?
5. Como o orgulho e a luxúria contribuíram para a queda de Salomão?
6. O que você pode fazer para se proteger desses pecados?

17. Um reino dividido

1. Qual foi a causa da divisão do reino de Israel?
2. Quais foram os erros tanto de Roboão quanto de Jeroboão?
3. Por que é tão importante se manter sempre fiel a Deus?
4. Em que momentos você se afastou de Deus? O que o levou a isso?
5. De que forma você recebeu a bondade de Deus, mesmo quando parecia não merecê-la?

18. Mensageiros de Deus

1. O que você aprendeu sobre a fé através dos altos (a vitória sobre os profetas de Baal) e baixos (a depressão no deserto) de Elias?
2. Que passos você pode tomar para ser mais capaz de ouvir o sussurro delicado de Deus?
3. De que maneira o profeta Elias levou uma vida de fé?
4. Identifique a maneira como Deus foi leal a Eliseu.
5. Como Deus tem sido leal a você?
6. Que mensagens de justiça social e dedicação espiritual você acha que os profetas Amós e Oseias pregariam hoje em dia?

19. A queda dos reinos

1. Por que Ezequias passou por tantas dificuldades? A obediência a Deus garante a prosperidade?

2. Quando Ezequias recebeu uma carta intimidadora dos seus inimigos, ele "subiu ao templo do Senhor e estendeu-a perante o Senhor". Em que momento você reagiu a um ataque ou problema dessa forma?
3. Por que um desastre acometeu o povo de Deus?
4. Que efeitos negativos do pecado você já reconheceu em sua vida?
5. Quais foram alguns dos temas principais das mensagens dos profetas durante esse período (Isaías, Ezequiel e Jeremias)?

20. Daniel no exílio

1. Como você interpreta a fé de Daniel em Deus?
2. O que possibilitou aos três amigos de Daniel se oporem às ordens do rei?
3. Por que Deus escolheu punir Nabucodonosor da forma como o fez? Qual foi o resultado dessa punição?
4. Por que Daniel prosperou sob o comando dos reis da Babilônia e da Pérsia?
5. O que você pode aprender com Daniel sobre o poder da oração?
6. Que passos você pode dar para se dedicar mais à oração?

21. A volta para casa

1. Por que Deus resgatou os israelitas novamente?
2. De que forma você testemunhou ou experimentou o poder de salvação de Deus?
3. O que os israelitas fizeram para merecer a compaixão que receberam?
4. Você sente a compaixão de Deus por você? De que forma?
5. Os judeus voltaram para casa para reconstruírem o templo, a morada de Deus na Terra. Por que era tão importante para eles fazer isso?
6. Onde é a morada de Deus na Terra atualmente?

22. A bela e corajosa rainha

1. O que este capítulo pode nos ensinar sobre a atuação de Deus nos bastidores da História?
2. Como Mardoqueu reagiu ao se deparar com a desgraça?
3. Que qualidades de caráter você pode notar na rainha Ester?
4. Qual foi a última vez que você se deparou com uma situação ameaçadora? Qual foi sua reação?
5. De que forma você experimenta a lealdade de Deus na sua vida?
6. O que você pode fazer para demonstrar sua confiança na lealdade de Deus?

23. Reerguendo os muros

1. Qual foi o papel de Esdras ao chegar a Jerusalém?
2. De que forma você nota a lealdade de Deus neste capítulo?
3. Por que Neemias foi capaz de reconstruir as muralhas da cidade em meio a uma oposição tão ferrenha?
4. O que você pode fazer para conquistar maior confiança em Deus nos momentos de dificuldade?
5. De acordo com o profeta Malaquias, o que os israelitas fizeram (ou deixaram de fazer) para desagradar a Deus? O que havia de tão mau nessas coisas?
6. Existe alguma área da sua vida em que você ache que está desagradando ao Senhor? O que você pode fazer para reparar seu relacionamento com Ele?

24. O nascimento do rei

1. Por que Deus enviou Jesus ao mundo?
2. Que lição você pode tirar da reação de Maria à notícia perturbadora recebida por ela?
3. Por que Jesus nasceu em circunstâncias tão humildes?
4. O que este capítulo revela sobre quem é Jesus?
5. Que impacto a vinda de Cristo tem na sua vida?

25. Um homem incomum

1. Como você resumiria a principal mensagem de Jesus aos homens?
2. Por que tantas pessoas nutriam um ódio tão profundo por Jesus?
3. Jesus afirmou que precisamos "nascer de novo" para entrarmos no reino de Deus. O que ele quer dizer com isso?
4. A que tipo de pessoas Jesus geralmente estendia a mão? A que tipo de pessoas ele se opunha? Por quê?
5. Jesus afirmou para a samaritana que "Quem beber desta água terá sede outra vez, mas quem beber da água que eu lhe der nunca mais terá sede. Ao contrário, a água que eu lhe der se tornará nele uma fonte de água a jorrar para a vida eterna". Como é que você compreende essas palavras?
6. Jesus explicou que Ele é o "pão da vida" – a fonte de sustento e saciedade. O que você pode fazer para aprofundar seu relacionamento com Jesus?

26. Jesus, o Filho de Deus

1. Quem é Jesus para você?

2. Qual foi a principal missão de Jesus durante Sua vida?
3. Que qualidades de caráter você identifica em Jesus?
4. Que mudanças você precisa fazer para colocar sua vida de acordo com os valores e prioridades de Jesus?
5. O que você pode fazer para conquistar um amor mais profundo por Jesus? Por que isso é importante?

27. A hora sombria

1. O que Jesus previu na última ceia com Seus discípulos?
2. Por que Jesus teve que morrer?
3. Como os seguidores de Jesus reagiram aos eventos trágicos que se seguiram?
4. Quais as consequências da morte de Cristo na cruz pelos pecados da humanidade na sua vida?
5. O que você pode aprender sobre o amor de Deus a partir desses acontecimentos?
6. De que forma a vida e a morte de Jesus afetam a sua vida cotidiana?

28. A ressurreição

1. Por que alguns dos seguidores de Jesus foram visitar Sua tumba? O que isso lhe diz sobre a amizade e a lealdade entre os companheiros de Cristo?
2. Você acredita que Jesus voltou da morte? Por quê?
3. Quais foram as transformações causadas na vida das pessoas quando Jesus lhes apareceu depois de ressuscitar?
4. O que a ressurreição de Jesus revela a respeito do poder de Deus sobre a morte e o pecado?
5. Antes de subir aos céus, Jesus disse aos seus discípulos: "Portanto, vão e façam discípulos de todas as nações." Você transmite a mensagem de Jesus com suas palavras e seus atos?

29. Recomeço

1. Por que o sermão de Pedro no dia de Pentecostes foi tão eficiente?
2. Por que os líderes religiosos judaicos odiavam os primeiros cristãos?
3. Que exemplos de amor e solidariedade você pode identificar neste capítulo?
4. Que fatores ajudaram as boas-novas de Jesus Cristo a se espalharem tão rapidamente?
5. Como os primeiros cristãos conseguiram permanecer fiéis mesmo diante de circunstâncias extremamente difíceis?

6. Que atitudes práticas você pode tomar para fortalecer sua fé?
7. Como você explica a mudança drástica na vida de Saulo (Paulo)?

30. A missão de Paulo

1. Após a conversão, quais foram a paixão e a missão de Paulo na vida?
2. Quais são sua paixão e sua missão na vida?
3. Como você definiria "o evangelho"?
4. Qual o impacto do evangelho na sua vida?
5. O que a carta de Paulo aos romanos nos revela sobre a salvação?

31. Os últimos dias de Paulo

1. Como Paulo conseguiu suportar a dor e as provações a que foi submetido por suas crenças?
2. O que você pode aprender, pela vida de Paulo, sobre como enfrentar circunstâncias difíceis?
3. Por que Paulo se dispunha a encarar o perigo?
4. Quais as qualidades de caráter que você identifica em Paulo?
5. Que atitudes práticas você pode tomar para cultivar qualidades de caráter semelhantes às de Paulo?
6. Como você resumiria a mensagem de Paulo?

32. Apocalipse

1. Qual foi a reação de João ao se deparar com Jesus em sua visão? Por que ele reagiu daquela forma?
2. Quais foram os alertas que Jesus fez às igrejas? De que maneira eles se aplicam à sua vida?
3. Quais as revelações deste capítulo sobre o paraíso?
4. Que atitudes você pode tomar para depositar sua confiança mais plenamente no que aprendeu neste capítulo sobre a eternidade?

Personagens

Adão: o primeiro homem, marido de Eva. Criado por Deus do pó. Adão pecou quando comeu a fruta da árvore do conhecimento do bem e do mal.

Eva: a primeira mulher, esposa de Adão. Criada por Deus a partir da costela de Adão. Eva pecou quando comeu o fruto da árvore do conhecimento do bem e do mal.

Noé: Sob as ordens de Deus, Noé construiu uma arca para salvar a si mesmo, sua família e os animais de um dilúvio enviado para eliminar a humanidade.

Jó: Jó sofreu a perda dos filhos, dos bens e da saúde ao ter sua fé testada. Ele continuou fiel a Deus.

Abraão: O patriarca fundador de Israel. Ele era um exemplo de fé em Deus, que lhe prometeu a terra de Canaã e o legado de ser o pai de uma grande nação.

Sara: A esposa de Abraão. Ela era estéril, mas Deus possibilitou que desse à luz Isaque na sua velhice.

Rebeca: Membro da família gerada por Abraão. Casou-se com Isaque e teve gêmeos: Jacó e Esaú.

Jacó: Também chamado de "Israel", Jacó foi outro patriarca da nação israelita. Ele teve 12 filhos, cujos descendentes formaram as 12 tribos de Israel.

Lia: Mulher de Jacó, que não a amava, e irmã de Raquel. Revoltou-se contra sua situação, passando a confiar em Deus depois que deu à luz seis filhos e uma filha.

Raquel: Esposa amada de Jacó e irmã de Lia. Sua infertilidade gerou discórdia entre ela e sua irmã. Deus, no entanto, a abençoou posteriormente com dois filhos: José e Benjamim.

José: Filho favorito de Jacó. Seus irmãos invejosos o venderam como escravo, porém ele se destacou no Egito e trouxe sua família para viver ali durante o período de fome.

Moisés: Escolhido por Deus para libertar os israelitas da escravidão no Egito. Moisés era o porta-voz do povo e lhes deu a Lei.

Josué: Sucedeu Moisés e conduziu os israelitas à conquista de Canaã.

Débora: Juíza de Israel (os juízes eram líderes que libertavam o povo dos opressores estrangeiros). Ela ordenou que Baraque atacasse o exército de Sísera; no entanto, previu que o próprio Sísera seria assassinado por uma mulher.

Gideão: Juiz de Israel. Adotando táticas heterodoxas ordenadas por Deus, ele conduziu relutantemente os israelitas à vitória contra os opressores midianitas.

Sansão: Juiz de Israel. Deus lhe concedeu força sobre-humana. Ele nutria uma grande rivalidade contra os filisteus, derrotando-os à custa da própria vida.

Rute: Uma moabita que viveu no período dos juízes. Depois que seu marido israelita morreu, ela deixou seu lar para voltar a Belém com sua sogra, Noemi. Tornou-se a bisavó do rei Davi.

Samuel: Um grande profeta e o último juiz de Israel. Ungiu Saul e Davi reis de Israel.

Saul: O primeiro rei de Israel. Sua desobediência recorrente a Deus durante seu reinado o conduziu a um fim humilhante. Ele foi sucedido por Davi, a quem tentou matar diversas vezes.

Davi: O segundo rei de Israel, pai de Salomão. Davi era devotado a Deus, e Israel prosperou sob o seu comando, mas seu reinado foi manchado pelo adultério que cometeu com Bate-Seba.

Natã: Um profeta durante o reinado de Davi. Natã apoiou Davi; no entanto, o repreendeu sobre seu adultério com Bate-Seba.

Bate-Seba: Davi cometeu adultério com ela e, em seguida, assassinou seu marido, Urias. Ela então se casou com Davi, dando posteriormente à luz Salomão.

Salomão: Filho de Davi. Terceiro rei de Israel e o homem mais sábio do mundo. Construiu um templo extraordinário, mas se deixou levar pela idolatria. Após o seu reinado, Israel foi dividido.

Roboão: Filho de Salomão. Foi o primeiro rei de Judá durante a era do Reino Dividido. Suas políticas opressivas levaram as tribos do norte, lideradas por Jeroboão, a se rebelarem.

Jeroboão: O primeiro rei de Israel durante a era do Reino Dividido. Levando a cabo a punição pela idolatria de Salomão prevista por Deus, Jeroboão se rebelou contra Roboão e dividiu Israel.

Acabe: Um rei de Israel, marido de Jezabel. Ele foi fraco como rei, opôs-se a Elias e morreu atingido por uma flecha perdida em uma batalha.

Jezabel: Rainha de Israel e mulher de Acabe. Incentivou a idolatria no reino e ameaçou a vida de Elias depois que ele desafiou os profetas de Baal.

Elias: Um profeta de Israel durante a era do Reino Dividido. Seus principais adversários eram Acabe, Jezabel e os profetas de Baal. Em vez de morrer, ele subiu ao céu em um turbilhão.

Eliseu: Sucessor de Elias. Seu ministério foi caracterizado por milagres extraordinários. O rei que ele ungiu, Jeú, matou Jezabel e os profetas de Baal restantes.

Amós: Um pastor e profeta de Israel durante o reinado de Jeroboão II. Ele previu desgraça para a nação pela recusa do povo em retornar a Deus.

Oseias: Um profeta de Israel que se seguiu a Amós. Deus fez Oseias se casar com uma mulher adúltera chamada Gomer. O drama desse relacionamento espelhava a infidelidade de Israel para com Deus.

Oseias: O último rei de Israel. O rei da Assíria o prendeu e invadiu toda a terra de Israel, pois Oseias havia parado de lhe pagar tributos.

Ezequias: Um rei de Judá. Ele reinou na mesma época que Oseias, porém confiava em Deus e foi capaz de resistir ao exército assírio.

Isaías: Um profeta de Judá. Apoiou a luta de Ezequias contra a Assíria e previu tanto o exílio de Judá na Babilônia quanto seu retorno.

Jeremias: Um profeta de Judá no período anterior à conquista babilônica. Previu o exílio e um retorno após 70 anos e testemunhou a destruição de Jerusalém.

Nabucodonosor: O rei da Babilônia que invadiu Judá e sitiou Jerusalém. Saqueou o templo de Salomão, destruiu Jerusalém e removeu a população de Judá para a Babilônia.

Zedequias: O último rei de Judá. Rebelou-se contra a Babilônia. Após ser capturado, seus filhos foram mortos diante dos seus olhos, que foram arrancados em seguida. Foi levado à Babilônia, onde morreu.

Ezequiel: Um profeta de Judá antes e depois da conquista babilônica. Profetizou a destruição de Jerusalém e um retorno futuro do exílio.

Daniel: Um profeta durante o exílio e administrador de alto nível sob o domínio tanto babilônico quanto persa. Fez profecias sobre o futuro da Babilônia e os impérios que se seguiriam. Deus o libertou da oposição dramática dos seus inimigos.

Ciro: O rei da Pérsia que submeteu a Babilônia. Ele permitiu que os exilados retornassem a Judá e ordenou que o templo fosse reconstruído.

Zorobabel: Membro da família real de Judá que conduziu o primeiro grupo de exilados de volta à sua terra natal e, posteriormente, liderou a tentativa bem-sucedida de reconstrução do templo.

Esdras: Um sacerdote que liderou o segundo grupo de exilados de volta a Judá e renovou a confiança do povo na Palavra de Deus.

Ageu: Um profeta da época do retorno do exílio. Motivou o povo a reconstruir o templo.

Zacarias: Um profeta da época do retorno do exílio. Como Ageu, motivou o povo a reconstruir o templo. Também profetizou a recuperação e prosperidade do povo de Deus.

Ester: A rainha judia do império persa durante o reinado de Xerxes. Ela desmascarou uma conspiração para matar os judeus.

Mardoqueu: Primo de Ester. Mardoqueu criou Ester, orientou-a quando ela se tornou rainha e desvendou uma conspiração para matar o rei.

Neemias: Governador de Judá nomeado pelo rei da Pérsia, ele conduziu a reconstrução da muralha que cercava Jerusalém, enfrentando a oposição dos governantes das regiões vizinhas.

Malaquias: O último profeta da era do Velho Testamento. Ele pregava o julgamento e a penitência de Judá, profetizando, de certa forma, o retorno de Elias – profecia que se cumpriu com João Batista.

MARIA: A mãe de Jesus. Ela também estava presente durante a crucificação do Filho de Deus.

JOSÉ: Pai adotivo de Jesus. Conforme ordenado por um anjo que lhe veio em sonho, ele se casou com Maria.

JESUS: O Messias prometido e Filho de Deus. Promoveu um ministério de três anos no qual viajou com seus discípulos pregando e operando milagres. Foi morto por crucificação, porém voltou à vida três dias depois.

JOÃO BATISTA: O profeta que preparou os judeus para o ministério de Jesus. Pregava o arrependimento e batizou as pessoas no rio Jordão. João foi preso e posteriormente decapitado por suas críticas a Herodes.

PEDRO: Um dos discípulos de Jesus. Pedro era franco e possuía uma devoção intensa por Jesus, embora durante o julgamento de Cristo tenha negado conhecê-lo. Após a morte e ressurreição do Filho de Deus, Pedro foi o principal líder da igreja de Jerusalém.

TIAGO E JOÃO: Dois irmãos discípulos de Jesus. Faziam parte do círculo interno de Jesus e eram seus amigos íntimos. Ambos continuaram trabalhando na divulgação das boas-novas depois da morte e ressurreição de Cristo.

MARIA E MARTA: Irmãs de Lázaro e defensoras de Jesus e do seu ministério.

LÁZARO: Amigo e defensor de Jesus. Morreu de uma enfermidade, porém Jesus o ressuscitou depois de quatro dias.

JUDAS ISCARIOTES: O discípulo que traiu Jesus. Ele conduziu os guardas do templo até Jesus na noite anterior à sua crucificação. Mais tarde cometeu suicídio.

PILATOS: O governador romano que sentenciou Jesus à morte.

ESTÊVÃO: O primeiro mártir cristão. As autoridades judaicas o apedrejaram por ele ter supostamente se pronunciado contra a Lei de Moisés e o templo. Sua morte desencadeou uma repentina perseguição contra a Igreja.

BARNABÉ: Um dos missionários que acompanhavam Paulo. Quando Paulo se converteu, Barnabé foi um de seus primeiros defensores. Ele o seguiu em sua primeira viagem missionária.

PAULO: Paulo, antes chamado Saulo, perseguiu a Igreja até ser convertido quando Jesus apareceu de forma dramática para ele na estrada de Damasco. Ele se tornou um missionário e o apóstolo dos gentios. Escreveu boa parte do Novo Testamento.

Tabela de referências

Capítulo 1 (Criação: tudo começou muito bem): Gênesis 1-2
Capítulo 2 (O paraíso perdido): Gênesis 3-4
Capítulo 3 (A arca de Noé): Gênesis 6-9
Capítulo 4 (Jó é posto à prova): Jó 1-6, 18-23, 27, 30, 38, 40, 42
Capítulo 5 (A jornada de Abraão): Gênesis 12-13, 15, 16, 17, 21-22; Romanos 4; Hebreus 11
Capítulo 6 (Esaú e Jacó): Gênesis 32-33, 35
Capítulo 7 (José: de escravo a ministro do faraó): Gênesis, 37, 39, 41-48, 50
Capítulo 8 (Libertação): Êxodo, 1-17
Capítulo 9 (Novos mandamentos e uma nova aliança): Êxodo 19-20, 24-25, 32-34, 40
Capítulo 10 (Nômades): Números 10-14, 20-21, 25, 27; Deuteronômio 1-2, 4, 6, 8-9, 29-32, 34; Salmo 90
Capítulo 11 (Começa a batalha): Josué 1-2, 6, 8, 10, 23-24
Capítulo 12 (Alguns homens bons... e algumas mulheres boas): Juízes 2-4, 6-8, 13-16
Capítulo 13 (A fé de uma estrangeira): Rute 1-4
Capítulo 14 (Quanto mais alto, mais dura a queda): I Samuel 1-4, 8-13, 15
Capítulo 15 (De pastor a rei): I Samuel 16-18, 24, 31; II Samuel 6, 11-12, 18-19, 22; I Crônicas 17, 22, 29; Salmos 21, 23, 32, 51, 59, 63, 68, 144
Capítulo 16 (O rei que tinha tudo): I Reis 1-8, 10-11; II Crônicas 5-7; Provérbios 1-3, 5-6, 20-21, 31
Capítulo 17 (Um reino dividido): I Reis 12-15
Capítulo 18 (Mensageiros de Deus): I Reis 17-19; II Reis 2-4, 6; Oseias 4-6, 8-9, 14; Amós 1, 3-5, 9
Capítulo 19 (A queda dos reinos): II Reis 17-19, 21, 23-25; II Crônicas 36; Isaías 3, 6, 13-14, 49; Jeremias 1-2, 4-5, 13, 21; Lamentações 1-3, 5; Ezequiel 1-2, 6-7
Capítulo 20 (Daniel no exílio): Daniel 1-3, 6; Jeremias 30, 31
Capítulo 21 (A volta para casa): Esdras 1-6; Ageu 1-2; Zacarias 1, 8
Capítulo 22 (A bela e corajosa rainha): Ester 1-9
Capítulo 23 (Reerguendo os muros): Esdras 7; Neemias 1-2, 4, 6-8; Malaquias 1-4
Capítulo 24 (O nascimento do rei): Mateus 1-2; Lucas 1-2
Capítulo 25 (Um homem incomum): Mateus 3-7, 9, 11, 14; Marcos 1-6; Lucas 8, 10, 15; João 1-4, 6
Capítulo 26 (Jesus, o Filho de Deus): Mateus 17, 21; Marcos 8-12, 14; Lucas 9, 22; João 7-8, 11-12
Capítulo 27 (A hora sombria): Mateus 26-27; Marcos 14-15; Lucas 22-23; João 13-14, 18-19
Capítulo 28 (A ressurreição): Mateus 27-28; Marcos 16; Lucas 24; João 19-21
Capítulo 29 (Recomeço): Atos 1-12
Capítulo 30 (A missão de Paulo): Atos 13-14, 16-20; Romanos 1, 3-6, 8, 12, 15; Primeira Epístola aos Coríntios 1, 3, 5-6, 10-13, 15-16; Gálatas 1-3, 6; Primeira Epístola aos Tessalonicenses 1-5
Capítulo 31 (Os últimos dias de Paulo): Atos 20-23, 27-28; Efésios 1-6; Segunda Epístola a Timóteo 1-4
Capítulo 32 (Apocalipse): Apocalipse 1-5, 19-22

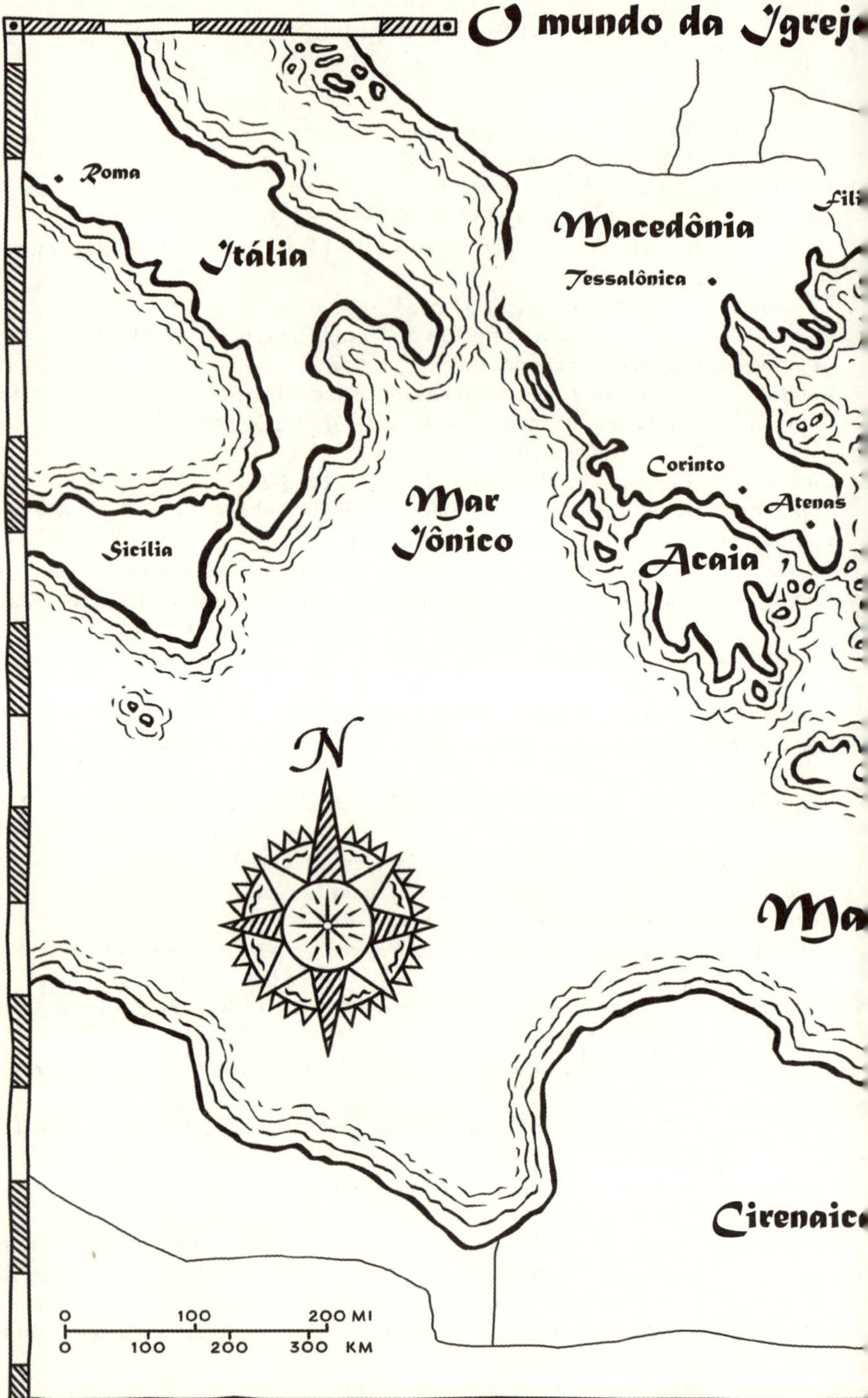

O mundo da Igrej
Roma
Itália
Macedônia
Fili
Tessalônica
Sicília
Mar
Jônico
Corinto
Atenas
Acaia
N
Ma
Cirenaic
0 100 200 MI
0 100 200 300 KM

z do Novo Testamento

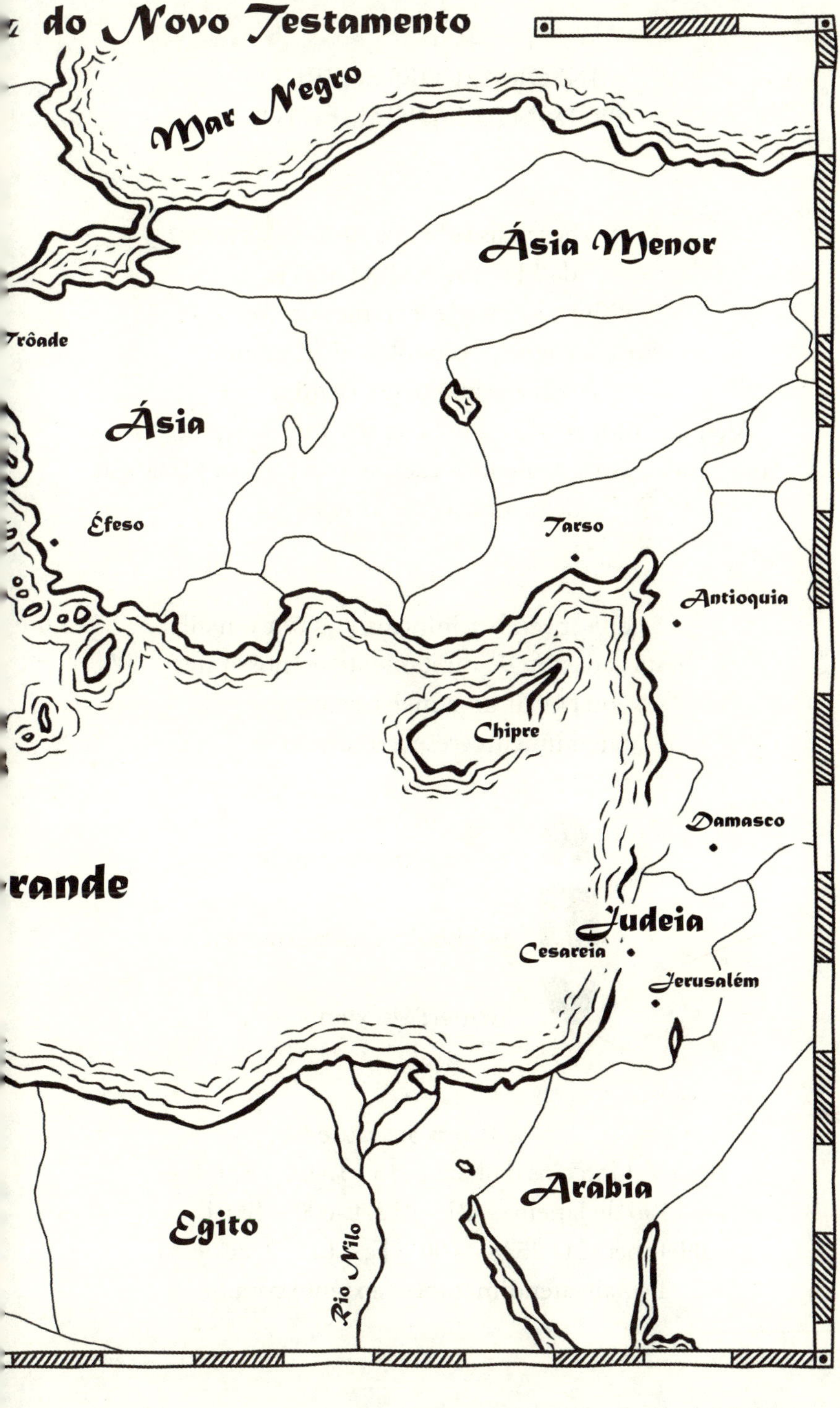

INFORMAÇÕES SOBRE OS PRÓXIMOS LANÇAMENTOS

Para saber mais sobre os títulos e autores
da EDITORA SEXTANTE,
visite o site www.sextante.com.br,
curta a página facebook.com/esextante
e siga @sextante no Twitter.
Além de informações sobre os próximos lançamentos,
você terá acesso a conteúdos exclusivos e poderá participar
de promoções e sorteios.

Se quiser receber informações por e-mail,
basta cadastrar-se diretamente no nosso site
ou enviar uma mensagem para
atendimento@esextante.com.br

www.sextante.com.br

facebook.com/esextante

twitter: @sextante

Editora Sextante
Rua Voluntários da Pátria, 45 / 1.404 – Botafogo
Rio de Janeiro – RJ – 22270-000 – Brasil
Telefone: (21) 2538-4100 – Fax: (21) 2286-9244
E-mail: atendimento@esextante.com.br